本书编委会

主　编：阮　江　龙文军

副主编：包月红　郭金秀　冯　春　施　虎

编　委：张作为　许译丹　叶江溪　史英辉

　　　　王　静　倪彬超　张　哲　孙嘉兴

阮江 龙文军 主编

见证新世纪20年
中国农业保险发展

中国农业出版社
北 京

内容提要

　　《见证新世纪20年中国农业保险发展》从农业保险经营者的视角记录了中国农业保险20年来发展的关键节点、突破创新以及辉煌成就，为深入了解21世纪以来中国农业保险的发展脉络提供了宝贵的资料与深刻的见解。20年来，中央一号文件多年提及农业保险政策，对农业保险的发展具有指导意义。除此之外，国务院还在支持保险业发展的文件中专门指出要支持农业保险的发展。2012年，国务院出台《农业保险条例》，以立法形式保障农业保险发展。国家保险监管部门、财政部门、农业农村部门、林业和草原部门等或以联合发文的形式，或以独立发文的形式出台相关支持和监管农业保险的措施。农业保险经营企业从2003年的2家增加到现在的近40家，我国还于2020年成立了专业的农业再保险公司——中国农业再保险股份有限公司，于2023年成立了中国渔业互助保险社。我国农业保险规模从2003年的4.32亿元增加到2024年的1 521亿元，21年间增长了351倍。本书既是对过去20年中国农业保险发展历程的回顾与总结，也是未来农业保险发展的新起点。

　　在编排上，本书分为总论、地方农业保险发展篇、农业保险企业发展和产品创新篇三个部分。其中，总论全面回顾了20年中国农业保险发展政策，总结了20年发展取得的主要成就，剖析了主要农业保险经营机构的发展历程，提炼了20年发展的主要经验，分析了当前存在的突出问题，提出了相关政策建议；地方农业保险发展篇收录了辽宁、吉林、湖南、山东、河南、广东、北京、天津、重庆、安徽、上海、黑龙江等省份，以及江苏省苏州市、四川省阿坝州、江苏省淮安市、安徽省滁州市等地推进农业保险发展的历程和做法。农业保险企业发展和产品创新篇收录了来自安盟财产保险有限公司、中国人民财产保险股份有限公司、中华联合财产保险股份有限公司、阳光农业相互保险公司、中原农业保险股份有限公司、中国太平洋财产保险股份有限公司、安华农业保险股份有限公司等公司的部分员工对自己公司推动农业保险发展的实践总结和产品创新情况，还收录了

1

期货从业人员、从事农险业务的基层干部、从事农险研究的专家对中国农业保险20年发展的看法。需要说明的是，在地方农业保险发展篇、农业保险企业发展和产品创新篇中，各位作者结合当地实际和个人判断，对20年农业保险发展做出了不同的阶段划分。我们认为，不同的阶段划分体现了"百家争鸣，百花齐放"的精神。

随着我国农业强国建设的不断推进，农业保险将迎来更加广阔的发展空间。希望广大读者能够从本书中汲取智慧和力量，抓住全面推进乡村振兴战略，建设农业强国、金融强国的历史机遇，以法律为依据，以创新为驱动，不断完善保险品种、提高保障水平、创新服务模式、加强机制建设，推动中国农业保险事业向更高质量发展。

序

庹国柱[①]

　　这部由企业经营者记录的中国农业保险新世纪20年发展历程的书稿，是中国农业保险这20年充满挑战与突破、充满机遇与创新的奋斗史的记录。当阮江和龙文军给我送来书稿时，我非常乐意为这本书作序。

　　农业作为国民经济的基础产业，其稳定发展关乎国家粮食安全、农民生计福祉以及社会和谐稳定。农业保险作为分散农业风险、稳定农民收入的重要金融工具，在过去20年中经历了从探索试点到高质量发展的巨大跨越，逐渐成为我国农业现代化进程中不可或缺的支撑力量。20多年前，中国农业保险面临着诸多困境，比如保险经营主体较少、保险产品种类单一、农民对保险的认知和接受程度较低、保险经营缺乏有效的风险分散机制、赔付率居高不下，农业保险发展举步维艰。在"工业反哺农业，城市支持农村"的大背景下，政府逐渐意识到农业保险对于农业发展的重要性，出台了一系列支持政策。2004年，中央一号文件首次提出"加快建立政策性农业保险制度，选择部分产品和部分地区率先试点，有条件的地方可对参加种养业保险的农户给予一定的保费补贴"的指导意见，为中国农业保险的发展注入了强大动力，拉开了政策性农业保险新试验的序幕。2007年，中央财政开始将"农业保险保费补贴"纳入财政补贴预算科目，并作出20亿元的财政预算，在几个省，结合当地农业生产特点和风险状况，开展了形式多样的农业保险试点工作，至此，拉开了中国有财政支持的政策性农业保险的发展序幕。

　　随着政策支持力度的不断加大，中国农业保险迎来了快速发展的黄金时期。2012年《农业保险条例》的颁布，为农业保险的发展提供了坚实的

[①]　序作者系首都经济贸易大学教授。

法律保障，明确了农业保险的性质、经营原则、各方权利义务等，规范了市场秩序，促进了农业保险市场的健康发展。在政策和法律的支持下，越来越多的保险机构参与到农业保险市场经营中来，推动了保险产品的创新和服务质量的提升。保险标的从最初的少数几种主要农作物，逐渐扩展到涵盖种植业、养殖业、林业等多个领域的500多个品种，基本实现了主要农业生产活动的全覆盖。农业保险的保障水平也逐步提高，从单纯的物化成本保障向产量保障、收入保障转变，更好地满足了农民多样化的保险需求。

尽管中国农业保险在过去20年取得了显著成就，但农业保险的发展仍面临着诸多挑战和困境。一是保险品种结构不合理的问题较为突出。虽然保险标的数量已超过500个，但仍有部分特色农产品和新兴农业产业缺乏相应的保险产品，无法完全满足农业产业多元化发展的需求。同时，一些保险产品的保险条款设计和费率精算不够科学合理，不能充分反映不同地区、不同品种的风险差异，导致部分农民参保积极性不高。二是保障水平有待进一步提升。除三大粮食作物外，其他农作物和养殖业的保险保障水平相对较低，难以有效弥补农民在遭受自然灾害或市场价格波动时的损失。特别是在一些贫困地区和偏远山区，由于经济发展水平较低，农民对保险的保障需求更为迫切，但保险产品的供给却相对不足，制约了农业保险功能的发挥。三是农业保险的法律法规还不健全。这对于有效规范市场是一个很大的制约，出现的各种违法违规问题得不到很好解决和遏制，存在监督标准不统一、监督手段落后、监督死角较多等问题。地方政府长期拖欠保险费补贴。部分保险机构在经营过程中存在违规操作、虚假承保、虚假理赔、虚假费用等承保理赔"双不精准"问题，损害了农民的利益，影响了农业保险市场的健康发展。

20年的发展告诉我们，政策性农业保险是在财政预算约束条件下发展的，财政预算不可能是敞口的，政策性农业保险只能在财政预算约束条件下逐步发展。尽管农户对于农业保险的潜在需求旺盛，对于保险保障水平提高也有较高的期待，但是政策性农业保险的保障水平也只能在财政预算逐步增长的前提下得到提高。而商业性农业保险因为市场失灵的问题，对于农林牧渔领域的生产可能并不适合，对于那些高产值标的，也许还可以试试，大规模推行显然违背经济规律。据对近四年来的商业保险经营的考察，尽管商业性农业保险的保险费在全部保费中的占比在增加，2023年是9%，2025年是11%，但四年都是严重亏损的。所以站在保险机构的立场上，开发商业性农业保险需要慎重。当然，保险机构在某些情况下应地方政府的要求，做一点也未尝不可，全当政策性农业保险的盈余给商业性农业保险的补贴。

展望未来，随着我国农业现代化进程的加速推进和乡村振兴战略的深入实施，农业保险将迎来更加广阔的发展空间。我们有理由相信，在中国农业保险从业者的共同努力下，通过不断创新和完善，农业保险一定能够在保障农业生产、促进农民增收、推动乡村振兴中发挥更加重要的作用，为实现我国农业强国的目标贡献更大的力量。

这部书稿为我们提供了一个深入了解中国农业保险发展脉络的窗口，也为农业保险从业者、政策制定者以及关心农业保险发展的各界人士提供了宝贵的参考资料。希望广大读者能够从本书中汲取智慧和力量，共同关注和推动中国农业保险事业的蓬勃发展。

2025 年 8 月 2 日

目 录

序

总 论

第一章　中国农业保险发展的政策回顾 ……………………… 3

一、地方试点探索阶段（2004—2006 年） ……………… 3

二、中央财政补贴试点阶段（2007—2012 年） ………… 4

三、依法规范发展阶段（2013—2019 年） ……………… 8

四、高质量发展阶段（2020 年以来） …………………… 12

第二章　中国农业保险 20 年发展的主要成就 ……………… 17

一、建立了政策法律体系 ………………………………… 17

二、撑起了风险保障大伞 ………………………………… 18

三、为国家粮食安全做出贡献 …………………………… 20

四、建立了农业保险管理体制 …………………………… 20

五、形成了多层次、广覆盖的产品体系 ………………… 21

六、打造了优质农业保险服务体系 ……………………… 22

七、服务了脱贫攻坚战略 ………………………………… 23

八、科技赋能风险减量 …………………………………… 24

九、支持土特产健康发展 ………………………………… 25

十、创新"银保"协同模式 ……………………………… 25

第三章　主要农业保险经营机构的发展历程 ……………… 29

一、综合性保险公司 ……………………………………… 30

1

二、专业农业保险公司 ……………………………… 35

三、中外合资保险公司 ……………………………… 39

四、农业再保险经营机构 …………………………… 40

第四章　中国农业保险 20 年发展的主要经验 ……… 42

一、明确农业保险支持方向 ………………………… 42

二、坚持政府高位推动 ……………………………… 43

三、坚持依法开展业务 ……………………………… 43

四、坚持适度竞争经营 ……………………………… 44

五、完善风险管理体系 ……………………………… 44

六、严格进行业务监管 ……………………………… 45

七、坚持创新引领发展 ……………………………… 46

八、依托科技推进业务 ……………………………… 46

第五章　中国农业保险发展存在的突出问题 ………… 48

一、财政补贴效能未充分释放 ……………………… 48

二、产品与市场需求不匹配 ………………………… 49

三、服务质量不满足现实需求 ……………………… 49

四、大灾风险防控体系不健全 ……………………… 50

五、农业保险监管机制不完善 ……………………… 51

六、农业保险专业人才缺乏 ………………………… 51

第六章　完善中国农业保险的政策建议 ……………… 52

一、完善农业保险制度和补贴政策 ………………… 52

二、加大科技创新应用力度 ………………………… 53

三、完善农业保险服务体系 ………………………… 54

四、完善农业大灾风险分散机制 …………………… 55

五、健全农业保险监督机制 ………………………… 56

六、加强农业保险政策和农业保险人才支撑 ……… 57

地方农业保险发展篇

辽宁省农业保险高质量发展之路 ………………………… 61

一、辽宁省农业保险发展历程 ……………………… 61

二、辽宁省农业保险高质量发展现状 ………………………… 62

三、存在的问题 ………………………………………………… 66

四、结论与展望 ………………………………………………… 67

吉林省农业保险 20 年发展成效和展望 ………………………… 68

一、耕耘之变："昼出耘田"的农业现代化转型 ……………… 68

二、产业之兴："村庄儿女各当家"的农业多元化繁荣 ……… 69

三、传承与希望："童孙未解供耕织，也傍桑阴学种瓜"的农业未来 … 69

四、科技赋能：助力数字化农业保险的飞跃发展 …………… 69

五、责任坚守："不忘初心"的"三农"保障担当 …………… 70

深耕农业保险十八载 助力湖南省乡村振兴 ………………… 72

一、湖南省农业保险的发展 …………………………………… 72

二、中华联合财产保险股份有限公司湖南分公司的主要实践与成效 … 75

三、总结与展望 ………………………………………………… 77

农业保险服务山东省农业高质量发展的实践 ………………… 79

一、山东省农业保险的发展历程 ……………………………… 79

二、山东省农业保险的发展成效 ……………………………… 80

三、山东省农业保险的发展特色 ……………………………… 82

河南省小麦保险发展回顾 …………………………………… 86

一、河南省小麦保险发展的政策历程 ………………………… 86

二、河南省小麦保险现状及经验总结 ………………………… 89

创新赋能广东省农业保险高质量发展研究 ………………… 93

一、广东省农业保险发展历程与创新发展现状 ……………… 94

二、广东省农业保险创新发展存在的问题 …………………… 98

三、农业保险创新发展的建议 ………………………………… 98

四川省阿坝州农业保险回顾总结与发展展望 ……………… 100

一、阿坝州政策性农业保险发展历程 ………………………… 100

二、阿坝州政策性农业保险的主要成效和特色案例 ………… 101

三、存在的问题 ………………………………………………… 102

四、展望与建议 ………………………………………………… 103

江苏省农业保险 20 年回望与发展展望 ……………………… 105

一、江苏省政策性农业保险发展历程 ……………………… 105

二、发展变化及影响 ……………………………………… 108

三、存在的问题 …………………………………………… 111

农业保险持续为淮安市农业生产保驾护航 …………… 112

一、淮安市农业保险开办历程 …………………………… 112

二、淮安市农业保险的初期做法 ………………………… 113

三、农业保险持续为农业生产保驾护航 ………………… 114

农业保险助力北京市都市型现代农业发展 …………… 116

一、我国农业保险发展历程——以中央一号文件精神为指引 …… 116

二、都市型现代农业背景下农业保险的发展历程及现状

——以北京地区为例 …………………………………… 118

三、中华财险助力都市型现代农业发展的实践

——以中华联合财产保险股份有限公司北京分公司为例 …… 120

新世纪 20 年天津市农业保险创新发展历程及展望 …… 123

一、天津市农业保险发展历程 …………………………… 123

二、天津市农业保险创新举措 …………………………… 126

三、天津市农业保险发展展望 …………………………… 128

重庆市农业保险 20 年发展历程与展望 ……………… 131

一、农业保险发展历程和特点 …………………………… 131

二、助推农业保险高质量发展 …………………………… 133

三、农业保险未来发展方向 ……………………………… 136

地方特色农产品保险发展现状和对策研究 …………… 138

一、加强发展地方特色农产品保险的重要意义 ………… 138

二、我国地方特色农产品保险发展现状 ………………… 139

三、困难和问题 …………………………………………… 142

四、下一步发展对策建议 ………………………………… 142

农业保险助力建设新时代鱼米苏乡 ·················· 144

一、锚定目标"一张图"，助力苏州市率先基本实现农业农村现代化 ····· 144

二、笃行实干"一盘棋"，打造苏州市都市农业保险的"太保样本" ····· 145

三、统筹布局"一条心"，探索乡村振兴的"太保实践" ·········· 148

四、守正创新"一股绳"，贡献"三农"新质生产力的"太保智慧" ····· 149

五、结语 ···································· 149

农业保险助力安徽省 "多种粮、 种好粮" ·············· 151

一、安徽省农业保险发展的主要举措 ················ 152

二、国元保险助力粮食安全主要举措 ················ 154

三、取得成效 ······························· 159

安徽省滁州市农业保险高质量发展的实践与思考 ·········· 166

一、安徽省滁州市农业保险的发展成效 ··············· 166

二、安徽省滁州市农业保险的发展瓶颈与解决路径 ········· 168

"稳农心，促振兴"：上海市农业保险高质量发展之路 ········ 173

一、上海市农业保险发展回顾 ··················· 173

二、上海市农业保险政策效应总结 ················· 176

三、上海市农业保险服务乡村振兴"三园"建设的思考 ······· 176

黑龙江省畜牧业保险现状及发展对策的思考 ············· 178

一、黑龙江省畜牧业保险现状 ··················· 178

二、存在问题 ······························· 179

三、政策建议 ······························· 180

农业保险企业发展和产品创新篇

科技赋能农业保险数字化转型实践 ················· 185

一、背景及意义 ···························· 185

二、重点解决问题及主要创新点 ·················· 186

三、主要建设内容 ·························· 187

四、实施效果 ···························· 189

五、总结 ………………………………………………………………… 190

积极践行社会责任 安盟保险守护绿色希望 ………………… 191

一、森林碳汇指数保险 ………………………………………………… 191
二、"鱼菌轮作"综合种养模式 ……………………………………… 193
三、着眼未来 …………………………………………………………… 194

中华财险服务吉林省农业发展之路 ………………………………… 195

一、吉林省农业保险市场情况 ………………………………………… 195
二、中华财险吉林分公司农业保险突破之路 ………………………… 196
三、中华财险吉林分公司农业保险发展之路 ………………………… 197
四、面对大灾，中华财险吉林分公司积极应对 ……………………… 199

特色农产品保险的天津实践 ………………………………………… 201

一、开启政策性农业保险发展帷幕 …………………………………… 201
二、特色农产品保险稳步发展 ………………………………………… 202
三、创新性业务发展模式 ……………………………………………… 203
四、结论 ………………………………………………………………… 205

古树名木保险项目探索与研究 ……………………………………… 206

一、古树名木的重要性与面临的挑战 ………………………………… 206
二、安盟保险古树名木保险项目的背景与目标 ……………………… 207
三、项目实施过程 ……………………………………………………… 208
四、项目成效与案例分析 ……………………………………………… 209
五、项目创新点与亮点 ………………………………………………… 209
六、挑战与建议 ………………………………………………………… 210
七、展望 ………………………………………………………………… 210

奋楫天山再出发 ……………………………………………………… 212

一、何以"中华"：肩负光荣使命深耕天山南北 …………………… 212
二、深耕农业保险：以"第一时间"理念倾情服务各族群众 ……… 214
三、农户认可：农业保险专管员是值得信赖的"贴心人" ………… 215
四、科技赋能：高效定损查勘理赔引领行业发展 …………………… 215
五、国企担当：在脱贫攻坚和乡村振兴中展现"中华"风范 ……… 216

农业保险新世纪20年：成果、挑战与措施 …………… 218

一、新世纪 20 年来，农业保险发展成果显著 ………… 218

二、助力农业保险发展，安盟保险的做法 …………… 220

三、农业保险发展面临的挑战与困境 ………………… 222

四、砥砺前行，农业保险发展需进一步优化 ………… 222

牦牛保险助力高原牧民增收致富 …………………… 224

一、推动政策落实，为现代草原畜牧业发展提供有力保障 ……… 224

二、因地制宜，七项并举夯实服务工作 ……………… 225

三、取得阶段性成效，持续巩固拓展脱贫攻坚成果 … 227

葡萄气象指数保险的探索实践 ……………………… 229

一、鄠邑葡萄千年传承映辉煌，安盟保险双增双抗促发展 ……… 229

二、敢于突破领航领先，勇闯新路"翻"新篇 ……… 230

三、精准化气象服务，助力葡萄丰产丰收 …………… 231

我国农业保险高质量发展的实践探索与未来展望 …… 234

一、农业保险的地位和意义 …………………………… 234

二、安盟保险的发展探索 ……………………………… 235

三、中国农业保险高质量发展展望 …………………… 237

安盟保险助力脱贫攻坚和乡村振兴 ………………… 238

一、以党建工作为引领，全面深化服务"三农" …… 238

二、以保险服务为载体，提升脱贫工作品质 ………… 239

三、以第一书记为抓手，发挥驻村干部作用 ………… 239

四、以基层共建为契机，积极助力乡村振兴 ………… 240

农业保险新世纪20年回顾与展望 …………………… 241

一、农业保险发展的历史回顾 ………………………… 241

二、20 年来的主要挑战与应对措施 ………………… 242

三、农业保险在推进乡村振兴进程中的作用 ………… 243

四、中华联合财产保险股份有限公司河北分公司发展历程概述 … 244

五、展望与建议 ………………………………………… 247

科技赋能农业保险精准承保、精准理赔 249

一、中华联合财产保险股份有限公司内蒙古分公司简介 249
二、以创新为引领，以科技为引擎，推动农业保险加快发展 249
三、具体做法 251
四、取得的成效 254
五、进一步发展思路 255

新世纪 20 年农业保险发展的主要成就与主要问题 256

一、新世纪 20 年我国农业保险发展的主要成就 256
二、新世纪 20 年我国农业保险发展的主要问题 258
三、总结 259

大道行思，取则行远 260

一、我国农业保险取得举世瞩目的成就 260
二、我国农业保险发展的主要经验 262
三、农业保险面临的新形势和新要求 263
四、深化农业保险供给侧结构性改革 264

新阶段推进农业保险高质量发展的几点思考 266

一、乡村振兴对农业保险提出新要求 266
二、农业保险高质量发展是新发展阶段的必然选择 267
三、推进农业保险高质量发展的几点建议 270

农业保险风险区划研究与实践新进展 275

一、中国农业保险风险区划的研究进展 276
二、深化我国农业保险风险区划的展望 282

保险助力大豆与油料作物产能提升 284

一、我国大豆与油料作物物化成本保险发展概况 285
二、我国大豆与油料作物完全成本保险和种植收入保险试点：
成效、挑战与建议 287
三、结论与讨论 293

农业保险 20 年发展历程总结与展望 ·············· 294

一、中央一号文件指引下的农业保险发展历程 ·········· 294
二、农业保险的实践与发展成果 ················· 296
三、农业保险的重要作用 ···················· 297
四、农业保险发展展望 ····················· 298

中华财险在辽宁省推进农业保险高质量发展思路举措 ······· 300

一、农业保险高质量发展的背景和意义 ············· 300
二、中华财险在辽宁省的农业保险发展现状 ··········· 301
三、农业保险高质量发展的创新思路 ·············· 301
四、农业保险高质量发展的实践案例 ·············· 303
五、农业保险高质量发展的主要举措 ·············· 306

阳光农业相互保险公司农业保险发展回顾 ············ 308

一、不忘初心，深耕农险 ···················· 308
二、取得的成绩及存在的问题 ·················· 311
三、农业保险的未来发展展望 ·················· 315

中国农业保险 20 年政策支持与市场变化 ············ 317

一、20 年政策供给变化 ····················· 317
二、20 年农业保险市场变化 ··················· 322
三、20 年农业保险市场蓬勃发展的成功经验 ·········· 329
四、新时期农业保险市场展望 ·················· 331

农业保险砥砺前行 20 年 ·················· 333

一、中央一号文件对农业保险发展的提法回顾 ·········· 333
二、农业保险的创新发展 ···················· 336
三、关于发展农业保险的建议 ·················· 337

参考文献 ···························· 339
后记 ······························ 349

PART 01 总论

第一章　中国农业保险发展的政策回顾

从 2004 年起,多年的中央一号文件明确提出支持农业保险发展,揭开了新时期农业保险发展的序幕。20 年来,中国农业保险经历了四个发展阶段。

一、地方试点探索阶段（2004—2006 年）

(一) 探索建立政策性农业保险制度

2004 年的中央一号文件明确提出:"加快建立政策性农业保险制度,选择部分产品和部分地区率先试点,有条件的地方可对参加种养业保险的农户给予一定的保费补贴。"在中央政策指导下,部分地区开展政策性农业保险的探索,中国首家专业性农业保险公司——安信农业保险股份有限公司成立,随后安华农业保险股份有限公司成立。随着试点范围的扩大,2005 年的中央一号文件强调"扩大农业政策性保险的试点范围",为政策性农业保险制度的全面推广提供了政策保障。2006 年的中央一号文件明确提出:"稳步推进农业政策性保险试点工作,加快发展多种形式、多种渠道的农业保险。"同年,国务院颁布《关于保险业改革发展的若干意见》,要求探索建立适合我国国情的农业保险发展模式,将农业保险作为支农方式的创新,纳入农业支持保护体系;明确政策性农业保险的业务范围,建立政策性农业保险与财政补助相结合的农业风险防范与救助机制。

(二) 鼓励商业保险公司开展农业保险业务

2005 年的中央一号文件提出"鼓励商业性保险机构开展农业保险业务"。随着政策环境的不断优化和市场需求的日益增长,商业保险公司开始认识到农业保险市场的巨大潜力,逐渐积极进入农业保险领域。中国人民财产保险股份有限公司既是中国最早经营农业保险业务的保险机构,也是大型国有企业,此时正慢慢恢复开办农业保险业务。部分省份也在当地政府的支持下,纷纷酝酿成立专业农业保险公司。太平洋安信农业保险股份有限公司和安华农业保险股份有限公司就是在这样的背景下成立的，这些新成立的专业农业保险公司以经营农业保险业务为主，同时也经营一些其他的财产保险业务。

（三）引导龙头企业参与农业保险

2006 年的中央一号文件提出："各级财政要增加扶持农业产业化发展资金，支持龙头企业发展，并可通过龙头企业资助农户参加农业保险。"吉林省的一些国家级龙头企业纷纷与安华农业保险股份有限公司签订保险合同，为龙头企业联系的农户承担一部分保费补贴。随着试点工作的深入推进和政策的不断完善，政策性农业保险在保障农业生产、稳定农民收入等方面的作用逐渐显现。2004—2006 年支持农业保险发展的相关政策文件见表 1-1。

表 1-1　2004—2006 年支持农业保险发展的相关政策文件

年份	文件	发文单位
2004	关于促进农民增加收入若干政策的意见（中发〔2004〕1 号）	中共中央、国务院
2005	关于进一步加强农村工作提高农业综合生产能力若干政策的意见（中发〔2005〕1 号）	中共中央、国务院
2006	关于推进社会主义新农村建设的若干意见（中发〔2006〕1 号）	中共中央、国务院
	关于保险业改革发展的若干意见（国发〔2006〕23 号）	国务院

二、中央财政补贴试点阶段（2007—2012 年）

2007 年的中央一号文件提出按照"政府引导、政策支持、市场运作、农民自愿"的原则，建立完善农业保险体系，"各级财政对农户参加农业保险给予保费补贴"。这一年，我国农业保险发展取得重大突破，财政部专门设立了"农业保险保费补贴"的财政补贴预算科目，并列支了 10 亿元，配套下发了《中央财政农业保险保费补贴试点管理办法》，选定了内蒙古、吉林、江苏、湖南、新疆、四川 6 个省份的玉米、水稻、大豆、小麦、棉花进行保费补贴试点，标志着我国农业保险正式进入中央财政补贴试点阶段。此阶段农业保险的发展特点主要包括以下四方面。

（一）扩大试点范围和险种

根据中央一号文件对农业保险发展的政策要求，各地稳步扩大试点范围，增加险种、扩大覆盖面等。2007 年，国务院发布《关于促进生猪生产发展稳定市场供应的意见》，中国保险监督管理委员会、农业部发布《关于做好生猪保险和防疫工作的通知》，中国保险监督管理委员会发布《关于进一步贯彻落实国务院促进能繁母猪保险和生猪保险发展有关要求的通知》，建立和完善了生猪保险与防灾防疫相结合的机制，专门增加了 10.5 亿元作为能繁母猪保险的保费补贴，使当年中央财政农业保险保费补贴资金达到 20.5 亿元。2008 年的中央一号文件提出"支持发展主要粮食作物的政策性保险""建立健全生猪、奶牛等政策性保险制度"。财政部相继出台《中央财政种植业保险保费补贴管理办法》和《中央财政养殖业保险保费补贴管理办法》，为开展种植业和养殖业保费补贴提供了制度依据。2009 年 8 月，中国保险监督管理委员会和农业部联合发布《关于进一步加强生猪保险和防疫工作促进生猪生产发展的通知》，要求有关部门采取有力措施，加快完善保险与防疫协同推进的工作机制，确保生猪保险和防疫工作取得实效。2010 年的中央一号文件"鼓励各地对特色农业、农房等保险进行保费补贴"。2012 年的中央一号文件提出开展设施农业保费补贴和制种保险试点，扩大森林保险保费补贴试点范围，扶持发展渔业互助保险，鼓励地方开展优势农产品生产保险。同年 11 月，财政部发布《关于进一步加大支持力度做好农业保险保费补贴工作的通知》，进一步细化了保费补贴政策，将中央财政补贴险种增至 15 个，实施区域扩大至全国，加大对中西部地区的保费补贴倾斜力度，明确中央财政保费补贴比例，增加对东部地区养殖保险补贴比例等。在各项政策的有力推动下，2008—2012 年，中央财政陆续增加试点省份，2008 年新增 10 个，包括河北、辽宁、黑龙江、安徽、山东、河南、湖北、浙江、福建、海南；2009 年新增 1 个，即江西；2010 年新增 6 个，分别为山西、广东、云南、甘肃、青海、宁夏；2011 年新增 5 个，分别为广西、贵州、西藏、陕西、重庆；2012 年新增 3 个，分别为北京、上海、天津。至此，中央财政补贴农业保险保费区域覆盖了大陆地区所有省份。

（二）建立巨灾风险分散机制

巨灾风险分散与管理一直是农业保险政策关注的焦点。建立巨灾风险分散机制不仅体现了国家对农业保险巨灾风险分散这一领域的高度重视，也为我国农业保险体系稳健发展和风险管理能力提升奠定了坚实的基础。2006 年，《关于保险业改革发展的若干意见》的提出，完善了多层次的农业巨灾风险转移分担机制，探索建立了中央、地方财政支持的农业再保险体系。2007 年，中央一号文件提出："完善农业巨灾风险转移分摊机制，探索建立中央、地方财政支持的农业再保险体系。"在这一政策指引下，山东省率先响应，随后湖南等省份也初步建立了省、市、县三级农业巨灾风险准备金制度。

（三）税收政策支持

为鼓励保险公司拓展农业保险业务，提高农业生产经营主体灾后恢复生产的能力，2009 年 9 月，财政部与国家税务总局联合发布《关于保险公司提取农业巨灾风险准备金企业所得税税前扣除问题的通知》，该文件规定，2008 年 1 月 1 日起至 2010 年 12 月 31 日止，保险公司经营财政给予保费补贴的种植业险种，按不超过补贴险种当年保费收入 25％的比例计提的巨灾风险准备金，准予在企业所得税前据实扣除。该项政策延续至 2015 年年底。依据《中华人民共和国营业税暂行条例》，对保险公司向投保人收取的农业保险保费以及在再保险业务中获得的保费收入实行免征营业税的优惠政策。随着全面"营改增"政策的实施，原本在营业税下免税的种植业、养殖业的保险业务在全国范围内免收增值税。2010 年，财政部和国家税务总局联合发布的《关于农村金融有关税收政策的通知》规定，2009 年 1 月 1 日至2013 年 12 月 31 日，对保险公司为种植业、养殖业提供保险业务取得的保费收入，在计算应纳税所得额时，按 90％比例减计收入。

（四）加强保险业务监管

针对农业保险业务开展面临的一些新情况新问题，比如，部分地区存在政策落实不到位、保险公司管理制度不健全、业务操作不规范的问题，个别保险公司甚至违反监管要求和财经纪律，侵害农民合法权益，影响农业保险作用的发挥。中国保险监督管理委员会相继发布了《关于加强政策性农业保险各项政策措施落实工作的通知》《关于规范政策性农业保险业务管理的通知》《关于进一步做好农业保险发展工作的通知》《关于加强农业保险承保管理工作的通知》《关于加强农业保险理赔管理工作的通知》，对监督、管理、协调、业务开展等工作提出具体要求，强调加强部门间合作，切实抓好政策性农业保险的各项工作，规范农业保险经营行为，提高农业保险理赔服务质量，保障投保农户合法权益，促进政策性农业保险规范、健康发展。

总体而言，这一阶段，中央支持农业保险发展的政策导向已经非常明确，即必须建立政策性农业保险制度，不断扩大试点范围，增加保险标的并扩大覆盖面，建立农业巨灾风险分散机制，规范保险机构的经营与承保理赔。2007—2012 年农业保险相关政策文件见表 1-2。

表1－2　2007—2012年农业保险相关政策文件

年份	文件	发文单位
2007	关于积极发展现代农业扎实推进社会主义新农村建设的若干意见（中发〔2007〕1号）	中共中央、国务院
	中央财政农业保险保费补贴试点管理办法（财金〔2007〕25号）	财政部
	关于做好生猪保险和防疫工作的通知（保监发〔2007〕68号）	中国保险监督管理委员会、农业部
	关于进一步贯彻落实国务院促进能繁母猪保险和生猪保险发展有关要求的通知（保监发〔2007〕83号）	中国保险监督管理委员会
2008	关于切实加强农业基础建设进一步促进农业发展农民增收的若干意见（中发〔2008〕1号）	中共中央、国务院
	中央财政种植业保险保费补贴管理办法（财金〔2008〕26号）	财政部
	中央财政养殖业保险保费补贴管理办法（财金〔2008〕27号）	财政部
	关于加强政策性农业保险各项政策措施落实工作的通知（保监发〔2008〕61号）	中国保险监督管理委员会
2009	关于2009年促进农业稳定发展农民持续增收的若干意见（中发〔2009〕1号）	中共中央、国务院
	关于规范政策性农业保险业务管理的通知（保监发〔2009〕56号）	中国保险监督管理委员会
	关于保险公司提取农业巨灾风险准备金企业所得税税前扣除问题的通知（财税〔2009〕110号）	财政部、国家税务总局
	关于进一步做好农业保险发展工作的通知（保监发〔2009〕93号）	中国保险监督管理委员会
	关于进一步加强生猪保险和防疫工作促进生猪生产发展的通知（保监发〔2009〕86号）	中国保险监督管理委员会、农业部
2010	关于加大统筹城乡发展力度进一步夯实农业农村发展基础的若干意见（中发〔2010〕1号）	中共中央、国务院
	关于农村金融有关税收政策的通知（财税〔2010〕4号）	财政部、国家税务总局
2011	关于加强农业保险承保管理工作的通知（保监产险〔2011〕455号）	中国保险监督管理委员会
2012	关于加快推进农业科技创新持续增强农产品供给保障能力的若干意见（中发〔2012〕1号）	中共中央、国务院
	关于保险公司农业巨灾风险准备金企业所得税税前扣除政策的通知（财税〔2012〕23号）	财政部、国家税务总局
	关于进一步加大支持力度做好农业保险保费补贴工作的通知（财金〔2012〕2号）	财政部

(续)

年份	文件	发文单位
2012	农业保险条例（国务院令第 629 号）	国务院
	关于加强农业保险理赔管理工作的通知（保监发〔2012〕6 号）	中国保险监督管理委员会

三、依法规范发展阶段（2013—2019 年）

2012 年 11 月，《农业保险条例》正式颁布，标志着我国农业保险从中央财政补贴试点阶段迈向了依法规范发展阶段。该条例对农业保险合同的订立、履行及解除，农业保险经营规则，违法行为的法律责任等进行了全面规定，为保险机构开展农业保险业务提供了明确的法律指引和坚实的制度保障。

（一）完善农业保险补贴政策

2013 年的中央一号文件提出："健全政策性农业保险制度，完善农业保险保费补贴政策，加大对中西部地区、生产大县农业保险保费补贴力度，适当提高部分险种的保费补贴比例。"2014 年的中央一号文件强调："提高中央、省级财政对主要粮食作物保险的保费补贴比例，逐步减少或取消产粮大县县级保费补贴，不断提高稻谷、小麦、玉米三大粮食品种保险的覆盖面和风险保障水平。"同年，国务院发布《关于金融服务"三农"发展的若干意见》，提出要拓展农业保险的广度和深度，主要从扩大农业保险覆盖面、创新农业保险产品、完善保费补贴政策等方面展开。2015 年的中央一号文件提出："加大中央、省级财政对主要粮食作物保险的保费补贴力度。将主要粮食作物制种保险纳入中央财政保费补贴目录。中央财政补贴险种的保险金额应覆盖直接物化成本。"2016 年的中央一号文件要求："扩大农业保险覆盖面、增加保险品种、提高风险保障水平。积极开发适应新型农业经营主体需求的保险品种。"2017 年的中央一号文件提出："持续推进农业保险扩面、增品、提标，开发满足新型农业经营主体需求的保险产品，采取以奖代补方式支持地方开展特色农产品保险。"2018 年 8 月，财政部、农业农村部和中国银行保险监督管理委员会联合发布《关于将三大粮食作物制种纳入中央财政农业保险保险费补贴目录有关事项的通知》，对三大主粮制种的种子保险费补贴做出具体要求。

（二）推进三大主粮完全成本保险和收入保险试点

考虑到物化成本保险的保障水平太低，2018 年的中央一号文件在深化农业保险改革方面迈出重要步伐，明确提出探索开展稻谷、小麦、玉米三大粮食作物的完全成本保险和收入保险试点，加快建立多层次的农业保险体系。同年，财政部、农业农村部和中国银行保险监督管理委员会联合印发《关于开展三大粮食作物完全成本保险和收入保险试点工作的通知》，采用"分品种施策"的方式探索农业保险转型升级路径，对水稻、小麦开展完全成本保险试点，对玉米则同时开展完全成本保险和收入保险试点。在充分考虑各地经济条件、土地流转率以及农业保险工作基础的情况下，2018 年批复了 24 个产粮大县开展完全成本保险和收入保险试点。2019 年的中央一号文件要求按照扩面、增品、提标的要求，完善农业保险政策，继续推进稻谷、小麦、玉米完全成本保险和收入保险试点。

（三）探索价格保险试点

2014 年的中央一号文件将粮食、生猪等重要农产品，东北、内蒙古的大豆以及新疆的棉花的目标价格保险试点作为政策推出。自 2014 年起，我国农业保险在价格保险方面开展试点探索，对东北三省及内蒙古的大豆实施目标价格改革。同年，国务院发布《关于加快发展现代保险服务业的若干意见》，强调了价格保险在"三农"保险发展中的作用。随着试点工作深入推进，中央一号文件连续数年对价格保险给予高度关注。2015 年的中央一号文件提出"积极开展农产品价格保险试点"，旨在完善价格保险机制，提升其对农业生产的保障能力。2016 年的中央一号文件强调"探索开展重要农产品目标价格保险"，进一步明确了价格保险在农业保险体系中的重要地位。2017 年的中央一号文件直接鼓励"地方多渠道筹集资金，支持扩大农产品价格指数保险试点"，这一政策指导为价格保险在全国范围内的推广和应用奠定了基础。

（四）对地方特色农业保险产品实行以奖代补

地方特色农产品在保障农民收入、促进农业结构调整中发挥着日益重要的作用。为了支持地方特色农产品发展，2014 年的中央一号文件鼓励保险机构开展特色优势农产品保险，有条件的地方提供保费补贴，中央财政通过以奖代补等方式给予支持。这一政策为地方特色农业保险产品发展提供了重要的政策支撑和财政激励。2015 年的中央一号文件强调加快研究出台对地方特色优势农产品保险的中央财政以奖代补政策，体现了国家对地方特色农业保险产品创新的重视。2017 年的中央一号文件提出，采取以奖代补方式支持地方开展特色农产品保险。2019 年的中央一号文件要求探索对地方优势特色农产品保险实施以奖代补试点。通过实施以奖代补，激发了农户的参保积极性，推动了地方特色农业保险产品的创新与发展，为农业现代化和乡村振兴提供了更加坚实的保障。

（五）稳步推进"保险＋期货"试点

2016 年的中央一号文件提出，要"创设农产品期货品种，开展农产品期权试点"，应"探索建立农业补贴、涉农信贷、农产品期货和农业保险联动机制"，应"改革完善粮食等重要农产品价格形成机制和收储制度"。这体现了新形势下国家对发展农产品期货衍生品市场并发挥其功能作用的关注。同年 3 月，国家发展和改革委员会与财政部等六部委联合在东北三省和内蒙古对玉米采取"市场化收购＋补贴"新机制。2017 年的中央一号文件再次强调"推进农产品期货、期权市场建设，积极引导涉农企业利用期货、期权管理市场风险，稳步扩大'保险＋期货'试点"，以"保险＋期货"为工具服务"三农"。2018 年的中央一号文件提出"深入推进农产品期货期权市场建设，稳步扩大'保险＋期货'试点，探索'订单农业＋保险＋期货（权）'试点"。2019 年的中央一号文件要求继续扩大"保险＋期货"试点。

（六）建立农业保险大灾风险分散机制

面对农业保险领域日益凸显的大灾风险挑战，国家持续推动建立农业保险大灾风险分散机制。2013 年的中央一号文件提出"推进建立财政支持的农业保险大灾风险分散机制"。同年 3 月 1 日起正式实施的《农业保险条例》，从行政法规角度对我国建立农业保险大灾风险管理制度做出了规定。同年年底，财政部发布的《农业保险大灾风险准备金管理办法》详细规定了大灾准备金的计提、使用和管理要求，要求保险机构根据农业保险保费收入和超额承保利润的一定比例计提大灾准备金，逐年滚存，并享受税前扣除政策。这一举措有效弥补了原有大灾风险分散机制的不足，为农业保险大灾风险管理制度的完善奠定了坚实基础。2014 年的中央一号文件强调"规范农业保险大灾风险准备金管理，加快建立财政支持的农业保险大灾风险分散机制"。同年 8 月，国务院印发的《关于加快发展现代保险服务业的若干意见》提出要完善对农业保险的财政补贴政策，建立财政支持的农业保险大灾风险分散机制。2016 年的中央一号文件提出"进一步完善农业保险大灾风险分散机制"。2019 年，中国人民银行、中国银行保险监督管理委员会、中国证券监督管理委员会、财政部和农业农村部联合发布《关于金融服务乡村振兴的指导意见》，明确提出"落实农业保险大灾风险准备金制度，组建中国农业再保险公司，完善农业再保体系"。这表明建立农业保险大灾风险分散机制是政策性农业保险制度必不可少的组成部分。

（七）规范农业保险的管理

2013 年 4 月，中国保险监督管理委员会发布《关于加强农业保险条款和费率管理的通知》和《关于加强农业保险业务经营资格管理的通知》，对保险公司制定的农业保险条款和费率、农业保险业务经营资格提出明确要求，规范农业保险市场秩序，促进农业保险业务的稳健和可持续发展。2015 年，中国保险监督管理委员会印发《农业保险承保理赔管理暂行办法》，对保险公司开展承保、理赔、协办、内控管理等工作提出要求，切实维护参保农户利益，确保国家强农惠农富农政策有效落实。2016 年年底，财政部印发《中央财政农业保险保险费补贴管理办法》，明确补贴政策、保险方案、保障措施、预算管理、机构管理、监督检查等方面的具体要求，确保补贴资金得到规范使用。2013—2019 年农业保险相关政策文件见表 1 - 3。

表 1 - 3　2013—2019 年农业保险相关政策文件

年份	文件	发文单位
2013	关于加快发展现代农业进一步增强农村发展活力的若干意见（中发〔2013〕1 号）	中共中央、国务院
	关于加强农业保险条款和费率管理的通知（保监发〔2013〕25 号）	中国保险监督管理委员会
	关于加强农业保险业务经营资格管理的通知（保监发〔2013〕26 号）	中国保险监督管理委员会
	农业保险大灾风险准备金管理办法（财金〔2013〕129 号）	财政部
2014	关于全面深化农村改革加快推进农业现代化的若干意见（中发〔2014〕1 号）	中共中央、国务院
	关于金融服务"三农"发展的若干意见（国办发〔2014〕17 号）	国务院
	关于加快发展现代保险服务业的若干意见（国发〔2014〕29 号）	国务院
	关于延续并完善支持农村金融发展有关税收政策的通知（财税〔2014〕102 号）	财政部、国家税务总局
	关于推动金融支持和服务现代农业发展的通知（农财发〔2014〕93 号）	农业部
2015	关于加大改革创新力度加快农业现代化建设的若干意见（中发〔2015〕1 号）	中共中央、国务院
	农业保险承保理赔管理暂行办法（保监发〔2015〕31 号）	中国保险监督管理委员会

（续）

年份	文件	发文单位
2016	关于落实发展新理念加快农业现代化实现全面小康目标的若干意见（中发〔2016〕1 号）	中共中央、国务院
2017	关于深入推进农业供给侧结构性改革加快培育农业农村发展新动能的若干意见（中发〔2017〕1 号）	中共中央、国务院
2017	关于延续支持农村金融发展有关税收政策的通知（财税〔2017〕44 号）	财政部、国家税务总局
2018	关于实施乡村振兴战略的意见（中发〔2018〕1 号）	中共中央、国务院
2018	关于将三大粮食作物制种纳入中央财政农业保险保险费补贴目录有关事项的通知（财金〔2018〕91 号）	财政部、农业农村部、中国银行保险监督管理委员会
2018	关于开展三大粮食作物完全成本保险和收入保险试点工作的通知（财金〔2018〕93 号）	财政部、农业农村部、中国银行保险监督管理委员会
2019	关于坚持农业农村优先发展做好"三农"工作的若干意见（中发〔2019〕1 号）	中共中央、国务院
2019	关于金融服务乡村振兴的指导意见（银发〔2019〕11 号）	中国人民银行、中国银行保险监督管理委员会、中国证券监督管理委员会、财政部、农业农村部
2019	关于加快农业保险高质量发展的指导意见（财金〔2019〕102 号）	财政部、农业农村部、中国银行保险监督管理委员会、国家林业和草原局
2019	关于开展中央财政对地方优势特色农产品保险奖补试点的通知（财金〔2019〕55 号）	财政部
2019	关于推动银行业和保险业高质量发展的指导意见（银保监发〔2019〕52 号）	中国银行保险监督管理委员会

四、高质量发展阶段（2020 年以来）

2019 年，经中央全面深化改革委员会批准，财政部、农业农村部、中国银行保险监督管理委员会与国家林业和草原局四部门联合发布《关于加快农业保险高质量发展的指导意见》，这是我国农业保险进入高质量发展阶段的标志，从农业供给侧结构性改革的客观要求出发，以保护农民利益为基础，围绕农业保险高质量发展要求提出了具体政策，即要适应农业农村现代化发展和乡村振兴的需要，适应农户需求，提高保障水平。党的二十大擘画了以中国式现代化全面推进中华民族伟大复兴的宏伟蓝图，并首次提出加快建设农业强国。农业保险作为推动农业高质量发展的稳定器，是农业支持保护制度不可或缺的一环。此阶段一系列推动农业保险高质量发展的政策相继出台，农业保险制度不断健全，改革稳步推进。

（一）稳步推进农业保险扩面、增品、提标

2019年，为支持地方优势特色农产品保险发展，助力农业农村现代化和农民增收，财政部印发了《关于开展中央财政对地方优势特色农产品保险奖补试点的通知》，在内蒙古、山东、湖北等10个省份，对小农户、新型农业经营主体等开展符合条件的地方优势特色农产品保险，按照保费的一定比例给予奖补，实现了特色农产品保险制度建设的重要突破。2020年的中央一号文件要求推进稻谷、小麦、玉米完全成本保险和收入保险试点。同年7月，中国银行保险监督管理委员会出台《推动财产保险业高质量发展三年行动方案（2020—2022年）》，持续推进农业保险扩面、增品、提标，开展重要农产品完全成本保险和收入保险试点，提升农业保险服务"三农"质效。2021年的中央一号文件提出，扩大稻谷、小麦、玉米三大粮食作物完全成本保险和收入保险试点范围，支持有条件的省份降低产粮大县三大粮食作物农业保险保费县级补贴比例，发挥"保险＋期货"在服务乡村产业发展中的作用。同年，财政部、农业农村部和中国银行保险监督管理委员会联合下发《关于扩大三大粮食作物完全成本保险和种植收入保险实施范围的通知》，明确实施地区为河北、内蒙古等13个粮食主产省份的产粮大县，要求2021年纳入补贴范围的实施县数不超过省内产粮大县总数的60％，2022年实现实施地区产粮大县全覆盖。2022年的中央一号文件提出，探索开展糖料蔗完全成本保险和种植收入保险，实现三大粮食作物完全成本保险和种植收入保险主产省份产粮大县全覆盖；积极发展农业保险和再保险；优化完善"保险＋期货"模式。国务院印发的《"十四五"推进农业农村现代化规划》提出，实施优势特色农产品保险奖补政策，鼓励各地因地制宜发展优势特色农产品保险，稳妥有序推进农产品收入保险。财政部、农业农村部和中国银行保险监督管理委员会于2022年联合发布《关于在广西开展糖料蔗完全成本保险和种植收入保险的通知》《关于开展大豆完全成本保险和种植收入保险试点的通知》，财政部、农业农村部和国家金融监督管理总局于2023年联合发布《关于实施天然橡胶综合保险政策的通知》，开展糖料蔗、大豆、天然橡胶完全成本保险和种植收入保险试点。2023年的中央一号文件提出，逐步扩大稻谷、小麦、玉米完全成本保险和种植收入保险实施范围，实施好大豆完全成本保险和种植收入保险试点，鼓励发展渔业保险。同年7月，财政部、农业农村部和国家金融监督管理总局联合发布《关于扩大三大

粮食作物完全成本保险和种植收入保险实施范围至全国所有产粮大县的通知》，要求坚持"自主自愿、稳妥有序、高质高效、依法合规、风险可控、创新赋能"的原则，进一步扩大三大粮食作物完全成本保险和种植收入保险实施范围。2024 年的中央一号文件提出，扩大完全成本保险和种植收入保险政策实施范围，实现三大主粮全国覆盖、大豆有序扩面，鼓励地方发展特色农产品保险。

（二）强化农业保险市场规范管理

2019 年 12 月，中国银行保险监督管理委员会发布《关于推动银行业和保险业高质量发展的指导意见》，要求完善农业保险大灾风险分散机制，加快设立中国农业再保险公司。之后，中国银行保险监督管理委员会提出《推动财产保险业高质量发展三年行动方案（2020—2022 年）。2020 年 5 月，农业农村部和中国银行保险监督管理委员会联合发布《关于推进渔业互助保险系统体制改革有关工作的通知》，研究确定了"剥离协会保险业务，设立专业保险机构承接"的改革总体思路，形成了渔业互助保险系统整体改革方案，设立了具有独立法人资格的全国性渔业互助保险机构，中国渔业互保协会不再从事保险业务。同年 6 月，为深入贯彻中央全面深化改革委员会关于加快农业保险高质量发展的总体部署，落实好农业保险领域"放管服"改革要求，中国银行保险监督管理委员会下发《关于进一步明确农业保险业务经营条件的通知》，全面完善农业保险业务的经营条件与标准、经营考评机制、市场退出机制等，建立健全农业保险业务经营条件管理机制。同年 12 月，财政部和农业农村部联合印发《关于加强政策性农业保险承保机构遴选管理工作的通知》，出台农业保险经营条件和政策性农业保险承保机构遴选办法，构建了"监管资质＋政策遴选"市场选择新格局。2021 年年底，财政部修订出台新的《中央财政农业保险保费补贴管理办法》，首次提出"财政支持、分级负责、预算约束、政策协同、绩效导向、惠及农户"的农业保险保费补贴工作原则，在补贴政策、保险方案、预算管理等方面对农业保险保费补贴政策进行整体规范和优化，强化了对财政补贴资金全周期管理。2022 年 2 月，中国银行保险监督管理委员会发布《农业保险承保理赔管理办法》，突出以服务"三农"为中心，强调保险科技服务，从承保、理赔、协办、内控、监督等方面细化农业保险承保理赔工作各环节规定，为农业保险业务监管提供了有力的制度保障。同年 5 月，中国银行保险监督管理委员会发布《中国保险业标准化"十四五"规划》，在标准化助力保险业服务实体经济方面，明确提出推动农业保险标准建设，为乡村振兴战略背景下的农业保险高质量发展提供了标准化指导。2023 年 4 月，中国银行保险监督管理委员会发布《农业保险精算规定（试行）》，通过中国保险行业协会先后制定了三大主粮、生猪、森林保险标准条款，发布了农业保险产品开发指引，持续优化产品和费率厘定的标准和规范。2024 年的中央一号文件提出，推进农业保险精准投保理赔，做到应赔尽赔；完善巨灾保险制度。

本阶段，各类政策文件针对农业保险的高质量发展提出了全面而具体的指导意见。通过持续扩大三大主粮作物完全成本保险和收入保险试点，将糖料蔗、大豆等更多作物纳入完全成本保险试点，优化"保险＋期货"模式，发展特色农产品保险，完善组织管理体系等措施促进农业保险发展，提出了对未来农业保险发展的新期待。我国农业保险政策循着"边试点、边总结、边完善"的路径，每项新政策均顺应"三农"发展的要求，在完善前一阶段政策的基础上产生，不仅仅是管理自然风险和市场风险的手段，还融入我国现代农业建设各个环节，在农村金融体系建设、农业产业结构调整和转型升级中发挥更多作用。2020—2024 年农业保险相关政策文件见表 1－4。

表 1－4　2020—2024 年农业保险相关政策文件

年份	文件	发文单位
2020	关于抓好"三农"领域重点工作确保如期实现全面小康的意见（中发〔2020〕1 号）	中共中央、国务院
	关于延续实施普惠金融有关税收优惠政策的公告（财政部　税务总局公告 2020 年第 22 号）	财政部、国家税务总局
	关于推进渔业互助保险系统体制改革有关工作的通知（农办渔〔2020〕16 号）	农业农村部、中国银行保险监督管理委员会
	关于进一步明确农业保险业务经营条件的通知（银保监办发〔2020〕51 号）	中国银行保险监督管理委员会
	推动财产保险业高质量发展三年行动方案（2020—2022 年）（银保监办发〔2020〕68 号）	中国银行保险监督管理委员会
	关于加强政策性农业保险承保机构遴选管理工作的通知（财金〔2020〕128 号）	财政部、农业农村部
2021	关于全面推进乡村振兴加快农业农村现代化的意见（中发〔2021〕1 号）	中共中央、国务院
	关于扩大三大粮食作物完全成本保险和种植收入保险实施范围的通知（财金〔2021〕49 号）	财政部、农业农村部、中国银行保险监督管理委员会
	"十四五"推进农业农村现代化规划（国发〔2021〕25 号）	国务院
	中央财政农业保险保费补贴管理办法（财金〔2021〕130 号）	财政部

（续）

年份	文件	发文单位
2022	关于做好 2022 年全面推进乡村振兴重点工作的意见（中发〔2022〕1 号）	中共中央、国务院
	农业保险承保理赔管理办法（银保监规〔2022〕4 号）	中国银行保险监督管理委员会
	关于在广西开展糖料蔗完全成本保险和种植收入保险的通知（财金〔2022〕55 号）	财政部、农业农村部、中国银行保险监督管理委员会
	关于开展大豆完全成本保险和种植收入保险试点的通知（财金〔2022〕63 号）	财政部、农业农村部、中国银行保险监督管理委员会
	中国保险业标准化"十四五"规划（银保监发〔2022〕11 号）	中国银行保险监督管理委员会
2023	关于做好 2023 年全面推进乡村振兴重点工作的意见（中发〔2023〕1 号）	中共中央、国务院
	农业保险精算规定（试行）（银保监规〔2023〕4 号）	中国银行保险监督管理委员会
	关于扩大三大粮食作物完全成本保险和种植收入保险实施范围至全国所有产粮大县的通知（财金〔2023〕59 号）	财政部、农业农村部、国家金融监督管理总局
	关于延续实施支持农村金融发展企业所得税政策的公告（财政部 税务总局公告 2023 年第 55 号）	财政部、国家税务总局
	关于实施天然橡胶综合保险政策的通知（财金〔2023〕107 号）	财政部、农业农村部、国家金融监督管理总局
2024	关于学习运用"千村示范、万村整治"工程经验有力有效推进乡村全面振兴的意见（中发〔2024〕1 号）	中共中央、国务院

第二章 中国农业保险 20 年
发展的主要成就

农业保险作为一种关键的风险管理工具，在促进农业生产、维护农村稳定、保障农民收入等方面发挥着无可替代的作用。回顾过去 20 年，我国农业保险事业成绩斐然，从规模的爆发式增长到产品的持续创新，从服务水平的显著提升到政策体系的日益完善，全方位推动了农业保险行业的进步，为中国农业农村现代化提供了强有力的保障。

一、建立了政策法律体系

政策支持是农业保险发展的重要驱动力。过去 20 年，党和政府高度重视农业保险发展，多年的中央一号文件强调支持政策性农业保险发展，并出台了一系列政策措施。2019 年，财政部等四部委发布的《关于加快农业保险高质量发展的指导意见》，为中国农业保险发展指明了方向。国家逐步构建起支持农业保险发展的政策体系，为农业保险的健康、可持续发展提供了坚实保障。2024 年，中央财政拨付农业保险保费补贴 547 亿元，这一巨额补贴资金极大地推动了农业保险的发展。从补贴品种来看，中央财政保费补贴品种由 2007 年的 5 个扩大到 16 个，涵盖了粮食作物、经济作物、养殖等多个领域。其中，三大粮食作物覆盖面占比近 70%，确保了国家粮食生产的稳定。同时，部分地区开展地方优势特色农产品以奖代补试点，范围扩大到 20 个省份，包含 60 多个地方特色优势农产品。从补贴比例来看，各级政府对农业保险提供的补贴比例接近八成，大大降低了农户的投保成本，提高了农户的参保积极性，有力地促进了农业保险市场的繁荣发展。2007—2023 年各级财政的农业保险保费补贴见图 2-1。

2012 年颁布的《农业保险条例》，对农业保险的定义、基本原则、经营规则、法律责任等方面做出了明确规定，标志着中国农业保险进入了法治化发展轨道。相关部门又陆续出台了一系列配套政策和法规，进一步完善了农业保险

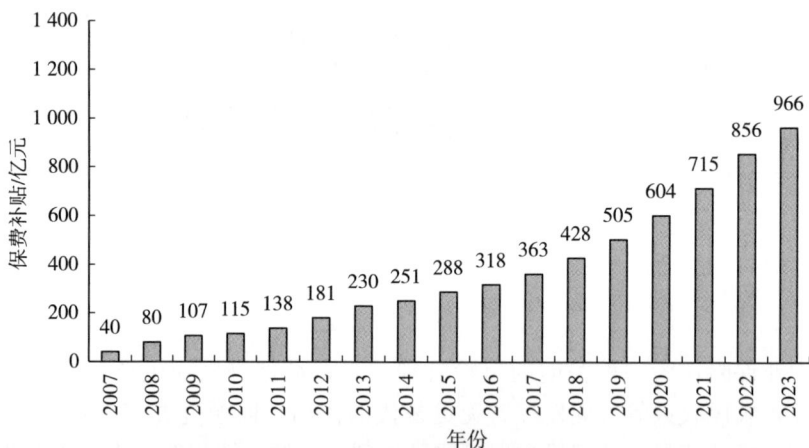

图 2-1 2007—2023 年各级财政的农业保险保费补贴

注：根据财政部公开数据计算。

法律制度体系。健全的法治建设，规范了农业保险市场秩序，保护了投保农户和保险经营机构的合法权益，促进了农业保险的健康发展。在法律的保障下，农业保险行业能够更加有序地开展业务，不断提升服务质量和水平，为农业生产提供长期稳定的风险保障。

二、撑起了风险保障大伞

自 2004 年国家开展新一轮农业保险试点以来，我国农业保险规模实现了跨越式发展。2004 年，我国农业保险保费收入仅为 3.77 亿元，当时农业保险在农村地区的认知度较低，农民参与积极性不高。但随着政策的持续推进和市场规模的不断扩展，到 2024 年，农业保险保费收入飙升至 1 521 亿元，年均增长率高达 35%，我国在农业保险保费规模方面居全球首位。在直保端，保费收入的快速增长直观反映出农业保险市场的蓬勃活力，以及农业保险对农业生产保障力度的稳步增大。越来越多的农民认识到农业保险的重要性，积极投身参保行列，为自己的农业生产增添一份保障。在再保险端，中国农业再保险股份有限公司在服务和推动农业保险高质量发展方面起到重要引领作用，及时为受灾较大影响的农业保险经营公司支付赔款，大大缓解了其赔付压力，为稳住农业基本盘发挥了重要作用。2004—2024 年我国农业保险保费和赔付率见图 2-2。

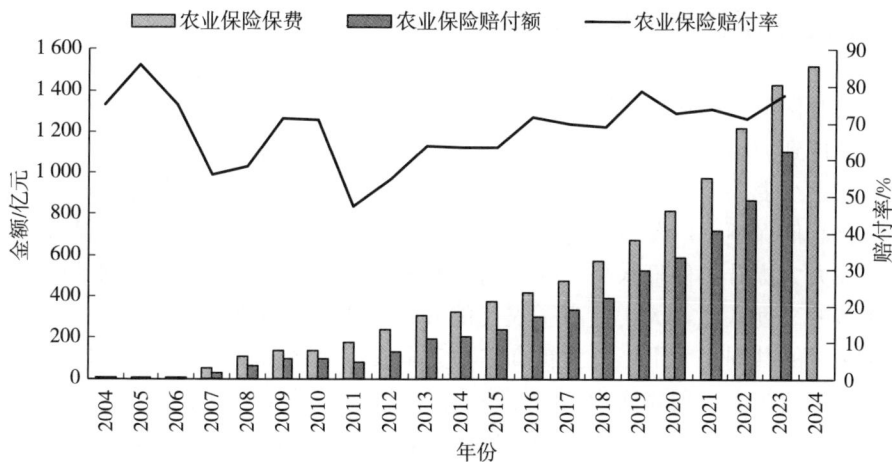

图 2-2 2004—2024 年我国农业保险保费和赔付率

注：根据历年中国统计年鉴计算。

在为农业生产提供风险保障额度方面，增长同样令人瞩目。2007 年，农业保险为农民提供的风险保障额度约为 1 126 亿元，到 2024 年，这一额度激增至 5 万亿元。如此巨额的风险保障额度，宛如一张坚固的安全网，在自然灾害等风险来临时，有力地保障了农业生产的恢复和农民生活的稳定。2007—2022 年，各级财政累计补贴农业保险保费 5 184 亿元，其中 93.24%（4 833.5 亿元）用于农业保险赔付支出。2020—2022 年的农业保险平均赔付率（简单赔付率）为 71.61%，比 2016—2018 年平均赔付率高出 8.43%。其中，2020 年保费赔付支出 6 101.83 亿元，占灾害经济损失的 16.53%，是政府灾害救济及恢复重建支出资金的 2.79 倍。2022 年农业保险赔付支出 848.95 亿元，占灾害经济损失的 34.77%。

参保农户数量众多，覆盖面极为广泛。农业保险开办区域覆盖了全国所有省份，从东北地区肥沃的黑土地到南方地区富饶的鱼米之乡，从西部广袤的草原到东部繁华的沿海农区，农业保险的阳光普照大地，为各地农业生产提供了平等的风险保障机会。2024 年，参保农户达 1.47 亿户次，这意味着我国广大农村地区的农户，无论身处何地，都有机会借助农业保险为自身生产经营保驾护航。在黑龙江省的大型农场，种植户们可以为大面积的粮食作物投保；在云南省的偏远山村，分散的农户也能便捷地参保，保障自家的特色经济作物。承保的农林牧渔品种也在持续丰富，无论是传统的粮食作物，还是特色的养殖、种植产业，均被纳入农业保险的保障范畴。

三、为国家粮食安全做出贡献

农业保险机构从 2007 年探索粮食的物化成本基本保险，到 2012 年拓展至全国，再到 2018 年在部分粮食主产区开展粮食的完全成本保险和收入保险试点，探索小麦、玉米、水稻三大主粮保险从保物化成本升级为保完全成本和收入。比起低保额、广覆盖的物化成本基本保险，全面实施的完全成本保险和收入保险大大提升了保障水平，既得到了各级财政的大力支持，又得到了广大参保主体的高度认可，大大提高了农民的种粮积极性。在各级政府、保险公司、投保主体的共同努力下，三大粮食作物完全成本保险和收入保险加快推进，实施范围快速扩大，覆盖面积不断提高。三大粮食作物完全成本保险和种植收入保险于 2022 年基本实现主产省产粮大县全覆盖，共承保 5.5 亿亩①，占主产省产粮大县粮食种植面积的 58％左右，其中水稻覆盖率约为 55％、小麦约为 74％、玉米约为 50％；2023 年扩大至全国所有的产粮大县；2024 年扩大至全国所有的县。政策性农业保险在稳定农民的种粮收益、提高农民种粮积极性等方面发挥了重要的作用。

有了完全成本保险和种植收入保险，投保农户就消除了"望天收"的担忧，大大减轻了粮食遭遇灾害而造成损失的压力，即便遭遇"风不调雨不顺"的情况，也能保障投保农户的总体收入不出现大幅度下降的情况，形成对未来现金流较为稳定的预期，有效平抑收入波动，增强持续经营和扩大再生产的信心和决心。根据财政部测算，物化成本基本保险对粮食作物保障水平大约是每亩 525 元，由于保障水平低，投保农户觉得不够"解渴"，而且较低比例的赔付对农民总体收入影响不明显。完全成本保险是对总成本进行保障的农业保险险种，对粮食作物的保障水平达到每亩 1 125 元。在触发赔付方面，完全成本保险与物化成本基本保险虽然相同，都是根据损失程度赔偿，但完全成本保险的赔款额却翻了一番。

四、建立了农业保险管理体制

《农业保险条例》明确规定，由县级以上地方人民政府统一领导、组织、协调本行政区域的农业保险工作。为了进一步做好农业保险的统筹管理工作，2019 年由财政部、农业农村部、中国银行保险监督管理委员会、国家林业和草原局联合印发的《关于加快农业保险高质量发展的指导意见》提出，由财政

---

① 亩为非法定计量单位，1 亩≈0.066 7 公顷。——编者注

部会同中央农村工作领导小组办公室、农业农村部、中国银行保险监督管理委员会、国家林业和草原局等部门成立农业保险工作小组，统筹规划、协同推进农业保险工作。国家相关部门针对农业保险出台了保费补贴、机构遴选、加强基础设施建设、业务监管等多种措施，完善了"四梁八柱"，理顺了发展脉络，统一了补贴比例，优化了奖补方式，完善了大灾风险分散机制，推动了数据共享，强化了保险监管。

五、形成了多层次、广覆盖的产品体系

随着农业产业结构的持续调整和农业现代化进程的加速，农业生产经营主体对农业保险产品的需求愈发多样化。过去 20 年，我国农业保险产品在创新方面成果丰硕，形成了多层次、广覆盖的产品体系。

从 2007 年起，我国在 6 个省份实施中央财政农业保险保费补贴试点，由保险机构为农户提供直接物化成本保险，针对农户种植粮食作物等在面临重大自然灾害时可能遭受的严重损失，为其提供基本物化成本保障。参与农业保险的农户在遭受自然灾害而产生严重损失时可以获得种子、化肥等直接物化成本的赔付。在此基础上，从 2018 年开始，中央财政在 6 个粮食主产省份的 24 个产粮大县开展为期 3 年的完全成本保险和种植收入保险试点工作。完全成本保险覆盖直接物化成本、土地成本和人工成本等全部农业生产成本，种植收入保险则以保障种植收入为目标。种植收入保险让农户在面对市场价格波动时心里更有底，只要产量稳定，即使价格下跌，收入也能得到一定保障。2020 年后，三大粮食作物完全成本保险和种植收入保险的实施范围进一步扩大，逐步覆盖 13 个粮食主产省份的所有产粮大县，2024 年扩大至全国，让更多的粮食种植户从中受益。

我国气候复杂多变，自然灾害频发，为了精准地应对这些风险，我国积极开展了天气指数保险试点工作。天气指数保险以降水量、气温、风速等气象指标为触发条件，当实际气象数据达到约定的触发条件时，保险公司按照合同约定进行赔付。在江西省的一些茶叶种植区，由于春季低温和暴雨对茶叶产量影响很大，当地推广天气指数保险后，茶农们只需要关注气象数据，一旦达到赔付标准，就能快速拿到赔款。这种保险产品具有理赔速度快、操作简便等优点。除天气指数保险外，还有价格指数保险和区域产量指数保险等。价格指数保险针对农产品市场价格波动风险，保障农民在农产品价格下跌时的收益；区域产量指数保险则以特定区域的农作物平均产量为基础，当实际产量低于约定产量时进行赔付。在山东省的蔬菜产区，价格指数保险帮助菜农在蔬菜价格大幅下跌时，减少了经济损失。这些指数保险产品为农业生产应对不同风险提供

了更多选择，丰富了农业保险的风险保障体系。

随着我国期货市场的不断发展和完善，"保险＋期货"试点项目在大部分省份相继开展。这种创新型产品将农户面临的价格风险通过保险转移至期货市场，有效解决了传统农业保险难以覆盖市场风险的问题。在"保险＋期货"模式下，农户向保险公司购买农产品价格保险，保险公司再通过期货公司在期货市场进行套期保值操作，将价格风险转移出去。在辽宁省的大豆产区，农户通过参与"保险＋期货"项目，在大豆价格下跌时，依然获得了合理的收入补偿。同时，为进一步优化模式，还创新出"保险＋期货＋订单""银行＋保险＋期货"等模式。"保险＋期货＋订单"模式将农业保险与农产品订单相结合，农户在签订农产品订单的同时购买保险，不仅保障了农产品价格，还确保了销售渠道；"银行＋保险＋期货"模式则引入银行，通过保险为农户增信，帮助农户获得银行贷款，解决农业生产资金短缺问题。这些创新模式为农业生产经营主体提供了更加全面、综合的风险管理解决方案，有力地促进了农业稳定发展。

六、打造了优质农业保险服务体系

服务水平是农业保险行业发展的重要支撑。过去 20 年，我国农业保险在服务覆盖面、增值服务以及科技应用等方面取得了显著进步，为农户提供了更加便捷、高效、优质的服务。农业保险经营机构数量不断增加，已有近 40 家。这些经营机构在全国范围内积极布局，设立了近 50 万个基层服务网点；县级行政区域实现了全面覆盖，无论是经济发达地区还是偏远山区，都有农业保险服务的身影；乡镇覆盖率超过 95％，大大提高了服务可得性。这种广泛的服务网络布局，不仅方便了农户，也为农业保险的深入推广和普及奠定了坚实基础。即使在一些偏远乡村，农业保险服务人员也定期下乡宣传，为农户讲解保险政策和产品。在发达乡镇，农户已经可以通过线上平台便捷地办理保险业务。农户在家门口就能便捷地了解农业保险产品信息、办理投保手续以及申请理赔，真正做到了让农业保险服务触手可及。2019 年，我国农业保险的保险深度为1.0％、保险密度为 361 元/人；2022 年达到 1.4％、690 元/人（图 2-3）。

随着农业保险市场的发展，传统单一的保险产品供给已难以满足农户日益多样化的需求。"保险＋服务"模式应运而生并不断发展，衍生出多种增值服务。一些保险公司为参保农户提供农业技术培训，邀请农业专家为农户传授先进的种植、养殖技术，帮助农户提高生产效率和农产品质量，比如在四川省的柑橘种植区，保险公司组织专家开展技术培训，使当地柑橘的产量和品质都有了显著提升。保险公司还提供农产品市场信息咨询服务，让农户及时了解市场动态，合理安排生产和销售计划。还有一些保险公司在灾害发生后，不仅提供

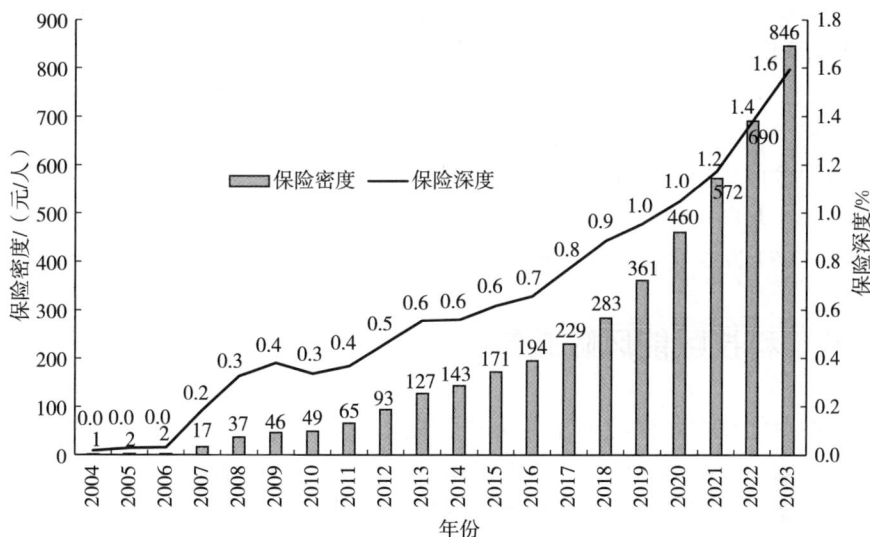

图 2-3　2004—2023 年我国农业保险的深度和密度

注：根据历年中国统计年鉴计算。

资金赔付，还协助农户进行生产自救，联系相关资源帮助农户尽快恢复生产。在 2021 年河南省暴雨灾害中，保险公司迅速组织力量，帮助受灾农户清理农田、修复设施，同时快速理赔，让农户能够尽快恢复生产。这些增值服务大大提高了农户投保积极性，充分发挥了保险补贴资金的效能，提升了农业保险的惠农效果，使农业保险真正成为农户生产经营的得力助手。

到 2021 年年底，全国参与农业保险直保经营的市场主体已经有 35 家，这些市场主体中有综合性保险公司，有专业性农业保险公司，还有相互保险机构。与此同时，还催生了大量的组织和机构为农业保险的政策制定、产品设计、业务推广、科技研发、人才培训等投入力量。一些保险公司成立了研究院专门从事行业前沿问题的研究，例如太安农业保险研究院、安华农业保险研究院等。一些社团组织设有专门关注农业保险问题的部门，例如中国农业风险管理研究会、中国保险行业协会、中国保险学会等。一些科技公司专门有服务农业保险业务的板块，例如航天信德、华风象辑、佳格天地等。高校等科研机构也涌现出一批研究农业保险问题的专家学者，培养了一大批农业保险专业人才。基层已经初步建立了协助办理农业保险业务的机构，打通了农业保险服务群众的"最后一公里"。

七、服务了脱贫攻坚战略

根据中共中央提出的"精准扶贫、精准脱贫，重在提高脱贫攻坚成效"的要求，农业保险行业不断优化政策和环境，不断发挥自身对脱贫攻坚和乡村振兴的保障和服务功能。农业保险企业在参与脱贫攻坚过程中，通过加强产业的风险防控、大力推进保险产品创新，促进保险资金直接或间接投入产业扶贫项目，既努力稳定了农民的收入，又大大增强了农民的主观能动性，帮助贫困地区实现"输血式"扶贫向"造血式"扶贫转变。2016—2019 年，农业保险累计为 9 840 万户次建档立卡贫困户和不稳定脱贫户提供风险保障 9 121 亿元，累计为 3 031 万受灾农户支付赔款 230.38 亿元。

八、科技赋能风险减量

科技赋能让农业保险的服务更加智能化、高效化，提升了行业整体竞争力。传统农业保险承保验标、查勘定损依赖人工，存在流程复杂、成本高且难度大等问题。随着科技的飞速发展，"保险 ＋ 科技"的融合为农业保险带来了全新变革。在承保环节，利用卫星遥感、无人机等技术，可以快速、准确地获取农作物种植面积、生长状况等信息，实现精准承保。在作物生长环节，保险机构主动采用遥感等技术手段，对承保区域内的粮食作物生长过程连续开展多轮遥感监测，及时将长势情况报地方政府、投保农户等。对于监测发现长势欠佳的地区，保险机构会组织农技专家深入田间地头，提供技术服务，指导农户主动采取灌溉、施肥等措施防灾减损，提示新型农业经营主体和地方政府部门积极采取预防性措施，减小各类自然灾害对农业生产的冲击。针对小麦条锈病、虫害等，保险机构帮助投保农户提前防治；针对冰雹灾害，及时提醒地方政府采取人工干预天气的手段，降低冰雹颗粒度；针对洪涝等灾害，告知相关主体做好排涝准备等。在查勘定损环节，通过大数据分析、人工智能图像识别等技术，能够对受灾农作物的损失程度进行科学评估，有效提升了农业保险查勘定损的准确率和保险赔付率。

无论是政府部门、保险机构还是农户，都有"尽量不成灾、努力少损失"的共同愿望，因此，保险机构在风险减量上尽心尽力，主动介入客户风险管理，与政府相关部门形成合力，实现风险减量，帮助农户防灾减灾夺丰收。2021 年 9 月，中华联合财产保险股份有限公司北京分公司和北京市气象局联合开展了"农业保险冰雹灾害风险识别及防控应用"研究项目，利用雷达探测和地面观测技术，了解北京地区近 10 年的冰雹灾害空间分布情况，并对冰雹灾害进行了精准识别和评估，还提出冰雹防控技术方案。2023 年，河南省经历了"烂场雨"，中国人民财产保险股份有限公司、中华联合财产保险股份有限公司等保险机构先后投入了 3 600 多万元，采取风险管控措施，帮助农户抢排积水、抢收作业、烘干运输等，降低了农户损失。

九、支持土特产健康发展

农业保险作为一种有效的风险管理工具，以创新的产品设计、优化的服务模式和有力的政策扶持，为土特产产业的发展注入了强大动力，成为产业持续发展的重要保障。土特产在生长环境、生产周期以及面临的风险类型上具有独特性。保险机构针对不同的土特产开发出专属险种。在山区，野生菌采摘产业依赖特殊的气候和土壤条件，采摘季短暂且极易受到极端天气的影响。保险机构推出"野生菌采摘险"，将暴雨、低温等可能导致野生菌减产甚至绝收的关键气象因素纳入保障范畴。在沿海地区，海参、鲍鱼等养殖类土特产面临着海水污染、病害暴发等风险，会给养殖户带来巨大损失。"海产养殖险"应运而生，该险种全面涵盖了因海水污染、病害等导致的养殖损失，为海产养殖户提供了稳定的风险保障，有效降低了他们的经营风险。安盟财产保险有限公司创新发展牦牛保险，助力红原县牧民增收致富。2021—2022 年，安盟财产保险有限公司在红原县承保牦牛 107.03 万头，共为 9 759 户次牧民提供风险保障 21.5 亿元，支付赔款 1.14 亿元，户均每年减损万元以上。

农业保险通过产品创新、服务优化和政策扶持等多方面举措，为土特产产业的发展提供了全方位的支持。从降低农户风险、提升产业效益到推动产业升级，农业保险在土特产产业发展中发挥着不可或缺的作用。随着农业保险体系的不断完善，相信它将为土特产产业的繁荣发展注入更强大的力量，助力乡村振兴战略目标的实现。

十、创新"银保"协同模式

为了推动涉农信贷与农业保险结合，国家出台了多项政策措施。2008 年，中国人民银行和中国银行业监督管理委员会联合发布了《关于加快农村金融产品和服务方式创新的意见》，鼓励涉农信贷机构与保险机构积极合作。2009 年，探索建立农村信贷与农业保险相结合的银保互动机制首次在中央一号文件中被正式提出。各地出现了多种形式的涉农信贷与农业保险合作的模式，陕西省就建立了"农户＋财政＋保险＋银行"的"银保富"模式。"银保富"模式通过对投保的农业生产经营者提供保险服务，解决了农业生产过程中的风险保障问题，提高了农业生产经营者从事农业生产的积极性，增强了农业生产经营者提供资产抵押并获得银行贷款的能力，实现了现代农业生产与农村金融的有效对接。该模式实现了四个目标：第一，保险机构为投保农业生产经营者提供保险服务，当保险事故发生后，保险金在被保险人所欠贷款本金余额范围内，将优先支付给放贷的农村金融机构，有效降低了农村金融机构的贷款风险；第二，财政给予投保农业生产经营者一定的保费补贴，引导农业生产经营者参与投保，撬动银行贷款来充分支持陕西省的农业生产发展；第三，农业生产经营者购买了农业保险，使农业生产获得风险保障，农业生产经营者顺利得到金融机构的贷款，获得了扩大农业生产规模所需的资金；第四，金融机构以保单为依据向农业生产经营者发放小额贷款，开拓了信贷业务，大大拓展了贷款覆盖面。陕西省的"银保富"模式是将政策性农业保险与信贷有机结合的典型范例。

为了引入涉农保险机制，分散银行业金融机构涉农信贷风险，提高农村借款人贷款的可获得性，进一步改善农村"贷款难"问题，2010 年 4 月，中国银行业监督管理委员会和中国保险监督管理委员会联合发布《关于加强涉农信贷与涉农保险合作的意见》。广东省积极推进"政策性农业保险＋信贷"模式的试点，在这种模式下，成为农业行业协会成员的农业生产经营者投保了政策性农业保险之后，在向农村信用合作社申请贷款时，可以获得在原利率基础上下浮 5％的利率优惠。当保险事故发生并导致产生损失时，农业生产经营者可根据保单获得一定数额的赔付款，大大减轻了偿还贷款的压力。佛山市首创"政银保"模式，财政部门投入 1 000 万元作为农业生产的贷款担保基金，同时为投保的农业生产经营者承担一半的保费，农村信用合作社为符合条件的投保农业生产经营者提供贷款，中国人民财产保险股份有限公司广东分公司对农业贷款本金提供保证保险服务。基于专业风险管理技术，保险机构对信贷风险做出全面而高效的系统评估，并最终确定保险费率。由保险机构确立的保险费率，既能够为金融机构和政府的信贷计划提供参考，又能间接地反映出当地农业信贷发展的风险水平。在"政银保"模式下，保险机构最终确定的保险费率仅为贷款额的 2％，远远低于广东省除佛山市的地区的平均水平，金融机构由此做出了佛山市农业贷款风险可控的判断。保险机构的介入在很大程度上降低了农村信用社贷款发放的风险和成本，增强了农村信用社发放贷款的信心，进一步扩大了农村信用社贷款发放的规模，满足了更多农业生产经营者对贷款资金的需求，活跃了农村金融市场。2017 年，湖北省积极探索金融支持新型农业经营主体适度规模经营，在天门市开展了农业"政银保"贷款模式，即新型农业经营主体投保农业保险以后，由保险机构担保，银行贷款给新型农业经营主体的运作模式。天门市宇兆公司投保 2 000 亩水稻，通过保险机构担保，从银行获得贷款 1 500 万元。天门市政府还给予新型农业经营主体 3％～5％的贷款利率贴息。

2011 年，中国保险监督管理委员会下发了《关于保险业参与加强和创新社会管理的指导意见》，提出了保险机构要发挥保险增信的作用，进一步提升信用风险的管理水平。中国平安财产保险股份有限公司当年就开展了"提供小微型企业贷款保证保险＋合作银行提供无抵押贷款"的创新合作模式，开拓小微型企业融资渠道，不仅对促进解决小微型企业融资难问题，而且对促进国家经济发展和社会稳定具有重要作用。2011 年，安徽省合肥市长丰县为了支持当地农户开展草莓种植，出台了"信贷＋保险"试点办法，并推出了"信贷＋保险"草莓种植专项贷款，为长丰县草莓种植提供信贷和保险支持。在该模式下，有借款需求的农户通过资格审查以后，加入合作社，合作社作为一个整体向村镇银行提交贷款申请，合作社整体和由 3～5 户农户组成的联保小组向村镇银行提供担保，村镇银行与合作社签订贷款合同后，合作社整体向保险机构投保，保单作为抵押物抵押给村镇银行，村镇银行发放贷款之后，合作社监督农户的资金使用情况，一旦发生违约现象，保险机构优先理赔给村镇银行，政府作为村镇银行、保险机构、合作社、农户四方的协调者，积极推动该模式的建立，给予四方一定的资金支持。草莓种植信贷保险的费率为 6％，财政补贴 80％，农民承担 20％。另外，村镇银行对投保的农户或者合作社给予利率优惠。该模式以农业合作社作为切入点，既方便金融机构通过合作社对农户进行集体贷款，也方便保险机构对损失进行"大数分析"，降低了银行和保险机构的交易成本；由于合作社的规模化和集约化生产，贷款需求也进一步增加，为金融机构创造了更多的利润；合作社、联保小组和保单的担保，提高了贷款农户的信用等级，降低了违约的概率；金融机构和政府的支持，解决了农户贷款难、还款更难的问题，增加了当地农户的收入。村镇银行还开发了小企业联保贷款、农民专业合作社专项贷款、林权抵押贷款、农村青年创业贷款、"信贷＋保险"草莓种植小额贷款等，极大满足了长丰县农户在发展农业方面的资金需求。

2013 年的中央一号文件要求"加强涉农信贷与保险协作配合，创新符合农村特点的抵（质）押担保方式和融资工具，建立多层次、多形式的农业信用担保体系"。2014 年 8 月，国务院下发了《关于加快发展现代保险服务业的若干意见》，指出要发挥保险管理风险的功能。在此背景下，保险机构积极配合供给侧结构性改革，创新公共服务模式，作为供给方为满足各方对于保险的需求提供了很多新模式。2016 年的中央一号文件要求"探索建立农业补贴、涉农信贷、农产品期货和农业保险联动机制"，"保险＋期货"等模式的产品不断出现。通过投保农业保险，农户的信用环境得以改善，农户的偿付能力及抵御风险能力都得到了明显提高，间接提高了农户的信用度。2016 年，安徽省农委、安徽省财政厅专门出台了《关于支持商业性农业保险发展的指导意见》，提出要充分发挥农业保险的作用，包括为新型农业经营主体融资增信、为建设现代农业强省提供强有力的支持。该文件还鼓励开展农业保险保单质押贷款，建立农业保险与金融机构对接融资渠道，构建农业保险与农业信贷担保的紧密合作机制，实现业务与产品的有机组合，有效分摊风险、降低成本，提高农业企业的担保额度和融资水平。

第三章　主要农业保险经营机构的发展历程

2004年，中央一号文件提出"加快建立政策性农业保险制度，选择部分产品和部分地区率先试点"。部分地方政府将农业保险作为支持农业发展的重要手段，而农业保险业务主要由商业保险公司自主经营，地方财政提供一部分保费补贴。2007年起，各级政府和相关部门通过补贴保费等方式逐步参与农业保险组织管理。2013年3月1日，《农业保险条例》正式实施，明确了相关参与主体的职责，为农业保险健康发展提供了法规依据。经过多年发展，我国逐渐构建起"政府组织推动、商业运作为主、多方共同参与"的农业保险组织管理体系。其中，政府组织推动指各级政府在政策制定、财政支持、保险服务等方面发挥了积极作用，确保农业保险政策能够落地生根并惠及广大农户；商业运作为主指商业保险公司成为农业保险经营主体，通过创新产品、服务、技术和管理模式，建立农业保险基层服务体系，有效满足农户需求，提高农业保险的市场化水平；多方共同参与指政府部门、再保险公司、保险公司、农户、农民合作社、科技公司等多方共同参与，形成合力，共同推动农业保险事业的蓬勃发展。

在政策扶持下，农业保险经营机构形成了综合性保险公司、专业农业保险公司、农业再保险公司等多类机构并存的多元化格局。具体而言，综合性保险公司和专业农业保险公司等直接保险经营机构作为农业保险市场的核心力量，负责农业风险的直接承保与理赔工作，通过创新产品和服务，为投保主体提供全面的风险保障。农业再保险公司通过为直接保险经营机构提供再保险服务，帮助其分散风险，确保直接保险业务稳健运营。这一多元化格局不仅满足了农户的多样化需求，而且提高了农业保险市场的竞争化程度和运行效率。各经营机构之间的合作与竞争，推动了我国农业保险市场的持续繁荣与发展，为农业生产提供了强有力的风险保障。

一、综合性保险公司

直接为农户提供农业保险服务的经营机构简称"直保机构"。20 年来，我国直接为农户提供农业保险服务的综合性保险公司由一家增长至 20 多家，其中业务量比较大的，包括中国人民财产保险股份有限公司（简称"人保财险"）、中华联合财产保险股份有限公司（简称"中华财险"）、中国太平洋财产保险股份有限公司（简称"太平洋产险"）、中国人寿财产保险股份有限公司（简称"国寿财险"）、中国平安财产保险股份有限公司（简称"平安产险"）、太平财产保险有限公司（简称"太平财险"）、中国大地财产保险股份有限公司（简称"大地财险"）等。

（一）中国人民财产保险股份有限公司

中国人民财产保险股份有限公司（简称"人保财险"）作为新中国农业保险事业的开拓者、建设者，自 20 世纪 50 年代试办农业保险以来，切实发挥了保险业国家队、主力军作用。人保财险前身是于 1949 年成立的中国人民保险公司，是国内历史悠久、综合实力强的大型国有财产保险公司，保费规模居全球财产保险市场前列。1982 年，国家恢复了农业保险经营，人保财险首先从畜禽保险开始试办农业保险，涵盖了牛、马、猪等多个养殖业项目，随后，又把粮、棉、油、菜、烟等多种农作物纳入保险范围。由于股份制改革等多种原因，20 世纪 90 年代后期，农业保险业务一再萎缩，一度陷于停滞状态。2004 年以后，人保财险稳步推进政策性农业保险试点工作，扩大保险覆盖范围，提高服务质量。特别是 2007 年我国推出政策性农业保险保费补贴政策以来，人保财险始终将服务"三农"、发展农业保险当成一项政治任务落实，持续推动农业保险高质量发展，将"三农"保险服务机构作为服务乡村产业发展、促进乡村全面振兴的重要基础，持续推进网络布局和服务能力建设。

为了有效推进乡村振兴各项工作，人保财险在总公司、省分公司、市中支公司三级机构党委下设立"乡村振兴工作委员会"，统筹推动乡村振兴各项工作，并同步设立"乡村振兴保险部"，强化保险服务乡村振兴的职能与职责。截至 2024 年上半年，人保财险在全国所有的县都设立了机构，在中心乡（镇）设置了 6 550 个具有金融牌照的"三农营销服务部"，在其他乡（镇）共建了 2.8 万个"三农保险服务站"，在重点行政村设有 13.6 万个"三农保险服务点"，形成"部、站、点"互联互通的农村服务网络。人保财险在区（县）及乡（镇）自有队伍人数超过 2.5 万人，并组建了一支由乡（镇）部门、村"两委"人员组成的协办队伍，配置"三农"服务专用车近 7 000 辆，有效保证了农村保险服务的全覆盖。人保财险在全国农业保险市场的份额超过 40%，2007—2023 年，累计支付农业保险赔款近 2 700 亿元，成为支持农户灾后恢复生产的重要力量。

（二）中华联合财产保险股份有限公司

中华联合财产保险股份有限公司（简称"中华财险"）可追溯至 1986 年新疆生产建设兵团组建的农牧业保险公司，这是新中国成立后的第二家具有法人资格的保险公司。随着业务发展，公司更名为"新疆兵团财产保险公司"，逐步把经营区域扩大至整个新疆维吾尔自治区。2002 年，正式更名为"中华联合财产保险公司"，经营范围逐渐扩大至全国，在江苏、四川、重庆、河南等地按照"政策性保险＋商业化运作"的模式经营农业保险业务。2005 年，积极参与组建浙江省农业共保体，占 10% 的份额。作为 2007 年中国保险监督管理委员会和财政部确定的三家全国农业保险试点单位之一，在新疆、湖南、江苏、四川、内蒙古五个试点省份全面开展政策性农业保险试点工作。中华财险作为我国农业保险发展的先驱，自 1986 年成立以来，始终坚守"服务国家、服务三农、服务民生"的初心与使命，在农业保险的广阔天地里深耕细作，不仅在 29 个省份广泛开展农业保险业务，更以实际行动为农业支持保护体系的完善和粮食安全保障贡献坚实力量。

截至 2021 年年底，中华财险共设分公司 32 家，中心支公司（含营业总部）291 家，支公司 1 796 家，营销服务部 787 家，机构共计 2 906 家。当前已建设乡（镇）和村级"三农"服务网点超 7 万个，并组建起一支规模达 7.2 万人的协保员队伍，配置"三农"服务车约 1 800 台，无人机近 700 架，建立健全"县内有机构、镇内有网点、村内有人员、硬件有支撑"的"三农"服务网络，为粮农提供有质量、有温度的保险保障服务。2023 年，中华财险累计为近 1 200 万户次粮农种植的 1.3 亿亩主粮提供了 1 100 亿元农业风险保障，业务经营区域覆盖 25 个省份、230 余个地级市、约 1 000 个县（市、区）。从提标推进情况看，2023 年，中华财险在政策性农业保险经办区域内，三大粮食作物完全成本保险和收入保险已覆盖 376 个产粮大县，累计赔款支出近 36 亿元，受益农户户次达到 340 万，为稳定粮农收入，防止粮农因灾致贫、因灾返贫做出了积极贡献。

（三）中国太平洋财产保险股份有限公司

中国太平洋财产保险股份有限公司（简称"太平洋产险"）是中国太平洋保险（集团）股份有限公司旗下的子公司，2013 年，经中国保险监督管理委员会批准，太平洋产险逐渐在全国开展农业保险业务，服务范围覆盖农林牧渔等各领域，已经在全国拥有 40 家分公司，1 家航运保险事业营运中心，3 100 余家中心支公司、支公司、营业部和营销服务部。太平洋产险服务农业强国、乡村振兴战略，聚焦"三农"风险保障需求，持续丰富"三农"保险产品体系，已累计新开发农业保险产品 5 037 款，其中，中央政策性产品 931 款（占比 18%）、地方政策性产品 2 304 款（占比 46%）、商业性产品1 802 款（占比 36%）。太平洋产险创新农业保险产品 1 418 款，其中，价格指数类（含"保险＋期货"）产品 754 款、收入（产量）指数类产品 324 款、气象指数类（含绿色保险）产品 325 款、其他指数类产品 15 款。2023 年年底，太平洋产险的中央政策性农业保险保费占比 56%、地方政策性农业保险保费占比 28%、商业性农业保险（含"保险＋期货"项目）保费占比 16%。太平洋产险在高效服务农业强国、乡村振兴等国家战略方面持续推进产品创新，有力促进了农业保险高质量发展。

太平洋产险进入农业保险市场十余年来，投入技术创新战投资金、软硬件及设备采购资金、数据服务采购资金等近 10 亿元，主要用于新系统建设、新技术引进、软硬件开发、数据服务采购、终端设备采购、基层科技应用普及等。太平洋产险"e 农险"新技术体系已建设成为以遥感、气象、大数据、区块链、人工智能为底层技术支撑，由"慧眼·智远"人工智能遥感平台、"慧眼"无人机智能定损平台、"捷辨"生物智能识别平台、"知天慧农"气象风险管控平台、业务质量管控平台五大核心技术平台组成，包含 100 余项功能及工具的庞大体系。2023 年，太平洋产险在 383 个产粮大县承保逾 9 638 万亩次主粮耕地，为 755.7 万户次粮农提供 768.53 亿元的风险保障；在黑龙江、内蒙古等地积极试点大豆完全成本保险和种植收入保险，为逾 1.56 万户次农户种植的 219 万亩大豆作物累计提供 11.9 亿元的风险保障，全面保障国家粮食安全。2023 年，太平洋产险总共为 2 258 万户次农户提供农业风险保障 5 931 亿元，实现保费收入 177.2 亿元。

（四）中国人寿财产保险股份有限公司

中国人寿财产保险股份有限公司（简称"国寿财险"）成立于 2006 年 12 月 30 日，系中国人寿保险（集团）公司旗下核心成员。自 2012 年正式进入农业保险市场，始终坚守保险的政治性、人民性和专业性，努力当好农业生产的"减震器"和"稳定器"，高质量服务农业现代化建设。已在全国设立 1 家金融科技中心、1 家航运保险运营中心、1 家电销中心、36 家分公司、337 家中心支公司和 2 600 家县（市、区）级及以下机构，省级、地市级和县（市、区）级的覆盖率分别达到 100%、99% 和 90%。截至 2023 年年底，国寿财险已累计建成营销服务部、乡（镇）服务站、村级服务点等各类服务机构超 6.5 万个，拥有农业保险专职服务人员超 2 300 人，配备农业保险协办人员约 4.5 万人，已建成"专职人员＋协办人员＋外部专家"的综合服务队伍，在超过 1 700 个四级机构中提供农业保险服务。

国寿财险在做好中央政策性三大粮食作物保险的基础上，为满足不同农业生产经营者的风险保障需求，积极进行产品创新，研发产量保险、价格保险、收入保险、保额补充保险等领域的产品，充分降低农业生产经营者在粮食生产、粮食销售过程中面临的经济收入波动损失，助力国家粮食供给稳定。在科技赋能方面，国寿财险陆续建设了集无人机管理、飞行、拍摄、分析于一体的"国寿 i 农飞"平台，全面加快农业保险科技的战略部署与深度应用，推动自身农业保险提质增效和高质量发展；搭建了"一路行"空中智赔平台，实现一站式在线视频理赔，助力损失核定更精确、赔款支付更快速，使客户轻松享受无接触、便捷化的智能理赔体验；引入生物 AI 识别技术，通过采集牲畜面部信息，赋予每头牲畜唯一的身份标识，以此达到精准验标、精准比对的目的；研发智能点数识别技术，对育肥猪存栏量实行精准识别，有效降低由于不足额投保带来的道德风险。国寿财险积极构建"保防救赔"一体式农业保险服务模式，除事后经济补偿外，还开展事前风险预警、事中救灾减损等风险减量活动，提升农业生产经营者的风险抵御能力。2023 年，国寿财险承保中央政策性三大粮食作物保险 1 亿亩，为超 1 000 万户次粮农提供风险保障约 763 亿元，支付赔款 24 亿元。

（五）中国平安财产保险股份有限公司

中国平安财产保险股份有限公司（简称"平安产险"）自 2013 年起涉足农业保险业务，凭借强大的科技实力与丰富的管理经验，在北京、陕西等 16 个省份开办政策性农业保险业务，并逐渐扩展至全国。近年来，平安产险集合多种农业科技工具，创新研发了各类农业保险科技产品，为保险企业、地方政府、新型农业经营主体和广大农民群众等相关主体提供了多样化、多层次的农业保险服务，为我国农业保险高质量发展提供了"科技农险"解决方案，打造"保险＋科技＋服务"新模式，有效提升了自身的农业保险经营服务水平。2023 年，平安产险已在 31 个省份开展农林牧渔等领域的 150 余个保险品种，保费收入达 81 亿元，为超过 1 064.3 万户次农户提供风险保障 3 187 亿元，彰显了其在农业保险领域的卓越实力。其中，围绕三大粮食作物、其他粮食作物和种业振兴，为 675.9 万户次农户提供 514.3 亿元风险保障，有效助力国家粮食安全和农业强国建设。

2022 年，平安产险累计为 1 129 万户次农户提供风险保障 2 523 亿元，保费资金放大效果达到 44.1 倍，累计赔款 36.6 亿元，帮助 253 万户次农户出险后快速恢复生产生活，充分发挥保险杠杆作用，稳定农户收入。平安产险依托"平安车主"等资源，持续开展农产品消费帮扶工作，以"土特产"为切入点，探索"乡村振兴＋协销＋网红"新模式，围绕 100 个乡村振兴示范项目、100 个名特优新农产品、100 个乡村振兴网红、100 个乡村振兴优秀县长、100 场助农协销直播，打造平安产险乡村振兴"五个一百"行动，通过消费帮扶带动农民增收。平安产险还助力绿色生态建设，推动实现国家"双碳"目标，开发碳汇遥感指数产品，在河北、广东等 16 个省份落地，实现森林、草原、湿地、海洋四大领域全覆盖。

（六）太平财产保险有限公司

太平财产保险有限公司（简称"太平财险"）是中国太平保险集团有限责任公司旗下的子公司，2013 年开始进入农业保险市场，以特色农业保险业务创新为切入点，构建广覆盖、多品类、深保障的农业保险格局，全面服务"三农"。2024 年前三季度，太平财险累计向农户提供风险保障 213.5 亿元，同比增长 25.5%。太平财险在黑龙江、山东、湖北等地推动三大粮食作物完全成本保险和种植收入保险全覆盖；在湖北、山东、安徽等地试点玉米收入保险、玉米价格保险＋期货、品牌小麦种植收入保险、小麦收获期降水量指数保险、水稻稻瘟病指数保险等创新产品，持续推进三大粮食作物保险扩面、增品、提标；三大粮食作物保险的保费收入同比增长 57.4%，为 901.7 万亩作物提供风险保障 45.6 亿元。

太平财险围绕种植、养殖各个环节，根据气象变化、自然灾害等环境因素，因地制宜创新农业保险产品，织密织牢农业生产保障网。推进科技型创新产品研发，开发海洋碳汇指数、林业碳汇指数、林业碳汇损失等碳保险，累计为山东、福建、广东、河北等地提供森林、海洋碳汇风险保障 69.7 亿元。围绕"风险减量"研发江苏省商业性水稻稻瘟病指数保险、小麦赤霉病指数保险等，为病害提前预防和统防统治提供重点区域、时间等决策支持，引导农户以防减损，助推农业保险的服务模式从事后赔付转向事前预防、事中监测，促进农业产业健康发展。围绕渔业和海洋牧场相关产业，研发落地全国首单扇贝养殖风力指数保险、深远海网箱养殖"保险＋信贷"模式、海水养殖碳汇指数保险、山东省首单南美白对虾养殖保险和海洋牧场以奖代补项目等，并在烟台市搭建全国首个海洋保险创新研究中心，为海洋牧场保险产品持续创新提供支持。太平财险"e 农保"系统结合无人机航拍、卫星遥感等技术，支持移动验标、在线报案、电子围栏勾画、AI 称重等功能，从移动作业、标的管理、客户管理、风险管控、客户服务、产品创新、数据服务七个方面支持农业保险业务开展，提高农业保险承保、理赔质效。

（七）中国大地财产保险股份有限公司

中国大地财产保险股份有限公司（简称"大地财险"）作为国有金融企业，积极响应国家战略部署，以"价值大地"新蓝图为引领，不断深化创新，构建多层次农业保险产品体系，通过科技赋能，为农业、农村、农民的全面发展提供坚实保障，为乡村全面振兴贡献"大地力量"。大地财险搭建了多层次、广覆盖的"乡村振兴大地保"产品体系，其中包括"种养两业保""产业振兴保""乡村建设保""乡村治理保"和"乡村防贫保"五大产品体系，涉及 40 个细分领域，有效满足了乡村振兴多元化、差异化的保险需求。截至 2024 年年底，大地财险开发了天气指数保险、价格指数保险等指数保险产品 69 个，累计为乡村振兴领域提供风险保障近 3 000 亿元。在三大粮食作物完全成本保险和种植收入保险领域，为农户提供近 60 亿元风险保障，有效降低了自然灾害与市场波动对农业生产的影响。

二、专业农业保险公司

2004 年以来，多年的中央一号文件强调要大力发展政策性农业保险，在相关部门和地方政府推动下，我国陆续成立了多家专门经营农业保险业务的公司，如太平洋安信农业保险股份有限公司（简称"安信农险"）、安华农业保险股份有限公司（简称"安华保险"）、阳光农业相互保险公司（简称"阳光农险"）、国元农业保险股份有限公司（简称"国元保险"）和中原农业保险股份有限公司（简称"中原农险"）等。

（一）太平洋安信农业保险股份有限公司

太平洋安信农业保险股份有限公司（简称"安信农险"）是在上海市政府的支持下，于 2004 年 9 月 15 日成立的专业农业保险公司，专注于开发适合农业、农村、农民需求的保险产品，为中国农业保险发展开辟了一条新道路，初期采取"以险养险""统保""共保"等方法，不断拓展相关业务。安信农险结合上海市农业发展实际，不断推出创新性农业保险产品，如保淡绿叶菜成本价格保险、生猪价格指数保险等，以满足不同农业风险保障需求。随着自身规模扩大和市场需求增长，安信农险不仅深耕农业领域保险，还成功实现了业务多元化转型，涉足责任险、意外险等领域。2008 年，安信农险的浙江分公司成立，标志着安信农险开始拓展外地市场。2014 年，中国太平洋保险（集团）股份有限公司通过其控股子公司——中国太平洋财产保险股份有限公司收购了安信农险 34.34% 的股权，此后逐步增持股份，到 2020 年，中国太平洋财产保险股份有限公司持有安信农险 52.13% 的股权，成为其控股股东。2020 年 12 月，安信农险正式更名为"太平洋安信农业保险股份有限公司"。2021 年，安信农险实现原保费收入 15.93 亿元，同比增长 15.69%，其中农业保险保费收入 10.71 亿元，同比增长 23.25%。经过近 20 年的努力，安信农险在上海市的农业保险覆盖率达到 100%，提供了多达 57 个的农业保险险种，构建了覆盖市、区（县）、乡（镇）、村的多级服务网络。

（二）安华农业保险股份有限公司

安华农业保险股份有限公司（简称"安华保险"）于 2004 年 12 月正式成立，成立之初，采取"保险公司＋农业产业化龙头企业（或农民专业合作经济组织）＋农户"模式，规避农业生产风险，推动农业产业发展。同时开发适合农村市场的综合保险产品，全方位保障农民利益。安华保险先后在吉林、内蒙古、山东、北京等地设立分支机构，业务涵盖了种植业保险、养殖业保险和林业保险，并扩展至商业性财产保险以及团体人身意外保险。近年来，为强化农业保险产品供给，满足农业产业链风险保障需求，安华保险积极开展产品创新，相继开办了杂粮杂豆、设施农业、食用菌类和中药材等地方特色农业保险，致力于为广大农户和农业经营主体提供全面、优质的农业保险服务。安华保险的业务涉及种植业、养殖业、渔业、林业、农机等多个农业领域，产品种类丰富，可满足不同农户和农业经营主体的保障需求。

近年来，安华保险在助力乡村振兴方面取得了显著成绩。累计承保农户超过 2 亿户次、保费规模超过 3 000 亿元，为农户和农业经营主体提供了超过 2 000 亿元的风险保障。安华保险还积极参与国家农业政策的实施，为乡村振兴战略的实施提供了重要支撑。在服务方面，安华保险凭借近 20 年深耕"三农"保险领域的经验，率先在内蒙古自治区开展"农业保险＋信贷＋担保＋监管"创新金融服务试点；还运用物联网、3S、人工智能等技术，搭建了金融服务畜牧业云平台。截至 2023 年，安华保险共为 5 248 万户次农户提供风险保障近 8 700 亿元，累计支付赔款超 240 亿元，受益农户超 3 200 万户次。

（三）阳光农业相互保险公司

阳光农业相互保险公司（简称"阳光农险"）成立于 2005 年 1 月 11 日，是由北大荒农垦集团有限公司发起，经国务院同意、中国保险监督管理委员会批准的国内第一家相互制保险公司。20 年来，阳光农险始终坚守服务"三农"的初心，积极探索相互保险模式在农业保险领域的应用。通过会员互助、风险共担的方式，为农户提供了成本低、保障高的保险服务，以专业的农业保险产品体系为基石，以先进的农业保险科技应用为利刃，以高效的理赔服务机制为后盾，为广大农户撑起了抵御风险的"保护伞"，为农村经济社会的蓬勃发展注入了源源不断的动力。黑龙江省农垦系统从1994年就已经开展了农业风险互助实践，有成立相互保险公司的业务基础，因而阳光农险被特许成立，这是我国农业保险组织形式的一大创新。阳光农险始终采取"公司统一经营为主导，保险社互助经营为基础，统分结合，双层治理，双层经营"的运营方式，建立了利益共享、风险共担的机制，为服务"三农"建立了坚实的保险体系。阳光农险不仅提供灾后补偿，还将预防工作延伸至灾前，形成了"防、保、救、赔"体系，有效防范了风险。阳光农险历经20年的发展，业务规模不断壮大，保险业务收入从2005年的2.28亿元飙升至2024年的48.89亿元，增长了20倍。累计承保种植险作物面积达12.6亿亩，累计承保森林面积达8 478万亩，累计赔款294亿元，累计为农户提供风险保障5 914.7亿元，近1 100万户次农户从中受益。

阳光农险在农业保险定损中率先引入卫星遥感技术，开启了科技理赔的新篇章。2010年，阳光农险成为行业内首家将卫星遥感技术应用于农业保险定损的企业，实现了对大面积农作物受灾情况的快速、精准监测。此后，阳光农险持续加大科技投入。2016年，基于3S技术的农业保险承保与理赔平台一期建设完成并上线使用，进一步提高了承保理赔的准确性和时效性。2019年，阳光农险首次将无人机采集影像和遥感监测结果作为定损依据，在黑龙江省全域全流程推广3S技术，无人机累计作业数千架次，有效保证了大灾之年查勘定损的时效和质量。阳光农险的发展充分彰显了农业保险在保障农业生产、稳定农民收入方面的巨大作用。经过多年的发展，阳光农险设有黑龙江、广东、天津3家分公司，拥有200多家分支机构，员工超过2 000人，提供的保险险种包括种植业保险、养殖业保险、财产保险、责任保险、机动车辆保险和其他涉农保险等，年保费收入达40亿元。

（四）国元农业保险股份有限公司

国元农业保险股份有限公司（简称"国元保险"）成立于2008年1月18日，注册地为合肥市，是安徽省为服务"三农"专门设立的全省第一家法人保险机构，由安徽国元金融控股集团等6家省属大型企业、15家市属企业以及若干民营企业共同出资设立。国元保险坚持市场化运作模式，稳步实施"三步走"战略。第一步实现经营区域安徽省内全覆盖，构建了农业保险、商业保险、健康保险"一主两翼"业务发展格局；第二步在河南、湖北、贵州、上海、山东等地设立分支机构，成为这些区域内具有一定实力的专业农业保险公司；第三步坚持专业化形象，走科技化发展道路，面向全国，争取上市，努力建设科技领先、国内一流的创新型农业保险公司。

2013 年起，湖北、贵州、上海、安徽、山东分公司相继获批成立，国元保险朝着成为科技领先、国内一流的创新型农业保险公司迈进。2016 年以来，国元保险创新探索开展了玉米价格保险、三大粮食作物补充保险、小麦和水稻天气指数保险、黟县"三段式"保险等模式，切实保障了国家粮食安全。2021 年 8 月，三大粮食作物完全成本保险和种植收入保险在安徽省 35 个产粮大县开展试点。国元保险承保水稻、玉米完全成本保险 1 255.3 万亩，保费 5.9 亿元，保额 100 亿元，农户亩均获得赔款较基本险增加 66%，大大提高了农户种粮积极性。2023 年，国元保险承保三大粮食作物完全成本保险 8 085.2 万亩，保费 33.8 亿元，保额 674 亿元；承保非产粮大县三大粮食作物 613.7 万亩，保费 1.5 亿元，保额 28 亿元。先后推动安徽省农业保险在全国率先创造"两个第一"（第一个大宗农作物参保面积过亿亩、第一个农业保险实现全省全覆盖），提前实现中央提出的三大粮食作物农业保险覆盖率在 70% 以上、农业保险深度达到 1%、农业保险密度达到 500 元/人的目标。

（五）中原农业保险股份有限公司

作为唯一一家总部设在河南省的全国性财产保险公司，中原农业保险股份有限公司（简称"中原农险"）自 2015 年 9 月成立以来，持续推动农业保险扩面、增品、提标，坚持专业支撑升级提能，更好地为政府和农户创造价值。在推动农业强国建设中培固自身在"三农"领域的核心竞争力，持续夯实"六专支撑"：发挥保险机制优势，促进模式迭代，夯实"模式专属"；抓住数字化建设升维，打造体验式农业保险科技矩阵，夯实"技术专精"；聚力产业振兴，丰富乡村振兴产品库，夯实"产品专特"；锚定四个一流，做中国最懂"三农"的保险公司，夯实"战略专注"；打通风险防控全链条，向"六全"服务延伸，夯实"服务专享"；抓住基础人才培育，提升人才核心竞争力，夯实"人才专业"。中原农险还构建了"1＋4"标准化管理体系，即以标准化增张力，以规范化提效力，以系统化激活力，由顶层设计标准化，引领建设四大农业保险工作模块标准化，实现宏观布局、督促检查、质量评估多环节的链条式推进。

2020 年起，中原农险在河南省 13 个小麦主产县开展小麦制种保险独家试点，在承保常规自然风险基础上，增加了种子纯度和发芽率损失责任，保障水平提升至 1 000 元/亩，2020—2023 年，累计为 2 265 个小麦制繁种农户/企业提供风险保障 4.86 亿元。截至 2024 年 3 月底，中原农险已设立河南、内蒙古、黑龙江 3 家省级分公司，16 家市级分公司，9 家市级中心支公司，113 家县级支公司和 59 家县级营销服务部。中原农险的服务网络已经覆盖全国 2.5 万个行政村，惠农服务专员覆盖 10 822 个行政村，其中，河南省内服务网络覆盖所有县（市、区），为广大农户提供了便捷、高效的保险服务。农业保险保费规模由 2015 年的 0.7 亿元跃升至 2023 年的 44.26 亿元，在专业农业保险公司中位列第二，花生、冬小麦、玉米、生猪的保费规模分列全国第一、第四、第五与第六。

（六）中国渔业互助保险社

1994 年，由于商业保险公司退出渔业保险市场，在农业部门的倡导下成立了中国渔业互保协会（前身是中国渔船船东互保协会），这是全国范围内渔船船东相互保障的非营利性社会团体，是国内第一家开展互助保险业务的行业协会。协会依托地方渔业执法机构开展渔船保险，建立了健全的服务网络。在各地渔业部门的支持下，协会在全国近 20 个省份开展了渔民人身意外伤害和渔船财产等互助保险工作，开发了养殖渔船全损险，海水深水网箱养殖险，海水、淡水养殖险，渔业码头财产险，港澳流动渔船渔民险，渔业执法人员综合保障计划，涉韩渔船违规罚款担保服务计划等，扎根渔业，直接服务渔民。中国渔业互保协会在支持地方经济发展和保护渔民利益方面扮演了关键角色，截至 2020 年年底，累计为 1 399.54 万人次的渔民提供保险服务，涉及承保渔船达 100.71 万艘次，提供的风险保障总额达 3.94 万亿元。此外，中国渔业互保协会还为 1.45 万名死亡或失踪渔民、11.69 万名受伤渔民以及 11.32 万艘完全损毁或部分受损的渔船支付了总计 78.22 亿元的经济补偿。

2023 年，中国渔业互助保险社成立，渔业互保业务正式被保险监管部门纳入监管范畴。通过成员的小额缴费，共同承担个别成员可能面临的大额风险，从而实现风险共担、利益共享。这与传统商业保险公司的运作模式不同，更注重行业内部的相互帮助和支持。在现代渔业发展的背景下，中国渔业互助保险社不仅是保险服务的提供者，更是行业发展的推动者。通过保险机制的建立和完善，帮助渔业企业和渔民减轻因不可预见的风险造成的经济负担，使广大渔业企业和渔民能够更加专注于生产技术提升和市场扩展，从而推动整个渔业向高质量发展。

三、中外合资保险公司

安盟财产保险有限公司（简称"安盟保险"）是由蜀道投资集团有限责任公司与法国安盟农业相互再保险全国总公司共同持股的合资保险公司，注册地为四川省成都市。安盟保险前身为法国独资的安盟保险（中国）有限公司、中外合资的中航安盟财产保险有限公司。2003 年，中国保险监督管理委员会批准了第一家外资公司——法国安盟保险集团在中国开展农业保险业务。2004 年 4 月，经中国保险监督管理委员会批准，安盟保险成都公司正式成立，成为当时金融行业唯一一家把中国区总部设在四川省的外商独资保险企业。同年10 月底，公司面向中国市场推出了 31 个涉农保险产品，其中 15 个险种为国内首创。2006 年，公司在四川省推出了包含 34 个粮食作物的种植业"农作物收成冰雹和暴风雨保险"，成为西部地区首个大面积推出的农作物保险。为弥补农业保险业务亏损，公司通过财产保险和寿险的收益来平衡。为了加快业务的发展，推进中法合作成效，2011 年，中国航空工业集团有限公司与法国安盟保险集团合资共同组建的中航安盟财产保险有限公司成立，开展农业保险业务，并成立了中航安盟保险（中国）有限公司吉林省分公司，迅速在吉林省开展农业保险业务。公司随后在陕西、内蒙古、江西等地成立分公司并开展农业保险业务。2024 年 1 月，中国航空工业集团有限公司撤出股份，蜀道投资集团有限责任公司进入，公司更名为"安盟财产保险有限公司"。

目前，农业保险涵盖种植险、养殖险和林业及草原险等中央政策性产品、地方政策性产品以及创新类产品，以满足不同客户需求。近年来，安盟保险积极贯彻"防大于治"理念，推进农业保险数字化转型，积极探索物联网、卫星遥感、人工智能等技术在农业保险中的应用，与国家航天局对地观测与数据中心、科研院校、科技公司等合作，建立农作物长势监测模型、土壤墒情监测模型等，提升农作物风险识别、监测、预警能力，积极开展风险减量服务，助力农作物稳产、增产。2023 年度，安盟保险实现农业保险保费收入 22.22 亿元，为 95 万户次农户提供风险保障 1 184.91 亿元，赔付支出 14.13 亿元。

中外合资保险公司活跃于我国农业保险市场体现了国际经验与本土市场结合的特点。法国安盟保险集团作为拥有逾百年历史的国际保险集团，在农业保险领域的专业知识和管理经验，与中国企业的市场洞察力和本地资源相结合，能够更好地适应和服务我国农业保险市场。这种结合不仅提高了农业保险的服务质量，而且加速了新产品推出和市场拓展。同时，中外合资保险公司在市场拓展和品牌建设方面也展现了其独特优势，国际品牌的加入提高了消费者对农业保险产品的信任度，增强了企业市场竞争力，在一定程度上促进了保险文化在农业领域的普及和深化。

四、农业再保险经营机构

2004—2012 年，我国农业再保险市场由中国财产再保险有限责任公司主导，辅以外资再保险公司开展再保险服务。中国财产再保险有限责任公司积极参与全国各地农业保险试点，为农业保险公司提供技术和承保能力的支持与服务，先后与人保财险、安信农险、安华保险、阳光农险等经营主体建立了广泛的合作关系，签订了包括一揽子成数分保合同、溢额分保合同、赔付率超赔保障等多种形式的农业再保险合同，发挥了分保主渠道作用。参与再保险业务的产品以享受中央和地方财政保费补贴的政策性农业保险产品为主，涵盖粮食作物、经济作物、畜牧养殖品种、森林，以及部分农房等。这一时期的农业再保险业务发展比较缓慢，再保险的作用发挥也不明显。

为了确保农业保险领域再保险的有效供给，为农业保险直保公司有效分散经营风险，2014年11月，由中国境内23家具有农业保险经营资质的非寿险公司与中国财产再保险有限责任公司共同发起成立了中国农业保险再保险共同体（简称"农共体"），其成员公司数量到2018年已增至32家，并拥有5家观察员公司，为我国农业保险提供了高达3 600亿元的再保险风险保障，有效满足了市场的再保险需求。农共体促进了我国农业再保险市场的成熟，在大灾风险分散机制中发挥了举足轻重的作用。但由于农共体缺乏自身风险转移分散机制，其应对巨灾风险的能力比较有限，不得不退出历史舞台。

进入2020年，我国加快了农业保险体系完善的步伐。财政部牵头成立了中国农业再保险股份有限公司（简称"中国农再"），注册资本161亿元，为政策性农业保险的全面覆盖提供了有力保障。中国农再由财政部、中国再保险（集团）股份有限公司、中国农业发展银行、中华联合财产保险股份有限公司、中国人寿财产保险股份有限公司、北大荒投资控股有限公司、中国太平洋财产保险股份有限公司、中国平安财产保险股份有限公司、中国人民财产保险股份有限公司等9家单位共同发起成立，标志着我国建立了完整的农业保险经营管理体系（表3-1）。中国农再于2020年12月正式开业，在开业第一年内，中国农再便与35家农业保险直保经营机构签订了政策性农业保险再保险标准协议，实现保费收入191.68亿元，为农业生产提供风险保障约1万亿元，带动农业保险为1.78亿户次提供风险保障4.72万亿元，农业再保险在分散农业保险大灾风险方面取得明显成效。

表3-1　中国农业再保险股份有限公司成立时各单位出资额

单位	财政部	中国再保险（集团）股份有限公司	中国农业发展银行	中华联合财产保险股份有限公司	中国人寿财产保险股份有限公司	北大荒投资控股有限公司	中国太平洋财产保险股份有限公司	中国平安财产保险股份有限公司	中国人民财产保险股份有限公司
出资额/亿元	90	10	10	10	10	10	8	8	5

第四章　中国农业保险 20 年发展的主要经验

随着农业保险政策深入推进，我国农业保险覆盖面不断扩大，财政的保费补贴强度逐年加大，保险的保障能力持续提高，中国特色农业保险成为建设农业强国的重要抓手和政策工具。20 年来，中国农业保险坚持按照"政府引导、市场运作、自主自愿、协同推进"的原则发展，主要经验可以总结如下。

一、明确农业保险支持方向

农业保险首先要保障国家粮食安全。保障粮食等重要农产品充分供给是我国农业现代化最基本也是最重要的任务。粮食等重要农产品的生产既面临自然和市场风险，又面临国际市场的不确定性风险。要通过保险等手段切实保障粮食等重要农产品的生产，提高生产者的积极性，最大程度提升自给率，牢牢把握农业产业安全主动权。

农业保险又要支持特色农业产业。由于我国农业资源禀赋多元，使得各个地区都有特色农业产业，这些特色农业产业大都是富民产业。依托优势资源发展特色农业，走差异化发展路径，是当前推动乡村产业振兴的重要举措。通过保险来保障这些特色农业产业的发展，能够稳定提升农业效益，增加从业者就业机会并提升农业竞争力。脱贫地区要推进乡村全面振兴，农业保险的保障尤其重要。

农业保险还要保障乡村稳定发展。习近平总书记强调："应对风险挑战，不仅要稳住农业这一块，还要稳住农村这一头。"农业保险不仅要保障农业高质高效发展，还要保障乡村宜业宜居、农民富裕富足，促进乡村稳定发展。必须用创新思维探寻农业保险在持续推进乡村生态文明建设、实现人与自然和谐共生、开展乡村建设行动、深化农村体制机制改革、推进乡村治理体系和治理能力现代化中的作用，有效保障农业稳定发展、农村繁荣进步、农民增收致富。

二、坚持政府高位推动

农业保险是中国特色农业支持保护体系的重要组成部分。世界农业强国都拥有农业劳动生产率高、科技自主创新能力强、市场化水平高、产业竞争力强、社会化服务链完备、农业保护政策完善等共性特征。我国在符合世界贸易组织规则的情况下，已经构建起面向农业、农村、农民的基础设施、公共财政、金融保险等政府支持保护政策框架体系。20 年来，多年的中央一号文件强调推动政策性农业保险发展，相关部委和地方政府在农业保险制度建设上也做了大量富有成效的工作。各省份都建立了省、市、县三级农业保险工作（领导）小组，由各级分管领导任组长。县级以上地方人民政府统一领导、组织、协调本行政区域的农业保险工作，建立健全推进农业保险发展的工作机制。通过保险费补贴等政策支持，鼓励和引导农户、各类农业生产经营者投保农业保险，增强了农业的抗风险能力。

2019 年 5 月 29 日，习近平总书记主持召开中央全面深化改革委员会第八次会议，会议审议并原则同意《关于加快农业保险高质量发展的指导意见》。同年 9 月，财政部、农业农村部、中国银行保险监督管理委员会、国家林业和草原局四部门联合发布了该文件，从顶层设计明确了加快农业保险高质量发展的指导思想、基本原则、主要目标、保障措施等，是推动我国农业保险改革发展的重要举措，为今后一段时期开展农业保险工作提供了重要依据。该文件要求农业保险按照政府引导、市场运作、自主自愿、协同推进的基本原则，在扩面、增品、提标的要求下，扩大覆盖面，提高保障水平，拓宽服务领域，优化运行机制，完善大灾风险分散机制，加强基础设施建设，规范市场秩序，推动农业保险高质量发展。该文件提出，由财政部会同中央农村工作领导小组办公室、农业农村部、中国银行保险监督管理委员会、国家林业和草原局等部门成立农业保险工作小组，统筹规划、协同推进农业保险工作。国家相关部门针对农业保险出台了保费补贴、机构遴选、加强基础设施建设、业务监管等多种措施，完善了"四梁八柱"，理顺了发展脉络，统一了补贴比例，优化了奖补方式，完善了大灾风险分散机制，推动了数据共享，强化了保险监管。

三、坚持依法开展业务

农业保险作为中国特色农业支持保护体系的重要组成部分，其作用必须得到进一步强化，为此，2012 年 11 月，我国第一部农业保险法规——《农业保险条例》出台，这是我国农业保险发展历史上的重要里程碑。为了适应新形势的需要，2016 年 2 月，国务院对《农业保险条例》进行了修订。《农业保险条例》在规范农业保险活动、明确有关部门和地方政府的职责、保护当事人的合法权益、促进农业保险事业健康发展等方面发挥了积极作用。农业保险政策应同信贷、救助政策、其他惠农政策有机结合，财政、农业、林业、保险监管等有关单位积极协同配合，对农业保险的承保、查勘、定损、理赔、防灾防损等各项工作给予支持。

《农业保险条例》明晰了农业保险经营的基本规范和经营主体、经营规则和法律责任，确定了中国农业保险选择"政府市场合作"模式，实行中央与地方政府双层决策和实施机制，为我国农业保险市场的健康发展奠定了制度基础。农业保险的发展要更好发挥政府的引导和推动作用，充分发挥市场在资源配置中的决定性作用，尊重农户和农业生产经营组织的意愿，充分调动农业保险各参与方的积极性，加强协同配合，共同推进农业保险工作。

四、坚持适度竞争经营

我国农业保险在 2004 年恢复经营时仅有 6 家经营主体，经过 20 年发展，已有农业保险经营主体 30 余家；接受各级财政补贴的农业保险项目由最初的 5 种扩展到数十种作物、5 种牲畜和两类森林；从最初的 6 个省份扩大到覆盖全国所有省份。我国已经有超过 35 家保险公司在经营农业保险业务，其中有 5 家专业农业保险公司、1 家中外合资保险公司。商业保险公司在政策指引下，充分发挥市场机制作用，依法依规开发合适的产品；健全服务网络，提高服务质量；强化风险管控，建立风险预警管控机制，逐步构建农业生产风险保障体系。我国农业保险经营模式多种多样，按照农业保险公司专业性分类，可以分为专业农业保险公司经营模式和综合性保险公司经营模式；按照市场类型划分，又有市场竞争、联合共保、联办共保、合作保险等农业保险经营模式。

各地积极做好经营资质认定和遴选工作。2020 年 6 月，中国银行保险监督管理委员会印发《关于进一步明确农业保险业务经营条件的通知》，进一步明确了农业保险承保机构的资质要求；2020 年 12 月，财政部和农业农村部联合印发《关于加强政策性农业保险承保机构遴选管理工作的通知》，对政策性农业保险承保机构管理提出了相关要求，县域内 5 家以上机构开展农业保险业务而产生的过度竞争现象基本消除。

五、完善风险管理体系

"大国小农"是我国基本国情、基本农情。现阶段，小农户仍然是我国农业生产经营的主体，分散化的农业生产导致个体抵抗农业风险能力不足，严重威胁我国农业生产稳定，影响农民收入水平提高。经过多年探索，我国已初步建立了由中央财政和地方财政支持的农业保险大灾风险分散机制，形成了直接保险广覆盖、农业再保险重点发展、多层次大灾准备金快速响应的农业保险大灾风险保障格局。2022 年，我国农业保险承保农作物品种超过 210 种，为农业生产经营提供了高质量的保险服务。建设了统一的农业保险大数据平台，探索了土地确权数据、养殖防疫和养殖场管理数据、农业气象和灾害数据、农情监测数据、农户与企业的生产和信用数据等与保险数据的互联互通。

从中国财产再保险有限责任公司的商业化经营，以及部分地方开展的共保探索、地方财政出资购买国际再保险，到建立中国农业保险再保险共同体，再到成立中国农业再保险股份有限公司，我国农业再保险经历了较长时间探索。中国农业再保险股份有限公司于 2020 年 12 月开业，标志着我国建立起了完整的农业保险经营管理体系。在开业第一年内，已经与 35 家农业保险直保经营机构签订了政策性农业保险再保险标准协议，分保其政策性农业保险业务的 20%，为农业生产提供了约 1 万亿元风险保障。中国农业再保险股份有限公司作为我国农业大灾风险分散机制核心的地位日渐凸显，既是我国农业再保险市场的主渠道，又是服务和推动农业保险行业高质量发展的重要支撑。

六、严格进行业务监管

财政部在 2021 年年底印发的《中央财政农业保险保费补贴管理办法》中要求对农业保险工作开展绩效评价并进行评价结果的应用。2022 年，为强化农业保险业务监管，规范农业保险承保理赔行为，切实保护农业保险活动当事人合法权益，促进农业保险高质量发展，中国银行保险监督管理委员会印发了《农业保险承保理赔管理办法》，要求保险机构开展农业保险承保理赔服务时，应当尊重农业生产规律，遵循"依法合规、诚实信用、优质高效、创新发展"原则，保护农业保险活动当事人的合法权益；保险机构应当严格履行说明义务，在投保单、保险单上作出足以引起投保人注意的提示，并向投保人重点说明投保险种的保险责任、责任免除、合同双方的权利义务、特别约定、理赔标准和方式等条款内容；不得欺骗、误导投保，不得以不正当手段强迫投保或限制投保；保险机构应当根据保险标的特征和分布等情况，采用全检或比例抽查方式查验标的，核查保险标的位置、数量、权属和风险等情况；保险机构可以从当地财政、农业农村、林草等部门或相关机构取得保险标的有关信息，辅助核查投保信息的真实性；保险机构应当以保障被保险人合法权益为出发点，遵循"主动、迅速、科学、合理"原则，做好理赔工作；保险机构应当重合同、守信用，不得平均赔付、协议赔付；保险机构在经营农业保险业务过程中，违反《中华人民共和国保险法》《农业保险条例》等有关规定的，中国银行保险监督管理委员会及其派出机构可以依法实施行政处罚。

为进一步推进农业保险精准承保理赔，2024 年，国家金融监督管理总局等四部委联合发布了《关于推进农业保险精准投保理赔等有关事项的通知》，从十个方面提出精准承保理赔的要求。

七、坚持创新引领发展

近年来，农业保险创新步伐加快，逐渐形成多样化产品供给的新态势。随着农业保险保障范围不断拓宽，除主粮之外，保险对象逐渐扩展至粮油糖肉蛋奶鱼果菜茶等农产品，对践行"大食物观"、满足消费者日益增长的多元化产品与膳食需求发挥了显著作用。已探索出台风、茶叶低温、蔬菜等农产品价格和耕地地力等指数保险以及在黑土地、森林、草原、湿地、海洋等多个领域试点的碳汇保险。

农业保险通过规范农业产业利益分配方式、完善产业链上下游各类市场经营主体契约合作关系、规范新型农业经营主体内部成员行为的方式，提升组织运行效率。如浙江、安徽等省份着力实施"新型农业经营主体综合险"（简称"新农综"），保险责任不仅涵盖种植、养殖灾害，还包括农机具以及雇主责任，为新型农业经营主体提供了包括财产、人身意外责任等一揽子综合保险保障方案，试点取得良好效果。杭州市余杭区于 2018 年推出"新农综"保险，当年投保覆盖率就达到 87.54%，2021 年的投保覆盖率达到 100%。安徽省从 2022 年 11 月起开展"农业保险＋一揽子金融产品"行动，已在全省 16 个市 60 个县（区）的 4 171 个村试点，为 5.6 万户次农户提供涉农贷款 88 亿元。

八、依托科技推进业务

农业保险与科技加速融合，传感器、无人机、遥感等新型科技已大量应用在农业保险领域，大量及时、完整、多维度的数据为农业保险发展奠定了扎实的基础。科技支撑加快了农业保险产品创新，提高了覆盖率，提升了理赔效率与精确度。保险机构与气象部门合作，开发了多款气象指数保险；与林业部门和地质部门建立了联动机制，开展灾害前预警以及灾害减损、止损工作，农业保险的防灾减损和社会管理职能得到充分发挥。

在地方政府的支持下，保险机构可以强化基层服务能力建设，加大涉农服务资源投入，解决保险服务"最后一公里"难题。充分利用普惠金融县、乡、村三级服务体系，将保险产品、人才、服务有机融入农村综合金融服务站。开发功能丰富、操作简便的数字化工具，为农户提供"三农"保险综合化、线上化服务。例如，中原农业保险股份有限公司参股成立了中原上德（河南）农业科技服务有限公司，以惠农网络为基点，以"i 农险"管理工具为支撑，构建农商融合发展、数字农业、品牌打造、订单销售等产业与保险的协同服务体系，惠农服务专员已覆盖 10 822 个行政村，"智慧农险综合服务平台"入选金融科技赋能乡村振兴示范工程，线上作业工具覆盖 101 个县（区）。中国银行保险信息技术管理有限公司建立农业保险信息管理平台，加快推进农业保险线上承保理赔工作，在北京、天津、河北、内蒙古、吉林、江苏、浙江、山东、湖北、湖南、广西、四川、贵州等 13 个省份初步建成本省农业保险信息化系统（平台），将实时汇集的农业保险业务数据与土地确权等数据进行交叉比对，辅助财政等部门对农业保险承保理赔及保费补贴的真实性、准确性进行校验。

科技装备能力大大增强，农业保险保费规模最大的 5 家保险机构拥有无人机 3 110 台，无人机、卫星遥感、AI 生物识别、牲畜测长估重、智能点数以及线上 App 等技术在业务经营中得到广泛使用。各保险机构逐年加大农业保险科技投入力度，如中国太平洋财产保险股份有限公司和中国平安财产保险股份有限公司 2020—2022 年各自累计科技投入都在亿元以上，中国人寿财产保险股份有限公司 2020—2022 年的科技投入为 8 694 万元，其中 2022 年投入 3 692 万元，同比增长 18.07%。2023 年，受台风"杜苏芮"影响，河北省涿州市玉米仅绝收面积就超过 4 万亩，中华联合财产保险股份有限公司采用无人机勘损，2 天内完成定损，2 天内完成保险理赔付款。浙江省于 2022 年年底上线的"农险服务直通车"实现了"一键参保、一键理赔、一体融资、一图风控、一表监管、一网联农"的"六个一"功能，农业保险承保从过去的 37 天减少为 5 天，种植险理赔从过去的 36 天减少为 15 天，养殖险理赔从过去的 15 天减少为 7 天。

第五章　中国农业保险发展
存在的突出问题

我国已成为农业保险世界大国和最富活力的农业保险市场，尽管如此，我国农业保险发展仍然存在一些突出问题，亟待解决。

一、财政补贴效能未充分释放

我国自 2007 年起实施中央财政保费补贴，补贴资金快速增长，保障力度不断加大。当前，中央财政补贴的粮食作物保险主要包括小麦、水稻、玉米等品种的物化成本保险和三大粮食作物制种的物化成本保险，以及小麦、水稻、玉米、大豆的完全成本保险和种植收入保险，中央财政还对地方优势特色农产品保险实施奖补政策。地方财政根据当地情况进行补贴，比如浙江省对水稻完全成本补充保险、水稻收获期连阴雨气象指数保险、大麦种植保险等特色险种进行补贴。但是总体来看，补贴依然存在着不充分、不平衡、不合理、不全面等问题。一是补贴不充分。由于政策性农业保险需要地方政府配套保费补贴资金，但是一些"财政困难县"需要补贴的面积多，处于"没钱干又必须干"的尴尬境地，加上补贴层级复杂，农业保险保费补贴逾期严重，让保险经营者产生较大压力，不利于农业保险补贴效能的释放。二是补贴不平衡。不同地区经济发展水平不同，地方政府的财力不同，对农业保险的补贴标准也不尽相同。例如浙江省和黑龙江省的水稻完全成本保险每亩最高保额都在 1 400 元左右，保费均为每亩 70 元，但黑龙江省农民每亩自担保费 14 元，而浙江省农民只需4.9 元，并且有的地方直接为农户自担部分全额兜底。三是补贴不尽合理。一方面，中央财政补贴是将我国简单划分为中西部、东北部、东部三个地区，不同地区发放不同比例的补贴，容易出现农业大省的中央财政补贴低，地方财政负担过重的不公平现象；另一方面，当前补贴没有考虑种植规模的差异，对小农户和规模经营主体采取相同的补贴标准，而实际上，小农户生产规模小，对农业保险的重视程度及投保意愿远不及规模经营主体，因此可以考虑采取差异化的补贴标准，以最大化发挥补贴的效能。四是补贴不全面。当前农业保险的补贴覆盖面依然较窄，特别是产值高、对地方经济发展有重要影响的一些特色优势作物，补贴覆盖率低。另外，粮食作物制种保险、渔业保险、收入保险、产业链保险、"农业保险＋期货"等创新型农业保险产品的补贴政策尚不明确。

二、产品与市场需求不匹配

在农业强国建设及农业生产力转型升级的大背景下，农业生产面临的风险暴露场景更多，生产经营主体对农业保险的需求更多元。当前农业保险产品依然存在不充分的问题，不能满足市场需求。一是种粮大户觉得"不解渴"。当前政策性农业保险的保费、保额、费率等均由保险监管部门制定公布，大多数省份承保的险种执行同一个标准，但由于各省份的面积跨度、风险种类、风险单元等有所不同，同等保额、同等费率不符合不同地区、不同种植规模主体的风险实际。对种粮大户来说，他们经营规模大，风险意识强，且种粮成本快速增加，当前的保险产品无法满足其需求。二是风险保障程度有待进一步提高。小麦、水稻、玉米完全成本保险保额已分别达到 915 元、1 050 元、701 元，但是还有很多品种的保障程度比较低，导致出险后的赔付金额与农户实际损失和心理预期相差较大。三是保险产品创新力度不足。一方面，保险机构在设计农业保险产品时，通常倾向于短、平、快的产品项目，由此导致农业保险产品同质化严重，与农业生产周期长的特点不匹配；另一方面，当前纳入财政补贴的险种较少，尤其是养殖业纳入中央财政补贴范围的品种仅有能繁母猪、育肥猪、奶牛以及藏区品种，以肉牛、肉羊、家禽、水产等为保险标的的农业保险产品因为缺乏中央财政补贴，开发较少，不能有效满足养殖户的需求。

三、服务质量不满足现实需求

近年来，卫星遥感、无人机、物联网、5G、生物智能识别等技术在农业保险领域的广泛应用，大大提高了投保效率和查勘理赔速度，但服务质量依然参差不齐。一是保险宣传力度不够。当前种地农民老龄化较为严重，对于农业保险的真正含义、何时触发赔偿条件、赔付标准等均不是特别清楚，还有些农民认为只要发生损失，保险就应该赔偿，并发生理赔纠纷。农户投保后，保险机构大都通过短信发送电子保单的网址链接，需要登录网站才能看到具体的保险条款，且保险条款一般冗长复杂，真正仔细将整个条款认真看完的农民或者新型生产经营主体很少。这就要求保险机构加大对保险的宣传力度，将保险的重要条款给农户讲清楚，避免发生不必要的纠纷，同时也将国家对于农业保险的好政策及时传递给农户，提高农户对农业保险的认识程度和投保积极性。二是农业保险信息共享机制不健全。农业保险业务涉及多部门数据，但当前土地确权数据、农户基础信息、规模经营主体承包土地流转信息、农产品成本收益、农产品价格数据、产量数据、气象数据等大都掌握在相关部门手里，有些数据不公开，或者信息公开较滞后，且共享机制和共享平台尚未建立，保险机构获取数据难度较大，信息核实成本高，不利于保险机构提升承保理赔精准度，也不利于保险机构开展粮食作物相关的产品服务创新。三是遥感技术应用缺乏行业标准和政策支持。当前，遥感技术已广泛应用于种植险验标和查勘定损领域，但由于缺乏完善的行业标准、审定机构以及相关政策支持，在开展农业保险业务的过程中，遥感技术的广泛应用遇到了瓶颈。一方面，定价不科学，当前大部分保险机构采用遥感技术定损的价格为每亩 0.2～0.5 元，但第三方科技公司用于数据采集、购买、加工以及人力成本、管理等方面的费用，每亩都在 0.5 元以上，价格与成本明显倒挂，制约了遥感定损技术的推广；另一方面，由于缺乏行业标准和相关政策支持，在实地落地过程中标准不统一、口径不一致、操作不尽相同，因而遥感数据的可信度不足，司法效力不高。

四、大灾风险防控体系不健全

农业保险经营机构应对大灾风险的能力非常有限，加之近年来极端气象灾害频发，气候风险不确定性日益增强，农业巨灾损失的风险缓释能力较为欠缺。目前各农业保险经营机构主要依靠大灾准备金和购买再保险分散大灾风险，且部分省份的大灾准备金管理不严，农业保险经营机构频繁使用，从而难以充分积累保费收入来应对大灾风险，可能会使农业保险经营机构陷入偿付能力不足甚至破产的困境。我国尚未建立国家层面的大灾准备金制度，很多省份根据当地实际情况建立了省级层面的大灾风险分散体系，主要分为大灾风险分散制度和巨灾保险模式，但仍存在缺乏顶层设计、中央与地方政府分担机制方面不够完善等突出问题。具体来看，一是只有少数地方政府建立了农业保险大灾风险分散机制，但建立的模式各不相同，和未来要建立的全国性分担机制不容易接轨。二是地方政府层面的分担机制复杂多样、不完善，比如北京市政府出资为农业保险经营机构统一购买再保险，费用较高，对农业体量大、财政实力不强的省份不具有可复制性。江苏省各级政府大灾风险基金的结构、资金来源以及巨灾损失分摊都比较复杂，管理成本较高。三是中央政府层面的分担机制建立尚无清晰的路线图。从国内再保险市场看，存在着资金体量小和保障能力弱的问题，无法完全满足农业大灾风险分散的需求。从国际再保险市场看，由于地缘政治冲突频发，造成全球主要再保险公司的资本供给大幅减少，削弱了国际再保险市场供给，加上近年来国际再保险公司对我国农业保险业务较为谨慎，承保能力不断减弱，使农业保险经营机构面临较大的大灾风险考验。

五、农业保险监管机制不完善

一是农业保险监管法律法规不完善。2012 年发布的《农业保险条例》未提及物联网等高新技术；2020 年 12 月发布的《互联网保险业务监管办法》未提及农业保险；2022 年 4 月 1 日正式实施的《农业保险承保理赔管理办法》，其中明确规定了农业保险经营机构应当加强科技应用，可采用生物识别等技术手段对标的进行标识并记录，确保投保信息真实、准确、完整，可采用无人机、遥感等远程科技手段开展查勘定损工作。但当前仅有一套行业标准（《基于遥感技术的农业保险精确承保和快速理赔规范》）作为参考，难以对新型风险隐患形成有效约束。二是农业保险监管手段落后。当前尚未建立全面完善的数字化监管体系，且数字化转型过程中涉及信息技术、保险业务、法律法规等多个领域，监管难度较大。同时，在数字化转型过程中，新的情况和问题不断涌现，需要不断更新监管工具和措施。

六、农业保险专业人才缺乏

随着科技不断应用到农业保险之中，保险行业本身数字化、信息化水平不断提升，加上农业产业发展的全产业链条存在着多元风险，对农业保险经营机构的人员提出了较高的要求，但当前具有适当技能和经验、综合素养较高的人才相对较少。一些地域没有较好的政策支持、职业发展前景或生活条件制约等原因对复合型科技人才吸引力下降。农业保险经营机构的人员往往对新兴的技术，如人工智能、云计算、物联网、云存储等缺乏充分的认识和深入的理解，导致实践中很难将新技术有效应用。农业保险数字化转型的背景下，对农业保险经营机构的数据分析能力有较高的要求，目前大多数农业保险经营机构的业务人员数据分析能力不足，无法充分发挥数据在业务决策中的作用。

第六章　完善中国农业保险的政策建议

在推进中国式现代化新征程中，农业保险必须肩负着提供战略支撑和促进自身发展的双重使命，助力全面推进乡村振兴、加快农业农村现代化，为建设与现代化强国相称的强大农业、宜居宜业和美乡村保驾护航。为此，提出如下建议。

一、完善农业保险制度和补贴政策

一是改革和完善农业保险制度。第一，健全农业保险制度体系。农业保险必须通过完善的法律法规来规范运行，应结合农业保险发展实际，在相关政策以及法律法规的引导下，出台更加全面合理、贴近实际操作的地方性规范条例和相关规定，有效推行和实施农业保险政策，防范道德风险。第二，健全农业保险运行机制。进一步明确相关部门的工作任务、政策支持等事项，推动承保机构有序开展农业保险工作。开展三大粮食作物完全成本保险和种植收入保险、农业保险保费补贴综合以及承保机构绩效评价，客观、准确评价农业保险政策执行情况和保险机构服务质效。

二是优化财政补贴政策。第一，加大财政支持力度。通过财政补贴、税收优惠、利息减免等形式，为农业保险经营机构和农户提供支持，各级财政部门持续加大农业保险保费补贴力度，为农业生产提供更稳固的风险保障。制定财政支持地方特色保险奖补政策，因地制宜创新发展地方特色农产品保险，助力地方优势特色农业的发展。在发展农业保险业务的同时，降低农户和农业企业在生产资金、采购、销售等方面的风险。第二，提高地方财政部门管理服务能力。在管理服务能力提高上"补短板"，建立对承保机构保单级数据的自动归集、合规校验体系，完善对应保单级数据的财政资金申请、审核、结算、统计分析等功能，实现农业保险业务全流程实时监控和补贴资金精准管理。同时延伸管理服务链条，完善方便快捷的投保理赔查询、投诉及建议等功能，保障农户知情权。第三，积极推进银保互动，助力农村金融改革。推动农业保险与其他农村金融产品进行融合、互动，相互促进，提高农业保险和其他农村金融产品的服务质量。将农业保险业务与信贷业务深度捆绑起来，实现一定程度的融合，推进银保互动，既可以保障农业生产所需资金，又可以降低风险损失，能够解决农户和农业企业可抵押资产不足的问题，让其走出融资难、融资贵的困境，推动农村信贷业务的开展。

二、加大科技创新应用力度

一是创新风险评估与定价技术。农业保险科技应用涉及信息采集、风险评估、定价、理赔等多个环节，要加快制定农业保险科技应用标准，规定各环节的技术要求、数据格式、传输方式等，确保科技应用的有效性和可靠性。农业保险科技应用需要大量数据支撑，需要规范农业保险数据的采集、整合、存储、共享和使用，制定数据质量、数据安全、隐私保护等方面的标准，保障数据的可靠性和安全性。农业保险科技应用涉及多方协作，需要规范不同系统间的接口标准，明确接口的数据格式、协议规范、对接流程等，确保系统间的顺畅对接和信息共享。需要组织卫星遥感、大数据、物联网、气象等领域的专家共同研究出台数据传输、数据类型等方面的标准，推动科技创新应用落地，提升农业保险经营的数字化和精细化水平。

二是创新农业保险经营与管理方式。第一，发展具有创新性的地方特色农业保险产品要有主有次。对财政资金比较紧张的多数省份来说，农业保险补贴的压力较大。在补贴资金短缺的情况下，要优先满足中央财政补贴项目的资金需要。中央财政要求，省级补贴比例不低于25％是取得中央最高配套资金的前提，如果省级财政补贴比例少于25％，中央财政也会相应降低补贴比例。省级财政在安排了中央补贴项目的补贴资金之后，可根据农林牧渔生产标的在本省份农业农村经济中的重要性，对本省份具有创新性的特色农业保险产品，有主有次地选择支持。第二，商业性农业保险发展要慎重。农业保险市场非常大，农业保险经营机构的积极性值得称赞，但对这部分业务的开发和发展必须慎重。对那些生产价值比较高的农产品，农业保险经营机构可以因地制宜地尝试开发商业性保险产品。对价值不高的一般农产品，农户未必愿意全额支付高昂的保费，如果因为农户支付能力有限，农业保险经营机构只能通过降低费率来获取保费，便违背了经营原则，只会给农业保险经营机构带来不良的财务后果。第三，涉农财产和人身保险产品的发展要因地制宜。这类保险有的可以设计成商业性保险，有的需要财政给予一定支持才能发展起来。从"小农险"向包含涉农财产和人身保险的"大农险"发展，要因地制宜地规划和适当发展。要在调查研究的基础上，做到宜"商"则"商"，宜"政"则"政"。

三是推进"线上＋线下"一体化网络服务体系建设。农业保险经营机构应持续开发农业保险专属 App，提升线上服务能力，加大操作系统的开发力度，让农户能够清晰且便捷地完成投保流程、了解保险产品并跟进理赔进度。安华农业保险股份有限公司在已有应用程序资源基础上，不断优化升级农业保险专属 App"安农保"，通过采集农户投保资料信息，开展投保单生成、标的查验、承保公示、查勘、定损、理赔公示、理赔结果确认等工作。"安农保"中嵌入的查勘小助手、拍照小助手、电子签名、身份证号和银行卡 OCR 扫描、纸质单证电子化等多种功能，提升了线上化操作使用体验。各大农业保险经营机构应关注传统农业保险与科技智能数字化技术的结合，重视新科技在"三农"保险服务领域的应用，提升线上化作业水平，增加数字化承保地块，提高科技服务覆盖率，提升农业保险标的查验和理赔查勘的客观性、准确性和真实性。

三、完善农业保险服务体系

一是建立农业保险数据共享平台和机制。为破除数据壁垒，应加快构建农业保险大数据的跨部门共享机制，依法依规共享气象灾害、农村土地确权数据、农村土地流转数据和农业遥感数据等。加强隐私计算等技术的应用，对涉及隐私的数据资源加密处理，对涉及密级的数据采用必要的脱密措施，对涉及商业机密的数据资源采用二次加工访问的方式，确保数据共享过程中的信息安全。同时，建立起政府部门、农业保险经营机构与第三方企业之间的业务融合与联动机制，打通农业保险科技创新应用的数据共享通道。数据共享平台能够积累农业经营、风险损失、气象等农业保险经营必要数据资料，可以通过及时汇总和分析数据，发现农业保险经营风险，同时引入第三方定损机构，解决险企之间定损、赔付不统一等问题。以农村土地确权数据为例，农户地块信息作为农业保险经营机构的投保清单与矢量地块位置信息的桥梁，不仅能对投保地块边界进行精准定位，而且能确定地块权属，进一步增强标的的真实性、可靠性。阳光农业相互保险公司在黑龙江省延寿县创新推出"确权数据＋卫星遥感"农业保险精准承保理赔机制，创新农业保险承保理赔模式。通过使用土地确权信息，全面采用遥感技术，精确定位投保地块。客观判定投保标的实际种植面积，科学评估作物长势情况、受灾情况和损失范围，解决了农业保险验标、查勘定损工作中人力成本高、抽样效率低、定损结果粗放等痛点和难点，确保理赔标准公平、合理，提高了农业保险理赔的精准性、及时性和便捷性。

二是探索"农业保险＋"多元化金融服务。第一，加速"农业保险＋"模式发展。做好宣传"农业保险＋"项目的组织工作，选用一些浅显易懂的案例解释让农户理解其中的原理，提升农户的风险意识。在"农业保险＋"项目实施过程中，要对实施流程进行规范，对项目人员加强监督，对资金流动严格管控。各参与主体应加强沟通，利用大数据实现各方资源共享，根据市场状况为农户制订最优的风险预警方案。第二，持续优化"农业保险＋期货"服务，拓宽农民增收致富渠道。"农业保险＋期货"在实现农户正收益、农业保险经营机构风险最低化、期货公司获利的同时，能实现风险对冲等多个目标，有效平抑农产品价格波动风险。第三，积极发展"农业保险＋信贷"服务，挖掘农业保险增信融资功能。为解决农户贷款难、贷款贵的问题，农业保险经营机构应积极与商业银行合作，探讨研究"农业保险＋信贷"服务模式，在农户投保农业保险后，合作商业银行凭借保单适度降低信贷门槛，为投保农户提供小额助农贷款，帮助农户扩大生产规模、提升经营实力。第四，探索"农业保险＋农业社会化服务"模式，促进农业经营体系转型升级。为进一步提升农业保险服务农业强国建设的能力与水平，农业保险经营机构应逐步延伸服务范围，利用客户资源和服务网络，探索农业保险与农业社会化服务融合发展模式。通过农业保险服务，有序引导社会资本下沉，促进农业社会化服务组织发展壮大，完善联农带农机制，实现降本增效、多方共赢。

四、完善农业大灾风险分散机制

一是积极发展再保险市场。中国农业再保险股份有限公司（简称"中国农再"）承担"农业再保险供给、大灾风险分散、数据信息共享、支农惠农政策承接"等职责，是政府主导的国家农业再保险机构。当前，直接经营农业保险业务的保险机构，迫切需要一个再保险机构连接起来。国务院明确了中国农再先以政府主导的商业机构形式组建，再视情形向政策性机构转型的"两步走"思路。经过数年的运营实践，转型条件基本成熟，通过向政策性机构的转型，中国农再成为政府管理农业保险的重要载体，提高了农业保险行业发展总体质效。农业保险再保险体系是大灾风险分散机制中承上启下的重要环节，承担农业保险的中层风险，与直保机构大灾风险准备金和国家大灾风险基金对接，在完善再保险体系和分保机制过程中，应充分发挥中国农再的核心作用。中国农再应扮演中国农业保险市场上最重要的再保险接受人的角色，规范政策性农业保险再保险标准协议并处理好与直保机构在政策性农业保险业务上的分保关系，既要有一定的机制保证直保机构向其分保，也要赋予直保机构较大的自由选择权；允许其他商业再保险公司参与农业保险再保险，以增加市场适度竞争，增加再保险产品供给，扩大再保险承保能力；优化再保险费率测算机制，减轻直保机构的再保险费负担；充分利用再保险接受人的身份和有利条件，加强对农业保险基础信息的整合、积累和共享，提高农业保险的信息管理水平，加强对费率分区、大灾风险评估等问题的深入研究，促进农业保险和再保险的科学高效发展，也为政府的农业风险管理决策提供重要参考。

二是建立多层次风险分散机制。一方面构建财政支持的农业保险大灾风险分散机制。《关于加快农业保险高质量发展的指导意见》提出"加快建立财政支持的多方参与、风险共担、多层分散的农业保险大灾风险分散机制"，也提出了具体思路，即落实农业保险大灾风险准备金制度，增强农业保险经营机构应对农业大灾风险的能力；增加农业再保险供给，增强农业再保险承保能力，完善再保险体系和分保机制；合理界定农业保险经营机构与再保险机构的市场定位，明确划分中央和地方各自承担的责任与义务。加快颁布《中华人民共和国农业保险法》或继续修订《农业保险条例》，通过法律程序构建由直保公司、再保险公司、地方政府和中央政府等主体组成的农业保险大灾风险分担体系，明确直保公司、再保险公司和国家大灾风险基金的分工及赔偿责任，让所有参与者对运行机制具有稳定的预期，并有章可循、有法可依、合法合规运行，确保农业保险大灾风险分散机制的顺利运行。另一方面完善农业保险经营机构层面的大灾风险准备金制度。对保费准备金提取比例不再进行规定，由农业保险经营机构根据风险水平和经营战略自行提取，只要滚存余额不超过当年农业保险自留保费即可；加大税收优惠力度，将大灾保费准备金税前差额扣除调整为全额扣除，鼓励直保机构落实大灾风险准备金制度，提升抵抗大灾风险的能力；加快出台相互制保险组织大灾风险准备金管理办法，扩大大灾风险准备金管理办法的适用主体范围。

五、健全农业保险监督机制

一是强化农业保险各级监督分工。建立完善的农业保险监管体系，明确责任分工，加强行业监督。各级政府部门在政策性农业保险推进过程中应不缺位不越位。财政部门统筹主抓指导工作，定期开展政策性农业保险工作情况检查，跟踪财政补贴资金的利用情况，及时通报检查情况，确保政策性农业保险保费补贴资金得到合法合规利用。各金融监管部门对基层政府、农业保险经营机构、投保主体开展全方位的监督，建立规范化保险监督流程，坚决杜绝各类市场寻租行为，防止农业保险经营机构与投保主体双方在费率厘定、保险金额评估、灾后报损等环节的弄虚作假行为。

二是加强农业保险经营机构监管。加强农业保险经营条件管理，完善农业保险经营机构创新服务能力评价机制，建立健全市场准入退出机制。加强农业保险产品备案管理，科学制定、调整和监管农业保险费率，引导农业保险机构合理报价，鼓励推出差异化的特色农业保险产品。加强农业保险承保与理赔环节的监管工作，不定期督导，严查"三到户、五公开"的落实情况，严惩虚假承保、虚假理赔等违法违规行为，完善责任公示追究机制。加强农业保险基层网点、服务能力和专业人员队伍建设，指导制定农业保险行业基础规范，引导行业发挥自律组织作用。推动诸如数码红外航空摄影、地球资源卫星、遥感影像、无人机查勘等技术在农业保险中的应用，提升农业保险定损的准确度和专业服务能力。

六、加强农业保险政策和农业保险人才支撑

一是加强农业保险政策支撑。第一，有效提升政策性农业保险的覆盖范围和保障程度。地方政府出台支持政策，鼓励保险机构开发多元化的保险品种，发挥财政资金补贴的撬动作用，有效提升政策性农业保险的覆盖范围和保障程度。第二，创新政策性农业保险产品。地方政府有关部门积极对当地的特色种业产品进行保费补贴，修订专属的政策补贴条款，扩大保险补贴范围，提高制种企业投保的积极性；保险机构积极协调相关部门把制种企业从科研到种子最终商业化投产的全流程风险纳入保险保障范畴。加大对高效设施农业保险的财政补贴力度，修订纳入统颁的政策性高效设施农业保险条款，推进高效设施农业保险的发展，为农业增产、农民增收保驾护航。第三，引入政策性农业保险市场运作机制。借助公开招标，优选信用好、抗风险能力强、运营模式符合当地农业保险发展所需、保险金额与费率恰当、农民欢迎的保险机构来开展各种保险业务，减小政策性农业保险推广的阻力，保障各方的利益。政府相关部门与保险机构进行合理的沟通与交流，就各项政策的深层次含义进行解读，促使保险机构能够结合政策性农业保险发展目标来优化保险条款核心内容，圈定保险责任范围并提升费率水平。引入第三方机构协助省级相关部门开展各项推广工作，包括协助招投标、设计保险方案与条款、评估政策性农业保险在省域内各地的推进情况等，并就可能出现的贪腐问题进行跟踪调查，将违反法律法规的行为及时上报。

二是加强农业保险人才支撑。第一，高校根据课程体系和社会需求优化课程设置，增加农业保险相关内容。强调保险的交叉性和边缘性特点，新增与农业保险有密切关系的其他学科的知识。高校还可以根据农业保险企业的教学内容订单，随时调整和增加教学内容，使教学内容能够及时满足业界需求。农业保险具有技术性强的特点，需要多学科知识做支撑，所以高校可以结合农业保险专业人才的特点和农业保险企业人才短缺现状，考虑在现有保险专业课程体系建设中增加农业保险相关课程。具体来讲，可以通过农业保险专家和人力资

源部门确定课程体系结构，整合各方资源，充分利用农学院、林学院、金融保险学院的教学资源优势，气象部门、农业科学院、林业科学院的科研优势，农业保险企业实践经验优势，以及农业保险专家的理论研究优势，以到校讲课或讲座的方式传授和讲解农业保险专业知识。或者在设有保险系或开设保险专业的高校开设农业保险专业，加大对农业保险人才的培养力度。第二，校企共建"双师"结构的教学团队。专业教学团队的建设应注重职业性、实践性、开放性，按照"企业引进与自行培养相结合，专职与兼职互补"的思路，校企共建"双师"结构的教学团队。高校广泛吸收和鼓励农业保险企业管理人员和有特殊才能人员到学校担任专、兼职教师，并联合农业保险企业培养职教师资，进一步提高教师的全面素质。专业教师挂靠农业保险企业，进行现场锻炼，培养农业保险专业实践能力，及时跟踪和学习现场的新知识、新技能，使教学更好地贴近农业保险市场。高校对从高校毕业生中招聘的青年教师，通过与农业保险企业合作，安排这些青年教师到农业保险企业进行现场锻炼，提高青年教师的实践能力。第三，抓好农业保险教材建设。高校应组织教师加强农业保险教材的编写，融入新保险法规、农业保险政策及实践等新内容，理论以必须够用为度，强化实践教学内容。第四，构建产学研合作教育基地，扩展实践教育资源。以高校为依托，联合保险学会、保险协会、保险公司、保险公估公司、保险经纪公司以及保险代理公司等机构，组建保险产学研合作教育基地，建立业界和学界的良好互动机制。一方面，业界可调动各种资源为培养师资和提高教学质量服务，通过实习、实训基地让学生顶岗实习，公司高管参与教学计划修订、进课堂等方式，增强保险教学的实践性，提高学界与业界的供需匹配度；另一方面，实习学生可为公司提供充满活力的人力资源储备。

PART 02

地方农业保险发展篇

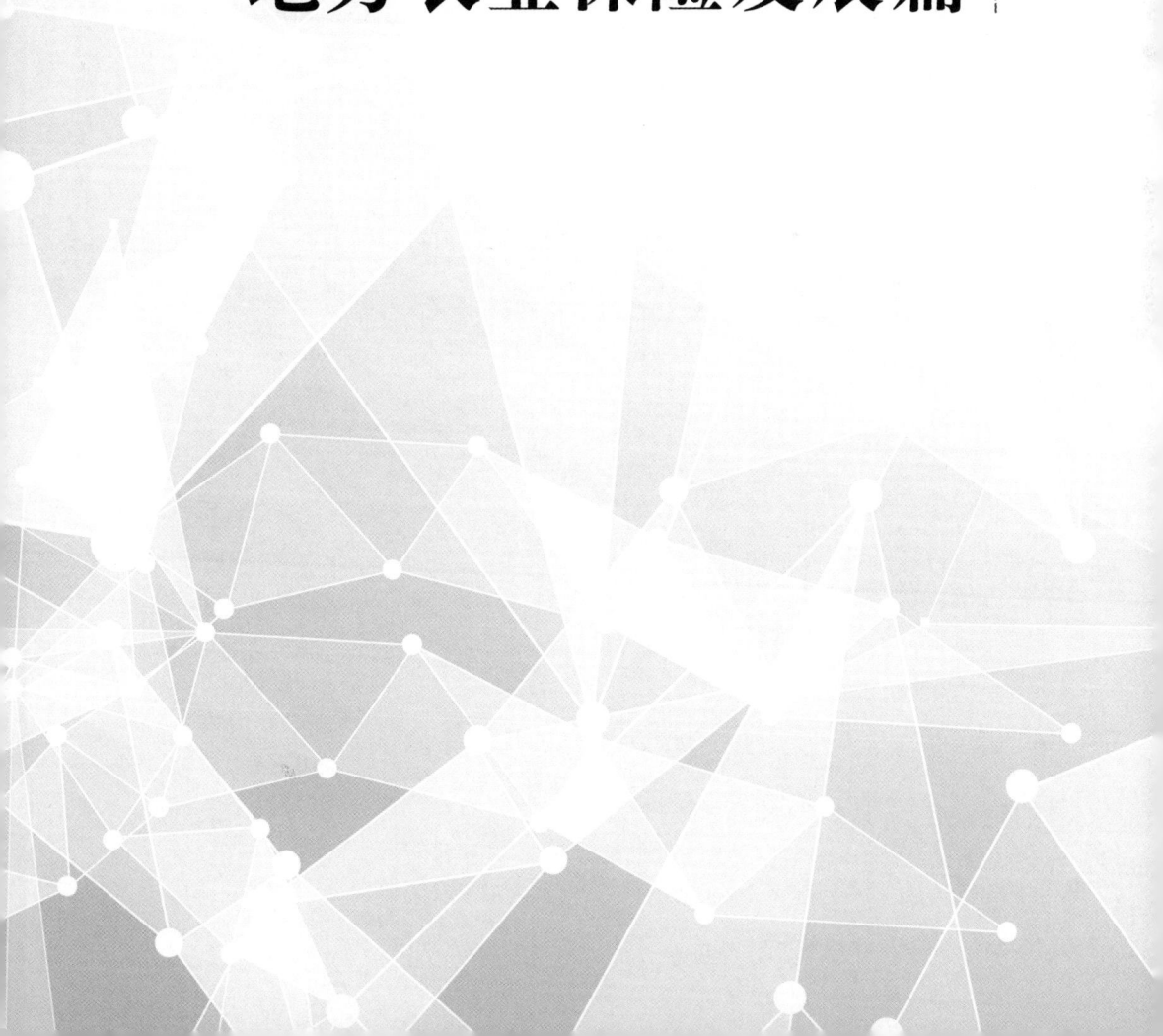

辽宁省农业保险高质量发展之路

暴雪[①]　车彦昭[②]

农业保险在我国已经走过了 20 个春秋，作为护航"三农"的重要政策工具，在稳定农户收益、服务保障农产品供应上，有效地发挥着风险保障作用。本文回顾了农业保险在辽宁省的发展历程，总结了农业保险在保障农业生产、稳定农民收入和推动乡村振兴发展中起到的积极作用，指出了当前辽宁省农业保险工作面临的问题，并对农业保险的发展进行了展望。

一、辽宁省农业保险发展历程

2004—2007 年，辽宁省的农业保险险种集中在能够为农户创造经营收益的种植险和养殖险上，且经营范围以辽阳市为主，参保农户的数量相对有限，保险经营主体为大型国有保险公司。

2008 年，辽宁省作为第二批中央财政农业保险保费补贴试点省份，农业保险经营范围得以扩大，广大农户有条件参与，农业保险的普惠性开始体现。同时，保险经营主体进一步增加。

2013 年 3 月，随着《农业保险条例》的正式实施，农业保险持续向好发展。一方面，保险品种覆盖种植险、养殖险、森林险等，这些险种关系国计民生和粮食、生态安全；另一方面，保险的保障额度逐步提升，以玉米为例，2017 年，辽宁省在 14 个产粮大县实施三大粮食作物农业大灾保险试点，普通农户的保障额度较试点前提升 32%，适度规模经营农户的保障额度较试点前提升 157%。农业保险在辽宁省快速发展的 6 年间（2013—2018 年），保险经营主体的数量上升至 6 家，农业保险的保费规模呈快速上升态势（图 7-1）。

---

①②　暴雪，车彦昭，就职于安盟财产保险有限公司辽宁省分公司。

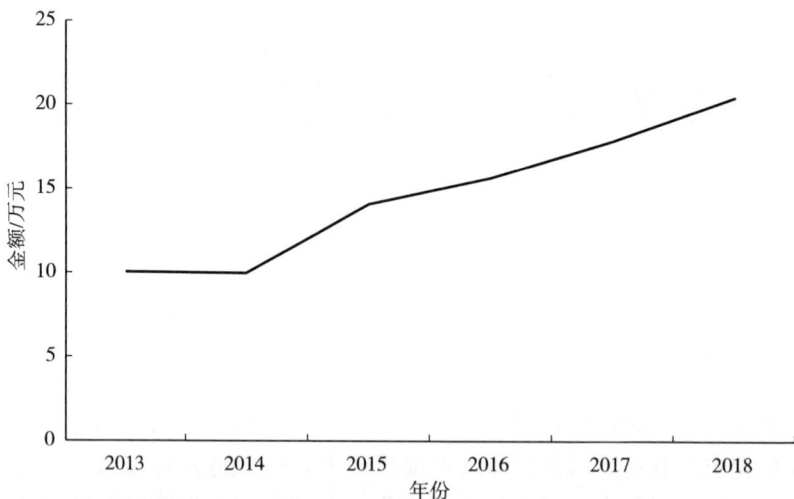

图 7 - 1　2013—2018 年辽宁省农业保险的保费规模

2019 年，财政部等四部委联合印发《关于加快农业保险高质量发展的指导意见》。2020 年，财政部、农业农村部发布《关于加强政策性农业保险承保机构遴选管理工作的通知》；中国银行保险监督管理委员会办公厅发布《关于进一步明确农业保险业务经营条件的通知》，要求进一步建立健全农业保险业务经营条件管理机制。与此同时，2020 年，中国银行保险监督管理委员会辽宁监管局印发《辽宁银保监局办公室关于进一步明确农业保险业务经营条件的通知》。2021 年 3 月，中国银行保险监督管理委员会辽宁监管局公布辖区内符合农业保险业务经营条件的保险公司省级分公司目录，辽宁省农业保险经营主体的数量由此增至 14 家。2021 年 4 月，辽宁省财政厅组织政策性农业保险承保机构公开遴选，确定 10 家经营主体负责开展全省政策性农业保险承保工作，为期 3 年。辽宁省农业保险覆盖率（参与率）稳定在 80％以上，大宗农产品稳步提标，先后有 8 款地方特色产品保险被确定为省级以奖代补险种，有效地推动了乡村振兴，辽宁省的农业保险保费已超过 50 亿元。在科技驱动下，辽宁省农业保险数字化发展不断深入，在产品设计、业务操作、风险管理等方面，科技持续构建并改变辽宁省农业保险的经营发展模式。

二、辽宁省农业保险高质量发展现状

（一）聚焦农业强国建设重点领域，保障国家粮食安全

助力粮食生产，保障粮食安全。习近平总书记多次强调："确保中国人的饭碗牢牢端在自己手中。"辽宁省是农业大省，农业保险是保障粮食安全的重

要手段。20 年间，辽宁省的农业保险完成了物化成本保险到完全成本保险和收入保险的转变，保障额度逐步提升，玉米的保障额度由最初的 280 元/亩提升至 770 元/亩。在收入保险方面，辽宁省有效结合农业生产实际，基于不同地域的产量和价格设定不同的保障额度，沈阳市、鞍山市、锦州市、铁岭市的玉米亩保障额度分别为 1 000 元、880 元、920 元、1 120 元，为农户提供定制化的保险保障服务。2023 年度，辽宁省三大粮食作物保险的覆盖率达 87%，在分散农业风险、稳定农民收益、保障粮食安全、促进乡村振兴等方面发挥了积极作用。

聚焦种子与耕地，夯实粮食根基。种子是农业的"芯片"，耕地是粮食生产的"命根子"。在响应国家种业振兴行动方面，2022 年，辽宁省将玉米、水稻制种保险纳入政策性农业保险的保障范围，筑牢种业安全屏障。在耕地保护方面，辽宁省内各农业保险经营主体积极努力探索，落地了一批以土地保护性耕作为前提的保险保障产品，如安盟财产保险有限公司（简称"安盟保险"）在沈阳市辽中区开展的土地保护性耕作玉米出苗率种植保险，为采取黑土地保护性耕作方式的种植户提供农作物出苗率水平的风险保障。与此同时，中华联合财产保险股份有限公司（简称"中华财险"）也积极发力，在辽宁省研发落地黑土地保护耕作玉米产量保险、黑土地土质健康指数保险，守护东北地区的黑土地和农业的可持续发展。

保障油料安全，稳定油料供给。为了促进油料产能提升，辽宁省政府于 2025 年在全省产油大县实施大豆完全成本保险，保障油料供应安全。同时，为进一步推动落实国家"大豆玉米带状复合种植技术"，辽宁省内各农业保险经营主体对原粮油作物直接物化成本保险条款进行优化调整，给予新种植技术下油料作物更为完善的风险保障。

发展特色产业，助推乡村振兴。辽宁省积极推动构建中央政策性险种为主导、地方特色险种为补充的立体式农业保险体系，建立地方优势特色农产品保险储备库，对各地开办的特色保险品种实行入库管理，定期筛选开办 1 年以上、保险条款比较成熟、工作开展效果好的保险品种，按照事权与责任相适应的要求，省级财政采取以奖代补的方式予以适当支持，为乡村振兴"撑腰兜底"。2021—2023 年，辽宁省地方特色险种的保费规模达 15.19 亿元，各年度分别为 3.79 亿元、4.99 亿元、6.41 亿元；累计投入省级以上财政补贴资金 8.41 亿元，年均增长 56%。2023 年，经朝阳市财政局、建平县财政局审批同意，安盟财产保险有限公司建平支公司正式向辽宁省财政厅报送《关于将谷子种植保险纳入全省地方优势特色农产品保险储备库的申请》并成功获批。大家财产保险有限责任公司（简称"大家财险"）选择在丹东市深度发展草莓保险业务，在逐步扩面的同时，不断升级迭代保险服务产品，已形成"草莓种植保险＋草莓大棚保险＋草莓食品安全"全产业链的保障体系，同时，其草莓保险已被纳入辽宁省地方优势特色农产品保险储备库。

创新农业保险，拓宽保险领域。辽宁省鼓励省内各农业保险经营主体进一步提高农业保险保障水平并不断拓宽服务领域，推动农业保险由保成本向保价格、保收入升级，稳步推广指数保险。各农业保险经营主体也研发落地了一系列价格类、收入类和指数类的保险产品，丰富了农业保险创新发展市场。安盟保险结合朝阳市易发干旱灾害的特点，以其降雨量作为理赔触发标准，选择建平县 3 个乡（镇）开展玉米降雨量指数保险试点。安盟保险为支持育肥猪产业持续健康发展，在鞍山市海城市选择影响力较大的规模养殖场试点开展育肥猪价格指数保险，利用保险手段分散和转移市场价格波动风险，有效破解"猪周期"困局。同时，中国太平洋财产保险股份有限公司（简称"太平洋产险"、中华财险、中国人民财产保险股份有限公司（简称"人保财险"）等多家农业保险经营主体也纷纷落地各个细分领域的创新型农业保险产品。

（二）强化农村金融服务能力，服务"三农"事业

完善服务网络，打通保险"最后一公里"。辽宁省内农业保险经营主体均构建起了县（市、区）、乡（镇）、村三位一体的农村地区保险服务体系，保证了农业保险和其他金融服务能够延伸至农村。安盟保险已在其经营农业保险业务的县（市、区）内，实现了农业保险基层服务网络全覆盖，并通过走村串户、上门巡回流动、组建村集体农业保险服务微信群等服务方式，为农户提供多维度的保险服务。

开展脱贫保险，助力金融帮扶。为进一步巩固拓展脱贫攻坚成果，有效发挥农业保险金融帮扶作用，2021 年起，辽宁省对建档立卡人口和边缘易致贫人口实施 100％财政支持的玉米、水稻脱贫人口补充保险，帮助脱贫人口抵御灾害风险，稳定种植收入，防止因灾返贫。

加大资源投入，开展风险减量服务。辽宁省内各农业保险经营主体均与气象、农业农村、林草等部门建立了合作机制，通过灾害预警、人工影响天气、病虫害防治等方式协同做好防灾防损工作。安盟保险自主研发了风险地图，从业务源头识别风险，同时利用卫星遥感"天空地"体系建立了气象监测预警模型以及"火易见"等系统对未来可能发生的风险进行预判，并投入风险减量资金，用于气象预警、抗旱排涝、病虫害防治、无害化处理、森林防火等项目的建设。

开办渔业保险，护航渔业发展。辽宁省各农业保险经营主体积极响应中央一号文件"鼓励发展渔业保险"的政策号召，东港市渔业互保协会联合省内各行业主体组建渔业安全生产责任保险共保体，开展渔业安全生产责任保险，并

提供宣传培训、风险教育、"智慧渔港"、隐患排查等一系列增值服务,在提升渔业生产风险保障能力的同时,有效防范和减少了安全生产事故,为当地渔业产业发展保驾护航。在各农业保险经营主体推广渔业保险方面,安盟保险率先将"渔光互补"的新型养殖模式与金融保险保障全方位有机结合,有效解决了客户在光伏设备以及渔业生产上的后顾之忧,为国家"双碳"布局、乡村振兴起到了推动作用。中华财险则将发展重点聚焦在海洋上,通过开展贝类碳汇价值养殖成本综合保险和海参气象指数保险,将蓝碳金融与养殖渔业深度融合。

拓展金融服务,支持乡村产业发展。在着力拓宽农业保险服务领域层面,辽宁省内各农业保险经营主体均着力打造"金融＋产业＋生态"的新型助农、惠农模式。安盟保险与中航产融旗下互联网金融服务板块"鲸钱包"合作设置"乡村振兴特色农产品专区",借助这一渠道将盘锦地区的优质稻田蟹直供给各类客户,拓宽了农业企业销售渠道,为"辽"字号特产"走出去"提供了有效平台。在进一步发挥农业保险经营主体风险保障、经济补偿和信用保证功能上,辽宁省内各农业保险经营主体积极行动、主动作为,纷纷与银行、担保公司等第三方合作,通过"农业保险＋"模式,为广大农户提供资金支持和保险保障的新路子,取得了显著成效,走出了一条广受好评的、特有的政策性农业保险之路。

(三)提升"三农"领域保险服务质效,科技赋能农业保险

在科技助力农业保险,服务农业高质量发展方面,辽宁省内各农业保险经营主体均实现了农业保险业务的线上化与智能化。人保财险推出"万象云"风险管理平台、"耕耘保"数智化农业保险服务平台和"星云智算"农险大灾智能管理平台。安盟保险研发了"鲲鹏"农业保险大数据平台,该平台融合了卫星影像数据、行政区划数据、耕地地块数据、土地确权数据和农户历年投保数据,实现了对承保区域内作物种植面积和长势、土壤墒情的实时监测,并能够及时提供种植风险预警信息。安盟保险还研发了"慧农易保通"App,集成移动验标查勘、水印相机、农户一键报案、案件动态跟踪、智能地块勾画、AI猪重识别、离线查勘、气象预警等核心功能(图7-2),实现农业保险案均处理效能提升30％、后勤查勘资料处理时效提升90％,农业保险各业务环节实现全流程线上化、无纸化。安盟保险在"慧农易保通"App上开发养殖险小额案件自动核赔功能,自动核赔案件的平均处理时间为11.5秒,较传统人工核保节省约10分钟。安盟保险加大了卫星遥感、无人机、移动查勘等技术手段的应用,实现"按图作业",促进理赔工作回归保险的保障本源。安盟保险开发"慧眼识猪"智慧养殖项目(图7-3),解决了养殖企业对猪场生物安全管控的痛点,通过人员监测预警、物联网设备系统对接,实现自主报案、查勘

定损等。安盟保险协同重塑了畜牧业管理与保险智能化新时代，运用畜脸识别技术为承保标的建立数字档案，促进了农业保险业务向智能化、精细化发展。

图 7-2 "慧农易保通"App

图 7-3 "慧眼识猪"智慧养殖项目

三、存在的问题

辽宁省农业保险在其逐步发展与完善过程中，不可避免地面临着困难与挑战，例如，政府在推进农业保险时常常受到财力有限的制约，导致补贴力度不足，难以全面支持农业保险项目的广泛铺开和深入实施。同时，农业保险产品的创新性相对不足，现有的保险产品往往难以精准匹配不同地区、不同作物以及不同灾害类型的实际，这使得保险产品的吸引力和实用性大打折扣。另外，农业保险的覆盖面尚不够广泛，特色农业领域仍然有很多农产品游离在政策性农业保险的保障之外。针对这些复杂且紧迫的问题，单凭某一方的力量显然难以有效应对，因此需要各方携手并进、共同努力。

四、结论与展望

20 年间，随着一系列支持农业保险发展的政策的实施，辽宁省农业保险保障的深度和密度得以有效提升，农业保险产品更加灵活多样，保障额度日益提升，服务领域进一步拓宽，农业风险评估与预警持续完善，基层服务体系更加健全，科技赋能水平逐步提升，承保理赔服务日趋规范、高效、便捷。

展望未来，农业保险发展前景广阔。随着乡村振兴战略的深入实施和农业现代化进程的加快，农业保险的需求将进一步扩大。同时，科技手段也将为农业保险的发展带来新的机遇和挑战。如何利用大数据、物联网、人工智能等现代信息技术提升农业保险的精准度和理赔服务效率，将成为保险业面临的重要课题。

吉林省农业保险 20 年发展成效和展望

杨婧[①]

"昼出耘田夜绩麻,村庄儿女各当家。童孙未解供耕织,也傍桑阴学种瓜。"南宋诗人范成大的《夏日田园杂兴·其七》以细腻的笔触,勾勒出一幅充满生活气息的田园劳作画卷。过去 20 年里,吉林省农业取得了较大发展,在这片广袤无垠的黑土地上,安盟财产保险有限公司(简称"安盟保险")的支持功不可没。

一、耕耘之变:"昼出耘田"的农业现代化转型

20 年前,吉林省农业的耕耘方式还深深地烙着传统印记。农民们遵循古老的农耕节律,日出而作,日落而息,手持简陋的农具,在田间地头挥洒着辛勤的汗水。春天,他们肩扛锄头,手扶犁耙,开垦出一片片肥沃的土地,播撒下一粒粒希望的种子;夏天,他们顶着烈日,挥汗如雨,除草、施肥,精心呵护着每一株作物;秋天,他们挥舞镰刀,收割着沉甸甸的果实,脸上洋溢着丰收的喜悦;冬天,他们忙着修整农具,为来年的春耕做准备。农民们凭借着对土地的热爱和对生活的执着,在这片黑土地上创造出了丰硕果实。

然而,随着时代的车轮滚滚向前,吉林省农业也迎来了前所未有的变革。吉林省大力推进农业机械化,经过多年努力,吉林省农业的机械化水平已有了显著提升。如今,吉林省现代化的大型拖拉机、播种机、收割机等农业机械如骏马奔腾,驰骋在希望的田野上。这些机械化的"铁牛"不仅取代了传统的人力,而且大大提高了耕种效率和耕种质量。随着农业机械化的不断推进与升级,吉林省农业逐渐从传统模式转型为现代化模式。现代化的农业生产方式不仅提高了生产效率,还降低了生产成本、增加了农民收入。同时,现代化农业注重生态环境保护和可持续发展,推动了农业与生态环境的和谐共生。

[①] 杨婧,就职于安盟财产保险有限公司吉林省分公司。

二、产业之兴："村庄儿女各当家"的农业多元化繁荣

在过去的 20 年里，吉林省的传统种植业保持着稳步发展的态势。玉米、水稻等主要农作物的产量稳步增加。除了传统种植业外，吉林省还充分利用自身的资源优势，大力发展特色农业产业。人参产业是吉林省特色农业产业的代表之一，在国内外市场上享有盛誉，吉林省长白山地区以其得天独厚的自然条件，成为人参生长的沃土。吉林省还积极推动其他特色农业产业的发展。例如，吉林省的中药材产业、果蔬产业、食用菌产业等都在不断壮大，不仅为农民提供了更多的就业机会和收入来源，还推动了吉林省农业的多元化发展。

此外，政府加大了对畜牧业的投入力度，促进农业发展规模化、标准化。在肉牛养殖方面，养殖户通过引进优良品种、学习科学饲养技术、加强疾病防控等措施，不断提升肉牛的品质和产量，吉林省已经成为全国重要的肉牛生产基地。在生猪养殖方面，养殖户通过优化养殖结构、运用先进的养殖技术等方式，不断提升生猪的产量和品质，生猪产量呈现稳步增长趋势。吉林省的禽类养殖等也在不断发展壮大。畜牧业的发展对于优化农村产业结构和推动农业现代化进程具有重要意义，为农村经济的可持续发展注入了强劲动力。

三、传承与希望："童孙未解供耕织，也傍桑阴学种瓜"的农业未来

吉林省农业在 20 年发展中不仅取得了辉煌成就，更孕育了未来的希望。在乡村振兴战略的指引下，年轻一代积极参与农业创业。新一代吉林人，如同诗句中的"童孙"，在浓厚的农业氛围中成长，传承着先辈们对土地的热爱和对农业的执着。他们从小接触农业知识，了解农业文化，对农业充满了浓厚的兴趣和热情。这些年轻人在农业创业中不仅实现了自己的价值追求和人生理想，更为吉林省农业的发展注入了新的活力和动力。他们的成功经验和创新模式也为吉林省农业现代化提供了有益的借鉴和启示。他们不仅传承了吉林省农业的根与魂，更用自己的智慧和汗水续写着吉林省农业的辉煌篇章。

四、科技赋能：助力数字化农业保险的飞跃发展

农业保险在保障农业生产稳定、促进农民增收、助力乡村振兴等方面具有重要作用。在农业保险发展过程中不断引入科技手段，不仅能为农业创新提供风险保障，也能提升农业生产的精准度和效率，助推农业现代化。

安盟保险一直秉承着以数字化转型为驱动的创新发展理念，在推进农业保险工作上取得了一系列的成果。安盟保险以守护绿色希望为使命，以依托股东优势打造特色鲜明的合资财产保险公司为愿景，不断积累和汲取法国百年农业保险经验，助力我国"三农"事业高质量发展。

在森林防火方面，安盟保险通过与航天信德公司展开合作，推出了"火易见"火灾检测平台。该平台借助卫星通信、大数据、物联网等先进技术手段，对可能产生的火灾风险进行检测和预警，实现了白天识别烟雾、晚间识别火光的功能。该成果是科技赋能农业保险领域取得的重要成果，属于风险预判和推断系统的一部分。通过对"林下火"和"坡下火"的识别与预警，保障了国家及人民群众的生命财产安全。

在业务开展方面，安盟保险通过自主研发，推出了"慧农易保通"数字化线上服务平台。该项成果涵盖了农业保险承保、理赔等功能，工作人员可线上办理业务，不仅提高了工作效率，还提升了客户体验感与满意度。

五、责任坚守："不忘初心"的"三农"保障担当

安盟保险宛如守护天使，为吉林省农业蓬勃发展保驾护航。

在肉牛产业保障方面，吉林省积极实施"秸秆变肉"暨千万头肉牛建设工程，提出以"保险＋银行＋养殖户"的经营模式，全力推动保险工作。在多方共同合作下，财政补贴资金的使用效率明显提高。养殖户在扩大经营规模的同时，获得了更高的风险保障；金融机构在扩大信贷业务的同时，获得了更优的经营利润；保险公司在扩大保费规模的同时，获得了更加良好的企业形象。安盟保险在吉林省内承保肉牛数量众多，为肉牛产业不断注入活力。

在解决农民融资困难方面，安盟保险通过积极参与吉林省成立的"政银保担"联动支牧联盟，为养殖户提供风险保障，帮助养殖户获得肉牛活体抵押贷款。这一举措有效解决了养殖户的资金困难，为养殖户扩大生产、更新设备、引进优良品种等需求提供了资金支持，促进了农业产业的升级。

在防灾减灾方面，安盟保险本着"寓保于防"的经营理念，加强农业灾害预防及保险知识宣传。在已成立机构的县域积极组织培训宣讲会、印发宣传资料、进村入户讲解保险政策和赔付案例，提高农民对保险的认识。安盟保险还通过向种植户发放杀虫灭菌、防雹增雨等方面的防灾减灾物资，帮助种植户预防自然灾害，有效减少农作物损失；通过向养殖户发放消杀物资、疫苗等，有效降低动物疫病风险。

在业务创新发展方面，安盟保险坚持"市场运作，自主自愿"的基本原则，不断探索和推动农业保险在吉林省的发展。深入养殖户家中询问养殖过程

中遇到的难处，帮助养殖户解决困难。近年来，肉牛的市场价格持续走低，养殖户的养殖积极性越发低迷，叠加人工成本、饲料成本，养殖户获得的赔偿比继续饲养更加划算，弃养事件真实存在，吉林省肉牛养殖赔付率最高时达到200％。安盟保险推出了商业性目标价格保险，帮助养殖户应对市场价格波动带来的风险。肉牛价格有了保障，养殖户的积极性明显提高。养殖户恢复了往日的热情，天未破晓便忙碌于圈舍中，投喂饲料时一丝不苟，疫病防控慎之又慎，他们在安盟保险的守护下，一起迎接充满希望的明天。

深耕农业保险十八载
助力湖南省乡村振兴

廖鹏运① 江泉②

湖南省在 2007 年参与全国第一批中央财政农业保险保费补贴试点，多年来，遵循"政府引导、市场运作、自主自愿、协同推进"的原则，不断加大政策支持力度、丰富保险品种、提升服务能力，2023 年，全省农业保险保费规模达 75.90 亿元。中华联合财产保险股份有限公司湖南分公司（简称"湖南分公司"）是第一批在湖南省承保政策性农业保险的保险主体，机构网络覆盖全省，持续开展产品创新，勇担大灾赔付责任，为稳定农业生产、服务乡村振兴做出了积极贡献。

一、湖南省农业保险的发展

湖南省是全国首批中央财政农业保险保费补贴试点省份，农业保险自 2007 年开办以来，经历了"试点—规范—创新"的历程。试点初期，湖南省就建立了跨部门联动的省级农业保险联席会议制度，由分管农业保险的副省长担任召集人，市、县两级也相应成立了协调管理机构，负责农业保险日常管理工作，高位推进农业保险工作。湖南省遵循"政府引导、市场运作、自主自愿、协同推进"的原则，不断加大政策支持力度，促进农业保险稳步发展。

（一）品种体系不断优化

2007 年以来，湖南省农业保险从单一的中央补贴品种逐步发展为中央、省级、县级、市场化 4 个层级的农业保险补贴品种体系，构建了覆盖 150 多个品种的全方位、立体化农业保险保障机制。其中，中央品种从水稻、棉花、能繁母猪增加到 11 个，基本覆盖关系国计民生的大宗农产品；省级特色品种最

---

①② 廖鹏运，江泉，就职于中华联合财产保险股份有限公司湖南分公司。

多时达到 12 个，基本涵盖湖南省优势明显、特色突出的农产品，已全部转化为市场化补贴品种；县级品种由各地自主确定，省级给予奖补，属于促进县域经济发展的支柱农产品，作为中央和省级品种的补充，满足不同区域农户的差异化需求，截至 2023 年，湖南省的县级品种有 42 个。在此基础上，为推动乡村振兴、防范巨灾风险，湖南省还开展了精准扶贫特色农业保险、扶贫综合保险和巨灾保险。为进一步丰富政策性农业保险品种，2023 年，湖南省财政厅创新提出市场化改革，对地方特色农产品给予 6％～10％ 的保费补贴，且不限品种、不限规模，大大提升了政策性农业保险的覆盖面。

（二）保费规模稳步增长

在各级政府的高度重视和大力支持下，经过各职能部门和保险主体的共同努力，湖南省农业保险的影响力逐年提升，广大农户的保险意识逐渐增强，农户参保积极性不断提高，保费规模呈较快增长态势。2007 年，湖南省农业保险保费收入为 7.48 亿元；2023 年，实现保费收入 75.90 亿元，约为 2007 年的 10 倍（图 9-1）。农业保险已经成为湖南省农民防范农业风险的重要手段。

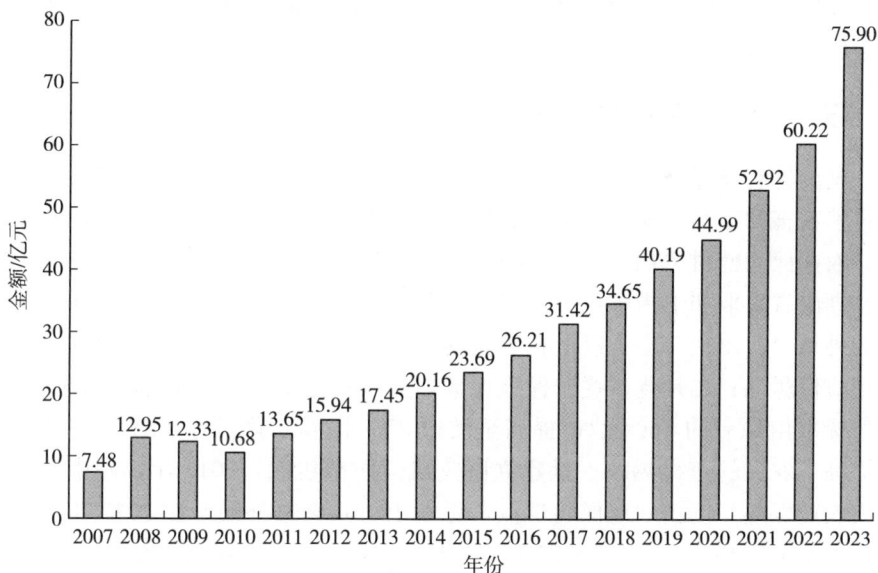

图 9-1　湖南省 2007—2023 年农业保险保费收入

（三）政策支持力度逐年加大

随着农业保险的深入开展，各级财政加大了支持力度，湖南省农业保险基本实现全面覆盖。从保费补贴规模来看，2023 年，各级财政对湖南省农业保险实行保费补贴 32.87 亿元，是 2007 年的 6.5 倍。其中，中央财政补贴 18.74 亿元，省级财政补贴 9.94 亿元，市、县级财政补贴 4.19 亿元。各级财政持续增加补贴投入，切实减轻了农户的缴费压力。

（四）机构服务水平不断提升

2007 年，湖南省仅有中国人民财产保险股份有限公司湖南省分公司和中华联合财产保险股份有限公司湖南分公司两家公司承办农业保险；2013 年，新增了中国太平洋财产保险股份有限公司；2014 年，新增了中国人寿财产保险股份有限公司和中国平安财产保险股份有限公司；2023 年，新增了中国大地财产保险股份有限公司、阳光财产保险股份有限公司、太平财产保险有限公司、国任财产保险股份有限公司、紫金财产保险股份有限公司，全省农业保险承保主体增至 10 家，承保主体的竞争促进了湖南省农业保险市场的健康发展。湖南省构建了多部门、多层次的农业保险工作管理体系，基本建起了"乡乡有专（兼）干、村村有协保员"的农业保险基层服务体系。截至 2020 年年底，湖南省拥有农业保险专业服务人员 3 600 余人，县级分支机构 576 个，乡（镇）级、村级基层网点 80 394 个，查勘车 2 457 辆，为促进湖南省农业保险健康持续发展提供了有力支撑。

（五）保险保障能力不断提升

湖南省农业保险不断发展，保障水平和保障能力逐步提升，为广大农民抵御自然灾害和疫病风险提供了有力保障。湖南省是灾害频发省份，自 2010 年起，农业保险赔付率均在 70% 以上。为防范大灾风险、增强农业抗灾救灾能力，湖南省采取如下措施：一是逐步扩大保险覆盖面，对于种植水稻 100 亩以上的种植户、出栏 500 头以上育肥猪的养殖户，将其全部纳入农业保险范围，实现应保尽保；二是逐步提升保险保额，如水稻已实现完全成本保险全覆盖，赔付标准由原有的 360 元/亩提高至散户 900 元/亩、规模户 1 100 元/亩，大大提高了农民的获得感；三是建立巨灾风险防范机制，2017 年，湖南省开始巨灾农业保险、巨灾农房保险试点，保费由财政全额补贴，在 2017 年湖南省特大洪涝灾害和 2019 年"寒露风"灾害中，有力地帮助农民恢复生产和生活。实践表明，农业保险是"稳定器"，有效保障了农民利益；农业保险是"放大器"，显著提高了财政资金使用效率；农业保险是"促进器"，促进农业产量稳步增长；农业保险是"助推器"，推动了地方经济稳健发展。

（六）政策制度逐步完善

一是建立了省级农业保险联席会议制度。湖南省从农业保险试点初期就建

74

立了跨部门联动的省级农业保险联席会议制度，由分管农业保险的副省长担任召集人，以省委宣传部、省财政厅、省政府金融办、省农业厅、中国保险监督管理委员会湖南监管局、省水利厅、省委农村工作领导小组办公室、省气象局和承保的保险公司为成员单位，省农业保险联席会议办公室设在省财政厅。同时，市、县两级也相应成立了协调管理机构，促进了湖南省农业保险稳步发展。二是出台了多项农业保险管理政策。出台了《湖南省财政农业保险保费补贴管理办法》《关于进一步加强全省农业保险基层服务体系建设的通知》《关于进一步规范政策性农业保险承保理赔有关事项的通知》《关于改革完善财政引导和绩效奖惩机制 全面提升农业保险服务质效的实施意见》等一系列农业保险的管理政策，明确了农业保险的财政补贴方式、农业保险模式、具体操作、监督管理、考核和绩效评价等内容，为湖南省农业保险各项工作提供了行动纲领。

实践证明，农业保险作为强农惠农的重要政策工具，作为市场化的风险管理手段和社会管理手段，对于稳定农民收入、促进农业生产、维护农村和谐发挥了积极作用。农业保险的赔偿已经成为投保农民灾后恢复生产和解决基本生活的重要资金来源，农业保险已经成为分散农业风险、稳定农业生产的关键支柱，作为"三农"发展"压舱石""助推器"的作用得到极大彰显。

二、中华联合财产保险股份有限公司湖南分公司的主要实践与成效

（一）中华联合财产保险股份有限公司湖南分公司基本情况

中华联合财产保险股份有限公司湖南分公司成立于 2005 年 6 月，已在湖南省内设有地市级中心支公司 14 个、县（市、区）级支公司 128 个、乡（镇）级营销服务部 131 个，业务网点遍布全省城乡，拥有员工近 5 000 人。2023年，湖南分公司实现保费收入 68.31 亿元，累计承担社会风险责任超 13.86 万亿元，市场份额稳居湖南省财产保险行业前三位，连续 11 年入围"湖南 100强企业"。20 年来，湖南分公司积极响应中共中央号召，聚焦主责主业，积极服务中国智造、乡村振兴、民生保障和"三高四新"等重大战略，持续巩固拓展脱贫攻坚成果，将服务延伸至经济社会各个领域。

从 2007 年湖南省试点中央政策农业保险保费补贴以来，湖南分公司的农业保险业务不断发展壮大，农业保险覆盖面从 2007 年的 40 个县（市、区）扩展到了 2023 年的 122 个县（市、区），基本实现了湖南省全覆盖，农业保险保费规模从 2007 年的 4.3 亿元扩大到 2023 年的 19.1 亿元，提供保险保障 647.7亿元。

（二）丰富保险产品供给，织牢助力乡村振兴的"防护网"

湖南分公司高度重视农业保险产品的开发和供给，经过多年业务发展和创新积累，农业保险产品日益丰富，保障已覆盖湖南省农林渔牧各个品类。截至2023 年年底，湖南分公司拥有中央财政补贴险种 12 个，省级特色险种 8 个，县级特色和市场化险种 123 个，商业性险种 78 个，形成了"中央—省级—地方特色（含市场化、县级特色）—商业性"四级产品体系。

湖南分公司持续响应国家政策号召，不断丰富湖南省农业保险产品供给，主要体现在"五个一"：一是勇担社会责任，湖南分公司是湖南省第一批参与政策性农业保险试点的保险主体；二是稳定生猪生产，湖南分公司在湖南省第一个试点育肥猪养殖保险，并参与育肥猪养殖保险的政策设计；三是构建森林保障体系，湖南分公司在湖南省第一个承保森林保险，后续推出了公益林、商品林、林权抵押等系列森林保险产品；四是创新特色保险，湖南分公司是湖南省第一个创新开发肉鸡、肉鸭、肉鹅、母牛等省级特色农业保险产品的保险主体；五是开展模式创新，湖南分公司在湖南省第一个开展"保险＋期货""保险＋信贷"试点，让湖南省生猪"保险＋期货"的模式具有示范效应，通过"保费贷""经营贷"和"信贷直通车"，有效解决了新型农业经营主体融资难、融资贵等问题。

（三）强化保险理赔保障，打造化解农业重大灾害的"减震器"

截至 2023 年年底，湖南分公司累计为 1.16 亿户次农户提供 6 400 多亿元的风险保障，累计支付农业保险赔款 105.62 亿元，充分发挥了农业保险的风险补偿作用。2010—2016 年，岳阳市临湘市先后 4 次遭受了洪水、泥石流、干旱等重大自然灾害，湖南分公司累计支付赔款达 1.19 亿元。2016 年，针对洪涝灾害，湖南分公司启动"快速查勘定损理赔，支援灾区救灾生产"的千人行动计划，累计支付赔款 1.58 亿元。2017—2019 年，湖南省连续 3 年遭受暴雨，导致多地出现洪灾，湖南分公司累计支付赔款 2.4 亿元。2019 年，湖南省集中暴发非洲猪瘟重大疫情，湖南分公司第一时间成立领导小组统筹做好灾情预案，积极协助当地政府职能部门做好疫情应对和处置工作，简化承保理赔手续，帮助养殖户及时恢复生产，累计支付赔款超过 1.68 亿元。2020 年 9月，湖南省出现连续低温阴雨天气，形成罕见的大范围"寒露风"灾害，湖南分公司深入贯彻落实湖南省委、省政府、省财政厅、中国银行保险监督管理委员会湖南监管局等部门的部署和查勘理赔工作要求，累计支付赔款 1.8 亿元。2022 年，湖南省遭遇有气象记录以来最严重的高温干旱天气，湖南分公司全面部署抗旱救灾工作和理赔服务工作，累计支付赔款 2.8 亿元。

近年来，极端气候灾害多发，更加体现了农业保险在化解农业重大灾害中的"减震器"作用，湖南分公司始终遵循服务"三农"的宗旨，为稳定粮食产量和农业生产做出了积极贡献。

（四）提升保险服务能力，画好助力"三农"发展的"同心圆"

开展防灾减损服务是农业保险的一项重要职能，湖南分公司持续践行"中华保险，服务中华"的企业责任，充分发挥风险分散作用，开展农业生产防灾减损工作，坚持"灾前预防、灾中减损、灾后补偿"原则，连续多年投入专项防灾减损费用，覆盖种植业防汛抗旱、养殖业疫情防控和森林灾害普查与防治的各个方面。

在保险助力"三农"发展方面，湖南分公司围绕乡村振兴战略，选派了一批政治素养高、事业心强、工作作风扎实、综合能力强、熟悉农村基层工作的员工驻村帮扶。2023年，湖南分公司选派50余名熟悉农村基层工作的干部，在湖南省近40个县开展驻村帮扶，共计投入帮扶资金380万元，覆盖14个市（州）、55个县（市、区）。近年来，湖南分公司在扶贫领域勇担社会责任，大力发展防止返贫保险，建立防贫托底综合保险保障机制，先后开展扶贫农业保险项目70余个，累计支付赔款4 000多万元。

三、总结与展望

湖南省农业保险经过近些年的快速发展，在化解农业风险、减轻农民负担方面取得了显著成效，农业现代化、集约化发展对湖南省农业保险的发展提出了新要求。如何推动湖南省农业保险的转型升级，进一步发挥农业保险的"经济减震器"和"社会稳定器"作用，亟待从理论上加以探究，在实践中予以解决。保险公司应承担主体责任，大力推动湖南省农业保险高质量发展，促进国家政策更好地落地。

（一）持续优化支持政策

湖南省农业保险要实现高质量发展，需要继续加大政策支持力度，顶层设计要符合农业经营风险规律，保险产品体系要满足精准服务的需求，既要有普惠功能又要有个性化保障。2023年，湖南省财政厅提出农业保险市场化改革方案，大大拓宽了湖南省政策性农业保险的覆盖面，这是对中央政策性农业保险的有力补充。建议以农业保险市场化改革为契机，鼓励保险主体和基层政府积极探索开发创新型的县域特色农业保险，如产量、价格、收入、天气指数等高保障保险品种，服务农业产业链、流通产业链、预制菜产业链、品牌产业链、饲料产业链、育种产业链等多个方面；引导农业保险在产品体系、经营精算和风险分层分类方面，进行全面的供给侧结构性改革。

（二）提高农业保险科技赋能水平

当前，我国农业保险普遍存在基础数据不足、缺乏信息共享机制的问题，由于湖南省农产品种类多，地形地貌复杂，农户以中小散户为主，农业保险相关信息数据存在偏差的问题更为突出。从农业保险运营来看，根本是要实现标的、权属和风险数据的精准界定和量化，关键是要为真实的农业生产经营者提供保障，从而真正稳定农业生产。一方面，对农业保险科技创新应用的资金投入较为有限，建议建立鼓励农业保险科技创新投入的相关制度，逐步提高科技应用的水平，扩展运用边界。另一方面，部分农业保险经营主体的科技创新应用覆盖面较为有限，无法满足农业领域复杂多变的需求，建议加大资金投入力度，形成长效科技创新应用机制，联合农业保险业务部门、信息技术部门推动农业保险科技创新和应用落地。

（三）稳定农业保险市场秩序

财产保险行业变革加剧，农业保险快速发展，市场竞争日趋激烈。2023年，湖南省经营农业保险业务的市场主体已达 10 家，还有许多未获得资格、未进入市场的主体跃跃欲试、等待进入。过多的市场主体在部分地区引发了无序竞争，影响了农业保险市场的正常秩序，导致市场主体将大量精力放在"争份额、抢规模"上，影响了市场主体在承保区域的持续投入和服务质量，也影响了农业保险惠农政策的效果。各级政府可分级分类限定农业保险市场主体的数量，如省域不宜超过 10 家，县域不宜超过 3 家，稳定市场主体经营预期，适当延长遴选周期，逐步形成总体规范有序、适度竞争、基本稳定的农业保险市场格局。

湖南省农业保险已取得了良好的阶段性发展成效，只要把握持续服务乡村振兴战略的正确方向，不断因地制宜、因时制宜地调整农业保险政策，就能实现湖南省农业保险的高质量发展。湖南分公司也将主动担起国有金融保险企业的责任，发挥综合服务优势，围绕乡村振兴工作大局，聚焦"三农"重点领域，在丰富保险产品供给、加大保险帮扶力度、提升保险服务能力等方面持续发力，在乡村振兴舞台上书写担当。

农业保险服务山东省
农业高质量发展的实践

胡顺权[①]　武冉[②]　刘丽丽[③]　胡广娇[④]

山东省作为农业大省，粮食和"菜篮子"产品的产量稳居全国前列，农产品出口额连续多年领跑全国，在国家农业发展中占有举足轻重的地位。本文以山东省为例，回顾了农业保险服务山东省农业高质量发展的历程，展现了农业保险在助力农村经济发展、稳定农民收入、保障国家粮食安全等方面发挥的重要作用。

一、山东省农业保险的发展历程

（一）2007—2012年：政策性农业保险补贴试点阶段

2007年的中央一号文件明确指出："按照政府引导、政策支持、市场运作、农民自愿的原则，建立完善农业保险体系。扩大农业政策性保险试点范围，各级财政对农户参加农业保险给予保费补贴。"根据要求，2007年，财政部设立"农业保险保费补贴"的财政补贴预算科目，选定6个省份进行中央财政农业保险保费补贴试点，覆盖小麦、水稻、玉米、大豆、棉花等农产品。中华联合财产保险股份有限公司（简称"中华财险"）和中国人民财产保险股份有限公司（简称"人保财险"）成为首批试点公司，在山东省的6个县（市、区）试点开展了小麦种植保险，为山东省农业保险发展积累经验。2007年下半年，为稳定生猪生产，国家开展了能繁母猪保险试点，中华财险作为承保公司，在淄博市、潍坊市等地的7个县（市、区）开展试点，为山东省养殖业保险探索经验。

---

①②③④　胡顺权，武冉，刘丽丽，胡广娇，就职于中华联合财产保险股份有限公司山东分公司。

（二）2013—2019年：政策性农业保险初步规范阶段

2012 年 11 月，国务院颁布了《农业保险条例》，该条例于 2013 年 3 月正式实施。2013—2019 年的中央一号文件指导有关部门细化了农业保险支持政策，特别是财政政策。山东省农业保险的保费规模有序扩大，农业保险产品的种类迅速增加，价格保险、地方特色保险相继出现，但是，山东省农业保险的深度和密度均处于较低水平。

（三）2020年以来：农业保险高质量发展阶段

2019 年 9 月，财政部、农业农村部、中国银行保险监督管理委员会与国家林业和草原局四部门联合发布了《关于加快农业保险高质量发展的指导意见》，该文件提出要适应农业农村现代化发展和乡村振兴的需要，满足农户需求，提高农业保险的保障水平，实现可持续发展。山东省政策性农业保险的保费规模由 2018 年的 22.44 亿元提高到 2023 年的 73.91 亿元，风险保障水平由 2018 年的 575 亿元提高到 2023 年的 1 709 亿元，农民的获得感、安全感得到有效提升。

二、山东省农业保险的发展成效

农业保险深度是农业保险保额对农业产值的覆盖程度，体现农业保险风险保障的能力和水平；农业保险密度是农业从业人口所对应的平均保险费，反映农民保险意识的强弱。从山东省情况看，2019 年以前，农业保险深度和农业保险密度这两项指标均处于较低水平，且增速较慢；2019 年以后，山东省农业保险迈入高速发展的快车道，保障水平不断提升。据初步测算，截至 2022 年年底，山东省农业保险深度为 1.1%，农业保险密度为 530 元/人。山东省农业保险的发展成效体现在以下两方面。

（一）主粮保障能力持续提升

山东省已在所有产粮大县实施了三大粮食作物完全成本保险，并根据风险差异在不同地区实行差别费率，亩均提高保障水平约 500 元，粮食保障水平大幅提升。

一是扩大保险保障范围。2021 年，山东省将三大粮食作物完全成本保险实施范围扩大到济南市长清区等 56 个县（市、区）；2022 年起，山东省实现全省 94 个产粮大县全覆盖。小麦、水稻、玉米完全成本保险的保额分别达到每亩 950 元、1 150 元、950 元，分别较直接物化成本保险提高 450 元、500

元、500 元。2024 年，经过再一次调整，小麦、水稻、玉米完全成本保险的保额分别达到每亩 1 000 元、1 150 元、950 元。山东省在济南市商河县、滨州市惠民县开展玉米种植收入保险试点，试点县保额为每亩 1 000 元，将适度规模经营农户和小农户纳入保障范围，农户自主自愿投保，农业保险保障范围覆盖全省农林牧渔各个领域，保障程度已从最初的保物化成本发展到保完全成本、价格、产量和收入，产品责任涵盖农业生产风险和农产品市场风险，农业保险的扩面、增品、提标工作取得了较大成效，业务规模长期保持快速增长。

二是实行区域差别费率。山东省按照农业生产风险区域，将小麦、玉米生产县域的农业生产风险等级分为高、中、低 3 个档，设置不同的执行费率；按照承保机构保本微利原则，整体下调保险费率，小麦、水稻、玉米的平均保险费率分别为 3.65％、4.35％、4.35％，分别比直接物化成本保险降低 0.35％、0.27％、0.09％。

三是加大省级财政补贴力度。为充分调动农户投保积极性，山东省对投保农户进行保费补贴，省级财政对直管县中的第一档、第二档实施县分别补助保费的 32.5％、30％，对地级市下辖县的第一档、第二档、第三档实施县分别补助保费的 32.5％、30％、27.5％，农户自缴比例维持在 20％不变，进一步稳定了种粮农户的收入预期。

四是下调农业保险起赔线。山东省将农业保险起赔线由原来的 20％～30％统一下调为 10％，扩大了农民权益保障范围；加强承保机构管理，明确承保机构在理赔时做到承保到户、定损到户、理赔到户，规定在农户同意的基础上，原则上可以以乡（镇）或村为单位抽样确定损失率。

五是全面压实重农抓粮责任。2022 年，山东省在所有产粮大县实施三大粮食作物完全成本保险，打破全省统一费率，在不同农业生产风险区实行差别费率，提升了保险保障水平。同时，将粮食作物保险的投保率列入地方党委、政府考核项目，进一步压实保障粮食安全的政治责任。据初步统计数据，山东省 2023 年三大粮食作物保险的投保率超过 90％，超出中央要求的三大粮食作物农业保险覆盖率超过 70％的目标，完全成本保险的投保份额在 86％以上，已经成为农民投保的主要选择。

（二）保险产品供给逐渐丰富

自 2004 年开展政策性农业保险以来，山东省农业保险产品体系不断完善，农业保险品种已从最初的小麦、玉米、大棚、奶牛 4 个，发展到 240 个，其中中央财政及省级财政补贴险种 25 个，省财政以奖代补补贴险种 46 个，市、县自主补贴险种 71 个，商业性特色险种 98 个。近年来，为了支持地方特色产业发展，山东省扩大了政策支持范围，在中央财政补贴支持小麦、玉米等 12 个险种的基础上，对全省种植规模较大的温室大棚、苹果、桃 3 个产量保险险种，以及大蒜、马铃薯等价格波动较大农产品的 8 个价格保险险种给予 60％的省级财政保费补贴。2019 年起，山东省实施了地方特色保险奖补政策，省级财政对市、县自主开展的特色保险，按照市、县财政保费补贴总额的 50％～60％给予奖补支持，有效激发了基层创新农业保险品种的积极性。2019 年，奖补政策出台后，40 个县（市、区）申请开展了 19 个特色农产品保险品种，2020 年扩大到 83 个县（市、区）的 46 个特色农产品保险品种，2021 年扩大到 93 个县（市、区）的 60 个特色农产品保险品种，2022 年，地方特色农产品保险品种达 68 个。

三、山东省农业保险的发展特色

（一）保险服务地方特色农产品发展，助力打造区域优势品牌

在大宗农作物险种全省全覆盖的基础上，为鼓励市、县因地制宜开发地方特色保险产品，2019 年，山东省财政厅联合四部门共同印发《关于开展省财政对地方优势特色农产品以奖代补工作的通知》，要求采取政府扶持与市场运作相结合的方式，以扶持优质农产品为抓手，推动县域优势特色农产品走上品牌化的可持续发展道路。2022 年，山东省财政厅联合省农业农村厅等 6 部门印发《关于完善山东省地方优势特色农产品保险奖补政策的通知》，进一步加大对地方优势特色农产品保险的支持力度，助力山东省实施乡村振兴战略。近年来，中华联合财产保险股份有限公司山东分公司陆续开展了博山猕猴桃、东营莲藕、齐河藜麦、高青黑牛、曹县肉牛、青州花卉、安丘樱桃、烟台酿酒葡萄、沾化西瓜、临沭地瓜、莱芜生姜等 80 余个具有明显地域特色的农业保险品种。特色农业保险满足当地特色农产品抵御风险的需求，以推动优质特色农产品发展为宗旨，以保险保障托底，培"优"扶"强"，服务特色农产品产业健康发展。同时，借助保险保障和宣传，金融与产业融合，为培育特色农产品知名品牌、广泛拓展国内外市场提供助力，依靠地理标志品牌带动，壮大产业，致富农民。

（二）建立健全具有鲜明山东省特色的目标价格保险体系

山东省是蔬菜生产大省，产量、产值均居全国首位，在种植规模逐步扩大的同时，生产集约度也逐年提高，形成了寿光市、兰陵县等国内外知名的蔬菜基地，形成了章丘大葱、金乡大蒜等特色农产品。为有效解决农产品价格波动过大、菜贱伤农以及丰产不丰收的问题，山东省于 2014 年发布了《关于开展山东蔬菜目标价格保险保费补贴试点的通知》，探索开展特色农产品目标价格

保险试点工作。如今，山东省特色农产品目标价格保险的投保面积、保障水平、财政补贴力度均居全国首位，受到国家发展和改革委员会、财政部、国家金融监督管理总局的高度关注以及社会各界的充分肯定。一是覆盖面积广，保障水平高，赔付效果明显。山东省参保蔬菜面积超过千万亩，赔付金额超20亿元，保障金额200余亿元。2018年，蒜薹黄斑病严重发生，山东省蒜薹、大蒜价格大幅度"跳水"，全省大蒜、蒜薹赔付金额超过8亿元，有力保障了农民利益和农民的再生产能力。二是品种丰富，保障齐全，构建了完善的保险产品体系。经过多年发展，山东省已将大蒜、蒜薹、大葱、马铃薯、大白菜、辣椒、生姜、生猪8个品种纳入省级财政农业保险保费补贴范围，并对应开发了保险产品。三是惠农作用突出，实现多方共赢。特色农产品目标价格保险开展以来，惠农作用得到充分体现，形成了政府得稳定、保险得市场、农民得实惠的"三赢"局面。四是完善了农产品价格形成机制，成为价格稳定的"晴雨表"。目标价格对农产品市场价格定位起到了指导作用，例如参保地区大蒜、大白菜、马铃薯等品种的价格波动幅度明显变小，有效化解了"价高伤民、价低伤农"的矛盾。五是合理引导生产，保障了市场供给。特色农产品目标价格保险对农民、农业的兜底和保驾护航作用显著，农户敢种、想种。比如，自开展特色农产品目标价格保险以来，金乡大蒜的种植面积基本稳定在60万亩，每年可为市场提供80万吨优质大蒜，有效地引导了产业健康发展，稳定了市场供给。

（三）推动跨界融合，积极探索开展"保险＋期货"

1. 成功试点棉花价格"保险＋期货"

2019年，山东省充分利用保险、期货等金融工具，探索新型棉花补贴方式，试点开展省域范围棉花价格"保险＋期货"，为8.6万户次棉农提供了15 200元/吨的价格保障，覆盖棉花种植面积40余万亩，保障现货量3.25万吨，总保障金额达4.94亿元，项目试点取得了较好的效果，获得了广大棉农的充分认可。一是保险补偿功能显著，化解了市场风险，保障了棉花种植者的收益。2019年，棉花目标价格保险的赔付金额达7 851万元，平均每亩赔款193.2元，户均赔款达到910元。二是大幅提升了棉花种植者的植棉信心，稳固并壮大了山东省棉花产业。棉花目标价格保险和棉花种植保险相互促进、相得益彰，棉花种植保险承担自然灾害带来的风险，棉花目标价格保险承担价格波动带来的风险，这两项保险产品一起开展，全面化解了棉农从种植到销售的所有风险，保障了棉农的收益，大幅度提升了棉农的植棉信心。

2. 积极争取作物收入保险试点

2020年的中央一号文件明确提出"推进稻谷、小麦、玉米完全成本保险和收入保险试点"。为提升粮食作物的保障水平，山东省积极争取试点机会，特别是大连商品交易所推出"农民收入保障计划"以后，山东省积极参与，在多个县（市、区）开展了大豆、玉米收入保险。2020—2021 年，在大连商品交易所的支持下，山东省在 8 个县（市、区）开展了玉米收入保险县域覆盖项目，获得资金支持达 7 400 万元。

2019 年 8 月，中华联合财产保险股份有限公司淄博中心支公司在淄博市临淄区开展了玉米收入"保险＋期货"试点，成为在山东省第一家开办玉米收入"保险＋期货"的保险公司。这次玉米收入"保险＋期货"项目的承保面积为 1.2 万亩，获得大连商品交易所 50％的保费补贴，共计 44 万元，大幅减轻了农户负担。2020 年，中华联合财产保险股份有限公司山东分公司在济南市济阳区承保玉米种植面积 40.28 万亩，为 4.5 万户农户提供 950 元/亩的收入保障，保险保障金额达 3.83 亿元，获得大连商品交易所约 1 200 万元的补贴。

2019 年，山东省深入贯彻落实中央一号文件要求，开展了 50 万亩耕地轮作休耕制度试点，德州市陵城区作为第一批试点县（市、区），承担了 5 万亩的大豆耕地轮作休耕试点。为打消豆农的疑虑，中华财险多次派遣工作人员去田间地头调研，决定开展大豆收入保险，并于 2019 年 7 月参与了大连商品交易所立项评审会。在项目答辩时，陵城区大豆收入保险方案的休耕轮作背景意义、保险保额、费率厘定和查勘测产方案等关键环节得到了农业农村部、财政部等部门专家评委的高度认可。项目 60％的资金由大连商品交易所"农民收入保障计划"承担，中华财险共承保 3.1 万亩，总计保费 159.38 万元，其中大连商品交易所补贴保费 95.6 万元。当年因为涝灾，农户共获得赔付 138 余万元。

3. 开展苹果目标价格"保险＋期货"和花生收入"保险＋期货"

2021 年以来，为全面推进乡村振兴战略，加快农业保险高质量发展，探索农业保险向保价格、保收入转变，郑州商品交易所支持山东省开展苹果目标价格保险和花生收入保险。2021 年起试点苹果目标价格保险，每年支持金额 800 万元，2021—2023 年，中华财险累计实现保费收入 5 908 万元，累计赔偿金额为 4 064 万元。2022 年，中华财险开始在山东省试点花生收入保险，两年来实现保费收入 1 722 万元，赔偿 397 万元。

（四）政保银企联动，为农业引入金融"活水"

农业发展需要金融"活水"支持，但由于农业的生产风险和信贷风险较大、信贷主体自身积累有限、可抵押担保的资产不足等问题，制约了我国农村金融服务的有效开展。近年来，山东省积极探索开展多种形式的"惠农贷"，例如，威海市搭建了"政保银企"监管服务平台，保证养殖数据信息化、真实化，实现畜牧产业与保险、银行的信息互通，使养殖风险可化解、信贷安全有托底。在长岛地区开展海洋牧场"保险＋信贷"金融服务创新项目，签出全国首张海洋牧场保单。

（五）加强科技创新应用，提升服务效率和管理水平

中华财险致力于加强科技创新，让数据多跑路，让农民少跑腿，更高效服务"三农"。一是推进科技应用，提升承保理赔效率。通过建立以 3S 为核心的"空天地"一体化种植险实务场景，运用卫星遥感、GPS 定位、无人机航拍等先进的查勘定损技术，进行信息采集核对、精准落图等操作，提升种植业承保理赔精确度；养殖险积极试点电子耳标、脸部识别、一拍知长、一拍知重、电子围栏等技术，较好识别标的信息，防止出现道德风险。二是搭建国内领先的养殖业"保处联动"数据平台。运用移动互联网、大数据、App、物联网等信息化手段，无缝对接申报、受理、收集、处理、统计、保险理赔、补贴发放等各个环节，实现全程数字化，已在山东省覆盖超过 50 个县（市、区）。三是优化机制运营体系，提升服务监管效率。中华财险组织开发了山东省农业保险补贴与管理系统平台，将保单信息和财政资金监管信息纳入平台，提升了信息化管理水平。

河南省小麦保险发展回顾

赵鹏飞[①]

河南省是我国重要的小麦主产区。数据显示,河南省 2023 年小麦种植面积为 8 529 万亩,产量 3 550.1 万吨,占全国小麦总产量的 26.9%。由于农民抵御自然灾害和市场风险的能力较弱,因此需要小麦保险来分散风险,减少受灾后的损失。

一、河南省小麦保险发展的政策历程

(一)2007年之前:商业性小麦保险初步尝试

1984 年,中国人民财产保险股份有限公司(简称"人保财险")重新开展农业保险,在河南省采取农村统筹互助的模式开展农业保险业务,由于缺乏财政支持且管理不善,农业保险市场逐步萎缩,几近停办。

21 世纪以来,河南省农业保险市场的发展依旧缓慢。2004 年的中央一号文件首次提出建立政策性农业保险制度,随后多年的中央一号文件关注政策性农业保险,鼓励保险机构开展农业保险业务。2003—2005 年,人保财险在周口市、南阳市、商丘市和新乡市等地开展小麦、棉花保险试点,3 年累计实现保费收入 363 万元,赔付支出 316 万元,过高的赔付率严重打击了保险机构开展农业保险业务的积极性。

(二)2007—2012年:政策性小麦保险开始恢复

2007 年,财政部发布《中央财政农业保险保费补贴试点管理办法》,选取新疆、湖南、内蒙古、吉林、江苏、四川 6 个省份试点中央财政农业保险保费补贴。同年,河南省出台方案,指定中华联合财产保险股份有限公司(简称"中华财险")和人保财险在三门峡市、洛阳市开展政策性农业保险项目。

---

① 赵鹏飞,就职于中华联合财产保险股份有限公司河南分公司。

2008—2010 年，河南省政策性小麦保险发展一直处于零星试点阶段。2010 年 6 月，河南省出台《河南省 2010 年农业保险工作方案》，在洛阳市、驻马店市开展政策性小麦保险，支持中原小麦主产区建设。随着试点经验的积累，政策性小麦保险从点到面，覆盖范围持续扩大，河南省 2012 年发布的《河南省 2012 年农业保险工作方案》明确在全省范围开展政策性小麦保险。2007—2012 年河南省农业保险政策汇总见表 11 - 1。

表 11 - 1　2007—2012 年河南省农业保险政策汇总

年份	政策名称
2007	关于批转省发展改革河南省政策性农业保险试点方案的通知（豫政〔2007〕67 号）
2008	河南省开展水稻棉花保险试点工作实施方案（豫财办金〔2008〕33 号）
2009	关于 2009 年中央财政种植业保费补贴的有关事项的通知（豫财办金〔2009〕76 号）
2010	关于印发河南省 2010 年农业保险工作方案的通知（豫政办〔2010〕73 号）
2011	关于 2012 年度中央财政农业保险保费补贴工作有关事项的通知（豫财办〔2011〕8 号）
2012	关于印发河南省 2012 年农业保险工作方案的通知（豫财金〔2012〕8 号）

（三）2013—2019年：政策性小麦保险规范发展

2013 年 3 月，《农业保险条例》的正式实施，为保障农户利益提供了法规依据。随着农业保险市场不断扩大，河南省开始完善农业保险发展体系，从大灾准备金、承保理赔规范、划片经营到财政补贴和农业保险绩效评价制度，一系列政策规范了河南政策性小麦保险的发展，为中原经济做出了巨大贡献。2013—2019 年河南省农业保险政策汇总见表 11 - 2。

表 11 - 2　2013—2019 年河南省农业保险政策汇总

年份	政策名称
2014	关于转发《财政部关于印发〈农业保险大灾准备金管理办法〉的通知》的通知（豫财金〔2014〕2 号）
2015	关于转发《中国保监会关于印发〈农业保险承保理赔管理暂行办法〉的通知》的通知（豫财金〔2015〕29 号）
2015	关于印发河南省 2015 年农业保险工作方案的通知（豫财金〔2015〕3 号）
2015	河南省推进中原经济区农村金融改革试验区建设实施方案（2015—2020 年）（豫政办〔2015〕96 号）

（续）

年份	政策名称
2016	关于印发河南省 2016 年农业保险工作方案的通知（豫财金〔2016〕11 号）
2017	关于 2017 年度农业保险保费补贴工作有关事项的通知（豫财金〔2017〕28 号）
2017	关于在产粮大县开展农业保险大灾试点的通知（豫财金〔2017〕43 号）
2018	关于印发河南省"四优四化"农产品完全成本保险试点实施方案的通知（豫财金〔2018〕62 号）
2019	关于 2019 年度农业保险保费补贴工作有关事项的通知（豫财金〔2019〕1 号）
2019	关于印发农业大灾保险试点方案的通知（豫财金〔2019〕34 号）

小麦物化成本保险难以满足新型农业经营主体的风险保障需求。因此，在财政支持下，河南省开始试点优质小麦保险、小麦完全成本保险、小麦价格保险，提高小麦保额、降低费率以保障农户面临的自然风险和价格风险，为农户提供全方位的风险保障。2015 年，《河南省推进中原经济区农村金融改革试验区建设实施方案（2015—2020 年）》，提出在兰考、巩义等 22 个县（市、区）开展小麦目标价格保险试点，利用保险机制分散价格风险，保障农户收入。2018 年，河南省在固始等 40 个优质专用小麦生产县（市、区）开展完全成本保险，精准聚焦"四优四化"农产品，发挥新型农业经营主体的带动作用，为河南省打造农业强省做出贡献。2019 年，河南省在正阳、邓州等 50 个产粮大县继续开展小麦大灾保险试点，全方位引导散户进行规模化生产，促进现代化农业的发展，保障"中原粮仓"增产增收和国家粮食安全。

（四）2020年以来：政策性小麦保险高质量发展

2020 年，河南省出台《加快农业保险高质量发展的实施意见》，提出建立现代化的农业保险保障体系，推动河南省农业保险进入高质量发展阶段。河南省小麦保险始终围绕粮食安全和种业振兴行动，适时推出小麦完全成本保险和小麦制种保险。2021 年，河南省下发《河南省三大粮食作物完全成本保险实施方案》，在全省开展小麦完全成本保险，切实提高小麦保险的风险保障能力。同年在鹤壁、新乡、焦作 3 个地级市和 2 个县（市、区）试点小麦制种保险，进一步稳定小麦种子供给，维护国家粮食安全。2020 年以来河南省农业保险政策汇总见表 11-3。

表 11-3　2020 年以来河南省农业保险政策汇总

年份	政策名称
2020	关于加快农业保险高质量发展的实施意见（豫财金〔2020〕50 号）
2021	河南省三大粮食作物完全成本保险实施方案（豫财金〔2021〕41 号）
2021	河南省小麦制种保险试点实施方案（豫财金〔2021〕3 号）
2022	河南省农业保险保费补贴管理办法（豫财金〔2022〕24 号）

2008—2023 年，河南省农业保险保费收入从 4.3 亿元增长至 96 亿元，农业保险覆盖范围日益扩大、产品种类日益丰富、经营主体趋于多元。河南省小麦保险业正沿着高质量发展的道路稳步前行，从保成本向保收入、保价格转变，从传统农业保险向"农业保险＋"转变，全面促进河南省乡村振兴，在保障农业生产和国家粮食安全方面贡献了河南智慧。

二、河南省小麦保险现状及经验总结

（一）扎实推进，织密粮食生产的安全网

作为农村金融体系的重要组成部分，河南省小麦保险始终围绕国家战略和大政方针，保障粮食安全。

一是始终贯彻国家粮食安全战略。河南省根据"中原粮仓"的战略定位，持续扩大小麦保险的普及度，全面服务河南省乡村振兴。2022 年，河南省农业保险的深度达 1.36％，保险密度达 598.9 元/人，农户保险意识显著增强（表 11-4）。截至 2023 年年底，河南省小麦保险覆盖率远超 80％，充分发挥了其风险补偿职能，保障了餐桌上的"河南粮"供给。

表 11-4　2011—2022 年河南省农业保险的密度和深度

年份	第一产业 GDP/亿元	第一产业就业 人数/万人	保费收入/ 万元	保险 深度/％	保险密度/ （元/人）
2011	3 349.25	2 210	42 800	0.13	19.4
2012	3 577.15	2 136	117 874	0.33	55.2
2013	3 827.20	2 044	154 700	0.40	75.7
2014	3 988.22	1 897	113 930	0.29	60.1
2015	4 015.56	1 719	173 788	0.43	101.1
2016	4 063.64	1 546	279 140	0.69	180.6
2017	4 139.29	1 375	344 193	0.83	250.3

（续）

年份	第一产业 GDP/亿元	第一产业就业 人数/万人	保费收入/ 万元	保险 深度/%	保险密度/ （元/人）
2018	4 311.12	1 303	454 958	1.06	349.2
2019	4 635.70	1 251	481 562	1.04	384.9
2020	5 354.02	1 223	559 703	1.05	457.6
2021	5 626.90	1 172	633 649	1.13	540.7
2022	5 817.78	1 320	790 534	1.36	598.9

注：第一产业 GDP 和第一产业就业人数数据来自河南省统计年鉴；保费收入数据来自河南省保险行业协会。

二是始终服务河南省现代农业发展。试点开展小麦完全成本保险、小麦制种保险，聚焦种植 50 亩以上作物的新型农业经营主体，发挥小麦保险的作用，引导土地经营流转，提升高标准农田建设、农村土地产权交易和规模化经营的发展水平。数据显示，河南省中央政策性小麦保险保费收入从 2021 年的 16.2 亿元增长到 2023 年的 25.07 亿元，占三大粮食作物保费收入的 51.3%。河南省小麦保险对"中原粮仓"建设的保障力度持续加大，对农业现代化规模经营、农户稳产增收起到重要作用。

三是始终致力于服务河南省经济发展。建立基层农业保险服务网点和乡（镇）、村两级协保员体系，提供就业岗位，增强县（市、区）、乡（镇）经济之间的联系，推动河南省城镇化的进程。

（二）强化保障，激活小麦保险的新源泉

河南省不断推动小麦保险扩面、提标、增品，切实推动小麦保险增保额降费率，开发大灾保险、完全成本保险、制种保险等产品体系，完善财政补贴体系，让小麦保险全面惠及农户。

一是切实推动小麦保险的保额提升和保费费率下调。保额方面，2010 年，河南省政策性小麦保险每亩保额仅有 331 元，风险保障只覆盖直接物化成本。随着保险市场的逐步完善，河南省在充分调研的基础上，持续将保额提升至每亩 383 元、447 元、745 元和 900 元，直至 1 000 元，覆盖种植小麦农户大部分的物化成本、地租和人力成本，大大降低了农户面临的风险。费率方面，河南省小麦保险的费率以 2017 年为分界线，之前为 6%，之后为 5%，全省始终维持同一个费率水平，没有明显的地区差异性。2021 年，河南省根据各县（市、区）风险等级不同，将小麦保险费率区分为 4%、3.8%、3.6% 三个档次，更加直观反映各县（市、区）风险程度的高低，推动小麦保险差异化发展。

二是持续开发小麦保险产品体系。回顾 2004 年以来的中央一号文件，推动农业保险从保成本向保价格、保收入转变，不断完善农业保险产品体系。河南省发展了小麦的物化成本保险、大灾保险、完全成本保险、制种保险和价格保险。保险经营主体为充分降低农户风险，还开发了小麦收获期火灾保险、小麦订单保险等商业补充险。

三是逐步完善财政补贴政策。2015 年以及 2015 年之前，河南省实施的小麦保险财政补贴比例仅根据是否为省财政直管县来区分，中央财政比例为40%，市、县两级补贴比例最高为 15%。2016—2021 年，若是 22 个产粮大县或直管县，将中央补贴比例提升至 47.5%，反之，县级补贴比例降至 10%。2021 年，河南省全省实施小麦完全成本保险，根据产粮大县名单进行区分，产粮大县的县级补贴比例为 10%，非产粮大县的县级补贴比例为 55%。

（三）快速理赔，筑牢小麦保险的防火墙

河南省小麦保险在损失补偿、风险减量、应急救灾方面的作用显著增强。

一是充分发挥损失补偿功能，助力社会稳定。河南省各家承保主体真正实现了快速理赔，展现了企业担当。如 2023 年，"烂场雨"导致小麦出现霉变、倒伏、发芽等问题，各家承保主体积极响应政府号召，行业整体赔付率达104.7%（表 11 - 5）。

表 11 - 5　河南省 2021—2023 年小麦保险理赔数据

年份	赔付支出/万元	承保面积/万亩	简单赔付率/%
2021	69 296.28	5 375.64	42.7
2022	72 001.55	5 057.85	35.2
2023	262 578.85	5 704.26	104.7

注：数据来源为河南省保险行业协会。

二是持续做好风险减量服务。河南省各家承保主体组织农业专家开展讲座，指导农户按照农时进行生产；开展"一赔三防"服务，帮助农户进行病虫害防治；"三夏"期间，做好防火防旱工作，保障小麦颗粒归仓，降低赔付概率。

三是不断完善大灾应急预案。2010 年，河南省设立农业保险巨灾风险金，为不可测风险做好应对工作。2014 年，河南省转发财政部印发的《农业保险大灾准备金管理办法》，建立大灾风险准备金制度，资金专款专用，充分应对小麦大灾风险。

（四）规范运作，构建市场竞争的新格局

河南省小麦保险经营主体日趋多元化，形成了适度竞争的格局，经历了政府指定、优胜劣汰、分区招标阶段。一是政府指定阶段。小麦保险试点初期，农业保险承保机构因经验不足，难以承办政策性小麦保险，因此政府指定中华财险和人保财险承保。二是优胜劣汰阶段。2012—2015 年，河南省农业保险承保机构增加，为促进适度竞争，政府通过优胜劣汰的方式确定农业保险承保机构，2012 年，新增永安财产保险股份有限公司（简称"永安财险"）承保；2013 年，新增太平洋产险和国寿财险承保；2015 年，河南省本土法人机构中原农险成立，农业保险承保机构增加到 14 家。三是分区招标阶段。2015—2021 年，各地财政逐步通过政府采购方式确定农业保险承保机构，有效避免了无序竞争。2021 年，河南省按照财政部、农业农村部 2020 年 12 月发布的《关于加强政策性农业保险承保机构遴选管理工作的通知》，下发《关于河南省政策性农业保险省级承保机构资格遴选的通知》，确定 9 家政策性小麦保险承保机构，进一步规范了农业保险市场。从 2023 年农业保险市场份额来看，前5 家市场份额占比达 91.5%，行业集中度较高，行业规模保持高速增长态势（图 11-1）。

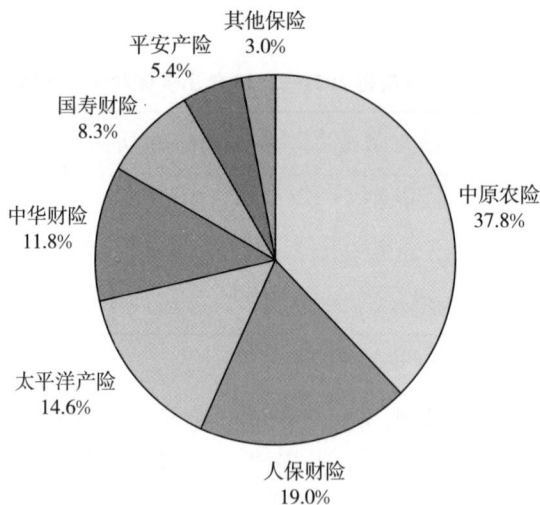

图 11-1　2023 年河南省农业保险承保机构的市场份额

创新赋能广东省农业
保险高质量发展研究

中华联合财产保险股份有限公司广东分公司

农业保险专为农业生产者在从事种植业、林业、畜牧业和渔业生产过程中,遭受自然灾害、意外事故、疫病等情况产生的经济损失提供保障,对于维护农业生产稳定、保障农民收入具有重要意义。2007 年,中央财政拨付 10 亿元专项补贴资金,对六省份五大类粮食作物保险予以补贴,为农业安全生产提供保障。自此,我国农业保险展现出良好的发展势头,农业保险承保覆盖率逐年提升。据统计数据,截至 2023 年年底,我国农业保险实现保费收入 1 430 亿元,同比增长 17.31%,是全球农业保险保费规模最大的国家。

传统政策性农业保险覆盖水稻、玉米、生猪、森林等,其中,中央财政补贴险种和省级财政补贴险种的保障类型包含传统种植、养殖等领域。2019 年的中央一号文件指出,按照扩面、增品、提标的要求,完善农业保险政策;扩大农业大灾保险试点和"保险+期货"试点;探索对地方优势特色农产品保险实施以奖代补试点。同年 9 月,财政部、农业农村部等四部门联合印发《关于加快农业保险高质量发展的指导意见》,要求提高农业保险服务能力,扩大覆盖面、提高保障水平、拓宽服务领域,优化农业保险运行机制,包括完善大灾风险分散机制、鼓励探索开展"农业保险+",加强农业保险基础设施建设。至此,我国农业保险高质量发展拉开序幕。2020 年,广东省财政厅等五部门联合印发《关于大力推动农业保险高质量发展的实施意见》,提出要提高农业保险服务能力,加快模式和技术创新,发挥农业保险防灾减损的功能和作用。在文件指导下,广东省内保险机构不断加大农业保险创新力度,强化对农业保险产品、科技、服务模式的探索。截至 2023 年年底,广东省农业保险保费规模突破 101.33 亿元,增幅为 23.63%,各级财政补贴资金 65.03 亿元,为全省约 800 万户次农户(农企)提供风险保障 3 036.77 亿元,推出多项行业首创农业保险创新产品、农业保险新科技以及创新型农业保险服务模式。

一、广东省农业保险发展历程与创新发展现状

（一）广东省农业保险发展历程

1. 起步阶段（1985—1993 年）

广东省自 1985 年开始开展农业保险，受自然灾害多发频发、农业经营主体保险意识薄弱、保险机构服务网点不健全等因素影响，广东省农业保险赔付率居高不下，保险机构难以持续经营。1990 年，广东省实行政府委托代办模式，使农业保险的保费规模显著提升。1993 年的大灾导致农业保险经营产生巨大亏损，广东省农业保险发展陷入困境。

2. 探索阶段（1994—2006 年）

1994 年后，广东省农业保险进入商业化运作轨道。农业保险市场存在"风险高，农户投保意愿强；风险低，农户不投保"的选择性投保情况，保险机构承保的风险难以得到有效分散。持续的经营亏损也使得保险机构没有动力进一步开拓农业保险市场，广东省农业保险发展趋于停滞。

3. 政策性农业保险试点阶段（2007—2012 年）

2007 年，广东省财政厅等三部门联合印发《关于印发〈广东省政策性能繁母猪保险实施方案（试行）〉的紧急通知》，以能繁母猪保险试点为起点，启动政策性农业保险试点工作。2009—2012 年，广东省启动政策性水稻种植保险和政策性森林种植保险试点。在财政补贴的支持下，农户的参保负担显著减轻，参保意愿极大提升。广东省在此阶段仅有两家保险机构经营农业保险，农业保险市场呈现高度垄断特征。

4. 稳步发展阶段（2013—2019 年）

2013—2014 年，广东省推行水稻种植保险，逐步丰富险种，并将马铃薯、玉米、花生、甘蔗、奶牛、蔬菜等品种纳入保费补贴范围，设立渔民人身意外险、渔船财产险、农房保险 3 个政策性涉农保险险种。2015 年，广东省财政增加政策性农业保险补贴资金预算，在全省范围新增荔枝、香蕉、家禽等险种，小范围试点水产养殖保险，扩大森林保险试点范围，基本实现农林牧渔业政策性补贴险种全覆盖。农业保险产品体系日益丰富，协保体系日趋完善，农业保险覆盖率稳步提高。更多保险机构开始承办农业保险，为广东省农业保险市场注入新动能。以中华联合财产保险股份有限公司广东分公司为例，公司自 2013 年开始经营农业保险，截至 2023 年年底，已累计为广东省农业生产提供逾 2 568.47 亿元的风险保障，累计赔款 21.9 亿元。

5. 高质量发展阶段（2020 年以来）

2020 年，广东省财政厅等五部门联合印发《关于大力推动农业保险高质

量发展的实施意见》，拉开广东省农业保险高质量发展的序幕。自此，广东省农业保险实现跨越式发展。广东省将农业保险作为支持农业农村现代化、巩固拓展脱贫攻坚成果和推进乡村全面振兴的重要政策工具，进一步明确农业保险发展方向，明晰政府与市场的边界，激活保险机构动能。在政府的正确引导和保险机构的协同配合下，截至 2023 年年底，广东省农业保险保费规模突破100 亿元，保险深度达到 1.83％。在农业保险高质量发展的过程中，广东省提出"要加快模式及技术创新，实施创新保护机制，对首创性的特色险种，首次开办可探索采用指定方式，由首创的保险机构独家经营"。同时，部分地级市对中小保险机构参与地方特色农业保险经营给予政策倾斜，对于各地统一招标范围外新增的创新型地方特色险种，允许中小保险机构参与承办。

（二）广东省农业保险创新发展现状

1. 产品创新

广东省农村面积大、人口多、农业产值高，2023 年，农林牧渔业总产值0.92 万亿元，居全国第五位。同时，广东省地处沿海，自然灾害多发频发，保险需求虽大，却存在保障水平偏低、险种偏少、覆盖率不高、区域发展不平衡、创新能力不足、服务水平有待提升等一系列问题。广东省拥有中央财政补贴险种 12 个，省级财政补贴险种 8 个，覆盖主粮作物以及生猪、蔬菜、岭南水果等大宗农产品。面对农作物种类多、分布散，农户多，土地少的状况，广东省探索构建了"12＋8＋3＋N"的险种体系，即 12 个中央财政补贴险种、8个省级财政补贴险种、3 个涉农险种、N 个特色险种。2023 年，广东省农业保险全年新增地方特色农产品保险产品 233 个，累计开展特色农产品保险品种已超 400 个，涌现出徐闻菠萝产值保险、梅州金柚收入保险、揭阳鲍鱼价格保险、竹笋气象指数保险等一大批全国首创的特色农产品保险，基本实现地方优势农产品全覆盖。同时，水稻、生猪、林木、肉鸡等事关粮食安全和国计民生的重要农产品保险的保额居全国前列，承保覆盖率均在 80％以上，基本实现愿保尽保。农业保险由保灾害损失向保价格、保产量、保收入升级，农业保险成为服务乡村全面振兴的重要抓手和政策工具，扩面、增品、提标从目标逐渐转化为成果。以中华联合财产保险股份有限公司广东分公司为例，2020—2023年，累计开展 40 余个特色险种，包括连州菜心种植气象指数保险、耕地地力补偿保险、竹笋种植气象指数保险等，提供风险保障 8 624 万元。

2. 科技创新

传统农业保险业务在开展过程中存在现场查勘不能全覆盖、现场测产选样不全面不准确、保险责任难厘定、核损时间长、理赔周期长等问题。自《关于大力推动农业保险高质量发展的实施意见》发布以来，广东省农业保险科技运用水平大幅提升。大数据、云计算、卫星遥感、无人机、航拍助手、远程查勘等技术被广泛运用，农户服务体验得到大幅优化。同时，科技被广泛应用于精准高效验标、查勘定损、提高承保理赔效率等方面，使得保险机构提供全流程"零接触"服务成为可能。广东省农业保险全行业推广电子保单和承保理赔电子化公示，进一步简化投保手续、缩短承保流程，帮助农户获得更便捷高效、更安全有保障的服务。同时，科技让保险机构实现由"凭经验判断"向"用数据说话"转变，有效提高预警能力和风险防控水平，有效保障农业保险稳定健康发展。广东省还创新提出构建农业保险"保防救赔"一体化服务体系，通过运用大数据信息采集、卫星遥感、航拍助手以及"空天地"多遥感协同采集等创新技术，推动农业保险防灾减灾工作向常态化、规范化、系统化、科学化迈进。截至 2023 年年末，广东省保险机构开展农业保险防灾减损试点项目超百个，累计投入防灾减损资金 3.54 亿元，已为超 200 万户次农户提供防灾减灾增值服务。以中华联合财产保险股份有限公司广东分公司为例，其在肇庆市等 16 个地级市开展水产业风险减量管理，创新推出"5G＋物联网"智能渔业精细化管理服务，以"保险＋科技＋服务"的模式助力水产业优化生产经营模式，实现从"靠天吃饭"向"科技养殖"的转型。在湛江市等 5 个地级市落地"智慧菜园"种植业防灾减灾风险管理服务，应用 GPRS 技术，帮助农户实现足不出户便可实时掌握生产数据，推动农业生产向精细化、智能化转型升级，助力农业生产风险减量和提质增效。

3. 服务模式创新

广东省以保险的保障功能为基础，通过"保险＋期货""保险＋信贷""保险＋无害化处理"等多种模式，促进金融资源与农业生产深度融合。"农业保险＋"的探索融合了金融工具，在脱贫攻坚、灾害救助、生态保护补偿等方面发挥了积极功能。在"保险＋期货"方面，2017 年，中华联合财产保险股份有限公司广东分公司试点办理广东省第一笔"保险＋期货"业务，为从事橡胶种植的胶农提供风险保障 1 650 万元，项目赔付率为 197％，形成了良好的示范效果。2020 年以来，广东省"保险＋期货"项目规模日益扩大，截至 2023 年年底，已经逐步构建起涵盖生猪、鸡蛋、玉米、豆粕、白糖、花生、橡胶、畜禽饲料、水产饲料、尿素、养殖利润指数等多元化的"保险＋期货"产品体系。数据显示，截至 2023 年年底，广东省"保险＋期货"保费收入达 6.46 亿元，累计为广东省农业经营主体提供风险保障逾 244 亿元。在"保险＋信贷"方面，保险的增信作用可以消除农业企业抵押物不足的痛点，有利于银行等金融机构汇聚活水浇灌农业"土壤"。2020 年以来，为解决农户"贷款难、贷款贵"的问题，广东省保险业在"保险＋融资"方面做出诸多有益尝试。据不完全统计，2020 年以来，全省共计 5 490 户次农户（农业企业）凭借"保险＋信贷"模式,获得融资近 24 亿元,其中:个体农户 4 928 户次,涉及贷款金额 12.55 亿元;农业企业 562 户次,涉及贷款金额 11.39 亿元。中华联合财产保险股份有限公司广东分公司创新推出国内首个"生猪活体抵押+保单增信+银行授信"模式,搭建政府、银行、保险机构、贷款农户四方联动机制,累计为省内外生猪养殖企业提增授信超 3 亿元,这一模式荣获广东省金融创新奖。在"保险+无害化处理"方面,广东省通过农业保险与病死畜禽无害化处理联动机制,将保险的作用扩展到了农村环境保护领域,保障了人民餐桌安全。2023 年以来,中华联合财产保险股份有限公司广东分公司在肇庆市怀集县积极推进"保处联动"模式,累计记录、处理病死猪 9.8 万头。

(三)农业保险创新的重要意义

1. 有利于提高保障程度,提升产业抗风险能力

农业保险在保险品种与保障模式方面的创新能够进一步提升保障水平。例如价格类、收入类、利润类的农业保险产品,可以帮助农业经营主体防范市场风险,避免出现因市场价格波动导致的收入减少问题,更好地维护农业生产稳定。通过设计多元化的地方特色创新险种,进一步填补农业保险保障空白区域。保险机构运用科技创新手段,可以提升承保理赔服务的便捷度、精准性,优化农户的投保体验;引入多元化的防灾减灾科技手段,有助于提升农业生产抗风险能力和防灾减灾水平。通过构建多元化的"保险+X"创新服务体系,有助于为乡村振兴战略的推进与农业农村现代化发展提供新动能。

2. 为巩固拓展脱贫攻坚成果提供有力抓手

一方面,在中央和省级财政补贴农业保险产品范围之外,通过开办地方财政补贴创新产品,提升地方优势特色产业保障水平,稳步扩大特色产业生产规模。通过地方特色农业保险产品的保费补贴机制,有效减轻农户参保负担,极大调动农业经营主体的投保积极性。另一方面,在政策指引下,各保险机构积极探索农业风险减量管理的防灾减灾创新模式,为促进农业提质增效、维持农业生产经营稳定注入强大动能。

3. 为农业高质量发展提供新思路

广东省农业保险高质量发展释放出巨大的创新空间,各保险机构深入挖掘市场需求,创新产品,形成了"你追我赶"的局面。通过建立地方特色农产品保险报备机制,首创农业保险产品独家经营、服务评价机制,为保险机构广泛参与农业保险高质量发展提供了制度保障。同时,拓宽"农业保险+"服务领域,稳步加强农业保险与农村信贷、农业补贴、脱贫攻坚、灾害救助、生态保护补偿等方面的政策融合,引导各保险机构以农业保险为支点,打开金融服务乡村振兴的新蓝海,解决保险机构动力不足的问题。

二、广东省农业保险创新发展存在的问题

（一）政策支持力度有待进一步提升

据相关统计数据，截至 2023 年 11 月，广东省共认定"粤字号"农业品牌 2 092 个，国家地理标志产品 162 个，然而较多地方特色产品尚未被纳入财政补贴支持范畴，较多特色农业仍处于保障空白区。不同地级市对地方特色创新险种的补贴力度、试点规模也存在差异。农业保险科技创新、模式创新多以保险机构自发开展为主，政府参与力度有待提升。由于缺乏统筹推进的机制和明确的政策文件指导，银行和保险机构的配合度较低，缺乏匹配农业农村市场需要、切实可行的"保险＋信贷"产品。

（二）创新服务质效有待进一步优化

在产品创新方面，由于缺乏充足的数据支持，保险机构开发落地的创新产品质量参差不齐，部分产品成为"为了创新而创新"的噱头产品，偏离了风险保障的本质，缺乏可持续推广的价值，造成资源浪费。在科技创新方面，众多农业新科技尚处于开发与研究阶段，在实现精准承保理赔、加强产业风险管理方面，仍然存在较多问题，导致科技试点范围难以扩大，保险机构应用农业科技的成本较高、成效较低。在模式创新方面，"保险＋期货"模式存在期货与现货背离导致的基差风险，致使投保农户面临现货价格下跌的收益缩减，陷入期货价格未下跌、保险没有赔付的窘境。

（三）协同配合机制有待进一步健全

除了保险人员需要具备扎实的农业、保险、精算等领域的知识储备，保险市场还需要建立起涵盖农业、市场、气象等大数据于一体的信息化平台，建立起多方协同参与机制，保障保险产品制定的科学性、合理性，确保保险服务的有效性。目前，银行与保险机构的业务系统大多未实现对接，银行无法有效掌握农户的参保情况，因而授信通过率普遍较低。传统金融机构风控标准严苛，面对高风险、高成本、低收益的农村金融市场，普遍缺乏积极性，导致农业经营主体难以获得成本低、可持续、稳定的贷款通道。

三、农业保险创新发展的建议

（一）进一步加大政策支持力度

坚持政府在农业保险创新中的主导地位，充分调动市场的积极性。政府从

发展方向、制度建设、政策制定、资金保障等方面推进农业保险创新发展，进一步加大对农业保险创新的支持力度，充分结合地方优势特色产业发展需求，因地制宜制定农业保险创新支持政策体系。对地方农业保险保费补贴工作进行指导和监督，推动农业保险政策与其他农村金融和支农惠农政策有机结合。在产品定价、科技应用、防灾减灾、增值服务等方面，充分发挥保险机构的专业优势和专业能力，更好地调动市场主体的积极性。

（二）持续提升农业保险创新工作质效

保险机构在设计产品时需要结合政府意见建议和农业经营主体的保障需求，开发更科学、可持续的保险产品，更好地为地方产业提供保障。科技创新需要结合农业经营主体风险管理需要，引入能够切实提升农业生产水平、发挥良好防灾减灾成效的设备和技术，助力农业风险防范。服务模式创新方面，强化资源整合力度，为农业经营主体提供切实有效的资源与服务。保险机构需要进一步加大对农业保险创新的宣传力度，方便农业经营主体更好地接收农业保险创新服务资讯，及时选择合适的创新产品和服务。

（三）建立多方参与的协同配合机制

政府部门牵头组建农业生产大数据中心，指导相关部门与银行、保险机构等的信息系统实现互通对接，打通分散在工商、税务、社保、公安、金融等不同部门中的信息，加大向金融机构的数据开放力度，实现农村地区生产要素、经营数据、信用数据的共建共享，强化数据监测，引导农业经营主体逐步规范经营管理，参与信用评价体系建设，提高信用意识，有效指导农村金融创新和农业高质量发展。

四川省阿坝州农业保险回顾总结与发展展望

陈路翔①

阿坝州是我国第二大涉藏地区和羌族主要聚居区。农业作为阿坝州的基础产业，经过驻州金融保险机构十余年的不懈奋斗努力，保险产品不断丰富，保险覆盖面不断扩大，风险保障体系不断完善，保险服务水平不断提升，为最大限度减少参保农户损失，恢复生产，促进农业增效、农牧民增收发挥了重要作用，筑牢了农业生产保障的"安全网"和"防护网"，为阿坝州农业的蓬勃发展和社会稳定做出了积极贡献。随着农业现代化发展，农业风险不断增加，政策和国际形势迅速变化，迫切需要农业保险转型升级。如何发挥政策性农业保险在促进产业链融合、乡村振兴中的作用，是当前阿坝州农业和保险业应该考虑的问题。

一、阿坝州政策性农业保险发展历程

（一）起步阶段

早期，由于市场机制不健全、农牧民投保意识不强等，阿坝州政策性农业保险发展相对缓慢。2012 年，阿坝州政府印发了《年度政策性农业保险试点工作方案》，标志着阿坝州政策性农业保险正式开展。保险机构与政府部门合作，坚持"政府引导、市场运作、自主自愿、协同推进"的基本原则，积极推进试点工作，逐步探索适合当地农业发展的保险产品和服务。

（二）政策推动阶段

阿坝州政策性农业保险正式启动以来，各级政府部门高度重视农业保险并加大支持力度，出台一系列政策，如保费补贴、税收优惠等，鼓励保险机构开

---

① 陈路翔，就职于中华联合财产保险股份有限公司阿坝中心支公司。

展政策性农业保险业务，有效促进了阿坝州政策性农业保险高效发展。同时，加强农业保险知识的普及和宣传，增强农牧民的保险意识。保险机构积极创新产品种类，逐渐扩大农业保险覆盖面，参保农牧民数量不断增加，阿坝州政策性农业保险获得巨大发展。

（三）高质量发展阶段

此阶段，阿坝州不断完善农业保险政策体系、制度措施、管理体系，加强政府部门与保险机构合作，共同推动农业保险发展。农业保险产品和服务丰富多样，满足了农牧民多元化需求，政策性农业保险正向着高质量发展的方向前进。在政策推动下，保险机构开始积极探索适合阿坝州特点的农业保险产品和服务，如推出定制化的牦牛保险方案，根据牦牛的生长阶段、风险等级等因素设定差异化的保费费率和保障范围。引入科技手段，如遥感技术、大数据等，提高保险服务的效率和准确性。

二、阿坝州政策性农业保险的主要成效和特色案例

（一）主要成效

第一，保障农牧民利益。政策性农业保险通过为农牧民提供风险保障，有效降低了因自然灾害等不可抗力因素导致的损失。在灾害发生后，保险机构能够及时赔付，帮助农牧民迅速恢复生产，提高了农牧民的抗风险能力。第二，稳定农业生产。政策性农业保险能够降低农业生产的风险，稳定农业生产，对于保障国家粮食安全、促进农村经济发展具有重要意义。第三，促进金融支农。政策性农业保险的发展为金融机构提供了更多的支农惠农途径。通过政策性农业保险与金融产品的结合，可以更好地满足农牧民的融资需求，推动农村金融服务的普及和深化。第四，促进产业升级。通过发挥保险的风险管理功能，政策性农业保险相关产业得以稳步发展。在保险保障的加持下，农牧民更有信心投入生产，扩大种植与养殖规模，提高农产品的品质。例如，政策性农业保险促进了牦牛产业转型升级，推动了产业链完善。第五，增强社会稳定性。政策性农业保险的实施，不仅保障了农牧民的经济利益，也促进了社会的稳定。在灾害面前，农牧民不再"孤军奋战"，有政府和保险机构的支持。

（二）特色案例

以阿坝州特色牦牛保险为例，在新中国成立前，农牧民养殖的牦牛遭受天灾人祸后，因得不到有效补偿而家破人亡、流离失所的无处不见。新中国成立后，党和政府关心人民群众的疾苦，对因自然灾害和意外事故造成的损失进行

帮扶，逐步增强了农牧民的抗风险能力。但长期以来，受逐水草而居的粗放生产方式和自然灾害多发频发的影响，广大农牧民抵御自然灾害和疫情风险的能力仍然不足，依然"靠天吃饭，靠天养殖"，因灾因病致贫返贫、贫困代际传递现象严重。

2010 年，国务院将牦牛保险列为中央财政补贴的保险品种。2013 年，阿坝州正式启动特色农牧业养殖保险。在经营定位方面，通过调查牧民需求，政府与保险机构共同探索，形成了牦牛保险三原则：经营牦牛保险不以营利为目的；着眼建立以保险促进畜牧业发展的长效机制，形成良性循环；务实创新，打破常规，形成一套适用于整个藏区的新型保险模式。在产品设计方面，结合阿坝州藏区特色，形成了切合实际的牦牛保险条款。参保范围从只保母牛到公牛与母牛全保；参保险种从单一的病死险扩大到洪水、火灾、冰雹、野兽侵害等险种；赔付标准从最初的"一个价"赔付优化到分畜龄阶段、分损害方式的差异化赔付方式，促使牦牛保险更加科学、合理地发展。

地方政府、农牧户和保险机构共同发力，打造了"政府＋保险机构＋牦牛协会＋乡村组织＋农牧户"五位一体、可复制且具有中国特色的合作模式。十多年来，以某中心支公司为例，共为 3 万余户次农牧户承保 408.42 万牦牛，提供 81.67 亿元风险保障，为 10.28 万户次农牧户赔付 3.5 亿元，有效抵御了自然灾害风险，挽回了广大参保农牧民的经济损失，为现代草原畜牧业发展提供了坚实保障。这项惠民工程成为阿坝州数十万农牧民脱贫增收的"加速器"、现代草原牧业发展的"助推器"、维护民族团结和社会运行的"稳定器"，开启了全国"五省藏区"大规模牦牛保险的新历史，走出了一条以保险助力高原藏区农牧民脱贫致富的创新路子，得到了地方党委、政府和监管部门的充分肯定，也得到了广大农牧民群众的极大认可。

三、存在的问题

（一）农牧民保险意识偏弱

在阿坝州，地形地貌差别大，交通通信不畅，气候垂直变化急剧，经济欠发达，农牧民整体文化水平不高，对新生事物接受程度有限，普遍存在着投保热情不高、主动性不强的问题。农牧民对农业保险的承保、理赔、风险管理等政策缺乏了解。

（二）财政补贴压力大

一方面，财政压力导致农业保险配套资金日渐吃紧。在这种情况下，实现农业保险扩面、增品、提标以及农业保险高质量发展的空间较为有限。另一方面，农户自缴比例较高，特别是对于种植养殖大户来说，更是如此。从而导致保险密度、保险深度不够，保险覆盖面不广。

（三）保险保额有待提高

以牦牛为例，每头成年健康牦牛的市场平均价格为 1 万元，而政策性牦牛保险最高的赔付金额为 2 000 元，赔付金额与牦牛的市场价格差异太大。在发生传播性疫病、重大自然灾害导致养殖的牦牛大面积死亡的情况下，政策性牦牛保险的赔付，仅仅是"适当补偿"。不仅放缓了地区推进乡村全面振兴的步伐，而且增大了返贫风险。

（四）道德风险较大

道德风险源于以下两个方面：第一，养殖户购买畜牧业保险时，利用保险机构对养殖户所养牲畜健康状况了解不深，将有过损失的保险标的向保险机构进行投保，大大增加了保险机构的经营风险；第二，养殖户在购买保险后，因为牲畜有保险赔付，所以不认真保护保险标的，在牲畜患病时不积极治疗，待牲畜死亡时直接向保险机构申请赔付，导致保险机构产生巨额亏损。

四、展望与建议

（一）转变发展思路

进入新时代，随着人民群众物质文化生活、消费结构的提档升级，保险机构应主动转变发展思路，深入推进"保险＋产业链"融合发展新模式，增强保险在产业链上的"穿透力"，实现"政策性农业保险＋产业链"融合，促进农村产业融合发展，更好推动地方特色产业集约化、规模化、生态化发展。例如，通过"保险＋信贷"帮助农牧民和小微企业解决贷款难、贷款贵的问题，通过"保险＋期货"防范农牧户畜产品、地方特色农产品价格波动的问题，通过"保险＋订单"保护农牧户种植（养殖）的积极性，进一步拓宽综合服务领域，提升金融保险支农惠农、服务"三农"能力。

（二）创新保险产品

在养殖险方面，有针对性地开展养殖商业保险、养殖价格保险、降雪量气象指数保险、畜产品质量保证保险等，全方位、全过程、立体地护航阿坝州地方特色畜牧产业发展；在种植险方面，在开展成本险之外，开展收入、价格、气象等创新保险产品，打破"承保越多，亏损越多"的恶性循环；在森林险方面，地处长江、黄河上游的阿坝州，肩负着维护国家生态安全的战略重任，把改善生态环境质量放在绿色发展的首要位置，牢牢守住绿色发展的底线与红线。

（三）持续优化政策

政府部门继续加大对农业保险的支持力度，完善相关政策措施，加强与其他领域政策的协调配合，不断扩大保险覆盖范围，优化理赔流程等，为政策性农业保险的发展创造更好的政策环境。探索实施"政府＋合作总社、金融保险、合作社、农牧户、贫困户"联合的"1＋5"产业发展新模式，全面培育高效生态种植（养殖）技术和理念，形成发展新合力，提升农牧业的现代化发展效益。

（四）科技手段赋能

一方面，采用新技术。紧跟金融科技发展趋势，利用卫星遥感、大数据、云计算、移动互联网、人工智能、物联网、区块链等新技术，构建"天空地"三位一体监测系统，优化升级保险机构的风控承保系统、理赔系统，使农业保险承保、核保、出单、报案、查勘、理赔、核赔变得更精准、更快捷、更高效，让农牧户获得更及时、方便、满意的咨询反馈、理赔流程、查询跟踪等线上服务。另一方面，运用新手段。保险机构与政府、第三方科技公司合作，共建智慧农业大数据平台，及时采集和分析地区的农牧业种植（养殖）条件、农作物（牲畜）的生长情况、健康状况、资源利用情况等关键信息，实时预警潜在风险，减少农牧业损失，提高农牧业产出，实现农牧业可持续健康发展。

（五）完善风险管理

在保障农牧民利益的同时，注重防范和控制风险，持续完善风险管理制度和风险防范体系，提高政策性农业保险的风险管理能力和风险控制能力。提升全方位风险管理水平，促使政策性农业保险从单纯的"保"向更加完善的"保＋防"转变，变事后赔付为事前预防，变被动为主动，降低灾害发生的可能性和损失程度。

江苏省农业保险 20 年
回望与发展展望

唐修梅[①]

"农为邦本，本固邦宁"，农业是我国的基础产业，农业生产稳定高效和农民收入得到保障一直深受国家重视。2004 年以来，历年的中央一号文件均强调"三农"发展，也是在 2004 年，面对商业性农业保险经营亏损、保险机构畏难情绪重、农业风险分散不足的困境，中央一号文件指出"要把解决好农业、农村、农民问题作为全党工作的重中之重"，还指出"加快建立政策性农业保险制度，选择部分产品和部分地区率先试点，有条件的地方可对参加种养业保险的农户给予一定的保费补贴"。2004 年，江苏省淮安市出具了全省第一张财政补贴型保单。2007 年，江苏省将淮安市创新的政策性农业保险"联办共保"模式推向全省。同年，中央财政确定包括江苏省在内的 6 个省份为中央财政农业保险保费补贴试点省份，政策性农业保险进入发展快车道。从第一张财政补贴型保单至今，转瞬 20 年，江苏省政策性农业保险不断发展壮大，在推进经济发展，保障国家粮食安全，护航农业强、农民富和农村美方面发挥了积极作用。

一、江苏省政策性农业保险发展历程

（一）起步探索阶段（2004—2007年）

2004—2007 年，在中央一号文件精神指引下，江苏省多个地级市探索推进政策性农业保险。2004 年 11 月 5 日，淮安市政府与中华联合财产保险股份有限公司淮安中心支公司签署"联办共保"协议，淮安市政府印发《关于开展农业保险试点工作的实施意见》，市级层面专门成立促进农业保险发展委员会，研究制订农业保险计划和措施。淮安市选择金湖县塔集镇、盱眙县黄花塘镇、

---

① 唐修梅，就职于中华联合财产保险股份有限公司江苏分公司。

涟水县大东镇等 10 个乡（镇），以政府 70％、保险机构 30％的风险共担模式，开展政策性农业保险试点。试点险种为水稻、三麦、养鱼的成本保险，水稻、三麦成本保险的保额分别为 100 元/亩、200 元/亩，养鱼成本保险的保额最高达 400 元/亩，市级财政保费补贴比例为 30％，县级财政保费补贴比例为 20％。2006 年 7 月，苏州市促进农业保险发展委员会按照"统一招标、分层委托、自愿参保、政府支持、市场运作、专业监管"的原则，进行公开招标，将水稻、苗木、生猪、内塘水产养殖、家禽等 5 个市级重点险种分别委托中标的中国人民财产保险股份有限公司苏州市分公司（简称"苏州人保"）和中国太平洋财产保险股份有限公司苏州分公司（简称"苏州太保"）代理，保费由市级财政补贴 20％、县级财政补贴 40％，保险责任由政府分别和苏州人保、苏州太保按 9：1 比例分担。

2005—2006 年，淮安市共计承保三麦、水稻 88 万亩，承保面积为试点乡（镇）种植面积的 80％以上，保费收入 509 万元，其中农户自缴 254.5 万元，市县财政补贴 254.5 万元，共计兑付赔款 399.2 万元，未兑付部分形成农业保险专项基金，实行专户管理。淮安市试点成效明显，降低了农户因灾损失、保障了农业生产恢复。2006 年，江苏省委、省政府组织多部门联合考察组考察了淮安市"联办共保"模式，明确提出要在全省大力推广淮安市农业保险的做法。

2007 年，江苏省政府办公厅下发《关于开展全省农业保险试点的通知》，政策性农业保险"联办共保"模式在江苏省正式启动。运营中按照"政府推动、商业运作、节余滚存、风险共担"的原则，提取当年实收保费的 15％作为管理费，剩余部分在支付当年赔款后，由政府和保险机构按 6：4 的比例分摊。

2007 年，中国保险监督管理委员会江苏监管局下发《关于进一步做好政策性农业保险试点有关工作的通知》，确定江苏省符合政策性农业保险试点条件的机构为中国人民财产保险股份有限公司江苏省分公司、中华联合财产保险股份有限公司江苏分公司，明确其经营主体资质，体现了政策性保险的政府主导地位。

（二）全面推广阶段（2008—2013 年）

在江苏省委、省政府的肯定和大力推进下，2008 年，"联办共保"模式已迅速覆盖江苏省 13 个地级市，主要种养类险种进一步增加，补贴额度进一步提升，政府与经办保险机构的分保比例由最初的 7：3 调整为 6：4，后又调整为 5：5。截至 2013 年，江苏省农业保险补贴险种已增至 29 个，包括育肥猪、大棚蔬菜、奶牛、肉鸡、水生蔬菜等 24 个高效农业险种。对主要的种植业保险参保品种，中央财政补贴比例为 35％，省级财政、市县财政补贴比例分别为 25%、20%。主要养殖业保险补贴比例根据参保品种确定，能繁母猪各级财政补贴比例不低于 80%，给予生猪养殖大县政策倾斜，对年投保超过 5 万元的养殖大县再增加 10% 的补贴比例。

2013 年，江苏全省实现农业保险保费收入 32.08 亿元，保费规模连续 6 年位列全国第一，为全省农民提供风险保障 670 亿元。2007—2013 年累计支付赔款 43.36 亿元。2012 年，江苏省遭遇了历史罕见的小麦赤霉病，多地小麦几近绝收，当年农业保险赔款总额达 10.32 亿元，农业保险在农业风险管理、稳定农业生产、减少受灾损失、增加农民收入方面发挥着显著作用。

（三）依法发展阶段（2014—2018年）

2013 年 3 月，《农业保险条例》正式实施，标志着我国农业保险进入了法治化管理轨道。从江苏省来看，多年"联办共保"模式的推进，使得农业保险规范管理模式基本成型。一是管理组织架构清晰。省、市、县均成立了农业保险工作领导小组，各级政府和经办保险机构均设立了相应的工作部门，认真履行工作职责。二是各项管理工作逐步规范。江苏省农业保险工作领导小组及各管理部门相继下发了《江苏省政策性农业保险实务规程（试行）》《江苏省农业保险承保理赔操作规范》《江苏省农业保险承保理赔档案真实性、完整性标准指引》《江苏省农业保险试点财政保费补贴资金管理办法》《江苏省农机保险试点财政保费补贴资金管理办法》《关于农业保险试点政府保费资金会计核算有关事项的通知》等文件。经办保险机构也都对相关的实务流程进行了梳理并臻于完善。

2018 年 11 月，江苏省政府办公厅下发了《关于进一步完善农业保险经营模式的通知》，指出自 2019 年 1 月 1 日起，江苏省农业保险经营模式由政府与保险机构"联办共保"转变为在政府指导下，保险机构独立承办，地方政府不再分担保费收入和赔付责任，各地保险机构以组建共保体、分乡（镇）经营或分险种经营等多种形式提供政策性农业保险服务。

（四）高质量发展阶段（2019年以来）

2019 年，财政部等四部委联合下发《关于加快农业保险高质量发展的指导意见》，指出农业保险要在推进现代农业发展、促进乡村产业振兴、改进农村社会治理、保障农民收入方面发挥重要作用。该指导意见从三大粮食作物保险覆盖率、农业保险深度、农业保险密度三个方向制定了高质量发展目标，要求从扩大农业保险覆盖面、提高农业保险保障水平、拓宽农业保险服务领域、落实便民惠民举措等维度提高农业保险服务能力。该指导意见明确各地成立由财政部门牵头，农业农村、保险监管、林业草原等部门参与的农业保险工作小组，统筹推进本地农业保险工作。

江苏省农业保险工作小组相继下发《关于加快农业保险高质量发展的实施意见》《江苏省推进农业保险高质量发展工作方案（2020—2022）》《江苏省推进农业保险高质量发展三年方案（2023—2025)》等纲领性、规划性发展文件，拟定了江苏省农业保险高质量发展的具体目标和发展方向，着力提高三大粮食作物、养殖品种的保险覆盖面，大力拓展地方优势特色农业保险的范围，完善保险保障水平调整机制，提高农业保险政策支持精准度。

2020 年 12 月，财政部、农业农村部联合下发了《关于加强政策性农业保险承保机构遴选管理工作的通知》，对政策性农业保险承保机构遴选管理做出具体要求。江苏省财政厅、江苏省农业农村厅迅速响应，联合下发了《关于做好政策性农业保险承保机构遴选工作的通知》，明确市县遴选管理主体为财政、农业农村部门，原则上不再采用共保体经营模式。2021 年起，江苏省各地级市、县（市、区）陆续开展遴选，全面形成了多家保险机构分乡（镇）经营的发展格局。

2021 年 12 月，财政部印发了新修订的《中央财政农业保险保费补贴管理办法》，明确了农业保险"财政支持、分级负责、预算约束、政策协同、绩效导向、惠及农户"的补贴原则，鼓励地方政府对农业保险多投入，压实地方政府的主体责任，详细规定了对保险机构进行业务监管的要求，强化了对保险机构依法合规经营的监管。江苏省财政厅迅速响应，制定并下发了《江苏省省级财政农业保险保费补贴管理办法》，规范了农业保险保费补贴管理，提升了财政资金使用效率，推动了农业保险高质量发展。

2021 年起，江苏省在全省 56 个产粮大县全面推进三大粮食作物完全成本保险和种植收入保险，鼓励各地级市因地制宜，优化调整当地优势特色农产品、高效设施农业等保险产品的保费补贴支持政策，持续加大对地方优势特色农业发展的保障力度。2022 年，江苏省在 3 个地级市的 9 个县（市、区）试推生猪价格期货保险，省级财政补贴比例为 40%、市县配套补贴比例为 40%，2023 年，生猪价格期货保险推行范围扩大到全省 7 个地级市的 22 个县（市、区）。

江苏省农业保险工作小组 2024 年工作要点明确鼓励各地级市结合以往农业保险赔付情况，选择试点地区和试点险种，以地级市为试点单位，探索开展基于风险损失的差异化保险费率试点，推动保险条款费率动态化调整机制的建立和完善。

二、发展变化及影响

(一)险种、保障金额及受益面变化

农业保险险种不断增多。2004 年，淮安市"联办共保"模式起步时，仅

推出水稻、三麦、养鱼 3 个险种，2007 年，"联办共保"模式全省推广试点时，扩展为水稻、小麦、油菜、棉花、玉米、奶牛、能繁母猪 7 个险种。随后越来越多的种养险种被纳入财政补贴体系，截至 2023 年年底，江苏省财政补贴型险种囊括了 17 个中央财政补贴型险种、30 个大类省奖补目录险种。各保险机构积极推动创新型商业性险种，形成了较为完善的财政补贴型保险、附加险、商业险的农业保险产品体系。

保障金额不断提高。以三大粮食作物为例，承办初期为物化成本保险，保额为 100～200 元/亩，以"低保障、广覆盖"为经营目标。2021 年起，江苏省在全省 56 个产粮大县全面推进三大粮食作物完全成本保险和种植收入保险，将人工地租等农户投入成本均纳入保障范围，小麦保额达 1 000 元/亩，水稻保额最高达 1 300 元/亩。多地推进优质稻收入保险和稻麦品质收入保险等。

农户受益度不断提升。随着国家财政补贴体系的完善和农业保险条款中费率的优化，农业保险财政杠杆作用不断放大。2023 年，江苏省农业保险保费规模为 74.31 亿元，为全省 704 万户次农户提供保险保障达 1 853 亿元，赔付 52.37 亿元，其中，省级财政提供农业保险保费补贴资金 15 亿元，财政资金放大效应显著。

（二）工作模式改进及服务能力变化

政策性农业保险推进初期，农业保险承保、理赔工作的流程、操作规范均处于探索积累阶段。在种植险领域，中华联合财产保险股份有限公司在淮安市探索出"淮安七步法"工作模式，即"农户申报、村组核查、乡（镇）初审、县（区）查勘、市级抽查、结果公示、赔偿兑付"，聘请全市 70 余位"知农时、懂农事、察民情、体民心"的退休农技专家组成"农业保险顾问团"，协助农技指导、查勘定损工作，做到了统一标准、公开程序、阳光操作、专业权威，成为当时种植险查勘理赔工作的典范。在养殖险领域，中华联合财产保险股份有限公司如东支公司通过与如东县兽医畜牧兽医站、如东县动物卫生监督所联动，以"六定式工作法"即"定向申报、定点收集、定时交接、定场处理、定位监管、定项补贴"，实现了病死畜禽无害化处理与保险的联动，杜绝了病死畜禽非法流入市场和反复理赔的风险，便捷了农户，也净化了环境，形成了业界有名的保处联动"如东模式"。

随着科技的日益进步和农业保险高质量发展的进一步要求，科技赋能农业保险承保理赔的成效逐步显现，进一步提升了承保理赔的真实性、精准性、效率性。在养殖险领域，2020 年，江苏省农业农村厅打造了省级保处联动信息平台，在全省上线应用，推动养殖险与病死畜禽无害化处理的申报、勘验、收集、转运、处理等全流程联动，构建了全省统一管理的保处联动大数据中心，进一步规范监管，提升工作效能。中华联合财产保险股份有限公司的新农险核心业务系统与省级保处联动信息平台实现全融合式对接，农户在保处联动信息平台报案后，公司业务系统会自动生成报案号并派遣查勘员，查勘员现场查勘即时上传查勘资料，兽医线上审核并线上出具无害化处理证明。通过全流程线上化操作，大幅提升了理赔效率，平均理赔周期缩短为 5 天以内，服务时效性、操作规范性、管控真实性均得到大幅提升。在种植险领域，各保险机构积极探索 3S 技术应用。2019 年起，中华联合财产保险股份有限公司江苏分公司与淮安市金湖县政府合作，以农户土地确权信息为基础，通过卫星遥感、无人机、App，建立农户库、地块库等基础信息库，开展遥感长势监测、遥感产量监测，推进种植险精准承保、精准理赔，2021 年开始推广至全省。

（三）工作规范化与合规管控

20 年来，江苏省农业保险工作小组各职能部门不断推进农业保险规范化和合规性管理。《江苏省政策性农业保险实务规程（试行）》（2009 年）、《江苏省农业保险承保理赔操作规范》（2014 年）、《江苏省农业保险承保理赔档案真实性、完整性标准指引》（2018 年）等对农业保险承保、理赔、档案管理、协办等全流程操作做了详细规定，农业保险的工作规范化程度不断提高。

2022 年，江苏省农业保险工作小组制定并下发了《江苏省政策性农业保险工作评价暂行办法》和《江苏省政策性农业保险承保机构服务评价暂行办法》，以服务能力、风险管控能力、服务成效和服务满意度这 4 项一级指标以及 16 项二级指标为依据，对省级承保机构服务能力进行评价，以服务能力、服务规范、服务成效和服务满意度这 4 项一级指标以及 24 项二级指标为依据，对市、县（市、区）承保机构服务能力进行评价。同时明确将市、县（市、市）承保机构服务评价结果作为下一期遴选承保机构的重要参考。连续两年评价结果为"基本合格"或单次评价结果为"不合格"的，取消该承保机构剩余服务期限内的承保资格，并取消其参加本市、本县（市、区）下一期政策性农业保险承保机构遴选资格。

2022 年起，为提高农业保险信息化管理水平，动态归集相关数据信息，为农业保险业务监管、精算定价、风险管理、增值服务提供数据支撑，江苏省农业保险工作小组推进了省级农业保险综合管理信息平台建设，各保险机构"保单级"承保、理赔数据"T＋1"模式可以自动上传至综合管理信息平台，实现全流程的监管，并依据相关数据审定农业保险保费补贴拨付情况，从源头上防止弄虚作假和骗取财政补贴资金等行为，进一步加强了对保险市场的监管。

三、存在的问题

（一）保费费率的精细化、动态化调整机制尚未成熟

近年来，江苏省农业保险工作小组多次组织保险费率调整研讨会，推动保险费率适应农业风险变化，建立健全保险费率动态调整机制。但是仍然面临风险地图构建缓慢以及风险区划数据不健全且未被科学应用等问题，农业保险未实行不同风险区域的差异化定价。

（二）大灾风险分散机制尚未完全建立

大灾风险分散机制是农业保险持续健康发展不可或缺的一道防线，是农业保险高质量发展的"安全阀"。近年来受全球气候变化影响，极端气象灾害频发，农业风险不确定性日益增高。农业保险大灾风险分散机制尚未完善，农业保险的大灾风险应对能力有限，仅仅依靠中国农业再保险股份有限公司和保险机构参与商业化运作，不能从根本上有效应对和分散大灾风险。

（三）遴选模式有待升级，市场秩序有待规范

当前，财产险行业变革加剧，农业保险成为行业竞争的重点领域，特别是近年来，过多保险主体参与市、县（市、区）遴选引发了竞争。保险机构缺乏稳定的经营预期，影响了其在承保区域的持续投入和服务质量，也影响了农业保险强农惠农的效果。

（四）政府管理与市场化运营的边界尚需进一步明确

"联办共保"时期，保险机构的承保、理赔均高度依赖地方政府，市、县（市、区）政府明确承保、理赔方案，基层政府人员协助推动。市场化运营后，保险机构依赖政府、政府干预承保理赔等现象依然存在。例如，在农业保险承保理赔过程中，一些地方政府过度干预定损理赔，影响了保险机构作为市场主体正常业务的开展，加大了其市场经营的难度。

农业保险持续为淮安市
农业生产保驾护航

秦永东[1]　徐潇宇[2]

中华联合财产保险股份有限公司淮安中心支公司（简称"中华财险淮安中支公司"）2004年11月与淮安市政府签订政策性农业保险"联办共保"协议，确定2005年对小麦和水稻两个险种在全市10个乡（镇）进行试点，2006年，试点乡（镇）增加至20个。2007年，小麦和水稻保险不仅在全市推开，而且带动江苏全省采用"联办共保"模式全面开办。中华财险淮安中支公司的农业保险保费也从2005年的235.59万元、2006年的263.11万元、2007年的3 915.94万元，增加到2023年的3.43亿元，经办险种数量由最初的2个扩展到62个，其中政策性险种36个、商业性险种26个。20年间，淮安市经办农业保险的保险机构已经由最初仅有的中华联合财产保险股份有限公司扩展到8家。在保险机构数量快速增加的情况下，中华财险淮安中支公司充分发挥自身优势，截至2023年年底，农业保险市场占有率为41.79%。

一、淮安市农业保险开办历程

淮安市地处江苏省北部中心区域，面积1.01万平方千米，人口530万人，是盛产优质稻米、小麦、油料、水产、蔬菜、畜禽等农产品的农业大市。淮安市又处于京杭大运河、淮河和洪泽湖流域，80%的土地处在洪泽湖设计洪水水位以下，上游客水下泻容易对当地农业生产造成威胁，自古就有"洪水走廊"之称。2003年，占全市半数以上的66个乡（镇）遭受水灾，农业受损严重，政府拨款3 200万元用来救灾。之后，为了把灾后救助前置为灾前保险补贴，淮安市委、市政府决定开展以三麦、水稻为主的政策性农业保险试点。

---

　　①② 秦永东，徐潇宇，就职于中华联合财产保险股份有限公司淮安中心支公司。

为此，中华财险淮安中支公司拟定的"联办共保"方案，获得了淮安市委常务会议的研究通过。2007 年，国务院确定在江苏等 6 个省份开始政策性农业保险试点，彼时，淮安在两年试点的基础上，在全市推进三麦、水稻保险。同年 7 月下旬，江苏省政府在淮安市召开了全省农业保险试点工作座谈会，号召在全省范围推广淮安经验。在淮安市委、市政府领导下，由中华财险淮安中支公司具体经办的农业保险"联办共保"模式，为全省乃至全国开办政策性农业保险探索了路径、积累了经验，得到了国家有关部门的高度重视和肯定。

按照《江苏省政府办公厅关于进一步完善农业保险经营模式的通知》精神，自 2019 年 1 月 1 日起，各地方政府退出"共保体"，由地方政府与保险机构"联办共保"转换为各保险机构商业化经营、市场化运作，"联办共保"的农业保险模式退出了历史舞台。

二、淮安市农业保险的初期做法

淮安市的"联办共保"模式，由政府和保险机构共同经办，双方各自承担保费的 50% 和赔款金额的 50%。政府负责组织动员，保险机构负责从承保到理赔的全流程实务操作。"理赔七步工作法"和"农业保险顾问团"，是保险机构为适应工作实际采用的两项主要做法。

（一）"理赔七步工作法"

2007 年，淮安市农业保险全面推开后，每年参保的三麦和水稻面积共计 700 万亩左右，其中报灾面积约 40 万亩。不分路途远近、不分田块大小，保险机构需要全部进行实查。对报灾农田进行现场查勘定损，仅仅依靠保险机构有限的人力在短时间内几乎不可能完成，发挥乡（镇）和村组对报灾农田初审的作用变得极为重要。因此，保险机构在实践中形成了"农户申报、村组核查、乡（镇）初审、县（区）查勘、市级抽查、结果公示、赔偿兑付"的"理赔七步工作法"。具体为：①农户把自家遭灾受损的农田面积，以书面形式报给村组干部；②村组干部按照受损是否符合赔付标准进行核查，将符合赔付标准的部分报到乡（镇）农经站；③乡（镇）农经站进行核实后，把结果送到保险机构的县支公司；④保险机构的县支公司组织查勘人员，在村组干部和乡（镇）农经站人员的协助下，对照报灾单逐户逐地块查勘定损，并当场确定受损结果；⑤保险机构的市中支公司查勘人员在整个查勘期间对县（市、区）查勘质量进行抽查；⑥村里把符合赔付标准的查勘结果张贴上墙，公示一周；⑦在公示无异议后，保险机构和县（市、区）财政，按各自比例划拨赔款，由乡（镇）通过"一折通"赔付到户。

（二）组建"农业保险顾问团"

中华财险淮安中支公司当年经办农业保险，没有先例可循，一切都要靠自己在实践中探索前行。农业保险实务中工作量和难度最大的环节是对灾情的查勘和理赔。灾情的查勘相对集中在三麦和水稻收割前的短时间内，面广量大，需要集中大量的查勘人员才能及时完成。保险机构在各县（市、区）聘请当地长期从事农业工作、具有丰富农业生产经验且已经退休的老同志、老专家组成"农业保险顾问团"，季节性协助查勘和定损。很快，一支顾问团队伍组成，顾问团与保险机构员工组成查勘小组，主要运用"五点取样千粒重"测产法来估测产量，判断受灾程度是否达到赔付标准。

三、农业保险持续为农业生产保驾护航

保护农民的种粮积极性，不让种粮农户在经济上吃亏，让农户种粮能获利、多得利，让农户敢种粮、种好粮，是国家推行政策性农业保险的初衷。20 年来，农业保险参保率逐渐提高、灾后获赔金额增加、农产品不断丰富，农业保险对农业生产保驾护航的作用越来越明显。

（一）有效降低农户损失

农户参保的积极性大大提高，农业保险已经成为他们发展生产的定心丸。2008 年，淮安市金湖县某个种粮大户投保水稻 80 亩，自缴保费 480 元，其中 62 亩受灾严重，获赔 2.48 万元；同年，盱眙县 9 439 亩水稻穗中无粒、涟水县 2 658 亩水稻受稻飞虱侵害、2 700 多亩水稻因稻颈瘟绝收，数以千计的农户均已获得远高于自缴保费的赔款。2012 年，淮安市共计承保小麦面积 354.6 万亩，总保费 6 916.49 万元，其中农户自缴保费 2 074.95 万元，后因大面积赤霉病，全市赔付面积 58.45 万亩，赔款总额 8 850.51 万元，是农户自缴保费的 4.27 倍，受益农户 27.19 万户次。

（二）有效防止因灾返贫

灾后赔款能够有效避免因灾返贫，增强农户恢复生产生活的信心。例如，2013 年 5 月，淮阴区吴集镇某农户报案，其饲养的 5 头能繁母猪在夜间全部死亡。保险机构与当地兽医站、公安部门一同到达现场。经现场分析，5 头能繁母猪均为猪肺疫死亡，排除他人投毒嫌疑。由于该户男主人刚刚遭遇车祸，腿脚外伤未愈，作为家中主要经济来源的 5 头能繁母猪遭遇疫病死亡，家境十分困难。保险机构按规定快速启动赔偿流程，挽救了这个家庭。

（三）有效调整产业结构

保险机构根据农业发展需求和国家政策导向，不断提高保险保障程度、扩大保险覆盖面、增加保险品种，积极研发地方特色农产品保险，加强产品业务落地。涟水县的芦笋、优质稻米、高粱，金湖县的小龙虾和淡水鱼，淮安区的露地水生蔬菜、黄鳝，淮阴区的小黄瓜，盱眙县的生猪养殖等，已成为当地的特色优势农产品。推动开展"保险＋期货""保险＋科技""保险＋订单"等新型业务模式，满足农户、种植养殖大户、专业合作社和农业核心企业等的贷款、销售和价格保障需求，形成了特色鲜明的"农业保险＋"经营模式，有效推进了农业供给侧结构性改革，推动了农业现代化发展。

（四）有效保障国家粮食安全

2021年，财政部、农业农村部、中国银行保险监督管理委员会下发了《关于扩大三大粮食作物完全成本保险和种植收入保险实施范围的通知》，强调要提高小农户的农业保险投保率，扩大水稻、小麦、玉米三大粮食作物完全成本保险试点范围，保险费率保持在 3.5%～4%，保险保障水平大大提升。淮安市淮阴区、淮安区、洪泽区、涟水县、盱眙县、金湖县 6 个产粮县（市、区）已实现保险全覆盖。为有效保障生猪供给，中华联合财产保险股份有限公司江苏分公司与盱眙县淮河镇 4 户养殖户签署了江苏省首单地方财政补贴型生猪期货价格保险，为 2 000 头生猪提供 541 万元的保障，这是淮安市试点生猪"保险＋期货"项目的一次积极探索。随后，江苏省政府会同省内保险及期货机构开展针对生猪期货价格保险的可行性研究，并将开展生猪"保险＋期货"项目试点首次写入 2022 年江苏省委一号文件。2022 年 6 月，江苏省农业保险工作小组下发了《关于开展生猪"保险＋期货"项目试点的通知》，淮安市的盱眙县、淮安区、淮阴区三个县（市、区）被列入生猪期货价格保险项目试点区域，获得省级财政 500 万元资金支持。2022 年，生猪"保险＋期货"项目试点工作相关经验做法和成效先后被《人民日报》、《新华日报》、江苏卫视等多家媒体报道。

农业保险助力北京市
都市型现代农业发展

石如岳[①]

2004 年以来,历年的中央一号文件均强调"三农"发展。作为保险行业从业者,应系统地学习中央一号文件精神,领会中共中央对农业保险发展的政策要求,总结回顾我国农业保险近 20 年的发展历程,能够更好地领会农业保险高质量发展对于解决"三农"问题的重要意义,从而勇担农业保险工作者的责任与使命。

一、我国农业保险发展历程——以中央一号文件精神为指引

我国农业保险发端早但历程艰难,经历过起步、停办、恢复发展、萎靡徘徊等阶段,一直到 2004 年还处于低谷时期。2004 年作为转折点,国家对农业保险的重视程度也逐年提高,中央一号文件连续 20 年都对农业保险做出了明确要求。

(一)农业保险道路探索阶段

2004—2006 年是农业保险道路探索阶段,2004 年的中央一号文件提出"加快建立政策性农业保险制度,选择部分产品和部分地区率先试点",逐步转变为"扩大农业政策性保险的试点范围"(2005 年中央一号文件),再到"稳步推进农业政策性保险试点工作"(2006 年中央一号文件)。国家鼓励商业保险机构开展农业保险业务,加快发展多种形式、多种渠道的农业保险。

---

① 石如岳,就职于中华联合财产保险股份有限公司北京分公司。

（二）政策性农业保险试点阶段

2007—2012 年是政策性农业保险试点阶段，在此期间，不仅多年的中央一号文件提出发展政策性农业保险，还提到要建立财政支持的大灾风险分散机制。2007 年，中央一号文件提出"按照政府引导、政策支持、市场运作、农民自愿的原则，建立完善农业保险体系"，"完善农业巨灾风险转移分摊机制，探索建立中央、地方财政支持的农业再保险体系"，"扩大农业政策性保险试点范围"；2008 年的中央一号文件提出要"认真总结各地开展政策性农业保险试点的经验和做法，稳步扩大试点范围"；2009 年的中央一号文件提出"加快发展政策性农业保险，扩大试点范围、增加险种"；2010 年的中央一号文件提出"积极扩大农业保险保费补贴的品种和区域覆盖范围；2012 年的中央一号文件强调"扩大农业保险险种和覆盖面"。

（三）政策性农业保险规范发展阶段

在《农业保险条例》指导下，2013—2019 年，政策性农业保险不断规范发展。此阶段的中央一号文件持续指出要不断加大农业保险支持力度，逐渐完善农业保险制度：2013 年的中央一号文件提出"健全政策性农业保险制度，完善农业保险保费补贴政策"；2014 年的中央一号文件提出"加大农业保险支持力度。……不断提高稻谷、小麦、玉米三大粮食品种保险的覆盖面和风险保障水平"；2015 年的中央一号文件提出"加快研究出台对地方特色优势农产品保险的中央财政以奖代补政策"，"积极开展农产品价格保险试点"；2016 年的中央一号文件提出"探索开展重要农产品目标价格保险，以及收入保险、天气指数保险试点。支持地方发展特色优势农产品保险、渔业保险、设施农业保险。完善森林保险制度。……稳步扩大'保险＋期货'试点"；2017 年的中央一号文件提出"持续推进扩面、增品、提标，开发满足新型农业经营主体需求的保险产品"；2018 年的中央一号文件提出"完善农业支持保护制度。……加快建立多层次农业保险体系"；2019 年的中央一号文件提出"探索对地方优势特色农产品保险实施以奖代补试点"，还提出"推进稻谷、小麦、玉米完全成本保险和收入保险试点"。

（四）农业保险高质量发展阶段

2020 年以来，我国农业保险进入了高质量发展阶段。国家强调要抓好保费补贴政策落实，将地方优势特色农产品保险以奖代补做法扩大到全国，积极发展农业保险和再保险，不断发挥"保险＋期货"业务的作用，鼓励发展渔业保险，实施好大豆完全成本保险和种植收入保险试点。2024 年的中央一号文件还提到要"扩大完全成本保险和种植收入保险政策实施范围，实现三大主粮全国覆盖、大豆有序扩面。鼓励地方发展特色农产品保险。推进农业保险精准投保理赔，做到应赔尽赔。完善巨灾保险制度"。

二、都市型现代农业背景下农业保险的发展历程及现状——以北京地区为例

都市型现代农业是指位于城市内部或郊区，依托城市自然资源和社会资源，服务于城市多样化需求，形成的具有高效、优质、可持续和多功能等特征的农业形态。我国都市现代农业出现于 20 世纪 90 年代，其中，北京市作为都市型现代农业的典型代表，于 2003 年正式提出发展都市型现代农业，现在已经进入高质量高效率发展阶段。中国共产党北京市第十三次代表大会指出，积极发展都市型现代农业，是走好"大城市带动大京郊、大京郊服务大城市"的城乡融合发展之路的重中之重。

2007 年，我国进入政策性农业保险试点阶段。北京市政策性农业保险自此开办，按照"政府引导、政策支持、市场运作、农民自愿"的原则，每年按照《北京市政策性农业保险统颁条款》确定补贴险种和补贴比例，由农业保险经营主体进行市场化经营，为都市型现代农业提供越来越全面的风险保障。

（一）政策性农业保险发展历程概况

1. 保障范围及补贴比例

2007 年，北京市出台了《关于建立北京市政策性农业保险制度的方案（试行）》，开办粮食、奶牛、肉禽、水果、蔬菜共计 5 类 12 款险种，保障范围涉及 13 个区（县）。2007—2008 年，北京市农业保险采取的保费补贴模式为市、区（县）、乡（镇）三级财政补贴模式，于 2009 年取消了乡（镇）级财政补贴，并于 2012 年开始加大中央财政补贴比例，形成了目前的中央、市、区（县）三级财政补贴模式（地方财政补贴型产品不含中央财政补贴）。截至 2023 年，北京市财政补贴险种共计 65 款、商业险种共计 59 款，保障已覆盖全市 13 个涉农行政区以及首农集团等农业企业。北京市经营政策性农业保险的保险主体数量由 2007 年的 3 家增加到 2024 年的 7 家。

2. 大灾风险分散机制

2009 年，北京市开展再保险业务，由中共北京市委农村工作委员会统一购买再保险，采取赔付率超赔再保险的模式。除购买再保险外，北京市政府还建立了农业巨灾风险准备金，一旦农业遭受重大灾害或农业保险赔付率超过300%，超过部分由巨灾风险准备金支付。2020 年，中国农业再保险股份有限

公司成立后，北京市的再保险模式转变为由农业保险经营主体自行向中国农业再保险股份有限公司购买比例分保，余下部分由各家农业保险经营主体根据需要进行再保险安排。北京市的农业再保险已经基本实现了用相对稳定的财政支出，应对大灾风险发生后的巨额财政支出压力的效果。

3. 保障水平和赔付情况

保险深度和保险密度分别反映某个区域保险行业的发展水平和该区域居民参加保险的程度。根据北京市地方金融管理局公布的数据，截至 2023 年 6 月，北京市农业保险的密度为 3 668.5 元/人，深度为 5.75%，位居全国前列。保险金额方面，2011—2022 年，北京市农业保险保费规模年均超过 100 亿元。2007—2021 年，政策性农业保险已累计为北京市 13 个涉农行政区和首农集团等农业企业提供了近 2 706.5 亿元的风险保障，累计支付赔款近 60 亿元。

（二）政策性农业保险发展过程中的主要问题

1. 政策性农业保险保障程度难以满足农户的风险保障需求

北京市政策性农业保险的保障程度较低，主要保障基本物化成本，且保险金额较为固定，与当地高成本投入的生产特点存在矛盾，保险供给难以满足农户的风险保障需求。2023 年新增了小麦、玉米完全成本保险，为小麦、玉米的人工成本和地租成本提供了风险保障。但北京市作为都市型现代农业的典型代表，政策性农业保险统颁条款中的蔬菜、水果、畜禽、其他粮食等作物的保险金额仍然处于较低水平。

2. 财政对政策性农业保险创新的支持力度有待提高

北京市作为都市型现代农业的典型代表，农业发展正面临转型升级、产业结构调整等重大挑战。北京市财政需要加大对政策性农业保险的支持力度，优化财政支出结构，整合专项资金，给予政策性农业保险的创新产品更多保费补贴，积极引导传统农业保险向创新型农业保险转型，针对与北京市都市型现代农业相适应的创新险种，积极修订财政补贴条款，以引导和扶持政策性农业保险高质量发展，搭建政府部门、保险经营主体、农业生产经营主体等共同参与的多方供需对接平台。

（三）北京地区政策性农业保险发展方向

北京市作为都市型现代农业的典型代表，农业正朝着设施农业、绿色农业、休闲农业等方向发展，农业生产经营主体面临着更大的生产资金投入与各种新风险。现有的政策性农业保险统颁条款虽然涵盖价格保险、完全成本保险、农机保险，但还是以服务传统小农户的低保障、广覆盖的成本保险为主，政策性农业保险的险种数量、保障范围、保障程度皆难以满足北京市都市型现代农业高质量发展的风险需求。为了促进北京市政策性农业保险高质量发展、服务乡村振兴战略，北京市应加大政策性农业保险统颁条款的修订力度和保险产品的创新力度，提高对现代化农业产业的保障水平，优化财政补贴政策，加大政策性农业保险的科技应用力度。

三、中华财险助力都市型现代农业发展的实践——以中华联合财产保险股份有限公司北京分公司为例

自 2007 年北京市政策性农业保险工作正式启动以来，中华联合财产保险股份有限公司北京分公司作为北京市首批获得农业保险业务经营资格的保险公司之一，政策性农业保险业务已经覆盖平谷、密云、延庆、顺义、通州、怀柔、大兴、昌平、门头沟等 9 个区（县），经历了 2012 年"7·21"暴雨灾害、2016 年"5·31"大风灾害、2019 年"5·17"冰雹灾害、2022 年"6·04"和"6·12"冰雹暴雨、2023 年"23·7"暴雨洪水等重大灾害的锤炼，"中华财险"这块招牌已经稳稳地树立在首都各级政府和京郊农户的心中。2013—2015 年，中华联合财产保险股份有限公司北京分公司连续三年被北京市委、市政府评为"社会主义新农村建设先进集体"荣誉称号。

（一）农业保险经营情况

2007—2023 年，中华联合财产保险股份有限公司北京分公司实现政策性农业保险保费收入 11.58 亿元，为 38.88 万户次农户提供了 262.75 亿元的风险保障，支付赔款 9.85 亿元，赔款受益农户 32.2 万户次。2023 年，中华联合财产保险股份有限公司北京分公司政策性农业保险实现保费收入 1.44 亿元，同比增长 0.3 亿元，为 4.5 万户次农户提供了 26.4 亿元的风险保障。

（二）典型经验及成效

1. 积极开展农业保险产品创新

2014 年以来，在北京市农业局（现北京市农业农村局）的指导和支持下，中华联合财产保险股份有限公司北京分公司开展了一系列农业保险产品创新，连续推出了果树树体、露地花卉、玉米干旱气象指数、温室蔬菜寡照指数、肉牛养殖保险等创新险种。2020 年，创新研发了平谷区桃产量损失保险，为平谷区桃种植户编织起"成本保险＋产量损失保险"双重保险防护网，为平谷区特色农业的快速健康发展提供了有力保障。2022 年，中华联合财产保险股份有限公司北京分公司的农业保险创新实现了爆发式增长，共创新研发了完全成本类、"保险＋期货"类、地方特色类、产量损失类、目标价格类、农业气象

指数类等类别的 25 款新险种，涉及政策险和商业险，涵盖种植业和养殖业。

2. 坚持推进农业保险服务创新

2016 年以来，中华联合财产保险股份有限公司北京分公司建立了投诉反馈机制和大灾预案管理机制，积极应对农户投诉，确保大灾处置服务到位。在服务创新上，积极承担防灾减灾的社会责任，不断加大对区（县）防灾减灾的投入力度，在全市开展了"驱鸟惠民"行动，向各区（县）果农以及种植大户赠送驱鸟剂，并向房山区、平谷区、怀柔区等区（县）赠送了防雹减灾炮弹。2022 年 10 月，中华联合财产保险股份有限公司北京分公司率先在北京地区落地冰雹预警及防范项目。该项目基于精细化冰雹风险空间分布图，提供冰雹快速识别决策支持下的防雹技术方案，在大兴区 10 亩密植桃地搭建防雹网进行冰雹防范试验，3 年内可有效减损数十万元。

3. 持续探索技术创新

2019 年以来，在中国银行保险监督管理委员会北京监管局（现国家金融监督管理总局北京监管局）指导下，北京地区农业保险已经实现全流程信息化。结合都市型现代农业的特点，北京保险行业协会组织引导 7 家农业保险经营主体，紧密结合信息化技术手段，积极制定一系列规范性文件，涵盖农业保险的信息采集、标的查验、说明义务履行、保单签发批改、电子公示、查勘理赔、赔款支付等全部业务流程，电子保单制单率、线上告知率、线上公示率均超过 99%。农业保险经营从"面对面"逐渐转向"线上化"，全年可减少因承保、理赔产生的人员接触数十万人次。在北京市农业农村局的大力支持下，中华联合财产保险股份有限公司北京分公司在全市行业内率先推行了农业保险"理赔一卡通"快捷服务、地图测绘面积，"兴农保"承保理赔操作系统等模式创新与技术创新。

4. 拓展平谷区农业保险经验

中华联合财产保险股份有限公司北京市平谷支公司（简称"中华财险平谷支公司"）于 2014 年 1 月成立，已累计承保 23 个险种，为平谷区 16.09 万户次农户提供了 56.11 亿元的风险保障。中华财险平谷支公司的政策性农业保险市场份额多年保持全区第一，得到了广大农户的认可。2023 年 12 月，中华财险平谷支公司"精准实施农业保险，撑起农民致富'守护伞'"成功入选了北京市农业农村局、市发展和改革委员会、市人力资源和社会保障局联合公布的"2023 年度北京市农民增收典型案例"。中华财险平谷支公司从成立以来就树立了"三农"市场整体观，积极构建农业保险销售队伍和服务网络，以为政府解决困难和化解风险损失为出发点，因地制宜创新研发专属农业保险产品。北京市第一张果树树体保险、第一张温室蔬菜寡照指数保险、第一张桃产量保险、第一张梨产量保险的保单均出自中华财险平谷支公司。为减轻桃果产量灾害损失，推动大桃种植可持续发展，2020 年，中华财险平谷支公司全面完成桃产量损失保险的首年承保试点签单工作，给平谷区的广大桃种植户编织起"成本保险＋产量损失保险"双重保险防护网，大幅提高桃果保障水平。2020—2023 年，桃产量损失保险在平谷区合计承保面积 10.95 万亩，为 17 386 户次农户提供 4.6 亿元的风险保障。根据桃产量损失保险的成功经验，2023 年成功研发并在平谷地区落地了梨产量损失保险，承保面积 1.29 万亩，为 2 342 户次农户提供 6 437.75 万元的风险保障。

（三）农业保险发展的困难

一是大灾风险分散能力不足。农业保险是防范和化解农业风险的重要手段，而建立农业保险大灾风险分散体系，就是在农业保险基础上再建立起一道新的"防护堤"。2020 年 12 月，中国农业再保险股份有限公司成立后，北京市农业再保险模式由政府统一购买转变为由农业保险经营主体自行购买比例再保险，余下部分由各家农业保险经营主体根据需要进行再保险安排。但是由于农业保险高风险、高赔付和不确定性等特点，农业保险经营主体难以自行找到再保险机构，从而抗风险能力薄弱。二是创新产品的政策支持力度不够。目前，创新产品申请政策补贴支持较为困难，大多以商业保险的形式落地，保险的保障影响范围难以扩大。三是缺乏相关专业数据共享平台对产品创新提供数据支持。农业保险产品创新方向多是产量保险、价格保险、收入保险、指数保险、地方特色保险等，缺乏相关数据平台进行费率精算，影响产品创新质量和效果。

新世纪 20 年天津市农业保险
创新发展历程及展望

吴秀茹[①]

农业兴旺国家兴旺，农民富裕国家富强。2023 年，习近平总书记在《快速建设农业强国 推进农业农村现代化》一文中强调："未来 5 年'三农'工作要全面推进乡村振兴，到 2035 年基本实现农业现代化，到本世纪中叶建成农业强国。"农业保险作为管理农业生产风险的金融工具，是促进农业发展、保障农民收入的一项"惠农政策"，有助于社会稳定和经济发展。

2007 年，财政部出台《中央财政农业保险保费补贴试点管理办法》，拉开了我国政策性农业保险的序幕。天津市紧跟中共中央步伐，于 2008 年正式出台《天津市政策性农业保险保费财政补贴资金管理办法》，将本市主要粮食作物——小麦、玉米、水稻，主要养殖牲畜——能繁母猪、生猪、奶牛，以及主要设施农业装备——温室大棚的保险纳入首批政策补贴险种。随着国家相关政策的陆续出台与完善，天津市各级政府部门紧跟国家战略布局，全方位、全领域支持农业保险事业，农业保险事业取得了飞跃发展。

一、天津市农业保险发展历程

(一)农业保险初始发展阶段（1950—2007年）

我国自 1950 年进行了农业保险的首次"试水"，经历了 8 年的短暂试行，直至 1958 年末，中央政府在武汉召开的财政工作会议决定，我国农业保险业务正式停办。直到 1982 年我国重启农业保险经营。天津市的农业保险发展受我国政策环境影响，同样经历了试行和停办后逐步恢复发展的过程，从重启农业保险经营算起，在长达 11 年的时间里形成了农业保险发展的"新热潮"，农业保险覆盖程度稳步提高，对于农业产业发展的重要作用日益凸显，直到

---

① 吴秀茹，就职于中华联合财产保险股份有限公司天津分公司。

123

1993 年达到保费规模的"巅峰",实现年度保费收入 4.2 亿元。随着 2004 年的中央一号文件提出"加快建立政策性农业保险制度,选择部分产品和部分地区率先试点,有条件的地方可对参加种养业保险的农户给予一定的保费补贴"后,天津市农业保险发展迎来了新的发展机遇。

(二)农业保险稳步发展阶段(2007—2013年)

自 2007 年财政部出台《中央财政农业保险保费补贴试点管理办法》后,天津市政策性农业保险发展实现了根本性突破。天津市政府办公厅出台《批转市农委市财政局天津保监局市畜牧局关于积极推进我市能繁母猪保险工作意见的通知》,启动政策性农业保险试点工作。次年,天津市根据中央一号文件要求,针对主要粮食作物、养殖牲畜和设施农业开展政策性农业保险试点工作。为加强对政策性农业保险保费补贴资金的管理,出台了《天津市政策性农业保险保费财政补贴资金管理办法》,规定政策性农业保险保费由投保农户、农业企业或专业合作组织承担 30%,市和区(县)两级财政共同承担 70%。

天津市相继出台了《关于开展农民房屋、农民家庭财产、农民人身意外伤害保险保费财政补贴试点工作的通知》《关于调整完善我市政策性农业农村保险保费补贴政策的通知》《关于修订政策性农业农村保险保费财政补贴政策的通知》《关于进一步加强我市政策性农业农村保险工作的意见》等一系列指导文件,形成了以种植业、养殖业、农民房屋、农民家庭财产和农民人身意外伤害"五险统保"模式为标志的"三农"全方位领域的政策性农业保险制度体系。在政策和资金的支持下,天津市农业保险保费规模逐年稳步上升,农业保险保费收入从 2008 年的 1 484.99 万元增至 2013 年的 1.5 亿元。

(三)农业保险法治化发展阶段(2013年以来)

2013 年是农业保险实现飞速发展的关键一年。《农业保险条例》的正式实施,政策性农业保险在我国全面推广。天津市出台了《关于进一步加强我市政策性农业农村保险工作的意见》,从制度层面明确了政策性农业保险的工作目标。通过修订《天津市农业农村保险保费财政补贴资金管理办法》,详细划分了市财政局、市农委、市金融局、专员办和市保监局等部门的职责,进一步明确了农业保险工作的权责。通过"增"补贴、"提"保额、"降"费率、"优"责任,切实提升中央财政补贴型农业保险保障的覆盖度;积极响应财政部号召,鼓励保险机构将地方优势特色农产品与指数类、价格类、收入类创新产品模式相结合,研发地方财政补贴型地方优势特色创新性农业保险产品,扩大农业保险险种覆盖面,促进天津市都市型现代农业建设。

多年来,天津市落实国家扩面、增品、提标的工作要求,建立健全农业保险服务保障体系,实现保费规模质的飞跃。截至 2023 年,天津市农业保险已实现 16 个市辖区及天津食品集团有限公司全覆盖,开办了小麦、玉米、水稻、棉花、大豆、能繁母猪、育肥猪、奶牛等多款中央财政补贴型险种。为促进制种行业发展,提高种子生产企业、制种农户和种子合作社等机构的风险承受能力,天津市推出了中央财政补贴型三大粮食作物制种保险。同时响应财政部号召,因地制宜、稳步开展了地方优势特色农产品保险,结合各区(县)实际开办了冬枣、牛奶价格、生猪价格、肉牛、果树气象指数、棚内农作物、果树极端灾害气象指数、蔬菜气象指数等多款地方财政补贴型创新产品。保费规模从 2008 年的 2 029.63 万元增长到 2023 年的 7.44 亿元,保费收入增长了 37 倍(图 17 - 1);保险深度和保险密度在 2014—2023 年呈现平稳上升趋势(图 17 - 2、图 17 - 3);简单

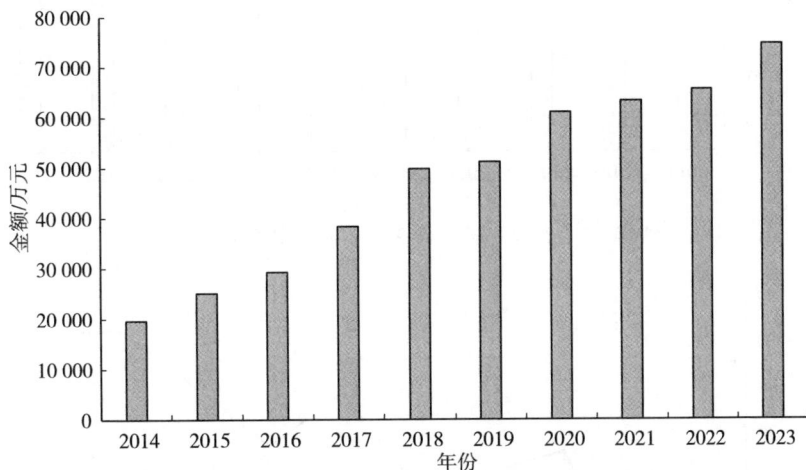

图 17 - 1　2014—2023 年天津市农业保险保费收入统计

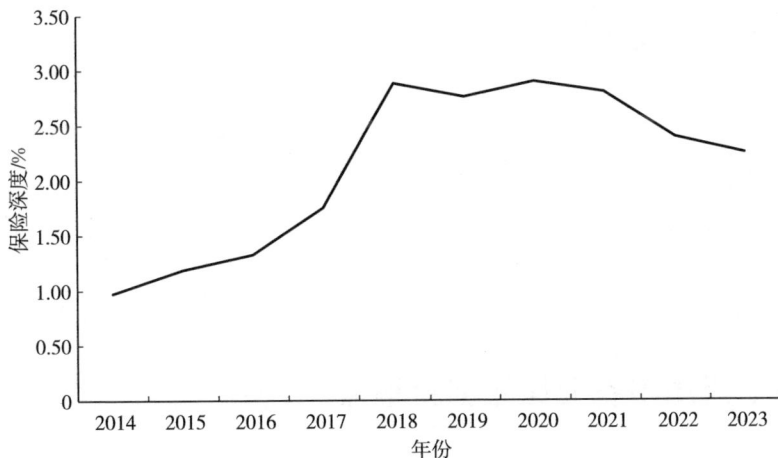

图 17 - 2　2014—2023 年天津市农业保险深度统计

赔付率方面从 2014 年的 43% 提升至 2023 年的 93%，上升势头明显（图 17 - 4）。由此可见，天津市农业保险的灾害补偿作用日益凸显，农户受益度显著提升。

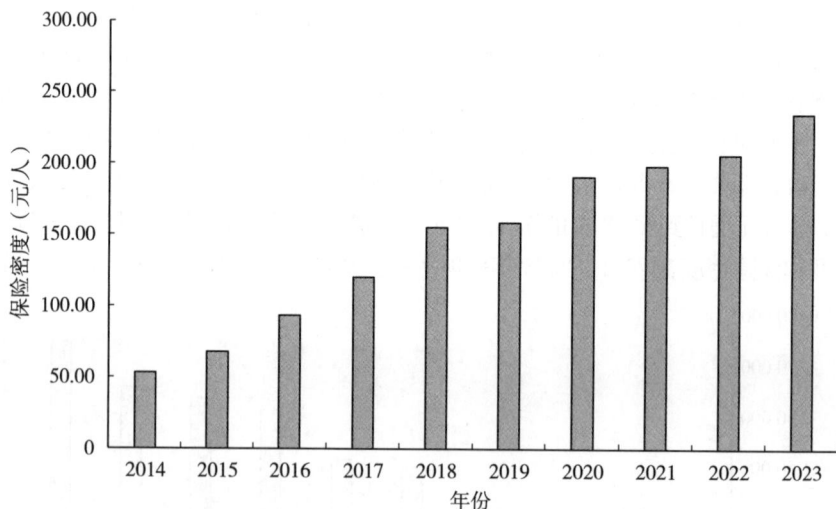

图 17 - 3　2014—2023 年天津市农业保险密度统计

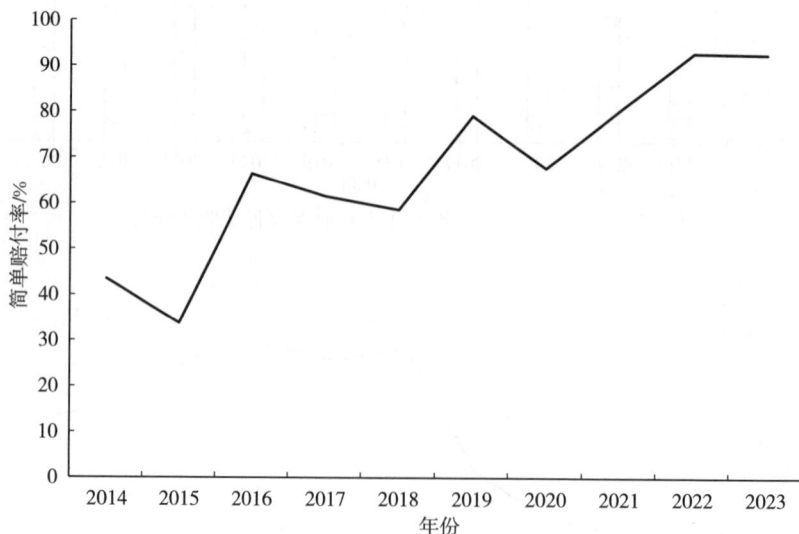

图 17 - 4　2014—2023 年天津市农业保险简单赔付率统计

二、天津市农业保险创新举措

天津市农业保险发展离不开国家的政策和各级政府部门的支持。中华联合财产保险股份有限公司天津分公司（简称："中华财险天津分公司"）结合地方发展实际，通过"技术应用、产品创新、服务延伸"三条主路径，为天津市农业保险发展提供了有力支持，也为整个保险行业的转型升级提供了有益借鉴。

（一）以高新技术赋能风险减量管理

中华财险天津分公司自开办农业保险业务以来，坚持通过"农业保险＋科技"的手段分散农业生产与经营的风险。2015 年首次尝试应用"无人机＋遥感"技术，在作物生长期间精准监测长势和病虫害情况。随着承保规模不断扩大，工作人员发现农业大灾风险因子与灾后实际损失程度显著正相关。中华财险天津分公司通过对承保区域的实地考察与调研，了解到大田作物主要受到极端气候灾害、病虫害和土质条件影响。利用物联网技术能够对气候状况和农作物病虫害情况进行实时监控，可以提前预测自然灾害的发生，从而提高农业生产的安全性和效率。通过"农业保险＋物联网"模式，可以推动农业保险从传统的被动应对转向主动预防，有效规避生产作业中的潜在风险。

2023 年，中华财险天津分公司在北辰区、宁河区、蓟州区、静海区、宝坻区、西青区、武清区、滨海新区 8 个主要涉农区域开展"农业（种植）灾害监测预警工作站"试点，共建立了 16 个点位气象监测点、8 个土壤监测点和 5 个虫情监测点，根据不同传感器指标成功建成"中华财险数字农业平台"，成为天津市保险行业首家"保险＋物联网＋云平台"示范案例。该试点主要通过小型气象站、土壤质量传感器、虫情分析设备，实现物联网传感数据与"中华财险数字农业平台"的联通。通过对温湿度、二氧化碳、风速、风向、雨雪量等气象指标，土壤水分、土壤温湿度、土壤 pH、土壤氮磷钾含量等土壤指标，以及虫情指标进行实时监测和在线分析，有效预测农作物生长趋势，以及气象、病虫害风险，同时形成灾害风险因子数据库，探索高、中、低风险因素线性规律，划分风险区域，精准施策，达到"无灾科学管理，有灾及时预警"的目的。

（二）以"农＋N"创新服务模式擦亮"津字招牌"

2020 年，天津市农业农村委首次提出确定天津市级农业品牌名称为"津农精品"，以"高端、高质、高新"为品牌核心理念，擦亮"津字招牌"。同年，天津市农业农村委制定《天津市"津农精品"认定管理办法》，规范了"津农精品"品牌认定管理工作，将"无重大质量安全责任事故或质量投诉事件"和"未发生侵犯知识产权行为"纳入认定标准。在此政策背景下，中华财险天津分公司立足"津农精品"品牌发展需求，"量体裁衣"，探索开展"农＋N"创新服务模式，为天津市"津农精品"品牌提供知识产权和质量安全保险保障服务，把服务"津字招牌"作为保险业助推乡村振兴、实现农业高质量发展的重要抓手。

2023 年，中华财险天津分公司为天津市静海区"津农精品"品牌"台头西瓜"成功推出全市首单地理标志被侵权保险、为"碧勃园苹果"成功推出全市首单农产品质量安全责任保险，完成了"农＋N"创新服务模式的"首次亮相"，该模式不仅有助于分散农业生产经营主体的经营风险，提升"津农精品"品牌信誉，促进产业增值增效，为天津市知识产权金融创新工作增添一抹亮色，也有助于从源头把控农产品质量安全，保障人民群众"舌尖上的安全"。

（三）以新型产品服务新兴产业

伴随着天津市都市型现代农业的快速发展，新兴产业逐渐萌芽。2022 年，位于天津市武清区陈咀镇小王村的中宠（国际）羊驼养殖基地是国内最大的羊驼养殖基地。这种"漂洋过海"而来的呆萌动物，不仅靠"卖萌"成为网红，还靠"卖萌"卖出"萌经济"，拓宽了乡村的致富路，让农户的钱袋子鼓了起来。该基地推出了一项名为"致富农 11"的项目，鼓励每户养殖 11 头羊驼，其中 10 头为雌性羊驼。当雌性羊驼产崽时，基地会按照市价收购，为农户提供了更多的工作机会和致富途径。中华财险天津分公司针对羊驼养殖"高风险、高投入、高产出"的特点"对症下药"，自主研发全国首例羊驼保险产品并成功出单，为羊驼养殖过程中的"疾病、疫病、自然灾害、意外事故"提供 75 万元风险保障，进一步筑牢了天津市特色养殖业生产风险保障网，让农户"养得放心"。

三、天津市农业保险发展展望

（一）坚持走产品创新之路，完善"3＋N"农业保险产品体系

1. 围绕天津市小站稻振兴战略，研发一揽子保险产品

小站稻作为天津市农业发展的"宠儿"，在近些年受到了广泛关注。2018 年，习近平总书记在海南省考察国家南繁基地时关切询问天津市小站稻情况。2018 年，天津市出台《天津小站稻产业振兴规划》，全面推动小站稻产业振兴。时至今日，天津市农业发展政策始终重点推动小站稻产业振兴，不仅在科技研发上给予优先经费支持，在品牌打造上也是下足了功夫，力争向全国乃至全世界推广小站稻高端优质稻米品牌，而在小站稻振兴的道路上也离不开农业保险的保驾护航。

其一，应深入贯彻落实农业保险扩面、增品、提标的要求，实现小站稻完全成本保险的全面落地，提高风险保障水平，增强农业保险产品吸引力，保障

小站稻供给，务实促进农户增收，维护粮食安全。

其二，应将指数类、价格类、收入类保险等保障形式同小站稻品种特性相结合，针对性开发农业保险保障功能。研发水稻气象指数保险、水稻气温指数保险，充分降低水稻因气象灾害造成的不可逆损失；针对稻米的品质，如外观、营养、碾磨性状和食味等，在水稻生产加工、质检阶段，研发水稻整精米率指数保险、水稻蛋白指数保险、水稻食味指数保险等，充分保障小站稻品牌优质稻米质量，促进高质量稻米产出，促进小站稻品牌升级。

其三，应围绕建设小站稻全产业链，为小站稻产业提供覆盖育种、种植、加工、贮藏、运输、销售、产品质量保证和回溯的全产业链保险保障模式，积极与银行、农担公司建立合作，通过不同金融机构融合发力，建立"贷款＋担保＋保险"等多方面融合的全面保障体系，助力天津市小站稻产业振兴。

2. 围绕"津农精品"品牌战略，建立"津字招牌"产品集群

保险机构应持续把"津农精品"品牌建设作为产品创新的重点方向。一是摸排"津农精品"产业资源，建立"津农精品"产品库，形成专项农业保险服务保障体系；二是主动研发"津农精品"知识产权类保险产品，加大知识产权保护力度，营造良好的产业发展环境，维护"津农精品"品牌声誉。

3. 瞄准"土特产"产业发展定位，健全地方优势特色农产品服务体系

保险机构应持续贯彻落实《关于开展地方优势特色农产品保险的通知》文件要求，挖掘各涉农区（县）地方优势特色农产品产业资源，整合产业发展定位和风险点，提升地方优势特色农业保险产品覆盖度；积极研发成本保险、收入保险、价格指数保险、质量保险、履约保险等农业保险产品，围绕地方优势特色农产品和周边服务，积极推广"保险＋担保""保险＋信贷""保险＋农技服务"等"保险＋"服务模式，健全地方优势特色农产品服务保障体系，促进特色农业产业增效、农户增收。

（二）坚持走服务创新之路，推进农业产业高质量发展

1. 大力开展"农业保险＋"服务创新，完善普惠金融便民服务

保险机构应持续强化农业保险的普惠属性，推广三大粮食作物"完全成本＋收入价格"农业保险产品，确保保额能够基本覆盖农业经营完全成本，将农业资产或农产品收益权作为质押物，破解农户信用不足等问题，撬动银行信贷等金融资本投向农业产业，助力乡村振兴；持续做好"农业保险＋信贷直通车"试点，落实"直通车＋担保＋银行＋保险"新模式，解决农业生产经营主体融资难的问题；大力推进保险机构与期货公司合作，共同规划高质量"保险＋期货"服务方案，推广"保险＋期货＋订单"服务模式，强化产业帮扶，深入服务实体经济；积极开展"脱贫保""乡村振兴保"和巨灾保险等保险服

务，为小微企业主、农户、新市民等群体开发高性价比、低门槛的保险产品。

2. 加大"三农"服务站建设投入，延展服务半径

保险机构应充分利用"三农"服务站的区位优势，延展保险服务半径。配置农业保险宣传栏，提升农户的政策知晓度；开设农业专业技术、防灾防损等方面的知识讲座，提升农户生产抗风险能力；增设"津农精品"展销台，加大品牌推广力度；配置消费者权益保护专区，日常宣传消费者权益保护和相关金融知识，提升农户自我保护意识，切实保障农户合法权益；配置"大灾应急物资储备库"，更好地应对各类灾害和突发事件，提高应急响应工作的针对性和有效性，切实做到"在最贴近农户的地方，呈现最优质的服务"。

3. 充分利用媒体渠道，实现保险服务升级转型

一是利用抖音、小红书等媒体平台，发布关于农业防灾减损的日常宣讲视频，在农业灾害来临之前发布灾害预警信息，利用多方渠道，健全信息共享机制；二是在保险机构官方 App 中增设"津农精品"专栏，开启保险电商化服务，同天津"津云"直播平台合作开展"津农精品"线上直播专场，全力开展品牌推介，为"津农精品"品牌发展助力。

（三）坚持走科技创新之路，强化科技赋能，助力乡村振兴

加强高标准农田建设是中共中央、国务院支持农业发展的重大决策部署，是促进农业高质量发展、推进农业农村现代化、实施乡村振兴战略的重要举措。2022 年，《天津市高标准农田建设规划（2021—2030 年）》正式发布，明确提出加强高标准农田建设的目标和任务。对此，保险机构要紧密结合政策要求，开展科技创新服务项目。例如，可以借助物联网技术，将传统大棚升级为智慧大棚，实现农业生产环境的实时监测、智能调控和数据分析，帮助管理者更加精准地掌握大棚内的温度、湿度、光照等影响作物生长的关键信息，同时，结合不同棚体的使用特点、不同作物的生长特点，为农户提供定制化的科技服务，实现风险的精准预防。保险机构还应加强与政府、科研机构、农业企业等的合作，共同推动高标准农田建设深入发展。

重庆市农业保险 20 年发展历程与展望

付链熙[①]

根据《农业保险条例》，农业保险是指保险机构根据农业保险合同，对被保险人在种植业、林业、畜牧业和渔业生产中因保险标的遭受约定的自然灾害、意外事故、疫病、疾病等保险事故所造成的财产损失，承担赔偿保险金责任的保险活动。

一、农业保险发展历程和特点

（一）农业保险发展历程

1. 探索试点阶段（20 世纪 80 年代至 20 世纪末）

此阶段，我国开始针对性试点，探索建立适合中国国情的农业保险制度。20 世纪 80 年代，我国开展农业保险试点工作，主要集中在部分省份和农业重点县。农业保险的保障对象范围逐渐扩大，试办的农业保险标的包括粮食作物、经济作物、养殖动物等。之后，农业保险进入发展低谷时期。在保险机构层面，由于农业保险业务持续亏损，保险机构缺乏开展此类业务的动力；在农户层面，由于农户收入水平低下，风险意识不足，投保积极性不高。我国农业保险发展进入市场低谷时期。农业保险要不要发展，能不能发展，向哪个方向发展，都是未知数。

2. 初步发展阶段（21 世纪初至 2012 年）

2004 年，中央一号文件首次提出"加快建立政策性农业保险制度"，2007 年，财政部贯彻落实中共中央、国务院有关精神，按照"自主自愿、市场运作、共同负担、稳步推进"的原则，实施了中央财政农业保险保费补贴政策，中国在农业保险上进行了各种形式的试点，农业保险在全国范围内逐渐发展起来。政策性农业保险越来越受到重视，各类保险机构纷纷涉足农

① 付链熙，就职于中华联合财产保险股份有限公司重庆分公司。

业保险市场。

3. 发展提升阶段（2013 年以来）

政府出台了一系列扶持政策，鼓励农户购买农业保险，推进了农业保险全覆盖。利用科技手段，如大数据分析、遥感技术等，提升农业保险的风险评估能力和理赔效率。2019 年，《关于加快农业保险高质量发展的指导意见》提出，要建成功能完善、运行规范、基础完备，与农业农村现代化发展阶段相适应、与农户风险保障需求相契合、中央与地方分工负责的多层次农业保险体系。

21 世纪以来，我国农业保险保费规模持续扩大，赔付支出显著增长。农业保险为保障我国粮食安全、推动农业现代化进程、提升农民生活水平、促进乡村全面振兴等做出了重要贡献，充分发挥了农业生产经营的"保护伞"作用。

（二）农业保险的特点

1. 农业保险涉及范围广

农业面临的风险很多，包括自然灾害（如洪涝、干旱、台风）、气候变化、病害、虫害等。农业风险具有不确定性和不可预测性，使得保险机构在制定理赔政策时就要思虑周全，将自然、道德问题等因素都考虑在内，避免发生骗保行为。

2. 保险期限的特殊性

农业保险的保险期限不同于传统的财产保险，需要与农作物的生长周期或牲畜的养殖周期相匹配，根据不同作物和畜禽的生产周期和季节性特点，提供对应的保险产品和服务。在制定农业保险政策和设计农业保险产品时需要考虑地区差异、技术差异等，提供定制化和个性化的保险产品，以满足农户的实际需求。

3. 赔偿处理的复杂性

农业保险的理赔流程复杂，需要农业技术人员对损失情况进行评估，确保赔偿的公正性和合理性。出险后，保险机构需要投入大量的人力、物力查勘和理赔，因此，开办农业保险业务的机构必须具备雄厚的经济实力和熟悉农业相关知识的储备人才。在理赔中还需要借助现代化智能技术，例如，在地势不平坦地区，人力无法现场核查农作物损失情况，需要借助无人机技术来协助完成损失情况的核定。

4. 准公共物品性质

农业保险具有有限的非竞争性和有限的非排他性，是准公共物品。对于这类准公共物品的供给，理论上应该采取政府和市场共同支持的原则。

二、助推农业保险高质量发展

(一) 守底线，巩固农业保险发展成果

早前，所有政策性农业保险的险种，都实行"低保额、广覆盖"政策，提供保额只有亩均收益 40% 左右的物化成本保险，难以满足参保农户灾后恢复再生产的需要。近年来，财政加大支持力度，着力推广三大粮食作物完全成本保险：2018—2020 年开始在 6 省 24 个县试点，2021 年扩大到 13 个粮食主产省 500 个产粮大县，2022 年实现粮食主产省 826 个产粮大县全覆盖，2023 年再扩大到全国所有的产粮大县，约 1 000 个产粮大县的农户可以受益，2024 年扩大至所有种粮农户。

以重庆市为例，2007 年开始试点政策性农业保险，结合全市农业生产资源禀赋，不断完善农业保险制度，建成了"县（区）支公司＋"三农"服务站（点）＋乡村协保员"三级农业保险基层网络服务体系，覆盖所有涉农县级行政区域，解决了农业保险服务"最后一公里"问题。重庆域内保险机构形成了"中央险种为主，地方险种为辅，大宗农产品以补贴为主，特色农产品以奖补为主"的多层次产品体系，覆盖全市 38 个区（县）。2023 年，全市保险机构涉农保险保费收入 14.87 亿元，同比增长 20.43%，为 236.15 万户次农户提供风险保障 584.93 亿元，向 175.41 万户次农户支付赔款 14.56 亿元，其中，为 211.34 万户次种植业农户提供风险保障 434.83 亿元，为 24.81 万户次养殖业农户提供风险保障 150.1 亿元。

(二) 富脑袋，不断提升农业保险经营机构的创新风貌

创新农业保险工作机制是推动农业保险发展的重要举措。

1. 提供风险评估与精细化保险服务

重庆地区地形复杂，需要利用遥感技术、气象数据进行精细化的农田监测和农业风险评估，为农业保险产品设计提供科学依据，减少信息不对称带来的问题。利用大数据分析、人工智能等技术，提高农业保险的理赔速度，提供更精准和高效的保险服务。

2. 创新多元化保险产品

开发多样化、个性化、地域化的农业保险产品，探索"政策险＋商业险""基本保险＋特定灾害保险"的模式。针对风险暴露较大的新型农业经营主体，在财产、专利和人身方面为其提供全面保障和适当保费补贴。围绕新型保险场景研发配套保险产品，不断满足农户多样化的需求，提高农户的满意度、增强农户获得感。例如，为促进水稻制种产业健康有序发展，中华联合财产保险股

份有限公司重庆分公司选择重庆中一种业有限公司、四川神农大丰种业科技有限公司、四川鑫源种业有限公司、四川西科种业有限公司等种业公司在重庆市垫江县的水稻制种基地，先行先试杂交水稻制种保险，截至 2018 年年底，累计承保制种水稻 2 万亩，提供生产风险保障 2 942.19 万元，实现保费收入239.69 万元，支付赔款 253.65 万元。

3. 加强部门合作与资源整合

2022 年，中华财险在中国银行保险监督管理委员会重庆监管局指导下，与荣昌区政府联合发文，启动病死猪无害化处理联动机制建设试点工作，取得了显著成效。通过资源整合和经验分享，重庆市农业保险的运营效率和服务质量得到了提高。

（三）破旧俗，提升农户对农业保险的认识

相比以前，农户对农业保险的认可度略有提升，但是还有部分农户农业保险意识不强，最主要的原因是对政策不了解。因此，农业保险要想得到快速发展，首先要让农户熟悉农业保险的相关知识和政策，调整对农业保险的认知偏差。

重庆市多山地、丘陵，农户分布较为分散，交通、通信等基础设施较平原地区建设不完善，单个农户的生产规模较小，给农业保险的宣传和承保工作带来一定困难。只有耐心讲清条款内容、重点讲清承保、理赔等细节问题，才能克服重庆市的地域劣势和基础设施不完备的困难。

（四）研技术，科技融合赋能现代农业保险智能化

利用现代科技手段为农业保险赋能，提高农业保险在风险评估、产品设计、承保理赔、数据管理等方面的效率，促进农业保险的可持续发展。数字技术的应用能够减少农业保险市场的信息不对称，降低逆向选择和道德风险的负面影响，优化农业保险业务流程，提升经营效率。

1. 引入大数据和人工智能（AI）技术

利用大数据和人工智能技术，建立农业保险风险评估模型，提高风险评估的准确性和效率。运用人工智能技术进行智能核保、智能理赔等操作，提高服务效率和质量。重庆市试点上线了无人机智能作业管理系统，推出了智能芯片耳标、AI 智能点数、测量尸重尸长等服务，实现了自主研发和自助使用，有效提升了农业保险线上化率。

2. 推广数字化承保和理赔服务

通过数字化承保和理赔服务，实现了保险流程的线上化、智能化、便捷化，提高了保险服务的效率。重庆市将继续开展种植业底图工程，通过卫星遥

感、无人机、卫星遥感，实现"空天地"的农业保险科技赋能，实现按图承保、按图理赔，促进数字化服务的落地和应用。

3. 加强农业保险数据管理

建立农业保险数据管理系统，实现数据整合和共享，提高数据利用效率和风险管理水平。中华财险未来将在重庆地区继续推广 App———"兴农保"，切实提升农业保险线上化率。通过开展实地调研、经验分享、线上培训等活动，建立动态问题反馈机制，不断迭代优化。

（五）树新风，文明实践搭建农业保险助农新平台

在农业保险领域，不断探索出新的保险经营模式，以提高保险覆盖率、降低保险成本、增强保险可持续性并提高农户参与度。

1. 政府引导

政府通过设立保费补贴政策、建立风险管理机制等途径，引导保险机构开展农业保险业务。政府发挥开拓市场、监管市场和补贴支持的作用，因地制宜出台政策，鼓励开发收入保险、指数保险等创新型产品和服务，提高农业保险的保障水平，推动农业保险与信贷、担保、期货等领域的金融产品协同发展，最大限度满足三产融合、产业链延伸带来的风险保障需求和资金缺口。

2. 保险机构经营

保险机构通过精准定价和风险管理，给农户提供全面的保险保障。保险机构承担了风险评估、产品设计、市场推广等职责，将农业保险工作融入产业发展、乡村治理、招商引资、项目建设、人居环境整治等中心工作，将保险机构的保障功能和信息优势转化为推动农业保险高质量发展的强大合力。

3. 农民合作社、农业企业参与

农民合作社、农业企业参与农业保险，通过集体投保强化农业生产者与保险机构的合作，提高整体的农业保险覆盖率。

（六）惠民生，协同监管保障农户合法权益

农业保险在监管方面需要政府、保险监管部门以及保险机构共同努力，确保农业保险市场的健康发展，保障农户的合法权益。

1. 风险管理和评估

保险监管部门需要加强对农业保险风险管理和评估的监督，确保保险机构的风险控制能力和承保能力，防止风险积聚和传导。重庆市的保险机构将建立商业性农业保险产品风险分类管理体系，按照风险管理要点，依照成本、产量、收入、"保险＋期货"、指数等产品分类，形成多层次风险管理方案，确定

相应实务流程风险管控要点。

2. 信息披露和公示

保险监管部门可以要求农业保险经营机构向公众披露相关信息，包括惠农政策、产品介绍、保险责任、保险费率等，提高农户对农业保险的了解程度。

3. 投诉处理和纠纷解决

保险监管部门需要建立健全的农业保险投诉处理和纠纷解决机制。中华联合财产保险股份有限公司重庆分公司分管领导、农业保险部负责人每年选取 3 家以上的中心支公司，参与基层机构现场检查工作，对情节严重、屡查屡犯的问题和投诉纠纷负监督、管理责任。

三、农业保险未来发展方向

（一）智能化和数字化发展

随着科技进步，农业保险将更加智能化和数字化。在保险机构层面，使用大数据、人工智能和物联网等技术，实现实时风险监测和预警，提高灾害损失评估的准确性，加快理赔速度；结合应用场景对接智慧农业建设，加快移动互联、物联网、人工智能、区块链等新技术的创新融合，加大保险科技在产品创新、承保理赔、风险管理等方面的支持力度。

（二）个性化的产品、特色化农业和定制化服务

农业保险经营机构将提供更多个性化的产品，以满足不同农业经营主体的需要，打造地方特色农业。特色农产品保险可以为农户提供风险保障，减少自然灾害或市场波动对农户收入的影响，促进农业生产的多元化和农业可持续发展。保险机构开发特色化和定制化的特色农业保险产品，帮助农户降低风险、提高效益。

（三）普及化的教育和精确化的培训

通过培训农户，帮助其了解农业风险管理措施以及保险产品的选择和使用等，增强保险意识和风险管理能力。统筹推进新型农业经营主体能力提升、种养加能手技能培训等高素质农民培育行动，尽力把青年人才引回来、留下来、使用好，厚植人才沃土，畅通引才渠道，精准施策育才，搭建舞台用才，培育"有文化、懂技术、善经营、会管理"的高素质农民、高水平人才，让他们成为农业保险高质量发展的生力军。

（四）政府补贴体系优化和补贴形式多样化

一是财政的保费补贴力度继续加大。政府对农业保险的支持和推动将促进

农业保险的发展。通过"第三次分配",拓宽保费补贴筹资渠道。二是农业保险差异化补贴体系将得到优化,表现在地区分化、农业经营主体分化。财政要综合考虑不同地区发展程度、生产状况、产品水平等因素,优化财政补贴的使用效益;对不同的农业经营主体,实现动态的保费补贴调整机制,根据投保产品、投保规模、生产所面临的风险等因素调动农户投保积极性。三是补助形式多样化。优先将经营管理费用和再保险支持费用纳入农业保险财政补贴体系。

(五)承保理赔精细化

精准承保理赔就是农业保险应有之义和本源,直接关系到农户参保的认同感和积极性。长期以来,我国农业保险由于各方面原因,承保理赔工作粗放,赔付率波动幅度变小,简单赔付率变异系数与国际相比较低,整体赔付呈现"高受益率、低赔偿额"的特征,存在"虚假投保(承保)""平均赔付""协议赔付"等现象,使得农业保险异化成了补贴产品和理财产品,而不是真正的保险产品,违背了农业保险作为风险保障工具的初心和使命。"平均赔付""协议赔付"问题已经引起中共中央高度关注和重视。

(六)综合金融服务多元化、数字化、场景化,构建农业保险生态圈

中华财险以经营农业保险起家,一直服务"三农"领域,积极履行国有企业责任担当。我国"三农"市场仍蕴含着巨大的保险需求和融资需求,尤其是重庆地区的农村综合金融服务还需不断深入和完善,仍要进一步挖掘客户需求,分析客户数据,创新业务场景,推广数字化普惠金融,逐步建立"农业+保险"生态圈,全面助力乡村振兴。一是服务趋于多元化。以客户为中心,生态圈各主体加强农业生产风险管理服务,完善涉农信贷风险管理服务,提升农村社会治理参与服务的能力。二是服务趋于数字化。科技赋能,连通各方,通过"服务平台+管理工具+算法模型+海量数据",搭建农村综合金融服务平台,助力数字乡村建设。三是服务趋于场景化。农村综合金融服务需基于重庆市的地域特点和场景进行获客和风控,建立自身风控体系,丰富产品体系,创新服务模式,深耕农村市场。

地方特色农产品保险发展
现状和对策研究

刘婧[①] 王莹[②] 刘烨[③] 姜阳阳[④] 姚熔[⑤]

自 2007 年我国实施中央财政农业保险保费补贴政策以来，在农业保险领域，中央财政按照"中央发展大宗、地方发展特色"的发展思路，不断健全制度体系，补贴品种基本覆盖了关系国计民生和粮食安全的主要大宗农产品，走出了一条中国特色农业保险发展之路。在中央财政和各级地方财政出台的地方特色农产品保险以奖代补政策的支持下，我国已开办各类地方特色农产品保险业务，满足各地农业产业多元化风险保障需求，切实服务国家乡村振兴战略和农业强国建设。2024 年，中央一号文件提出"鼓励地方发展特色农产品保险"，我国地方特色农产品保险迎来新的发展机遇。

一、加强发展地方特色农产品保险的重要意义

发展地方特色农业产业，事关老百姓的"菜篮子""肉盘子""果袋子"，是优化农业产业结构、推进农民增收和农业增效、巩固拓展脱贫攻坚成果、促进乡村全面振兴的重要举措。地方特色农产品保险是享受地方财政补贴的特色农产品保险，为地方优势农产品品种或地方重点产业发展规划品种提供重点保险保障支持。目前我国享受中央财政保费补贴的农业保险品种共有 16 大类，包括水稻、小麦、玉米、棉花、马铃薯、油料作物（花生、大豆、油菜）、糖料作物、青稞、制种、森林、天然橡胶、能繁母猪、育肥猪、奶牛、牦牛、藏系羊等。除此之外，各省（自治区、直辖市）还有很多重要的农业支柱产业、富民产业，涉及的地方特色农产品种类众多，亟待农业保险提供风险保障服务与风险管理服务。因此，现阶段加强发展地方特色农产品保险，可谓正当其时。

---

①②③④⑤ 刘婧，王莹，刘烨，姜阳阳，姚熔，就职于中国人民财产保险股份有限公司。

一是加强发展地方特色农产品保险，有利于促进地方特色农业产业转型升级。地方特色农产品保险能够发挥农业保险风险保障、经济补偿、融资增信等作用。其一，可以有效防范农业生产风险，为农业生产提供全面风险保障。其二，可以发挥财政资金的杠杆撬动作用，扩大财政支农资金惠及范围，提高资金使用效率，助力地方重点产业转型升级，促进地方经济发展。其三，保险机构通过主动对接种养大户、家庭农场、农业合作社等新型农业经营主体和农业生产性服务组织，可以促进农业经营主体进一步向集约化的方向发展。

二是加强发展地方特色农产品保险，有利于优化我国农业保险体系。通过地方特色农产品保险，可以扩大我国农业保险的保障品种和服务范围，有利于健全我国农业保险保费补贴品种体系，更好地满足农业经营主体多元化风险保障需求，减小自然灾害或市场波动对农民收入的影响；有利于促进农业产业稳定发展、提高农民收入、助力农业农村现代化和乡村全面振兴；有利于做大农业保险业务规模，强化农业保险体系自身的风险平衡能力，进而促进我国农业保险高质量发展。

二、我国地方特色农产品保险发展现状

（一）支持政策

2019 年，财政部印发《关于开展中央财政对地方优势特色农产品保险奖补试点的通知》，在内蒙古、山东、湖北、湖南、广西、海南、贵州、陕西、甘肃、新疆 10 个省份开展地方优势特色农产品保险的中央财政以奖代补政策试点，支持地方特色农产品保险发展，保险标的由试点地区自主确定，但不超过两种。2020 年，财政部印发《关于扩大中央财政对地方优势特色农产品保险以奖代补试点范围的通知》，将试点地区扩大至 19 个省份和新疆生产建设兵团，保险标的或保险产品由不超过两种增加至三种。2021 年年底，财政部修订出台《中央财政农业保险保费补贴管理办法》，将中央财政对地方优势特色农产品保险奖补政策范围扩大至全国，并创新开展综合绩效评价工作，突出正向激励，对各省份实施分档奖补政策，不再限制奖补品种数量，由地方结合实际将奖补资金用于支持自主确定的地方优势特色农产品保险发展。与此同时，各地也积极探索发展地方特色农产品保险业务，对区域内部分特色农产品保险实施了省级财政或者市级财政以奖代补政策，取得了较好成效。

2024 年，中央一号文件提出"鼓励地方发展特色农产品保险"。一方面，表明中央财政将继续实施地方特色农产品保险以奖代补政策，支持各地特色农产品保险的发展，鼓励各地加大补贴力度撬动更多中央奖补资金，纳入各地优势特色产品和产业；另一方面，充分发挥保险的功能和作用，鼓励各地坚持推

动一二三产业融合发展，加快形成乡村富民产业发展新格局，建立起符合自身实际的地方特色农产品保险体系，支持地方特色农业产业现代化发展。

（二）业务情况

近年来，在中央和各级地方政府的支持下，我国地方特色农产品保险业务取得了快速发展，保障品种不断增加，业务覆盖面逐步扩大，保费规模在农业保险整体保费中的占比也大幅提高，2024 年，占比约为 25%，在推动农业产业发展、促进农民增收、助力农业农村现代化和乡村全面振兴方面发挥了重要作用。各保险机构将当地特色支柱产业作为重点服务方向，进一步加大了各类地方特色农产品保险产品的开发推广，我国地方特色农产品保险的保障品种已达 500 种。以中国人民财产保险股份有限公司（简称"人保财险"）为例，人保财险近年来积极发展地方特色农产品保险，服务地方政府做好"土特产"文章，促进重要农副产品的高质量、多元化供给。人保财险已建立起覆盖主要地方优势特色农产品品种的多元化保险产品体系，服务品种主要涵盖"茶菌果蔬、种药烟花"等特色作物，如茶叶、食用菌、瓜果、蔬菜、种业、道地药材、烟叶、花卉等，以及肉牛、肉羊、家禽、水产等养殖品种，保险产品数量超过 2 000 个。同时，针对不同标的、不同风险特点以及同一标的不同阶段、不同风险分散需求，开办了传统物化成本保险、气象指数保险、价格指数保险、收入（收益）保险、"保险＋期货"等多种类型的保险产品，加快推进从覆盖自然风险向覆盖市场风险、从传统的保成本向保价格、收入转变升级，保障程度显著提高，有效解决了农户农业生产的后顾之忧，受到了地方政府和农户的欢迎和认可。

（三）典型案例

1. 广东省岭南特色水果保险

广东省位于亚热带季风气候区，一年四季盛产岭南佳果，荔枝、龙眼、香蕉、菠萝等知名水果品种的产量居全国第一。近年来，中国人民财产保险股份有限公司广东省分公司从服务本地乡村振兴战略大局出发，紧密围绕岭南特色水果这一核心产业的多元化保险保障需求，加快构建完善地方优势特色产业的保障产品体系，积极发挥财政资金的引导作用，有效提高岭南水果种植户的积极性，通过各级政府、农业部门和保险机构共同努力，为水果种植户量身打造岭南水果种植保险。在产品设计方面，综合考虑荔枝、龙眼等岭南水果的生长特点、种植分布情况、受灾因子，针对性开发了地方财政补贴型岭南特色水果种植与果实损失保险、气象指数综合保险等多元化产品。在保险服务方面，以"粤农保"AI农业综合数字平台为基础，推动岭南水果实现精准承保理赔，扩大水果保险承保覆盖面，2023 年的赔款金额超 8 亿元，提升了岭南水果高品质种植标准化水平，支持岭南水果产业现代化发展，实现了金融服务农产品品牌建设、服务农业农村现代化建设模式的创新。

2. 湖北省武汉市小龙虾系列保险

湖北省武汉市江河纵横，湖泊星布，拥有较为丰富的水资源，是重要的水产品生产基地。近年来，中国人民财产保险股份有限公司湖北省分公司紧密围绕地方特色养殖产业的多元化保险保障需求，以服务都市型现代农业为导向，创新推广地方特色农产品保险，确定将重点保源定位于水产养殖领域，加快小龙虾养殖保险发展。在产品设计方面，先后创新开发了多款适销小龙虾保险产品，2017 年开办了小龙虾养殖保险，2018 年根据市场和养殖户的需求又推出了小龙虾价格保险，2019 年推出了小龙虾天气指数保险，实现了对自然灾害、意外事故、疾病疫病、市场价格波动风险的全方位风险保障。在保险服务方面，小龙虾系列保险产品自推出上市销售以来，得到了各级政府部门的高度重视和大力支持，所有保险产品均给予市级财政 30％、区（县）级财政 50％的保费补贴。乡（镇）政府协助保险机构组织宣传产品内容和优惠政策，水产、气象等部门工作人员协助验标查勘、给予养殖户技术支持，形成了多方联动、养殖户切实得实惠的发展局面，小龙虾保险产品成为有口皆碑的品牌产品，有效助力了武汉市小龙虾产业发展壮大。

3. 河北省承德市隆化县肉牛养殖保险

2018 年，中国人民财产保险股份有限公司河北省分公司围绕承德市政府集中力量打造的"五个百万"基地建设中的"百万头优质肉牛"产业，全力支持隆化县委、县政府肉牛产业发展规划，创新性建立了隆化县特色肉牛产业"政府政策支持＋保险资金融资＋保险风险保障"的生态金融服务链条，为全县肉牛产业发展提供融资、为全县肉牛提供统保服务，有效兜底肉牛经营风险。在产品设计方面，因地制宜设计开发了地方财政补贴型肉牛养殖保险和商业型肉牛养殖补充保险。在参保对象上，全县范围内从事肉牛生产和经营的养殖户、相关企业、家庭农场和农民专业合作社等，均可自愿投保。在保费补贴上，县级财政保费补贴比例为 80％，从事肉牛养殖的参保对象自缴剩余的 20％。在保险服务方面，按照"政府补助保基本，养殖户自愿保增量"的原则，推行"基本保障＋商业补充"的普惠性农业保险方式，实现了"基本保障全覆盖，商业补充供选择"的多层次、全方位风险保障，扩大了惠农政策和产业帮扶的覆盖面。随着肉牛保险业务的开展，有效防止了病牛肉流入市场，推进了当地牲畜无害化处理进程，助力肉牛产业健康良性发展，推动隆化县农业产业优化升级，使隆化县成为名副其实的"肉牛之乡"。

三、困难和问题

保险业在推进地方特色农产品保险发展方面还面临着一些困难问题。

一是整体发展受制于地方财力。虽然农户对地方特色农产品保险的需求旺盛，但地方财力状况影响了各地特色农产品保险业务的发展规模。目前，中央财政对各地特色优势农产品的奖补比例实行差异化补贴，总体补贴比例偏低，地方财政配套压力大。部分省份的财政压力较大，地方特色农产品保险的规模受限；部分省份无法及时足额将财政补贴资金划拨保险机构，造成保险机构农业保险应收保费规模居高不下。

二是补贴品种较少，保障水平较低。目前各省份的特色农产品保险业务开办品种相对偏少，业务覆盖面和风险保障水平都还较低，各省份特色农产品保险覆盖率远低于三大粮食作物和生猪等中央财政补贴品种，很多品种覆盖率低于 10%，难以全面满足地方特色农业产业和农户的风险保障需求。

三是对于重点领域和特色品种的支持力度仍显不足。作为渔业生产大国，我国渔业保险面临保障程度与产业发展不匹配、保险产品开发难度大、财政政策支持不足等问题。亟待各地给予渔业保险尤其是水产养殖保险更多支持，加大财政补贴资金规模，将其更充分、更全面纳入各级财政地方特色以奖代补政策范畴中。同时，近年来中共中央高度重视粮食安全，特别是种子问题，将种源安全提升到关系国家安全的战略高度。种业位于农业产业最上游，是一个高风险行业，亟待建立健全各类农产品的种业风险保障和分散机制。

四是基础设施建设较薄弱。针对地方特色农产品保险的基础性研究和科技支撑能力还落后于农业保险实践，生产面积、产量、价格等基础数据积累有限，作物测产和价格发布机制尚不完善，保险产品的设计和风险评估工作的基础较为薄弱。大部分省份实行域内统一费率，缺乏基于地区风险程度的差异化、市场化定价，道德风险问题和逆向选择问题还未得到较好解决。同时，农户投保积极性和保险意识还有待加强，保险产品的购买能力相对偏低。

四、下一步发展对策建议

为进一步推动我国地方特色农产品保险扩面、增品、提标，做好"土特产"保险这篇大文章，主动推进保险供给侧结构性改革，特提出以下建议。

一是持续加大中央财政补贴力度，缓解地方财政压力。建议继续加大中央财政对地方优势特色农产品保险业务的奖补力度，提高财政补贴比例，减轻县级财政补贴压力。通过政策引导和推动，调动农户的参保积极性，使中央财政对地方优势特色农产品保险的奖补政策更好地服务农户和产业发展。

二是设置专项支持政策，加大对渔业、种业等国家重点领域相关保险的支持力度。发展渔业是落实大食物观的有效途径，建议研究将渔业保险纳入各级财政补贴范围；种子是保障国家粮食安全的基础，建议给予种业保险更加独特的定位，研究出台国家种业保险相关发展规划，加大财政支持力度。

三是进一步加快地方特色农产品保险的创新升级。通过加强市场调研，面向不同规模种养主体的差异化需求和农产品品种特点，针对性开发出适用性和吸引力强的地方特色农产品保险产品，因地制宜，根据参保主体的不同增加产品的分级分档保障设计，提高农户参保的自主选择权；加快地方特色农产品完全成本保险和收入保险业务发展，加大气象指数保险、价格保险、"保险＋期货"创新力度，在关乎粮食安全和国计民生的重要品种上逐步做到"愿保尽保"，构建全流程综合风险保障体系，切实服务地方特色农业产业稳定健康发展。

四是建立协同联动机制，加强地方特色农产品保险的基础性研究。地方特色种养产业点多面广，仅靠保险机构来推动相关业务发展难度较大，需要地方政府的大力支持，多部门共同参与、密切合作，地方政府应加强与保险机构的沟通与协作，按照分工负责、协作推进的原则，发挥各自优势，形成合力，加强基础设施建设，强化信息共享和科技支撑，完善农业保险风险评估和精准定价机制，加大宣传力度，不断增强农户投保意识，有效推动地方特色农产品保险的健康持续发展。

农业保险助力建设新时代鱼米苏乡

张翔宇[①]

苏州市自 2006 年开始试点政策性农业保险，在推广农业保险、保障"三农"权益方面走在了全国前列。作为第一批中标承保单位，中国太平洋财产保险股份有限公司苏州分公司（简称"苏州太保"）在近 20 年的实践中，结合当地实际扩面、增品、提标，通过产品和服务模式的创新，实现价值外溢，打造"太保乡情"乡村振兴服务品牌，拓宽保险边界，深耕"三农"市场，走上服务乡村振兴战略的"康庄大道"。

一、锚定目标"一张图"，助力苏州市率先基本实现农业农村现代化

自 2006 年试点政策性农业保险以来，苏州市政策性农业保险在苏州市委、市政府的关心支持下，相继走过"委托代办""联办共保"及"自主经营"三段历程。经历了 2006 年、2010 年、2015 年、2020 年、2023 年的公开招投标，最终形成了当前的多个主体分区服务的农业保险经营模式。2006年，苏州太保参加了苏州市第一次政策性农业保险遴选，顺利中标并独家服务常熟、吴江、太仓三个县域。此后，苏州太保勤耕不辍，自 2020 年起持续保持苏州市农业保险市场份额第一，并坚持以政策性农业保险为基础、以"三农"保障为抓手、以苏州市"三农"发展规划为蓝图，为苏州市率先基本实现农业农村现代化提供了风险保障。

2006 年至 2008 年上半年，苏州市在试点政策性农业保险时，依据"统一招标、分层委托、自愿参保、政府支持、市场运作、专业监管"的原则，采取"委托代办"模式，即政府委托保险机构代为办理政策性农业保险。财政补贴方式为市县两级财政补贴 60%，农户自付 40%。

---

① 张翔宇，就职于中国太平洋财产保险股份有限公司苏州分公司。

2008 年下半年至 2019 年，按照"政府推动、商业运作、节余滚存、风险共担"的原则，苏州市政策性农业保险更改为"联办共保"模式，即由政府和保险机构按照一定比例共同分担保费收入和赔付责任（政府和保险机构比例为6∶4，2010 年 6 月改为 5∶5），保险业务由保险机构进行专业化管理和运作。其间财政补贴逐年增加，农户自付比例逐年减少。

2019 年 1 月 1 日起，苏州市政策性农业保险按照江苏省统一部署，转为政府指导下的保险机构"自主经营"模式，即由地方政府统一领导、组织和协调本行政区域内的农业保险工作，不再分担保费收入和赔付责任。通过多年运行，财政补贴形成国补、省补、市补、县补、镇补五个层次，农户自付比例持续减少，依据险种不同，农户的自付比例范围为 0%～25%。

二、笃行实干"一盘棋"，打造苏州市都市农业保险的"太保样本"

从 2006 年服务政策性农业保险以来，苏州太保在农业保险领域不断拓宽业务边界。从 2006 年的仅试点承保水稻保险 1 个险种，到截至 2023 年年末，累计承保 63 款保险产品，其中政策性农业保险产品 53 款，商业性农业保险产品 10 款，产品品类从传统的种、养、林类保险，扩展到指数类、收入类保险；农业风险保障额度从 2006 年的 5.73 亿元提升至 2023 年 26.75 亿元，累计承保农户 381.15 万户次，保障额度达 220.85 亿元。特别是近年来，苏州太保围绕苏州市乡村振兴片区化建设"一盘棋"，引入"保险＋期货""保险＋信贷""保险＋科技"等新模式，为农业保险提供了多元化服务，努力打造苏州市都市农业保险的"太保样本"。

（一）推动政保联动，织密"三农"服务队伍网络

在苏州市各级政府部门的支持和指导下，苏州太保积极构建"三农"保险服务网络，不断夯实队伍建设，打通保险服务"三农"的"最后一公里"。苏州太保在县（市、区）、乡（镇）、村建立"三农"保险服务站 68 个，设立"三农"保险服务点近 600 个，实现了"三农"保险服务网络"机构到县、网点到镇、网络到村、服务到户"的全覆盖。同时，市农业农村局、畜牧兽医站、气象局等部门的专业人士组成农业保险专家小组，与苏州太保下辖的县（市、区）、乡（镇）、村网点三级联动，明确分工、齐抓共管。苏州太保借助农业保险专家小组力量，通过定期开展专项培训、制定投保理赔细则、启动大灾预案等手段，为苏州市都市型现代农业保驾护航。

（二）丰富产品服务，保障"米袋子""菜篮子"安全

苏州太保积极践行国家粮食安全战略，不断丰富农业保险产品，提高主粮作物风险保障水平。水稻每亩保险金额从 500 元提升至 1 300 元，小麦每亩保险金额从 400 元提升至 1 000 元，逐步实现了主粮作物从保物化成本到保完全成本、保收入的转变。2023 年，苏州太保在产粮大县常熟积极落地水稻、小麦完全成本保险，投保转化率 100%；在非产粮大县的太仓、吴江推广水稻、小麦的种植补充保险，构建了主粮保险"提标＋保成本"的多重风险保障共13.8 亿元，提高了主粮作物的保障水平。同时，积极试点主粮作物政商联动业务，在吴江区、太仓市、常熟市、张家港市创新落地商业性小麦收割期降水指数保险、水稻种植倒伏保险、虾稻共作小龙虾养殖保险、高标准农田 IDI 保险，实现了从 2006 年仅承保水稻保险 1 个险种，到 2023 年"一块主粮田八张保险单"的跨越。

苏州太保以保障"菜篮子"供给为导向，大力推进能繁母猪、奶牛等养殖保险。能繁母猪每头保险金额从 1 000 元提升至 1 500 元，奶牛每头保险金额从 4 000 元提升至 15 000 元，其中，生猪保障范围从能繁母猪扩展到育肥猪、仔猪，并开发落地育肥猪养殖保险、育肥猪补充保额保险、仔猪养殖保险，不断提高保险的保障水平，增强养殖户全流程养殖信心，有效保障当地生猪市场供应。积极运用"保险＋"金融工具，开展生猪和猪饲料价格"保险＋期货"，为生猪产业稳定发展保"价"护航。2023 年，苏州太保为超 30.75 万头能繁母猪、育肥猪提供近 3.15 亿元的风险保障，有力保障了苏州市当地生猪市场供应；新增仔猪养殖保险和育肥猪补充保额保险，为 1 万头仔猪提供 300 万元风险保障，为 2.5 万头育肥猪提供 1 000 万元风险保障。

（三）推进都市农业保险，创新保障地方特色农业

为推动农业保险创新升级，做好苏州市都市农业保险高质量发展的文章，苏州太保在有限地域范围内充分发挥创新基因，立足苏州市农业产业特色，围绕扩面、增品、提标，不断创新保险产品，丰富产品体系，在保成本、保价格、保收入方面积极探索，落地了 21 款全市、全省乃至全国首单的产品，其中自主创新产品 12 款。为保障苏州市特色农业产业发展，苏州太保作为产品创新的典型代表，创新推出一揽子气象指数保险方案（简称"'气象万千'综合保险"）。2014 年，苏州太保率先将气温指数保险运用到特色水产养殖领域，推出全国首款大闸蟹气温指数保险。此后，根据政府和农户需求，苏州太保以每年开发或落地 1～2 款产品的速度，不断拓宽气象指数保险的服务品种。截至 2023 年，苏州太保的"气象万千"综合保险共落地 14 款产品，全面保障大

闸蟹、鱼虾、蔬菜、葡萄、桃、梨、枇杷、茶叶等苏州市特色农产品，全面覆盖强降雨、连阴雨、高温、低温、暴风等自然灾害风险，无论险种数量还是保费规模均位列苏州市场首位，并荣获多项荣誉。其中，枇杷低温气象指数保险成功入选江苏省农业保险工作小组评选的 2023 年度农业保险创新产品，也是苏州市唯一入选的保险产品。

在创新收入保险方面，苏州太保通过积极跑村入户、开展调查研究的方式，于 2023 年在吴江区落地江苏省首单商业淡水鱼收入保险，首年试点推广438 亩。该项目首次采用"保险＋信贷＋科技"的模式，养殖户可以凭借保险单申请贷款，同时引入第三方科技公司对鱼塘养殖情况进行实时监测，并定期检测水质。同年，因鲈鱼销售价格下跌，养殖户收入减少，触发赔款 336.94万元，有效弥补了养殖户的收入损失。

为支持苏州市特色农业发展，苏州太保针对东、西山的碧螺春茶叶，专项开发了茶叶气象指数保险，将高、低温责任纳入保障范围。在吴江区成功落地虾稻共作小龙虾养殖保险，为虾稻共作模式的小龙虾提供疾病死亡风险保障。差异化的产品开发有效满足了当地不同新型农业经营主体对农业风险保障的需求，为地方特色农业生产撑起了保护伞。

（四）厚植爱农情怀，创新理赔支农惠农举措

苏州太保主动与苏州市农业保险办公室各成员单位保持互动交流，定期汇报、共同研究、综合协调全市"三农"保险的重大事项，包括出台相关政策举措、制定年度计划、开展大灾处置宣传等。当遭遇连阴雨、特大暴雨、强台风、局地冰雹、龙卷风等自然灾害或发生赤霉病、稻瘟病等病虫害时，苏州太保都会第一时间与相关政府部门会商，出台应对举措和进行应急保障，发挥保险的保障功能，最大程度化解风险隐患、减少灾害损失。2016 年，苏州市小麦生产遭遇历史罕见自然灾害，导致赤霉病暴发，造成 94 万余亩小麦受灾减产，苏州太保积极应对，组织全体员工深入田间地头查勘定损，加班加点，支付赔款 7 815 万元，受益农户 2.6 万余户次。2019 年，常熟市某奶牛场遭遇意外火灾，导致场内 1 300 多头奶牛死亡，受损严重，苏州太保第一时间出台应急预案，最终赔付 664.8 万元，最大程度助力养殖户恢复生产。2022 年，苏州全市遭遇历史罕见高温，苏州太保响应政府"应赔尽赔，早赔快赔"的号召，累计赔付 1 460 余万元，涉及大闸蟹、茶叶、葡萄、蔬菜等多种地方特色农产品。

苏州太保多年来积极开展风险减量服务，在设施大棚、鱼塘等高效设施安装"水精灵"等远程监控设备，发生积水后及时通过短信、电话、上门等方式提醒农户防灾减灾。灾害发生后，利用无人机和卫星辅助查勘，快速锁定出险

位置，提升查勘的精准度，有效补偿农户损失。在承保区域内开展小麦全生育期卫星遥感监测服务、推进生猪养殖险的"保处联动"工作。开展承保区域内大灾无人机操作演练及大灾应急演练比赛，以赛代练，不断强化农业保险队伍的新技术应用水平和大灾应急水平。

截至 2023 年年末，苏州太保累计支付赔款 3.45 亿元，累计受益农户 38.13 万户次，为苏州市农业生产稳定和保障农户收入提供了有力支撑。

三、统筹布局"一条心"，探索乡村振兴的"太保实践"

苏州太保始终与政府、农民心连心，主动拓展服务乡村振兴新领域，构建起具有新时代特征的"三农"保险服务体系，积极探索乡村振兴的"太保实践"。2008 年开始，苏州太保深入农业、农村、农民，并根据工作实际需求，将保险与乡村振兴战略相融合，借助农业保险搭建的服务网络，在承保区域内推广农村家财险、农村家意险、民生保险、村级集体资产保险等产品，并在 2014 年为试点"'三农'保险示范村"提供"美丽乡村保险方案"，包括公共场所的公众责任险、农村劳务合作社人身意外险、农村集体聚餐食品安全责任险等，极具地方特色。一经推出，即受各村青睐，"'三农'保险示范村"的扩面工作如星火燎原，迅速推进。随后，"农事无忧""渔事无忧""水质无忧""种业无忧"保险，生态绿色环境救助责任保险，"共富保"等产品相继推出，极大地丰富了"三农"保险产品供给。

以"农事无忧"保险为例，2014 年，苏州太保在和国家级农业示范园区北联村密切联系与沟通后，了解到该村除传统的农业保险外，农业合作社由于务工人员年龄偏大、人员流动复杂，急需雇主责任险保障。针对农村劳动力市场的特殊情况，苏州太保设计了专门的"农事无忧"保险方案，扩展了 65 周岁以上的超龄人员，覆盖了务农人员在田间作业时、为田间作业进行准备工作时以及从家中至所保田地往返途中，因意外事故造成的死亡、伤残、猝死及意外医疗风险，急农民所急、保农户所盼。

随着社会经济发展，环境保护日益成为社会公众广泛关注的议题。为服务长三角生态绿色一体化发展需要，2022 年，苏州太保为太浦河创新开发了"水质无忧"保险，成为长三角一体化发展和联合河长制再深化的创新举措，被江苏、浙江和湖南等省份的多家省级媒体报道。该项目通过"产品＋服务"模式创新，引入第三方环境风险评估机构和环境风险评估技术，分析企业重大危险源情况和附近水源地等地理信息，评估触发环境污染事件的关键节点，精准提供风控建议，减小长三角水域水质污染风险。2023 年，苏州太保先后在张家港市金港街道和吴江区汾湖高新区扩面覆盖，实现了案例的成功复制。

2022 年，中央一号文件明确提出"全面实施种业振兴行动方案"，在此背景下，苏州太保成功推出"种业无忧"综合保险保障服务项目，包括"种"无忧、"财"无忧、"运"无忧、"责"无忧、"人"无忧，为种业振兴提供了包括育种、责任、财产、运输和人员的全方位的保险保障服务，有效化解了种业发展过程中可能存在的各种风险。2023 年，共提供风险保障近 4 000 万元，获得了社会和客户的高度好评。

四、守正创新"一股绳"，贡献"三农"新质生产力的"太保智慧"

为更加有力地服务乡村振兴工作，近年来，苏州太保打造了"太保乡情"乡村振兴服务品牌，运用"太保智慧"，将"强化顶层设计""出台考核办法""发挥党建引领""打造专属品牌""建立人才队伍""创新保险产品""设立培训体系""丰富宣传形式"八项举措拧成"一股绳"，形成了一套契合实际、切实有效、可复制、可推广的乡村振兴服务模式，为助力打造农业新质生产力奠定了坚实的理论与实践基础。

近年来，苏州太保着力打造助力乡村振兴"一二三四五"服务新模式。"一"为依托一个研究智库，即上海太安农业保险研究院；"二"为探索研究两大领域，即"菜篮子""米袋子"；"三"为打造三大系统工程，即点亮工程（填补空白区域）、填土工程（增加已有险种的覆盖面）和种苗工程（开发创新险种），三大系统工程旨在全面提升试点乡（镇）的保险密度和保险深度，确保服务乡村振兴不留空白、不落死角；"四"为聚焦四大服务板块，包括服务数字乡村建设、服务乡村社会治理、支持新型农业经营主体和护航美丽乡村风貌；"五"为服务乡村振兴五大板块发展，即产业、人才、文化、生态和组织，截至 2023 年末，苏州太保通过产品创新，共计推出服务乡村振兴类保险险种 54 款（不含农业保险），保障额度 9 611.3 亿元。

五、结语

农业保险在苏州市即将跨越 20 年历程，发展已经初见成效，在乡村振兴大背景下，农村市场的保险产品和服务品类必将日益丰富。保险业如何做好这篇大文章，真正做到知农、利农、惠农，推动农业现代化进程，是一个需要长期努力的课题。未来，苏州太保将继续深入贯彻中央一号文件关于推进乡村振兴的战略部署，以学习运用"千万工程"经验为引领，提升乡村的产业发展水平、建设水平和治理水平，充分发挥主业优势，坚持负责高效的服务标准，采用便捷多元的服务方式，持续打造"太保乡情"乡村振兴服务品牌，围绕"都市农险、风险减量、创新增量、合规赋能"十六字方针，在春耕保粮、稳产保供、共同富裕等方面提供责任、智慧和温度的"太保服务"。

农业保险助力安徽省"多种粮、种好粮"

李雪① 闫德龙② 李清清③ 翟光瑞④ 沈光斌⑤

2018—2024 年，安徽省粮食年产量连续七年稳定在 800 亿斤⑥以上，每年净调出粮食 200 亿斤左右，是全国 5 个粮食净调出大省之一，以占全国 4.3％的耕地生产了全国 6％的粮食。2007 年，中央财政将"农业保险保费补贴"列入财政补贴预算科目，并列出 10 亿元财政预算，成为我国农业保险发展历史上的重要里程碑。安徽省委、省政府深入贯彻国家战略方针，2008 年印发《关于开展政策性农业保险试点工作的实施意见》，确定了安徽省农业保险发展的基本框架，标志着安徽省政策性农业保险正式启动。从 2009 年起，安徽省将农业保险纳入省政府民生工程，明确了政府在农业保险中的职责，并且对相关部门提出了要求，形成了保险机构和基层政府协同推进的良好局面，确保了农业保险健康、持续、稳定、快速发展。2013 年 3 月，随着《农业保险条例》正式施行，填补了《中华人民共和国农业法》和《中华人民共和国保险法》未涉及的农业保险领域的法律空白，明确了农业保险在"三农"发展中的战略定位。2016 年，安徽省财政厅、农业农村厅推出了三大粮食作物补充保险，提高了对规模经营主体的保障水平，对促进土地流转做出了重要贡献。2016 年以来，国元农业保险股份有限公司（简称"国元保险"）创新探索开展了玉米价格保险、三大粮食作物补充保险、小麦和水稻天气指数保险、黟县"三段式"保险等，部分创新险种受到国务院办公厅、财政部、农业农村部、中国银行保险监督管理委员会（现国家金融监督管理总局）等部门的高度关注和肯定，其中，三大粮食作物补充保险成为之后国家实施的三大粮食作物完全成本保险等主推险种的雏形。2022 年 6 月，习近平总书记给安徽省种粮大户徐淙祥回信："希望种粮大户发挥规模经营优势，积极应用现代农业科技，带动广大小农户多种粮、种好粮，一起为国家粮食安全贡献力量。"安徽省委、省政

---

①②③④⑤　李雪，闫德龙，李清清，翟光瑞，沈光斌，就职于国元农业保险股份有限公司。
⑥　斤为非法定计量单位，1 斤＝500 克。——编者注

府坚决贯彻落实习近平总书记重要指示精神，全力抓好粮食生产，让中国饭碗多装安徽粮，制定了《多种粮种好粮实施方案》。国元保险深入贯彻落实方案相关要求，多措并举促进安徽省粮食生产，以实际行动保障国家粮食安全。

一、安徽省农业保险发展的主要举措

（一）基本保险保额不断提标

2008 年，安徽省确定三大粮食作物基本保险的每亩保额和费率分别为：水稻 300 元、5%，小麦 260 元、4%，玉米 240 元、5%，各级财政的保费补贴比例为 80%，保额覆盖保险标的生长期内所产生的直接物化成本，包括种子、化肥、农药、灌溉、机耕和地膜的成本。2011 年，每亩保额和费率调整为：水稻 330 元、6%，小麦 270 元、4.5%，玉米 250 元、6%，并将绝对免赔率由 15% 下调到 10%。2015 年，每亩保额再次调整为：水稻 406 元、小麦367 元、玉米 282 元，取消 10% 的绝对免赔率，损失率在 80% 以上的，按照全部保额赔付。2023 年，三大粮食作物每亩保额进一步提高，费率进一步降低，分别为：水稻 570 元、6%，小麦 480 元、4%，玉米 400 元、5.8%。

（二）全国首创"基本险+商业性补充"模式

2016 年，安徽省首次提出实施三大粮食作物"基本险+商业性补充"模式。单季种植面积在 100 亩以上的新型农业经营主体，可以在中央财政基本险的基础上，购买保额每亩分别不超过 400 元、300 元的商业性补充保险，费率不高于 4%，保费由省级财政补贴 50%。2022 年，未开展完全成本保险地区的农户可自愿叠加投保商业性补充保险，费率为：水稻 6%、小麦 4.5%、玉米 5%。省财政给予不超过 25% 的保费补贴，市县财政合计补贴比例不低于省财政补贴。

（三）完全成本保险再次提升保障水平

2019 年，安徽省在池州市东至县，安庆市宿松县、太湖县和马鞍山市和县试点水稻完全成本保险，所有农户均可参保，每亩保额为 1 000 元，费率不高于 6%，保费取消县级财政补贴，各级财政补贴比例共计 70%，不得设置绝对免赔率。2021 年，将水稻、小麦、玉米完全成本保险每亩保额分别设置为 1 000 元、860 元、700 元，覆盖了直接物化成本、人工成本、土地成本等农业生产成本。同时按照风险区划标准分地区设置差别费率：水稻 5.5%、6%、6.2%，小麦 4%、4.5%，玉米 5.8%、6%、6.2%。完全成本保险实施地区所有农户均可参保。2021 年，安徽全省 35 个产粮大县实施了三大粮食作物完全成本保险，2022 年，覆盖了全省 59 个产粮大县。

（四）三大粮食作物制种保险不断完善

2018 年，安徽省开始实行粮食作物制种保险，每亩保额和费率分别为：杂交稻 850 元、6%，常规稻 680 元、6%，小麦 590 元、4.5%。保费由各级财政补贴 80%。2022 年，取得有效种子生产经营许可证且制种面积在 50 亩（含）以上的制种农户、种子生产合作社，可自愿叠加投保杂交稻、常规稻、小麦商业性制种保险，每亩保额增加分别不超过 650 元、620 元、610 元，费率不变，省级财政给予不超过 25% 的保费补贴，市县财政合计补贴比例原则上不低于省级财政。2023 年，农垦集团、皖中集团所属农场的制种保险的保费自缴比例由 20% 提升至 30%。

（五）创新实施粮食作物蓄滞洪区保险

2022 年，安徽省开始在沿淮等地区开展蓄滞洪区农业补充保险试点工作，对于符合蓄滞洪区运用政府补偿范围的粮食作物，因各级政府发布蓄滞洪区运用命令导致蓄滞洪区内保险标的实际受损的，政府补偿金额以外的损失部分由承保机构按照合同约定给予赔偿。农作物保额以前三年同季主要农作物平均产值的 30% 为基数，在此基础上上浮 15% 确定，费率 7.6%。保费由市县财政补贴 50%，投保农户自缴 50%，小农户自缴保费由市县财政代缴。

（六）地方财政补贴性目标价格保险和收入保险

2018 年，安徽省在淮北、亳州、宿州、阜阳、蚌埠五个粮食主产市对玉米种植规模不低于 100 亩的农业经营主体开展目标价格保险试点，鼓励通过"保险＋期货"模式分散风险。省政府给予每亩 15 元的保费补贴，但不得高于保费的 50%。2021 年，安徽省面向产粮大县全体农户、农业生产经营组织实施玉米种植收入保险，每亩保额不低于 700 元，保险费率参考当地玉米完全成本保险费率厘定（平均为 6%），最高可上浮 20%。各级财政合计保费补贴比例不超过 70%。

（七）支持开展商业性农业保险

2018 年，安徽省发文支持推广商业性农业保险，鼓励开展价格指数、气象指数、农产品质量安全等多种商业性农业保险，各地可根据财力情况，适当给予补贴。2022 年，进一步提出对各地自行开展的其他特色商业性农业保险，省级财政适时选取推广力度大、发展程度高、保障效果明显的县（市、区），给予一定的保费补贴。

（八）其他助力粮食安全的涉农保险

2020 年，安徽省提出要探索开展一揽子综合保险，将农机、大棚、农房、仓库等农业生产设施纳入保障范围，鼓励开展保险保单质押贷款、"保险＋信贷"、"保险＋期货"等。2021 年，安徽省提出探索开展农产品质量、品牌溯源、环境污染、气象指数等绿色保险，满足绿色农业、有机农业、生态农业等领域的风险保障需求。2022 年，安徽省提出支持探索开展高标准农田工程质量保险、农业生产大托管综合保险以及农机具保险等创新险种，省级财政适时给予一定的保费补贴。安徽省现行中央财政三大粮食作物保险补贴比例见表21-1。

表 21-1　安徽省现行中央财政三大粮食作物保险补贴比例

序号	险种	保额/（元/亩）	保费/（元/亩）	费率/%	中央财政补贴比例/%	省级财政补贴比例/%	市县财政补贴比例/%	农户承担比例/%	实施范围
1	水稻	570	34.2	6	45	25	10	20	全省
2	小麦	480	19.2	4	45	25	10	20	全省
3	玉米	400	23.2	5.8	45	25	10	20	全省
4	杂交稻制种	850	51	6	45	25	10	20	全省
5	常规稻制种	680	40.8	6	45	25	10	20	全省
6	小麦制种	590	26.55	4.5	45	25	10	20	全省
7	水稻完全成本	1 000	60	5.5~6.2	45	25	——	30	
8	小麦完全成本	860	34.4	4~4.5	45	25	——	30	产粮大县
9	玉米完全成本	700	42	5.8~6.2	45	25	——	30	
10	玉米种植收入	不低于 700	—	不高于 7.44	定额补贴		差额部分		

二、国元保险助力粮食安全主要举措

（一）做好政策性粮食作物保险

1. 做好中央政策性粮食作物保险

2009 年，安徽省正式试点政策性农业保险以来，国元保险推动农业保险覆盖面不断提高，2016 年，安徽省粮食作物承保面积已达到 1.03 亿亩，覆盖率超过 95%，安徽省成为全国第一个大宗农作物承保面积过 1 亿亩、实现"愿保尽保"的省份。"低保障、广覆盖"的阶段目标率先达成后，安徽省农业保险不断提档，开始迈向扩面、增品、提标的升级之路。

2019年，财政部开始在安徽等六省份的部分县开展三大粮食作物完全成本保险试点，国元保险承担安徽省的东至、宿松两县的试点任务并取得了良好成绩，助力安徽省在全国2018—2020年度三大粮食作物完全成本保险和种植收入保险专项绩效评价中取得第一名。2021年，安徽省率先对完全成本保险分县、分险种实施费率区划，国元保险克服政策尚未普及、承保时效要求高等困难，推进水稻、玉米完全成本保险承保，全年保障水平超过100亿元，亩均赔款较基本险和大灾险增加66%。2022年，国元保险进一步加强政策宣传，三大粮食作物完全成本保险在经办的51个产粮大县承保覆盖率超过90%，承保面积7 776.9万亩，保费33.0亿元，赔付28.8亿元，在大灾之年保障了农户的种粮收益。2023年，三大粮食作物完全成本保险承保面积进一步提升至8 085.2万亩，亩均保额高达834元，在全国2022年度三大粮食作物完全成本保险和种植收入保险专项绩效评价中，安徽省再次获得第一名。

2. 做好地方政策性粮食作物保险

2016年，安徽省财政厅、农业农村厅结合省情实际，支持国元保险开发了针对规模经营主体的政策性补充保险，省级财政给予50%的保费补贴，可以叠加基本险一起承保，充分保障了规模经营主体的利益，受到全省规模经营主体好评。2022年起，对于中央政策未覆盖的非产粮大县，可通过"中央基本险＋地方补充险"模式进行叠加投保，保障程度已与产粮大县完全成本保险基本一致，实现了"同种粮同享受"。

（二）创新推出商业性粮食作物保险

2009年，国元保险与世界粮食计划署、国际农业发展基金联合研发水稻天气指数保险，并选定安徽省长丰县水湖镇试点实施，农户自缴20%保费，其他保费由国元保险承担，之后国元保险陆续创新开发了小麦天气指数保险、超级杂交水稻高温热害指数保险、水稻暴雨巨灾指数保险等粮食作物指数保险，并因天气指数保险获得了"2010年度安徽省金融产品创新先进单位"，而天气指数保险也获得《中国保险报》"2011年度农业保险产品"称号。

2016年，国元保险推出了"基本险＋补充险＋商业险"三段式保险模式。为满足农户的高保障需求，在政策保险的基础上，通过全额缴纳商业险保费的模式，进一步提升保障水平。国务院办公厅专门赴黟县调研三段式保险，这种模式也被称为"黟县模式"，其保障水平基本达到了2018年财政部推出的完全成本保险的保障水平。

2022年，安徽省财政厅、农业农村厅鼓励保险机构开展具有社会效益、经济效益、生态效益的商业性农业保险产品，对试点成功险种给予适当省级补贴。国元保险积极创新保险产品，截至2023年年底，国元保险已累计开发商业性农业保险产品 94 个，包括商业性粮食作物补充保险、气象指数保险、全损保险、目标产量保险、种植收入保险等，其中，三大粮食作物产品 19 个，丰富了粮食作物的保障层次。

（三）开展粮食作物"保险＋期货"

2016 年，国元保险开展玉米目标价格保险试点，2018 年，试点区域扩大到皖北主要粮食产区和沿长江地区，试点品种包括玉米、大豆、棉花等，投保对象不仅包括规模经营主体，还增加了小农户，保费来源为财政补贴、期货公司公益资金、农户自缴保费。国元保险先对接当地规模经营主体与小农户，向其介绍目标价格保险和收入保险模式，登记其需求；再与期货公司进行对接，期货公司根据市场行情协助国元保险选择合适的进场时机，确定期权方案及入场明确对冲数量，购买场外期权，出具出单说明，完成承保出单，期权费最迟不晚于到期日支付给期货公司。在保险到期后，若结算价格低于投保时的农产品目标价格，则会触发理赔，期货公司将对国元保险进行赔付，国元保险再对规模经营主体和小农户进行保险理赔。

（四）助力粮食作物种业振兴行动

国元保险从 2018 年起开展制种保险，积极落实安徽省委、省政府"2022年种业企业与金融机构融资需求对接会"要求，开展种业振兴保险服务专项行动，按照"优先支持种企、抓好制种保障、创新金融产品、扩大服务范围"的总体思路，精准施策、优化服务，建立专项服务交流群，实时提供服务咨询，聘请育种专家指导并传授育种经验，共同做好制种管理和灾害预防，同时开辟承保理赔"绿色通道"，为种业企业做好"一对一"服务。同时加大产品创新力度，为种业企业和与种业企业签订种子生产合同的制种农户、种子生产合作社，提供"基本＋补充"的制种保险模式。坚持按照"一企一策"的原则，为种业企业提供"菜单式"一揽子保险产品，并逐步向上下游延伸，实现全产业链保险服务。2023 年已经实现安徽省 850 多家种业企业服务全覆盖，全产业链保险形成常态化服务模式。

（五）开展蓄滞洪区粮食作物补充保险

2022 年起，国元保险贯彻落实安徽省财政厅等六部门文件精神，以农业保险作为政策工具配合蓄滞洪区政府补偿，为农户在特殊年景提供兜底保障。首先选择风险集中、投保意愿较强的蒙洼、邱家湖等 11 处沿淮蓄滞洪区作为农业补充保险试点地区，将区域内受灾符合政府补偿条件的农作物、经果林、特色养殖产品等纳入保险范围，且实行"无赔款优待"和"减收保险费"两项优惠政策，对于投保满一年且上一年保险期限内无赔款的投保主体，续保时享受无赔款减收保费的优待政策，对部分蓄滞洪区内小农户、脱贫人口和监测对象等群体减收自缴保费。

（六）开展高标准农田保险

2022年，国元保险在阜阳市、滁州市、六安市等7个地级市创新开展高标准农田保险，组建高标准农田保险专属管理和服务队伍，建立高标准农田管护系统，并聘请第三方质量风险管理机构，签订合作协议。同时，明确查勘要求、赔款支付标准，根据委托尽快组织工程修复等理赔服务。充分发挥"事前评估＋事中预防＋事后修复"三位一体功能，确保建成的高标准农田质量合格、运行有效，有效提高了农业综合生产能力，保障国家粮食安全。

（七）推出农业生产"大托管"一揽子综合保险

2022年，国元保险在淮南市开展保险服务农业生产"大托管"工作中，探索"一主两辅"发展路径，受到广泛关注和认可。其中"一主"指充分发挥农业保险在"大托管"中的兜底作用，在政策性农业保险的基础上叠加商业性农业保险。对于开展完全成本保险的产粮大县，水稻采取"完全成本保险＋商业性补充保险（可选）"模式，每亩保额1 300元，每亩保费75.9元，农户自缴32.5元；玉米采取完全成本保险模式或收入保险模式，完全成本保险每亩保额700元，每亩保费43.4元，农户自缴13元，收入保险的保额根据当期期货价格和目标产量综合确定；小麦采取完全成本保险模式，每亩保额860元，每亩保费34.4元，农户自缴10.3元。对于未开展完全成本保险的县（市、区），水稻、玉米、小麦均采取"中央政策性基本保险＋地方政策性补充保险＋商业性补充保险（可选）"模式，每亩保额分别为1 206元、700元和700元，每亩保费分别为64.8元、42元和30.3元，农户自缴分别为33.6元、13元和11.1元，切实提高了保障水平，确保了"大托管"整体收益。"两辅"，一是发挥保险增信功能，向银行等金融机构推送信用好、种植水平高的参与"大托管"的规模经营主体，以农业保险保单为载体，协同银行等金融机构解决托管土地融资问题；二是推动开展一揽子菜单式综合保险，将农产品溯源保证保险、农产品品质保证保险、农业雇主责任保险、农房保险、农机具保险等涉农险种融入"大托管"保险服务中，形成"菜单"，供"大托管"规模经营主体自主选择，为托管土地提供全方位风险保障。

（八）服务粮食生产全产业链

国元保险围绕服务安徽省"多种粮、种好粮"做文章，积极拓展农机具保险、农业雇主责任保险、农产品品质保证保险、农产品溯源保证保险等涉农产业链保险，满足广大农户多元化的保险需求。同时，积极与安徽荃银高科种业股份有限公司等大型种业企业合作，将保险范围进一步向"产、储、加、运、销"全产业链拓展，为粮食产业链提供全方位保险保障。国元保险自 2022 年开始积极创新金融服务"三农"新机制，充分利用农业保险基层网络健全、联系农户紧密的优势，加强与农担、银行等金融机构的合作，创新推出"助粮贷""农保贷""乡村振兴贷""种植 E 贷""裕农贷"等产品。购买了政策性农业保险的农业经营主体可通过保单获得纯信用授信，已获授信的农业经营主体还可增加额度，并享受最高 50% 的贷款贴息，实现见保即贷、见保增贷，降低了新型农业经营主体融资成本。

（九）科技赋能农业保险精准承保理赔

国元保险积极应用卫星遥感、无人机、铁塔监控等科技手段提升种植业保险服务质效。为开展大面积洪涝、倒伏、干旱等灾害的查勘定损，国元保险专门成立了无人机飞行队，开发集控制、拼接、识别、分析于一体的无人机飞控平台。同时，与中国铁塔股份有限公司合作，开展铁塔近地遥感监控，用于定点监测粮食生产情况与灾害发生情况，并实现历史影像资料的存储与回溯，进一步提升了承保精确性和理赔精准性。2022 年，国元保险把 AI 与人工识别相结合，对全部承保区域开展地块遥感识别。2023 年，对全部承保区域开展小麦种植分布遥感识别，并与地块识别信息叠加，进一步提高了承保标的信息准确性。

（十）风险减量助力农业保险高质量发展

国元保险积极开展风险减量服务工作，持续拓宽农业保险服务范围，由事后赔付向事前防灾、事中减灾、事后救灾、及时赔付的"保防减救赔"一体化服务转变。在灾害发生前，配合相关部门开展灾害和恶劣天气的预警短信发送、作物灾情遥感监测、无人机飞防、人工增雨作业等工作进行防灾减损；灾害发生时，组织协调专业队伍协助减灾，包括农田抢救、设施修复、病虫害防治、农产品抢收、农资转移等，并充分利用自身的机构网络优势和救灾经验提供救援服务，为农户募集救灾资金和提供救灾物资，物资包括饲料、种苗、农资等，保障农户在灾后过渡期进行基本生产；灾害发生后，利用专家指导、科技赋能等方式提升查勘定损、测产理算环节的专业性和精准度，实现及时、准确、足额、便捷、快速理赔，提升服务效率，优化服务质量。

三、取得成效

农业保险不仅在分散自然风险、提高种粮农户积极性、保障粮食生产安全等方面发挥了重要作用，而且还具有提高财政支农资金补贴效益、提供融资增信服务等功能。2008—2023 年，国元保险承保三大粮食作物保险 12.4 亿亩，为 1.5 亿户次农户提供风险保障 4 900 亿元，支付赔款 182.6 亿元，受益户次 6 049.2 万户。其中，中央政策性粮食作物承保 12.0 亿亩，为 1.5 亿户次农户提供风险保障 4 813.2 亿元，支付赔款 174.5 亿元，受益户次 6 026.0 万户；地方政策性粮食作物承保 3 647.8 万亩，为 28.9 万户次农户提供风险保障 117.2 亿元，支付赔款 7.4 亿元，受益户次 20.8 万户；纯商业性粮食作物承保 493.8 万亩，为 8.0 万户次农户提供风险保障 11.2 亿元，支付赔款 6 611.6 万元，受益户次 2.5 万户。三大粮食作物保险的实施，取得了显著成效，切实助力安徽省"多种粮种好粮"。

（一）提升小农户和规模经营主体种粮积极性，保障粮食安全

1. 保额和保障水平不断提升，提升种粮积极性

国元保险贯彻落实"粮食稳产保供"基本要求，不断提升粮食作物承保覆盖面和保障水平。2019 年，安徽省试点并全面实施三大粮食作物完全成本保险和收入保险后，保障效果显著。小麦、水稻、玉米每亩保额分别从 2015 年的 367 元、406 元、282 元提升至 2023 年的 860 元、1 000 元、700 元，实现保额大幅提升，比大灾保险保额提高了 25%～32%（图 21 - 1）。随着基本保

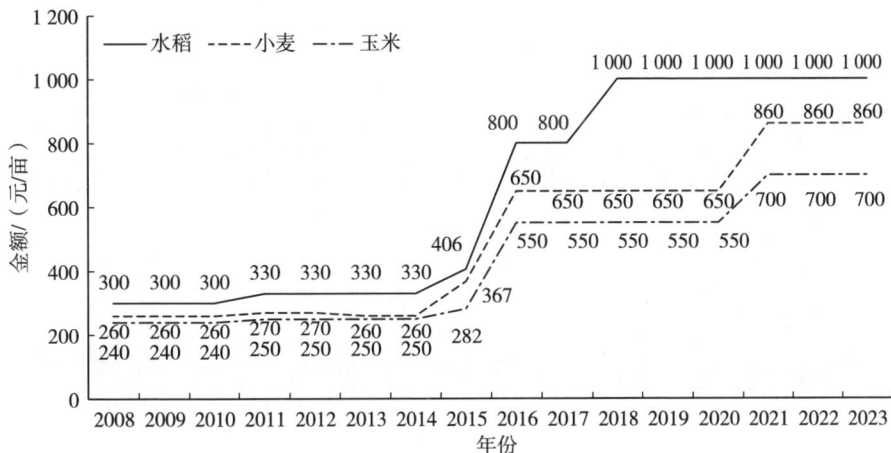

图 21 - 1　2008—2023 年安徽省政策性三大粮食作物保险最高保额

险不断提标、完全成本保险覆盖面提升和商业性保险险种不断丰富，国元保险政策性三大粮食作物保险整体保障水平逐年提升（图 21-2），2023 年保障金额为 691 亿元，较 2008 年提升了 23 倍，切实提升了小农户和规模经营主体的种粮积极性，保障了农民的种粮收益。

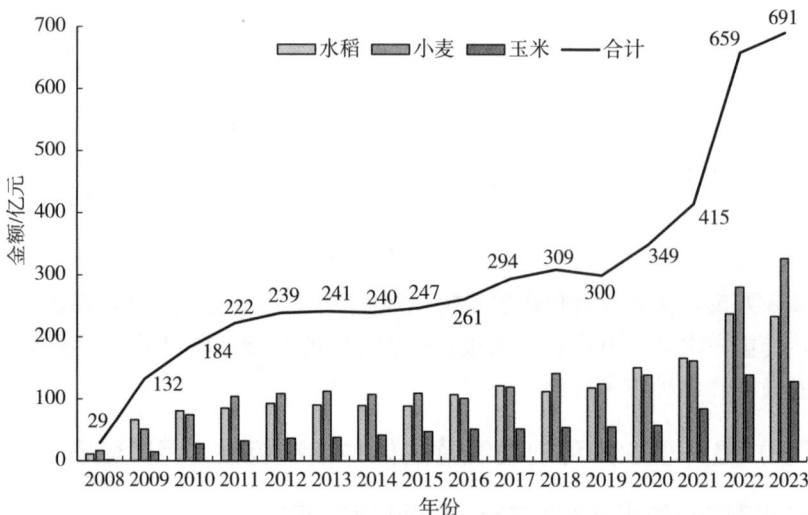

图 21-2　2008—2023 年国元保险政策性三大粮食作物保险保障水平

2. 三大粮食作物承保面积稳中有升，助力守牢安徽省耕地红线

随着保额提升，国元保险三大粮食作物承保面积从 2008 年安徽省试点政策性农业保险以来一直保持上升的态势，2016 年安徽省因秋季发生特大暴雨导致水稻和玉米等秋季作物在苗期因渍涝无法复种复播，整体粮食作物播种面积和投保面积均出现一定程度下降（图 21-3），随着完全成本保险等利好政

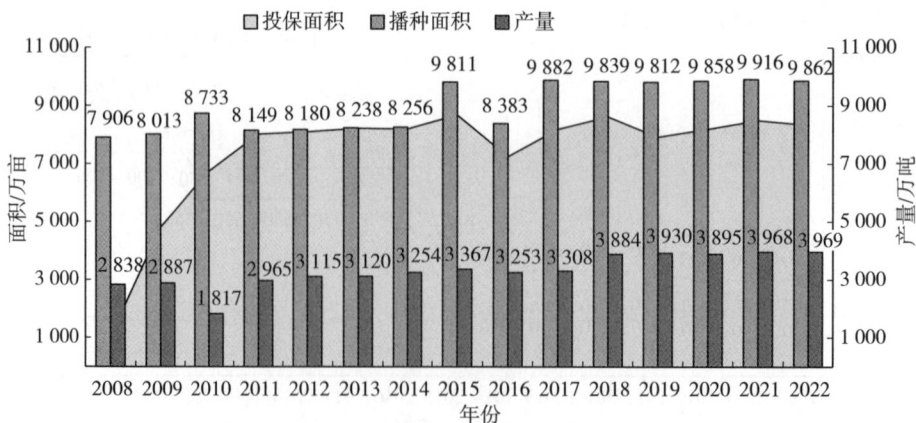

图 21-3　2008—2022 年安徽省三大粮食作物投保面积、播种面积及产量

策的出台,三大粮食作物投保面积继续保持稳中有升,年均增加 497.8 万亩,保障安徽省三大粮食作物年均播种面积稳定在 9 000 万亩,粮食产量呈上升趋势。2019 年,农业保险高质量发展以来,安徽省三大粮食作物年均产量均接近 4 000 万吨,较 2008 年提升了近 40%,不仅改善了安徽省耕地撂荒现象,守住了耕地红线,也切实保障了国家粮食安全。

3. 三大粮食作物赔付水平提升,保障农户生产恢复

安徽作为农业大省,地处南北气候过渡带,洪涝、干旱、冰雹、低温冻害等自然灾害发生频繁,易对农业生产造成不利影响。国元保险作为安徽省农业保险市场的"排头兵",坚持"小灾小赔、大灾大赔、无灾不赔"的赔付原则,2016 年三大粮食作物保险总计赔付 15.73 亿元,仅因特大暴雨就赔付 10.00 亿元;2018 年赔付 12.33 亿元,仅因台风"温比亚"就赔付 5.00 亿元;2020 年赔付 21.87 亿元,仅因洪涝灾害就赔付 19.50 亿元;2022 年赔付 30.60 亿元,仅因罕见高温干旱灾害就赔付 25.20 亿元,为种粮农户在大灾之年恢复生产提供了坚实保障(图 21-4)。另外,随着粮食作物保险政策的不断利好,基本保险、大灾保险、完全成本保险的亩均赔款也明显提升(图 21-5),完全成本保险亩均赔款为基本保险的 3.5 倍,进一步提高了农民获得感,保障了种粮农户收益。

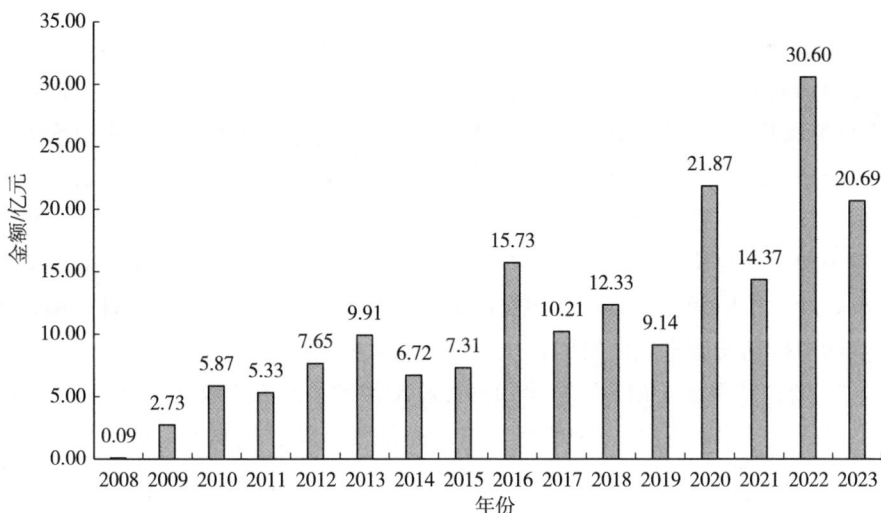

图 21-4　2008—2023 年国元保险三大粮食作物保险赔款

图 21-5　2008—2023 年国元保险三大粮食作物基本保险、
大灾保险、完全成本保险亩均赔款

（二）提升农户综合经营能力，助力巩固拓展脱贫攻坚成果

1. 通过"保险＋信贷"提供融资增信服务，延伸农业保险金融支农功能

国元保险积极发挥自身机构网络优势，培育一批联系"三农"紧、农户信任度高、掌握农户信息全的农业保险专业人员，为银行等金融机构提供农业保险保单和相关大数据系统风险评级信息，有效破解了银行等金融机构因掌握农户信用信息不全、不对称造成农村金融服务供给不足等难题，并支持信誉良好的农户增获信用贷款。2022 年至 2023 年末，国元保险累计通过"助粮贷""乡村振兴贷""种植 E 贷""裕农贷""农户贷"为安徽省 1.5 万多户次农户提供金融"活水"近 40 亿元，粮食作物贷款金额近 8 亿元，部分贷款农户可根据实际情况享受一定比例额度贴息。通过"农业保险＋信贷"模式将保险补贴政策和贴息政策衔接，充分发挥了财政资金杠杆作用，有效缓解了农业融资约束，通过授信贷款发放，支持农户扩大生产，带动农户多种粮、种好粮，进一步助力推动安徽省经济发展、产业振兴、农村繁荣。

2. 通过"保险＋期货"多渠道分散种粮风险，为农户收入提供兜底保障

"保险＋期货"作为一种创新型农产品价格风险管理模式，核心机制是将"保险"这种农户熟悉的金融工具，同"期货"这个专业性强的价格风险管理工具相结合，利用期货市场对价格风险进行转移。2016—2023 年，国元保险共承保玉米、棉花、大豆的目标价格保险项目 62 个，承保 246.5 万亩，为 15 万户次农户提供市场风险保障 20.2 亿元，赔款 6 934.8 万元，受益 11.8 万户次。2021 年，在大连商品交易所的支持和指导下，华安期货有限责任公司牵头，徽商期货有限责任公司、安粮期货股份有限公司、国元期货有限公司、浙商期货有限公司共同参与阜阳市太和县大豆收入保险试点,该项目是安徽省首个保费规模超两千万元的"保险+期货"项目,共计承保 50.01 万亩,实现保费收入 2 800.71 万元,为农户提供每亩 670 元的收入保障,保障程度大幅提高,赔款 901.23 万元,受益户次 3.45 万户。"保险+期货"项目试点以来,规模和覆盖面持续扩大,服务模式日趋成熟,在保障农民收入、服务初级农产品保供稳价、助力乡村产业高质量发展、赋能普惠金融等方面取得了积极成效。

3. 实施蓄滞洪区农业补充保险,促进乡村宜居宜业

安徽省蓄滞洪任务重、波及人口多,蓄滞洪区农业补充保险可以与政府补偿形成合力,弥补农户灾损缺口,加快蓄滞洪区灾后恢复农业生产。蓄滞洪区农业补充保险覆盖全省 11 个蓄滞洪区的 18.6 万户次农户。2022—2023 年,累计为 17.4 万户次蓄滞洪区种植户提供风险保障 3.8 亿元,通过优惠政策减免保费 585 万元,为蓄滞洪区有效应对特大洪涝灾害建立起一道更为坚实的保险屏障,为促进安徽省农业高质高效、乡村宜居宜业、农民富裕富足提供了有力保障。

(三)促进小农户与现代农业发展有机衔接,推进农业农村现代化

1. 农业保险服务农业生产"大托管",助力乡村振兴

2022—2023 年,国元保险以托管土地的模式服务淮南市粮食种植面积 203.1 万亩,赔付金额为 9 140.4 万元,简单赔付率达 98%,有力支撑了当地农业生产"大托管"试点工作的稳步推进。同时,创新推出包括农业雇主责任保险、农产品品质保证保险等在内的农业生产"大托管"一揽子综合保险,建立起覆盖托管全过程和人财物全方位的保险保障体系,累计提供风险保障 18.6 亿元。国元保险已与中国银行、中国建设银行签订了战略合作协议,通过推出"助粮贷"等金融产品向托管经营主体授信 4 726 万元,有效解决托管经营主体生产经营过程中的融资问题。淮南市服务"大托管"形成了可复制的示范推广模式,不仅构建了覆盖农业全产业链的生产托管体系,还创新了农业经营方式,提高了规模经营水平和农业综合效益,为促进小农户和现代农业发展有机衔接,推进农业农村现代化提供了有力支撑。

2. 科技与农业产业融合,培育农业新质生产力

国元保险积极践行科技与农业产业融合,2017—2023 年,开展了安徽全省以及省外多种作物遥感识别,累计遥感识别面积超过 1.6 亿亩,为校验承保、理赔准确性提供依据。同时成立无人机飞行队,及时调动参与作物验标、查勘和损失分析,累计购买无人机近 200 台,年均执行飞行任务 200 余次,飞行面积近 50 万亩,为地面操作有难度的现场提供了快速的技术支持。2021 年开始试点铁塔监控,借助中国铁塔高点对农险标的进行实时监控和历史回溯,

已经对 51 个重点区域和 4.2 万户次规模经营主体实行优势生长期定点监控。通过科技成果转化，进一步助力农业高质量发展，促进培育农业新质生产力，保障粮食安全。

3. 推进农村改革和体制机制创新，促进农村土地流转和规模经营

据 2008—2023 年国元保险三大粮食作物保险承保户次分析可知，总承保户次呈现下降的趋势，而规模经营主体的承保户次和承保面积却呈现上升的趋势（图 21 - 6、图 21 - 7），可见三大粮食作物保险的实施降低了种植风险，在一定程度上推进了农业产业化的进程，促进了农村土地流转和规模经营。

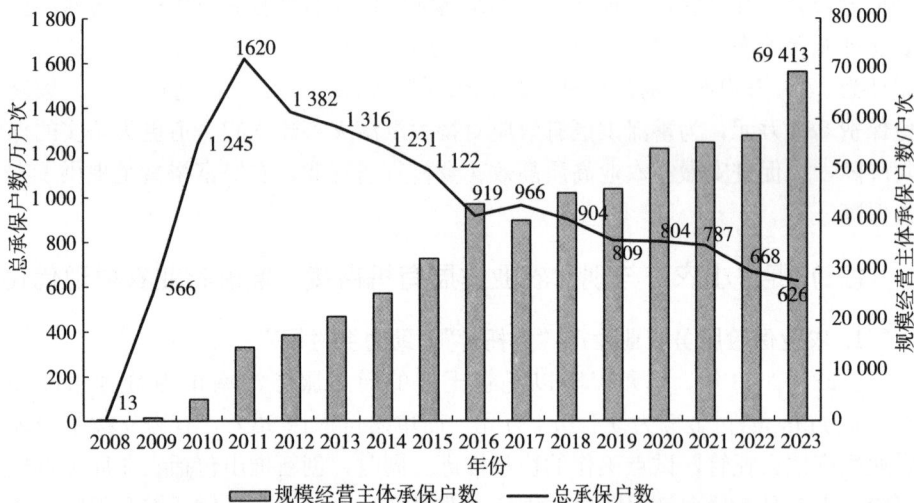

图 21 - 6　2008—2023 年国元保险三大粮食作物保险承保户次

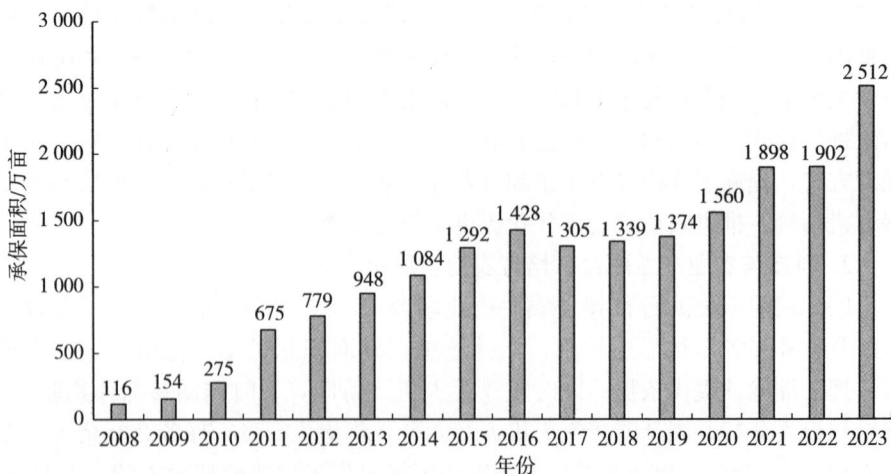

图 21 - 7　2008—2023 年国元保险规模经营主体三大粮食作物保险承保面积

（四）提升农业产业竞争力，助力乡村振兴和农业强国

1. 为农业关键技术保驾护航，助力安徽省种业振兴

聚焦农业关键核心技术，以丰富产品供给和优化保险服务为两大引擎，持续开展"种业之春"千家种企对接行动，将杂交稻、常规稻、小麦的制种保险每亩保额提高到 1 500 元、1 300 元、1 200 元。2018—2023 年，国元保险全覆盖式对接全省种业企业 850 多家，覆盖率达到 100%，承保面积 148.3 万亩，为 3 790 家次制种企业提供风险保障 8.8 亿元，实现应保尽保。此外，针对种业企业"产、购、储、加、销"各环节，制订专属保险方案。2022—2023 年，国元保险为种业企业提供制种相关保险 581 笔，涉及 67 个保险产品，提供风险保障 80.2 亿元，促进实现全省种业科技自立自强、种源自主可控、种企扶强扶优，全力助推安徽省种业振兴。

2. 重点推进农机具和高标准农田等涉农保险，促进质量兴农

高标准农田的建成和机械化率的提升有助于实现安徽省粮食作物种植规模化、标准化。国元保险重点推进农机具保险和高标准农田保险，2011—2023 年累计承保农机具 9 129 台，为 8 583 户次农户提供 17.9 亿元风险保障，赔付 285.7 万元；通过高标准农田保险为田间道路、灌排系统、防护工程及变配电设备等提供风险保障 9.4 亿元，推动高标准农田"建管合一"，提升了农田的运行质量和使用效益。助力安徽省建成农用机械"三中心两基地"，实现主要农作物耕种收综合机械化率 85%，建成高标准农田 6 256 万亩，新增高效节水灌溉面积 25.6 万亩，稳定保障 626 亿斤粮食产能。此外，积极拓展服务农业全产业链保险，开展农产品品质保证保险和农产品溯源保证保险，2021—2023 年累计提供农业风险保障 4.3 亿元，进一步促进质量兴农。

3. 创新农业风险减量服务，促进乡村产业振兴

农业风险减量服务切实提高了农业经营主体对自然灾害的抵御能力，对推进现代农业发展、促进乡村产业振兴、推进乡村治理、保障农民收益等具有重要作用。2008—2023 年，国元保险年均投入资金超 500 万元用于农业生产防灾减损和风险减量工作，累计投入资金近 1 亿元。其中，2021 年，投入种植业专项资金 184 万元，用于防治药品购买、堤坝和水管等设施维护、无人机作业等；2022 年的抗旱减灾专项工作中，组织减灾救灾人力近 3 万人次，捐赠水泵 2 000 个、人工增雨炮弹 10 枚，进行人工增雨 130 次，投入水管、发电机等抗旱设备物资价值近 300 万元；2023 年，因暴雨、冰雹等灾害投入防灾减损资金 899.2 万元，共投入防灾减灾人力近 2 000 人次，发送预警信息 6 万多次。

安徽省滁州市农业保险高质量发展的实践与思考

付文东[1]　尹双实[2]

滁州市位于安徽省东部，下辖 2 个区、4 个县和 2 个县级市，截至 2024 年年末，常住人口 405.6 万人。滁州市域跨长江、淮河两大流域，主体为长江下游平原区及江淮丘陵地区。地貌可概括为"三山一水五分田、一分城市和庄园"，包括 600 万亩山场、200 万亩水面、1 000 万亩耕地、200 万亩城市和乡村。滁州市稻香鱼肥、物产富饶，素有"鱼米之乡""水产之乡"的美誉，是安徽省重要的农产品生产基地和蔬菜生产加工出口基地。因地处长江、淮河分水岭，四季冷暖多变，夏季炎热多雨，全年降水集中，农田易旱易涝，在农业生产过程中，农业保险发挥了不可替代的保驾护航作用。

一、安徽省滁州市农业保险的发展成效

（一）起步成长

2008 年，安徽省成立了首家地方法人保险机构——国元农业保险股份有限公司（简称"国元保险"），开展政策性农业保险试点，并将农业保险列入民生工程，以"政府引导、市场运作、自主自愿、协同推进"为发展的基本原则。国元农业保险股份有限公司滁州中心支公司（简称"国元保险滁州中心支公司"）也于 2008 年成立，独家经办滁州市政策性农业保险。

（二）发展成效

滁州市农业保险从无到有，发展迅猛。尽管近年来遭遇了多次旱灾、水灾，当地农民收入不减反增。特别是 2023—2024 年，每年保费规模增长 1 亿

---

[1] 付文东，就职于中共琅琊区委党校。
[2] 尹双实，就职于国元农业保险股份有限公司滁州中心支公司。

元，种植业保险规模居全省第一位，农业保险规模 7.2 亿元，居全省第二位；农业保险深度达 2.11％，农业保险密度达 705 元/人。主粮作物完全成本保险覆盖率 100％，特色农产品规模经营主体投保率达 100％。农业保险各项考核成绩均在全省第一方阵。具体成效如下。

1. 农业保险覆盖面大幅度扩大

经过近 20 年的不断耕耘，主粮作物保险投保率达 95％，养殖业保险投保率达 70％，小龙虾、芡实、茶叶等 30 个主要特色产业保险投保率超过 80％，规模经营主体的投保率接近 100％，参保农户增至年均 30 万户次。

2. 农业保险保障水平大幅度提高

滁州市主粮作物由基本保险升级为完全成本保险和收入保险，实现了由保物化成本向保完全成本、保收入转变。水稻最高保额由 330 元/亩提高到 1 000 元/亩，小麦最高保额由 270 元/亩提高到 860 元/亩，能繁母猪由 1 000 元/头提高到 1 500 元/头；户均保障水平由原先的 596 元/户提高到 31 566 元/户，每年为全市 30 万户次农户提供风险保障 100 亿元。

3. 农业保险险种供给大幅度丰富

国元保险滁州中心支公司围绕"一村一品"，为南谯区的葛根、施集茶叶，全椒县的山核桃，来安县的中药材，天长市的芡实，定远县的黑猪，凤阳县的油茶，明光市的螃蟹、国有林场等创新研发 20 个地方特色险种。国元保险滁州中心支公司每年在滁州市开展的险种达 65 个，备选产品库中的保险产品已超过 230 个，基本上建成了农业产供销全链条保险品种体系，同时围绕乡村振兴研发防贫保、农家福保险、惠民保、农村综合治理保险等，全方位构建农民幸福生活的"保障网"。

4. 农业保险理赔满意度大幅度提升

滁州市处于长江、淮河的分水岭地带，水旱等灾害频发，特别是 2018 年以来，大型自然灾害经常发生，如 2018 年年初的雪灾、2018 年下半年的台风灾害、2019 年的猪瘟疫情、2019 年的旱灾、2020 年的洪灾以及 2022 年的旱灾。面对灾情，国元保险滁州中心支公司及时查勘理赔，坚守"不惜赔、不乱赔"原则，创新推出了"往年投保记录可作为本年理赔依据"的模式，形成了"灾害面前就找国元"的局面。近年来，尚未出现因灾害赔付不及时、不到位而上访的事件，较好维护了农民利益和社会稳定。

5. 农业保险服务能力大幅度增强

农业保险点多、面广、线长，涉及千家万户，特别是面对大的自然灾害，在极短时间内把灾害核准，及时赔付，必须具备一定的专业能力。国元保险滁州中心支公司加大网点布局和人员配备，在滁州市成立了 8 家县级支公司，在 2 个乡（镇）成立营销服务部（另有 3 个乡（镇）正在筹建），在 106 个乡

（镇）设立"三农"保险服务站，在 1 049 个行政村设立"三农"保险服务点，农业保险工作人员达 167 人，拥有协保员 1 033 人，定期开展培训，有效提升了各网点工作人员的服务本领。

6. 农业保险科技赋能水平大幅度提高

近年来，国元保险滁州中心支公司开发了农业保险地理信息系统、"农险驻点员"App 和客户管理系统，这一切与遥感、全域监测、无人机精准识别、铁塔定点监控相结合，构建了农业保险"天空地"一体化服务体系；开通了客户自助理赔服务，养殖户可以通过 AI 识别，自助查勘，线上即可获赔，移动查勘 App 与猪脸识别技术的使用率均在 80％。这一系列的科技赋能举措大大提高了农业保险投保和理赔的效率。

7. 农业保险助力金融服务大幅度联动

一是开展"农业保险＋担保＋信贷"融资行动。开发"助粮贷""芡实贷""龙虾贷"等 15 个专属金融产品，授信户数 3 230 户、授信金额 8.62 亿元、累计发放贷款 11.97 亿元，农户在不出村的情况下，贷款利率低至 3.1％。二是开展"农业保险＋期货"保价行动。创新开展鸡蛋、畜禽饲料、油菜籽等 5 个创新型"农业保险＋期货"产品，基本实现品种全覆盖，累计提供风险保障 560 万元。三是开展"农业保险＋林长制改革"对接行动。创新推出碳汇价值、碳汇指数、绿色林产品溯源、林木优质种质资源、林木育种、古树名木等保险产品，推动农业保险经办机构承保森林 135.9 万亩，提供超 11 亿元的风险保障；在全市开展野生动物致害保险，为 161 笔野生动物致害事故提供 20.1 万元赔款；开展古树名木保险，为全市 276 株古树名木提供 1 828 万元的风险保障；针对国家储备林在全省首创林业综合补充保险，通过林业综合补充保险的保单质押增信贷款，为国家储备林扩充融资 5 000 万元；开出首单林业碳汇价值综合保险，将森林保险与碳汇质押进行有机融合，把碳排放权转化为经济价值。

二、安徽省滁州市农业保险的发展瓶颈与解决路径

（一）"补贴有效率"有待提高

2024 年的中央一号文件明确指出"推进农业保险精准投保理赔，做到应赔尽赔"。"补贴有效率"意味着农业保险补贴需又快又准，信息化社会下，做到快和准离不开完善的数据化信息平台的加持。

1. 发展瓶颈：数据信息壁垒

近年来，卫星遥感、无人机、铁塔监测、电子耳标等技术手段在农业保险承保、查勘方面的运用范围不断扩大。滁州市农业保险经营机构在风险评估、

承保理赔等方面开展了信息化应用的有益探索和尝试，但在气象卫星数据、灾害预警信息、承保地块信息、农作物信息等方面依然存在信息不对称、共享不及时的难题。例如，在承保种植业时，要与种植业部门核对种植数据；在承保养殖业时，要与畜牧部门核对牲畜存栏数据；遇到极端天气或局部地区遭遇恶劣天气时，要与气象部门对接回溯气象监测情况；在拨付财政配套时，要通过人工制表核对保费数据。滁州市农业保险经营机构面临一系列的信息不对称、共享不及时问题。

2. 解决路径：推进数据信息共享，加强部门联动

一是推进数据信息共享。整合财政、农业、林草、气象、社保、保险等多部门的信息资源，完善农业保险数据平台建设，实现农业保险基础信息互联互通和资源共享。各部门应注重数据安全维护工作，为农业保险承保理赔、产品研发、费率区划、差异化定价、预报预警、防灾减损、政策制定、行业监管等工作提供有效的数据支撑。

二是加强部门联动。推进农业保险高质量发展，需从大局着眼，加强政府相关部门联动，推进相关政策集成协同，形成"1＋1＞2"的整合效果。例如，在研究制定灾害救助、粮食安全、食品安全、农村生态安全、农业产业保障、农民收入稳定、农村环境建设、智慧农业科技运用等"三农"相关领域的发展政策时，考虑加入农业保险作为政策工具，进一步夯实滁州市经济高质量发展的"三农"基础。

（二）"产业有保障"有待加强

习近平总书记指出："产业振兴是乡村振兴的重中之重，要落实产业帮扶政策，做好'土特产'文章。"近年来，特色农业产业已经成为各地区农业发展的重要组成部分，对促进农民增收和乡村振兴战略实施起着至关重要的作用。农业保险本身具备经济补偿、资金融通、社会风险管理的功能，推进农业保险经营机构与其他金融机构融合是"三农"发展迫切需要解决的重大问题。

1. 发展瓶颈：金融信贷资源不敢贸然进入农村

随着农业规模化、标准化、集约化、专业化程度越来越高，资金投入也越来越高，对于季节性流动资金需求量越来越大。同时，日益突出的极端气候灾害和农产品市场价格波动等，给农业生产经营带来的风险也越来越高，因此金融信贷资源出于风控考量，不敢贸然进入农村。

2. 解决路径：促进农业保险与农村金融融合发展

推进农业保险高质量发展，需要充分发挥农业保险在农村金融体系中的基础风险保障作用，不断发挥农业保险的增信功能。

一是完善金融考核评估办法。建议由政府相关部门牵头，完善金融机构服务乡村振兴考核评估办法，鼓励金融机构把更多金融资源配置到农村经济社会发展的重点领域和薄弱环节，更好满足乡村振兴领域的多样化金融需求。

二是促进资金要素融通发展。大力推进农业保险与农业担保、农业信贷、农业投资等农村金融政策和要素的融合发展。进一步推进"保险＋担保""保险＋信贷""保险＋质押""保险＋期货"等金融工具的联动，积极探索"保险＋银行＋农业产业化龙头企业＋农户"的多方信贷风险分担补偿机制。建立依法合规的客户信息互通机制，构建农户信用模型，简化贷款流程，切实赋予农业保险保单增信作用，增额度降费率。探索农业保险与互联网科技的结合，建设农村数字普惠金融服务体系；鼓励运用大数据等手段开发农户信用码，实现"见码放贷"。针对乡村产业链特点和小农户资金需求，推动农村金融创新，创设定制化金融服务模式，丰富农民和农业企业的融资方式，降低融资门槛，推动农村普惠金融业务向纵深发展，做好"土特产"金融精准服务，助推乡村"产业有保障"。

（三）"农民得实惠"有待完善

当前，农业生产"靠天吃饭"的现状未发生大的改变，小农户对农业保险的意义、作用等知识缺乏一定的了解，投保意愿不强，尚未完全认识到投保是转嫁农业风险、维护自身利益的有效途径。

1. 发展瓶颈：农业保险覆盖面不够

当前，特色农业保险均为地方财政补贴型保险，中央财政对开展较好的地区进行奖补，缺乏中央资金直补，距离满足当前特色农业产业发展的保险需求还有一定差距。以滁州市为例，2023 年，全市特色农业保险实现保费收入 1.4 亿元，而特色农业保险覆盖率占农业保险覆盖率的比重不足 20％，覆盖率仍有较大提升空间。受限于财政资金补贴总额的限制，商业性险种的保费较贵，农户难以承受，因此大多数特色农业保险只能覆盖到规模户，部分小农户无法享受特色农业保险政策。再如，主要特色农业保险——小龙虾保险的覆盖率仅为 26.23％，蔬菜类保险的覆盖率不足 2％，距离主粮作物保险 95％以上的覆盖率相距甚远。

2. 解决路径：加大宣传力度、加大资金投入和制定激励办法

一是加大宣传力度。充分利用农村大喇叭、广播、电视、报纸、网络媒体等渠道，以农户喜闻乐见、通俗易懂的语言形式，广泛深入宣传农业保险成果和农业保险实施政策，确保政策宣传横向到边、纵向到底，引导广大农户增强风险意识，提升政策知晓率，调动投保积极性。

二是加大资金投入。将中央、省、市三级特色农业保险以奖代补资金充分运用到特色农业保险发展中，进一步扩面、增品，对于小龙虾、薄壳山核桃等名片产业，实现农户愿保尽保，尽可能覆盖小规模的农户，支持大规模农户扩大生产规模。对于部分地区的小规模产业，支持农业保险经营机构试点开展商业性农业保险，取得一定效果后及时纳入财政补贴。对于大型农业产业园区、绿色生态渔业养殖园区等，将项目扶持资金切块，部分用于购买特色农业保险。

三是制定激励办法。当前，政策性农业保险开展过程中用于支付村级协办人员开展业务的工作经费为全镇工作经费总量的70％，其他支付给乡（镇）级协办人员，实际负责宣传政策到户、收取保费的关键在于村级协办人员。建议农业保险经营机构提升村级协办人员工作经费占比到90％以上，制定对应的激励办法，将村的投保覆盖率与村级协办人员的工资绩效挂钩，给予政策性农业保险覆盖率达到100％的村级协办人员额外奖励，激励农业保险宣传到位、宣传到人，提高村级协办人员整体工作积极性。必须尊重农户意愿，不得强迫、限制其参加农业保险，在此前提下，实现农业保险政策知晓"一户不能少"，力争农业风险保障"一户不落下"。

（四）"机构可持续"有待规范

1. 发展瓶颈：农业保险市场存在过度竞争

近年来，农业保险市场的过度竞争日趋严重。滁州市最初仅有1家机构经营农业保险，目前经营机构已达5家。一方面，农业保险市场规模扩大，需要适量的新主体进入，参与转移和分散风险，为行业提供更高的承保能力，为农户提供更多的选择，督促现有市场主体在竞争中提升服务能力。另一方面，在一些区域不可避免地形成了农业保险市场不良竞争的局面。局部市场频繁变换经营机构，严重影响稳定经营的预期，提高了农业保险的综合成本，弱化了农业保险经营机构的服务投入，虚化了强农政策效果，不利于农业保险持续健康有序发展。

2. 解决路径：坚持农业保险市场适度竞争和进一步稳定农业保险经营机构预期

一是坚持农业保险市场适度竞争。坚持规范有序、适度竞争的基本原则，以服务能力、合规经营能力、风险管控能力为主要准入标准。坚持公平竞争，杜绝人为干预，确保真正遴选出优质高效的农业保险经营机构。尤其是近年来，自然灾害不确定性显著增强，需要农业保险经营机构具备强大的及时服务能力、风险承受能力、舆情应对能力。建议加强对农业保险经营机构的考核评价，研究出台有关考核管理办法。

二是进一步稳定农业保险经营机构预期。保持区域市场农业保险经营机构的相对稳定，延长遴选周期。政策要求农业保险经营机构保本微利经营，而实现农业保险经营机构保本微利经营的前提和基础是具有相对稳定的市场主体和较为匹配的经营周期。鉴于农业保险"姓农为农"理念、农业生产周期长、农业风险历史波动大等因素，在农业保险经营机构考核合格的前提下，应该进一步延长其经营时间，从而有利于其稳定开展农业保险相关服务，真正实现"机构可持续"。

"稳农心，促振兴"：上海市农业保险高质量发展之路

李锥[①]

太平洋安信农业保险股份有限公司（简称"安信农险"）自成立以来，始终按照中共中央、上海市委、上海市政府"三农"工作要求，秉持服务"三农"的初心使命，按照"保险姓保、农险为农"的理念，紧紧围绕服务乡村振兴战略，贯彻落实《上海市推进农业高质量发展行动方案（2021—2025年）》等文件的要求，发挥农业保险作为财政资金"放大器"、农业创新"孵化器"、农村社会"稳定器"的积极作用，服务上海"三园"（"绿色田园""美丽家园""幸福乐园"）建设。

一、上海市农业保险发展回顾

（一）发挥惠农政策合力，推动农业保险扩面、增品、提标

上海市自2004年起，不断加大农业保险政策支持力度，对种植业（水稻、蔬菜、林木）实施保费补贴，随后新增了对西甜瓜、小麦的保费补贴。改变补贴方式，将原有的定额标准补贴方式转变为按比例补贴某一险种的保费。2006年，上海市将"农机具综合保险"和"渔船综合保险"纳入涉农保险的保费补贴范围。2009年，上海市实行差异化农业保险保费补贴政策，补贴比例根据不同类型的险种在40%～80%浮动。2012年起，上海市将小麦、水稻、油菜以及生猪、能繁母猪、奶牛等6项涉及主要农产品最低保有量的险种的保费补贴全部调整为中央财政和市级财政共同承担。2013年，上海市进一步明确5类21项享受财政保费补贴的险种，保费补贴比例为40%～90%，并设定财政补贴险种的保额上限标准。

2019年，为服务"藏粮于地、藏粮于技"战略及轮作休耕的政策目标，

---

① 李锥，就职于太平洋安信农业保险股份有限公司。

上海市将小麦、油菜、玉米等中央财政保费补贴险种从市级财政保费补贴险种中移除。根据 2018 年由财政部、农业农村部、中国银行保险监督管理委员会联合发布的《关于将三大粮食作物制种纳入中央财政农业保险保险费补贴目录有关事项的通知》的要求，上海市将水稻制种保险由市级财政保费补贴险种调整为中央财政保费补贴险种。结合实际生产成本、历年赔付情况以及基层农户需求，适当调整了畜牧、水产的保额及费率。

2021 年，上海市农业农村委员会与上海市财政局联合印发《上海市市级财政农业保险保费补贴资金管理办法》，要求下一年度的市级财政农业保险保费补贴资金预算应基于上一年度实际发生的农业保险保费补贴数额的 90％ 进行编制，为确保上海市农业保险财政应收保费的及时拨付奠定坚实基础，优化了财政资金的管理和使用，提高了农业保险的可持续性和效率，为农民提供了更有力的经济保障，促进上海市农业稳健发展。同时，为促进生猪产业"防非复养"，针对仔猪死亡率高的情况，将仔猪养殖保险纳入政策性农业保险，增强了养殖户的生产信心。

（二）发挥安信农险创新优势，积极创新农业保险产品

作为全国第一家专业农业保险公司，安信农险紧扣经济发展脉搏，适时推出创新产品，服务"三农"发展。2010 年，针对渔业养殖风险较大的问题，安信农险率先探索出渔业互助保险模式，成功试点南美白对虾互助保险。同年，安信农险针对"菜贱伤农、菜贵伤民"的问题，成功开展淡季绿叶菜成本价格保险，实现农业保险从保障自然风险向保障市场风险的转变，积极保障绿叶菜生产、稳定市场价格。

2012 年，安信农险在松江区残疾人扶贫基地率先试点农业收入保险，提供农业收入保险等一揽子风险保障。2014 年，安信农险率先推出了露地种植绿叶蔬菜气象指数保险，同年，在松江区针对种养结合模式家庭农场试点生猪价格指数保险，保险赔款有效弥补了生猪养殖龙头企业的经营损失，保护了种养结合模式家庭农场生产模式的可持续性。2015 年，安信农险在全国率先开展了"保险＋期货"模式的创新试点，在浦东新区开办鸡蛋期货价格保险。2016 年，安信农险在浦东新区、松江区积极探索粮食作物收入保险的试点，对农户进行分层保障，获得了投保农户的高度评价。同年，应用"保险＋科技"，在全国推出首个抵御强风与强降水两类致灾因子的农业台风巨灾指数保险，在互联网气象指数保险方面进行了有益探索。2018 年，安信农险全国首创松江耕地地力指数保险，开创农业绿色保险先河，增强了农户的耕地保护意识，积极参与"养地"。2019—2022 年，安信农险创新推出美丽乡村建设工程保险、环境整治费用补偿保险、农村综合帮扶人群风险保障计划，确保农业保

险多方助力乡村振兴。新冠疫情期间，安信农险创新推出"'三农'安疫保""复工保"，保障农业合作社在疫情期间正常生产，助力城市保供。2021 年，安信农险创新推出绿肥作物产量指数保险、优质稻米收入保险，保障了稻米产业高质量发展，推动上海市农户从"卖稻"向"卖米"转变。

（三）立足政策性农业保险普惠性，提升农业保险服务能力与水平

上海市在全国范围内率先建立了上海市推进农业保险委员会，负责研究农业保险的发展规划并协调农业保险工作的各方关系。涉农区（县）也建立相应的区（县）级推进农业保险委员会。2011 年，安信农险与上海市农业委员会信息中心共建"农民一点通"平台，实现了农业数据和农业保险数据的互换共享，不仅提高了农业保险信息化管理水平，还贯彻落实了农业保险监管部门"五公开、三到户"的要求。2013 年，依托上海市基层农业技术推广机构，安信农险形成区（县）"三农"保险服务中心、乡（镇）"三农"保险服务站、村"三农"保险服务点的三级农业保险基层服务网络。2018 年，安信农险签发全国首张农业保险电子保单。2020 年，安信农险创新了基于上海市农业"一张图"的蔬菜价格保险，从勾选电子地块投保生成电子保单到农户拿到赔款全流程线上化操作，显著提高了承保理赔管理效率。

（四）政、银、担、保联手，加大对农户信用融资支持

2008 年，上海市首创针对涉农信用贷款的小额信贷保证保险，由安信农险提供信用担保，由上海农村商业银行提供专项贷款，这一措施有效解决了农民专业合作社发展中的融资难题。2014 年，上海市政府进一步调整贷款担保金额的限制，把对市级示范合作社的贷款担保金额提高至 200 万元，区（县）级示范合作社的贷款担保金额不超过 100 万元，其他合作社和家庭农场的贷款担保金额则维持在 50 万元内，有效促进了农业规模化、专业化和产业化发展。2019 年，上海市创新了"政、银、担、保"四方合作模式，联合政府、银行、担保中心和保险公司的资源，采用批次担保的形式，为各类农业经营主体提供政策指导、业务咨询和绿色通道等服务，不仅为农业经营主体提供了更为全面的金融服务，也进一步优化了农业金融环境，推动了农业经济健康发展。

（五）发挥财政资金引导作用，建立农业保险大灾（巨灾）风险分散机制

2014 年，上海市针对农业巨灾风险的特性和规律进行深入研究，由上海市政府办公厅转发上海市农业委员会等四部门制定的《上海市农业保险大灾（巨灾）风险分散机制暂行办法》。该办法对农业保险大灾风险给出了明确定

义：当台风、特大暴雨、重大病虫害（疫病）等不可抗力造成的灾害导致的某一公历年度政策性农业保险业务的赔付率超过 90％的情况。若赔付率超过 150％，则被视为农业保险巨灾风险。上海市政府在建立这一机制时，采取了以市场运作为主、政府干预为辅的策略。该策略强调了市场的主导作用（"无形的手"），同时政府提供必要的支持（"有形的手"），通过财政托底、保险公司参与、再保险公司介入等有效手段，依托财政支持建立一个多层次的农业保险大灾（巨灾）风险分散机制，旨在减轻自然灾害带来的经济影响，推动农业可持续发展。

二、上海市农业保险政策效应总结

（一）农业保险是财政资金的"放大器"

近年来，农业保险保费补贴政策不仅增强了财政资金的惠及范围，还提高了使用效率，为农户提供了超过 200 亿元的风险保障，直接将财政资金的惠农效果放大了近 50 倍，充分发挥了财政资金的杠杆效应。

（二）农业保险是灾年财政资金的"蓄水池"

2004 年以来，上海市政府通过把救灾资金转移到农业保险保费补贴领域的措施，有效将临时性、后置式的救灾救济行为转变为制度化、前置式的灾害应对机制，平滑了财政年度支出，极大提高了财政资金使用效率。农业保险有盈有亏，在丰年提取大灾准备金，为灾年构筑资金"蓄水池"。

（三）农业保险是当前财政支农新政策的"主旋律"

从美国等发达国家经验来看，农业保险具有市场性、综合性、高效性等特点，是财政支农新政策的重要选项。2014 年开始，美国取消了直接补贴，转为提供收入保险补贴。从上海市的实践经验看，农业保险能够整合财政支农资金，达到"花小钱、办大事"的目的。

三、上海市农业保险服务乡村振兴"三园"建设的思考

（一）充分发挥保险风险管理功能，助推"绿色田园"建设

一是实施轮作休耕收入保障计划，继续践行乡村振兴过程中的绿色发展主线，创新收入保险，推动农户从"卖稻"向"卖米"转变，以"金融＋保险"建立主体强大机制，以"保险＋订单"建立利益联结机制，以"保险＋科技"建立绩效评价机制，确保"生态增效、农民增收"。二是探索林业碳汇保险，

随着碳排放权交易市场繁荣发展，安信农险积极参与建立适应碳汇金融风险管理机制，通过创新"农业保险＋碳汇金融"的形式，探索建立林木保险与碳交易的联动机制，促进农业绿色发展。三是服务种源农业，创新气象指数保险、价格保险，提高保障程度，涵盖崇明白山羊、中华绒螯蟹蟹苗、花卉种质资源，保障种源农业发展。

（二）充分发挥保险公司资金资源优势，助推"美丽家园"建设

一是创新乡村振兴示范村一揽子保险。安信农险聚焦乡村治理、美丽乡村建设，在部分涉农区（县）创新试点了土地履约保证、集体资产增信、乡村综合治理保障、村民人身保障等多位一体的乡村振兴一揽子保险。二是以综合金融服务助力高标准农田设施建设。通过提供对农村河道、乡道、桥梁等基础设施改造的风险管理方案，保障施工质量。以"保险＋服务"助力上海市农田基础设施良性运行，促进村容村貌及农业基础设施高水平呈现。三是探索集中居住保险项目，发挥保险公司投资端优势，尽力解决集中居住的建设资金不足问题。探索市场化运作模式，推进农民相对集中居住项目，以集体资产证券化方式盘活集体经营性资产，建立农村集体资产收益保障机制。

（三）充分发挥涉农保险精准识别优势，助推"幸福乐园"建设

一是深化农村综合帮扶工作。在农村综合帮扶"金山模式"的基础上，通过不断优化农村综合帮扶管理平台，提升对农村生活困难农户的保障能力，使上海市能够推进包括重疾、医疗、意外、财产在内的四位一体"农村综合帮扶保障计划"，确保对农村困难群体的精准帮扶和动态兜底，提高财政资金使用效率。二是深化农村医疗保险工作。服务建立多层次医疗保障体系这一发展目标，继续做好农村生活困难群体"沪惠保"险种后续工作，提高大病医疗、住院商业健康险在农村的覆盖面，解决农村"因病致贫"问题。三是推广务农人员意外保险。结合务农人员年龄普遍偏大的实际情况，参照工伤保险优化险种，承保务农人员意外伤害，为合作社临时聘用农民消除后顾之忧。

黑龙江省畜牧业保险现状
及发展对策的思考

唐俊英①

2024 年 2 月 7 日，黑龙江省政府办公厅印发了《关于大力发展畜牧业保险的若干意见》，制定了一系列支持畜牧业保险高质量发展的政策措施，提出持续推进畜牧业保险扩面、增品、提标，有力增强了对畜牧业发展的支持力度，推动打造畜牧业特色优势产业集群，为农业农村现代化提供有力支持。

一、黑龙江省畜牧业保险现状

黑龙江省作为国家重要的禽畜产品养殖基地，2023 年，全年生猪出栏 2 414.33万头，同比增长 4.2%，增速高于全国 0.4 个百分点，创黑龙江省历史峰值（图 24-1）；猪肉产量 201.8 万吨，同比增长 5.2%，增速高于全国 0.6 个百分点。在保证本省自给的基础上，外销生猪 171.9 万头、猪产品 66.3 万吨，生猪及猪产品外销比重达到 40%。2023 年前三季度，牛出栏 230.2 万头，同比增长 3.7%；羊出栏 504.2 万只，同比增长 2.5%；活家禽出栏

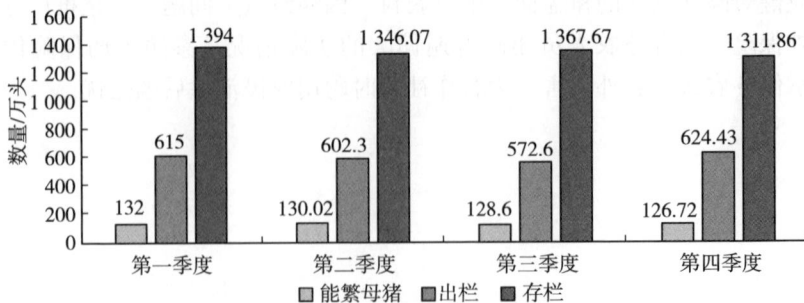

图 24-1　2023 年黑龙江省生猪生产情况

---

① 唐俊英，就职于中原农业保险股份有限公司黑龙江分公司。

18 953.5万只，同比增长1.2%。2023年，奶牛存栏75万头，同比下降3.18%；牛奶产量337.9万吨，同比增长1.0%；禽蛋产量83.1万吨，同比下降0.4%。2023年，水产品产量平稳增长，实现水产品产量61.2万吨，同比增长2.5%，其中实现养殖产量57.1万吨，同比增长2.9%。

在畜牧养殖政策方面，黑龙江省持续积极推动畜牧业的高质量发展。2022年3月，黑龙江省政府办公厅印发了《关于加快畜牧业高质量发展的意见》和《黑龙江省加快畜牧业高质量发展若干政策措施》，提出"强化金融保险精准服务。……扩大奶牛、能繁母猪、育肥猪政策性保险覆盖面，发挥农业保险增信功能"。2023年3月24日，黑龙江省财政厅、黑龙江省农业农村厅出台了《2023年畜牧业经营主体贷款贴息实施方案》，强调省级财政通过相关涉农资金，对畜禽规模养殖场、畜产品加工企业及畜禽粪污处理运营企业给予贷款贴息支持，总贴息资金1.5亿元。强化财政政策与金融政策协同，引导社会资本投资发展畜牧业，降低企业融资成本，促进畜产品供给能力稳步提升。

2023年，黑龙江省经营畜牧业保险的保险公司有12家，经营险种涵盖奶牛、生猪、肉牛、大鹅等品种，全年养殖保险实现保费收入7.13亿元，同比增长27.75%，其中，育肥猪保险实现保费收入3.81亿元，占比53.45%，地方政策性养殖保险同比增长281.69%，大鹅、奶山羊等地方特色养殖保险发展较快。全省政策性养殖保险承保比率不足50%，例如，2023年，全省奶牛总量为75万头，当年参加保险的不足30万头，参保率为40%；育肥猪保险的承保率为46.92%。由此可见，黑龙江省的政策性养殖保险仍有很大的发展空间。

二、存在问题

（一）个别大中型规模养殖场投保积极性不高

个别大中型规模养殖场认为自身防疫工作完善，养殖经验丰富，养殖风险出现概率低，认为投保将增加养殖成本，为非必要之举。

（二）存在道德风险

一是存在部分农户不足额投保的现象。保险公司仅能收取部分牲畜保费，却要承担全部牲畜风险，投保农户饲养的牲畜只要出险，投保农户就要求保险公司理赔。二是存在虚报、谎报牲畜死亡数量的现象。三是部分农户的防疫工作不到位，饲养管理不规范，增加了投保牲畜的出险概率。四是当市场行情下行时，部分农户对病畜施救不积极主动，甚至任其死亡或人为导致其死亡，从而通过保险理赔获得补偿。

(三) 政策性险种少

黑龙江省的中央政策性险种包括育肥猪、能繁母猪、奶牛，地方政策性的奶山羊、依安大鹅、肉牛、湖羊、蛋鸡等特色养殖保险均未被列入补贴险种。另外，即使是中央政策性的养殖保险险种，如育肥猪保险和奶牛保险，由于地方财政困难等原因，并未列入当地财政预算。保险涉及面较窄，严重制约了养殖户对畜牧业保险的有效需求。

(四) 畜牧业保险专业人才缺乏

当前黑龙江省畜牧业保险的专业人才稀少，对出险牲畜死因的勘察研判能力不足。黑龙江省开展畜牧业保险的保险公司普遍缺乏畜牧业保险专业人才，很难满足畜牧业保险的发展需求，保险理赔体系建设困难。

三、政策建议

(一) 积极扩大畜牧业保险补贴范围

目前仅生猪、奶牛、奶山羊等畜牧业保险被纳入了财政补贴范围，肉牛、羊、鸡、鱼、大鹅急需保费补贴。建议政府尽快增加纳入中央和地方财政保费补贴的险种，推动地方特色产业发展。

(二) 推进监管联动机制

一是保险公司与畜牧业主管部门配合，对养殖户圈舍面积、佩戴耳标数、产地检疫数、强制免疫数、病死畜禽无害化处理数、规模养殖场的养殖档案记录等多方监管数据进行综合分析，核实投保和理赔数量。二是保险公司、动物卫生监督部门和无害化处理机构应成立联合工作组，在投保动物死亡后，保险公司人员和辖区内动物卫生监督部门人员、无害化处理机构人员共同到场，进行身份确认、死因鉴定、保险定损、无害化处理，形成相互监督制约的机制，从源头上遏制病死禽畜流入市场。三是建立"保险服务＋无害化处理系统"服务平台，通过服务平台解决养殖户报案难、赔款不及时以及出现食品安全等问题，大大缩短养殖保险赔付周期，提升"从农田到餐桌"全过程食品安全监管能力。

(三) 加快推进技术应用进程

全面加强电子耳标、AI 智能点数、脸部识别等技术的应用，做到承保数量真实、理赔结果合规、服务效能显著。实现保险公司放心承保、精准承保、智能理赔，大大简化承保验标和理赔审核流程，帮助农户在最短时间内获得赔款和更专业便捷的保险服务。

（四）推进养殖业"活体抵押"贷款模式

"活体抵押"贷款模式支持畜牧业发展已在我国多地试点，如内蒙古、广东等省份，并取得了较好效果。政府相关部门可组织银行、保险公司等金融机构选择黑龙江省生猪调出大县开展"活体抵押"贷款模式试点，及时解决生产经营主体的资金需求，有效促进畜牧业转型升级。

（五）开展地方政策性"保险＋期货"试点

为帮助更多养殖户规避生猪、鸡蛋价格下跌风险，支持生猪、蛋鸡产业高质量发展，黑龙江省的财政、农业部门可安排专项保费补贴资金，选取试点县（市、区），遴选期货公司和保险公司推动地方政策性"保险＋期货"试点工作。帮助养殖户提前锁定价格，增强预期信心，解决价格低迷时过量出售、屠宰能繁畜禽，导致产能严重下降的问题。

PART 03

农业保险企业发展和产品创新篇

科技赋能农业保险
数字化转型实践

黄晋宇[①]　陶天龙[②]　张作为[③]

科技赋能农业保险数字化转型发展已成为行业的共识。为了提升农业保险业务管理的数字化、精细化、智能化水平，推动解决农业保险中一直存在的灾害查勘定损难、赔付不精准等问题，安盟财产保险有限公司通过一系列科技创新应用实践，形成了切实有效的数字化转型方案——即"鲲鹏"智慧种植风险监测与管理系统化方案、"慧眼识猪（牛）"养殖险数字化应用方案、"火眼知山"天空地一体化森林监测应用方案，逐步推进作业线上化、风险智能监测预警、畜禽精准标识查验、森林损毁评估等，推动管理与服务的创新发展。

一、背景及意义

随着国家数字化发展战略的深入推进，科技赋能已成为各行业的共识。2021 年发布的《保险科技"十四五"发展规划》鼓励保险业运用科技手段，推进数字化转型。2021 年发布的《"十四五"数字经济发展规划》和 2022 年发布的《关于银行业保险业数字化转型的指导意见》提到推进保险公司数字化转型，实现高质量发展，到 2025 年数字化转型取得明显成效。

自 2004 年以来，农业保险逐渐成为主要的农业风险屏障，持续为灾后重建提供了切实、有效的保障。农业保险不同于一般财产险，具有点多、面广、数量大、空间分散、道德风险高等特性，迫切需要通过线上化承保、精准化标的监测与理赔、多源海量数据辅助决策等方式，实现农业保险数字化管理的需求。

在数字化转型发展的浪潮中，保险机构充分利用物联网、智能设备、移

---

①②③　黄晋宇，陶天龙，张作为，就职于安盟财产保险有限公司。

动互联网、遥感、无人机、地面传感网络、大数据技术、AI 技术服务等与应用需求深度结合，提升农业保险业务管理的数字化、精细化、智能化水平。

二、重点解决问题及主要创新点

（一）种植保险重点解决问题及创新应用

种植保险标的类型多、范围广、自然灾害风险高、验标及查勘困难、作物灾损情况复杂。为此，"鲲鹏"智慧种植风险监测与管理系统化方案应运而生，针对验标及查勘困难等问题，安盟财产保险有限公司推广应用移动端"慧农易保通"App，服务一线业务人员进行标的与客户信息录入采集、地块勾画确认、现场照片采集等操作流程，全面提高标的信息采集的效率与标准化水平，相较传统作业方式提升工作效率超过 70％。

为解决管理粗放等问题，安盟财产保险有限公司开发应用农险 GIS 大数据平台系统，归集农业保险涉及的地理信息数据、气象数据、卫星遥感数据和承保理赔数据等，实现种植地块可视化管理、业务承保信息空间可视化、作物长势定期监测、历史灾害风险及损失监测数据回溯分析等功能，推动农业保险精准承保理赔。

为提升承保验标的效率与质量，解决作物灾损情况复杂等问题，安盟财产保险有限公司建设遥感云处理监测模型＋无人机采样处理系统，并基于遥感公有云处理平台，建设时间序列作物长势遥感监测模型、作物分类识别模型等，这两个模型广泛应用于种植保险风险管理，如陕西省关中平原冬小麦返青期遥感面积提取、长势分析等。

为加强灾害风险预警能力并构建气象风险监测体系，安盟财产保险有限公司基于日更新的降水、温度、风力、土壤墒情等数据，构建气象预警监测模型系统，该系统通过预警提示精准推送机制，对客户与机构进行风险预警，提升风险识别监测能力和应急响应能力。该系统在 2023 年东北地区玉米春季干旱、夏季局部洪涝灾害中均得到较好应用。

（二）养殖保险重点解决问题及创新应用

养殖保险在承保、理赔和服务方面面临着时效性强、人力成本高、道德风险大等突出问题。经过多年实践与创新应用，安盟财产保险有限公司逐步形成了"慧眼识猪（牛）"养殖险数字化应用方案。面对养殖畜禽标的的道德风险高等问题，充分应用电子耳标、物联网远程监控、面部识别等多种技术手段，不断加强精准确认与损失畜禽核查管理。针对生猪、肉牛等畜禽标的出险频率高、查勘时效性强、查勘定损工作量大等问题，创新应用基于移动端 App 的 AI 估重技术与 3D 建模技术，能够基于图像识别技术实现体长、体重快速估算，经过广泛使用，具有操作简单、误差小、效率高等特点，能进一步增强赔付时效，能够广泛应用于生猪、肉（奶）牛的保险业务中。

（三）森林保险重点解决问题及创新应用

森林保险风险存在面临分布范围广、查勘定损难等问题，安盟财产保险有限公司由此设计了以卫星遥感火点监测系统、森林损毁遥感分析模型、低空无人机、地面监测设备网络为主要部分的"火眼知山"天空地一体化森林监测应用方案。卫星遥感火点监测系统实现了火点近实时监测与回溯；森林损毁遥感分析模型能对火点区域灾前灾后影像进行持续提取分析，辅助确认损失面积；低空无人机、地面监测设备网络可以为地面人员发现火情、灾后查勘、远程监控等提供技术支持。该方案已在四川、内蒙古、辽宁等地的森林火灾、雪灾等灾害中得到了实际应用，高效准确地分析受灾范围与受灾程度，为地面查勘人员提供了帮助，进一步增强了赔付时效并提升了赔付质量。

三、主要建设内容

（一）数字化平台体系建设

数字化平台体系建设主要包括移动端 App、农险 GIS 大数据平台系统、遥感云处理监测模型＋无人机采样处理系统三个部分。

移动端 App 是根据业务需要进行功能设计，为实现农险作业线上化、智能化，提高服务效率而研发的移动综合业务平台。已开发在线离线作业、水印相机、OCR 证件识别、电子签名、AI 猪重识别、地块勾画测算、气象灾情预警、查勘员管理等功能于一体，实现查勘流程标准化和操作系统化。

农险 GIS 大数据平台系统建立在业务数据核心系统和地理信息空间数据库基础上。该系统的数据库中囊括业务保单数据、作物遥感监测数据、历年承保地块图层、各地无人机影像、灾害风险及损失监测数据等，实现可视化业务管理功能。

遥感云处理监测模型基于遥感公有云处理平台的作物长势监测模型、旱涝灾害风险监测模型、森林火灾损毁分析模型，实现大尺度遥感影像快速处理、时间序列作物长势植被指数提取分析、土壤湿度变化监测与旱涝分析、森林火灾监测与影像提取回溯等功能。无人机采样处理系统基于无人机数据管理和无人机图像处理建立，实现无人机飞行管控、无人机数据存储、无人机影像拼接处理发布等功能。

（二）种植险灾害风险监测预警体系建设

种植险灾害风险监测预警体系建设包括气象风险预警监测应用系统建设、作物长势及灾害遥感分析应用系统建设、预警提示精准推送机制建设 3 个部分。

气象风险预警监测应用系统建设部分，结合气象数据共享网、中央气象台农业气象数据，建设农险气象风险分析数据库、土壤墒情旱情分析模型、气象风险预警平台等多源数据系统，实现全方位多类型的气象风险预警监测。

作物长势及灾害遥感分析应用系统建设部分，基于遥感公有云处理平台，开发各类作物分类识别模型、时间序列作物长势遥感监测模型、土壤墒情旱情监测分析模型、洪涝淹水区域提取分析模型，实现对极端降水洪涝、土壤干旱、森林火险等风险的灾前预警、灾后监测分析，对承保地区面临的主要风险进行全方位监测与提示。

预警提示精准推送机制建设部分，保险公司应建立企业内部通告机制、App 推送与邮件推送机制、重点客户风险预警短信提示机制、重大灾害报送响应机制，基于县、乡多级尺度的气象大数据预报分析结果与作物长势及灾害遥感监测分析结果，提示各机构、重点客户等。

（三）养殖险数字化应用体系建设

养殖险数字化应用体系建设主要包括慧眼识猪（牛）、电子耳标、3D 建模与 AI 估重、牛脸识别、智慧水产养殖系统等部分。

针对生猪保险业务需求，建设"慧眼识猪"管理平台，开发基于视频技术和图像处理技术的场内猪的数量自动点数、饲养员的人脸识别、进出车辆的车牌识别、猪的异常进出识别等功能，实现精细化、线上化管理；通过佩戴电子耳标和基于移动端 App 的 AI 估重、3D 建模等方法，对猪进行准确识别，实现精准承保理赔。

针对牦牛和肉牛的保险业务，本方案提出为牲畜配备电子耳标，以此作为数据采集的关键手段。结合移动端 App 及保险承保管理系统，实现数据的自动上传和实时后台监控，从而确保承保流程和理赔流程的精确性。此外，保险承保管理系统还能简化传统的承保理赔程序，提高效率，降低操作成本，为牲畜保险业务的数字化转型提供强有力的技术支持。

针对水产业务需求，建设智慧水产养殖系统，为养殖池塘加装物联网视频监控设备和水质传感器，实时掌握养殖池塘的温度、湿度、pH 以及溶解氧含量、氨氮含量等指标，使养殖户能够实时监测。若养殖区域的任一指标达到预警值，该系统就会触发报警。为科学养殖提供数据支撑。

四、实施效果

(一) 移动平台助力承保验标线上化、精细化

通过数字化平台体系的应用,农业保险承保验标、现场查勘等方面的数字化率极大提升。以"慧农易保通"为核心的移动线上服务平台,经过推广使用,农业保险承保、理赔工作的效率提升 60%,累计服务农户 30 万余次;累计采集种植地块图斑 25 万余个、面积超 1 050 万亩,大大提升了农业保险精细化管理水平,推进了农业资产数字化认定,打通了农村金融"最后一公里",助力金融支农惠农。

(二) 灾害风险遥感监测体系支撑风险减量、精准理赔

在灾害风险遥感专项监测方面,安盟财产保险有限公司针对森林火灾毁损、洪涝淹没、持续性干旱等灾害建立遥感监测分析模型,开展了四川省、内蒙古自治区等地森林火灾毁损的连续影像回溯与查验,核查了数十个重点火灾案件的损失面积、林木成熟度,辅助机构准确查勘定损;开展了吉林省、辽宁省、内蒙古自治区等地的持续春玉米干旱监测,通过灾害风险遥感监测体系的快速响应,支持灾中、灾后及时响应与应急处置,切实保护被保险人的种植收益,有效促进生产恢复,得到被保险人的高度认可。

(三) 科技手段实现养殖业精准高效管理、服务产业发展

安盟财产保险有限公司应用电子耳标、AI 面部识别、AI 估重、3D 建模、物联网远程监控等多种技术手段,广泛开展了畜禽个体身份识别与畜禽个体体重 AI 自动估算。安盟财产保险有限公司在四川省开展的高原牦牛个体身份标识应用,实现了牦牛标的的精准高效承保与理赔,牦牛保险的规模也不断扩大,截至 2024 年 10 月底,累计承保牦牛 790 余万头,为牧民提供风险保障 170 亿元,支付赔款共计 8.3 亿元,为参保牧民挽回了巨大的经济损失,为现代草原畜牧业发展提供了坚实保障;在吉林省肉牛产业应用中,实现了个体精准管理、个体估重、死亡牲畜比对核查,极大地提升了工作效率,累计承保肉牛 40 万头,借助科技手段助力吉林省"秸秆变肉"暨千万头肉牛建设工程的实施。

(四) "鲲鹏"大数据平台提升管理质量与风险控制水平

安盟财产保险有限公司以"鲲鹏"大数据平台为核心,开展多源数据融合、业务数据可视化与精准管理、作物长势监测与灾害风险遥感监测、风险预

警等方面的应用，建立自主大数据应用体系，在制定决策和进行风险评估时提供可靠的数据支持，进一步提升自身农业保险业务的数字化、精细化、智能化水平，为各机构提供精准管理、风险控制的技术手段，发挥大数据价值，服务于灾害多发易发区域风险减量，全面提升区域业务管理质量与风险控制水平。

五、总结

通过一系列科技创新应用实践，安盟财产保险有限公司形成了切实有效的、可操作的系统性数字化转型应用方案："鲲鹏"智慧种植风险监测与管理系统化方案、"慧眼识猪（牛）"养殖险数字化应用方案、"火眼知山"天空地一体化森林监测应用方案。经过多年的建设完善，逐步实现了作业线上化、风险智能预警、畜禽精准标识与查验、森林毁损及时监测、数据融合应用等多项目标，在产品创新、风险减量和数字化转型方面取得了长足进步，推动了农业保险领域科技应用的快速发展。

风险不会消失，但可以精准管理，为切实发挥农业保险"减震器"和"稳定器"的作用，保险公司应树立"防大于治"和"事前防范"的风险管理理念，推动保险从事后补偿向事前预防转变，发展"保险＋科技"的创新服务模式。

积极践行社会责任
安盟保险守护绿色希望

张明仪[①]　孙珍妮[②]

　　企业社会责任意识的兴起与实践层面上的探索，代表着企业对于可持续发展的重视。保险产品设计以及农业种养模式方面的创新，能够有效地缓解经济发展与环境、资源之间的矛盾。以环境友好的方式解决生态问题，促进生态文明建设，对于推动绿色发展有着重要的意义。

　　随着地球气温的不断升高，自然生态环境和人类生存环境都受到了很大的影响，推动绿色发展已成为全球共识。农业是绿色发展的主战场，近年来，农业领域正经历着从大水大肥到减排固碳的绿色转型，我国不断加大对农业绿色发展重点领域和关键环节的投入力度，建立起以绿色生态为导向的农业补贴政策体系。众多绿色农业保险产品的创新，能够发挥我国在"双碳"领域的独特优势，提升我国农业产业的国际竞争力。

一、森林碳汇指数保险

　　林业碳汇是抵消企业碳排放的一种经济有效的手段。随着中国碳排放权交易市场的加速发展，碳交易受到越来越多的关注。2021年，在选定合适的碳汇林后，安盟财产保险有限公司（简称"安盟保险"）与阿坝州马尔康国有林保护局签订"商品林碳汇指数保险"合作协议，为该地区231.94万亩森林提供3 479.22万元的风险保障。森林碳汇指数保险在四川省的成功落地，是安盟保险积极推动生态文明建设，实现"碳达峰"和"碳中和"目标的又一次积极大胆的探索。2022年，经过对陕西省森林资源分布的周密调研，安盟保险聚焦西安市周至县森林管护单位，甄选县域绿色金融重点地区林场。本着森林碳汇价值保险有着更广泛的保险责任、相较传统森林保险更易触发理赔、能提高

---

　　①②　张明仪，孙珍妮，就职于安盟财产保险有限公司。

森林灾后救助及修复能力等优势特点，安盟保险联合周至县林业局、试点林场等单位，通过了解森林及碳的概念，对森林碳库固碳形式进行详细分析，选择合理的森林碳汇计量方式，从碳汇指数保险产品可行性分析、产品研发、定价赔付设计、项目落地测试等多个方面开展诸多工作。2022 年 10 月，安盟保险与周至县的国有厚畛子生态实验林场、周至县国有永红生态林场达成"商业森林碳汇指数保险"合作协议，成功为两家国有林场的 86.71 万亩森林提供了 1 306.6 万元的风险保障，实现了陕西省商品林碳汇指数保险的创新突破。

森林碳汇指数保险的推广有效地降低了价格大幅度波动对碳汇造林企业带来的影响，稳定了林业碳汇交易收入，同时能够保证林业的生态功能、弥补碳汇恢复过程中的损失、固碳能力的修复成本。面对森林火灾、病虫害等重大林业风险，基于模型计算森林碳汇储存价值和年碳汇剩余价值，将气象灾害、事故、病虫害造成的森林破坏或森林生长减缓造成的碳汇剩余价值损失转化为指标，有效解决了理赔难题。森林碳汇指数保险实现了森林保险与生态保护补偿机制的有效结合。

（一）产品创新性

首先，森林碳汇指数保险作为一种新型的保险产品，是绿色保险发展的大胆尝试。同时，保险的主体不是森林本身，而是由树木的固碳能力计算得出的指标，因此可以直接比较数字来总结森林固碳情况的变化。

其次，这款保险产品从多方面改变了商业模式。作为交易标的，森林本身在不同地区甚至不同国家之间的交易无论是时效性还是可操作性方面的挑战都很大，而碳交易可以在不同的国家之间进行。从交易主体来看，客户群体由传统的森林所有者可以转化为碳交易的供应商和需求者，使得产品在全球范围内对新客户群体有了进一步拓展。

此外，卫星遥感技术在保险过程中发挥了关键作用，提高了保险的准确性和效率。例如，利用卫星遥感技术在火灾发生后对森林的自然恢复和真实损失进行精确评估，根据卫星传回的数据组织实地调查。这些调查结果将转化为一个指数，以帮助计算赔偿金额。森林碳汇指数保险是传统保险的升级版，有着巨大的发展潜力和空间。

（二）经济可行性

中国森林的保险金额以再植成本为基础，森林分为商品林和公益林，公益林的所有人不能够通过砍伐出售获取收入。一旦出险，农户获取的赔付金额较低，农户的再植意愿不高，从而森林的恢复会受到一定影响。

相比之下，森林碳汇指数保险的金额，能够兼顾森林每年产生的碳汇和森林本身的价值，远远超过了再植成本。随着森林碳汇指数保险进入市场，森林不再只是一个可以出售的商品，而是一种通过森林碳汇交易产生未来现金流的资产，对农户来说，每年可以实现的连续收入是植树的一大动力。

森林碳汇能力由农户自身或农户申请的其他机构来进行评估，评估难度极大且成本高。在购买保险后，由保险公司与农户认可或地方政府认可的第三方机构对森林碳汇能力进行评估，对于农户来说，可以节省大量资金成本和时间成本。

在碳交易市场上，对于碳排放的需求要高于供给。近年来，中国碳交易的单价不断上涨，通过保险方式可以让更多的人认识到森林的碳汇能力所带来的经济效益，进而使其成为未来市场潜在的交易者。

安盟保险对于森林碳汇指数保险的相关探索，不但为政府及营林企业在实现"碳达峰""碳中和"目标提供了全新的思路，而且实实在在增强了林业抵御风险的能力，在低碳减排中能够发挥稳定作用，其创新落地及延伸探索，坚定了营林企业发展绿色经济的决心，为政府推动生态富民、生态强民做出了有效的贡献。

二、"鱼菌轮作"综合种养模式

面对全球气候变化、资源枯竭、生态退化等问题，可持续发展和环境保护刻不容缓。各国都在积极追求可持续发展目标和生态平衡，水产养殖在经济发展、粮食安全和营养安全中具有重要的作用，但是水产养殖的风险高。"鱼菌轮作"在实践层面上改变了水产养殖模式。在四川省，该项目将鱼塘养殖与羊肚菌种植相结合，冬季在鱼塘种植羊肚菌，改善鱼塘条件，改善水质，从而减少了水产养殖所面临的疾病风险，保证了双丰收。

（一）模式创新性

随着全球环保意识的增强，越来越多的项目专注于绿色领域和新兴农业领域。轮作模式的引入有利于提高农业生产力水平、保护环境、促进生态平衡。对于鱼塘的承包商来讲，鱼塘底泥的清理是一大难题。鱼类的排泄物沉积在塘底，其成分主要是有机质和氮磷钾。鱼塘中有机质和氮磷钾过高会导致水质恶化，鱼塘微生物大量繁殖，水体中溶解氧的含量降低，会增加鱼类患疾病死亡和缺氧死亡的概率。在鱼塘中种植羊肚菌，利用羊肚菌吸收鱼塘底泥中的有机质和氮磷钾，能够改良鱼塘底泥和鱼塘水质，从而减少鱼类因疾病死亡和缺氧死亡造成的损失，以生物特性解决生态难题，是非常值得提倡的环境友好的方法。同时，羊肚菌的引进，为市场提供了高价值的衍生产品，创造了独特的经济增长点。高价值羊肚菌产品与新型养殖模式的结合，使得该项目具有广阔的发展前景。在知识产权、技术创新、市场拓展等方面的举措，为该项目的可持续发展奠定了坚实基础，有望为农业领域注入新的活力和动力。

（二）经济可行性

水产行业的业务运作有相对稳定的周期性。每年的 10 月到次年 3 月是当地的休渔期，不仅没有任何收入，处理鱼类排泄物的费用不菲。鱼塘清洁需要高水平技术，一旦处理方法不当，很容易导致水体富营养化，鱼类缺氧的风险增加。引入"鱼菌轮作"综合种养模式后的收益要远超单一的水产养殖业务带来的收益，30 亩的鱼塘有望增加 180 万元的收入。随着技术不断发展，可种植的菌类品种以及种植面积均在不断增加。2021 年年底，"鱼塘羊肚菌种植系统"获得了国家"实用新型专利证书"。

随着业务的深入开展，农业保险公司在做好承保和理赔工作的基础上，积极参与水产养殖产业链前端，建立水产养殖防灾减灾体系，利用现代养殖技术、信息技术、遥感测绘技术等新技术、新手段有效发挥保险的服务功能，引导养殖户科学养殖，合理控制放苗密度，增加增氧设施等，提升了水产养殖风险控制能力，提高了农户综合收入。

三、着眼未来

近年来，在金融业应对气候变化、助力低碳转型方面，安盟保险立足行业特点，不断加大环境保护、气候变化、绿色产业等领域的投入，有序推进绿色保险的业务落地和产品创新。金融与生态环境保护融合的深度、广度日益扩展，对于金融机构而言，绿色金融有助于培育新的业务增长点。保险业必须肩负起金融支持绿色发展的重大任务，为服务经济社会持续健康发展贡献金融力量。农业保险机构要坚持以数字化转型为驱动，以推动产品研发为抓手，以综合金融服务为功能外延的方向，以风险管理和控制为目标，不断推进农业保险的高质量发展，全方位服务乡村振兴事业。

中华财险服务吉林省农业发展之路

朱丹[①]

2015 年 8 月，中华联合财产保险股份有限公司吉林分公司（简称"中华财险吉林分公司"）开业；于 2019 年年初成功中标吉林省农业保险后备经办资格；2020 年获得中国银行保险监督管理委员会批复资格，于 23 个县域成功中标；2021 年赢得新一轮遴选，保费增长翻番；2022 年的保费规模突破 5 亿元；2023 年在吉林省农业保险市场的排名提升至第五位。经过多年发展，中华财险吉林分公司农险业务发展坚定而卓越。

一、吉林省农业保险市场情况

（一）农业保险市场规模

吉林省农业发展基础良好，是粮食主产区，粮食产量居全国第四位，畜牧业产值居全国第九位。2007 年，吉林省被确定为全国首批中央财政农业保险保费补贴 6 个试点省份之一，正式开启政策性农业保险试点工作。近年来，吉林省农业保险快速发展，2020 年，吉林省实现农业保险保费收入 27 亿元，同比增长 18%；2021 年实现保费收入 37 亿元，同比增长 38%；2022 年实现保费收入 47 亿元，同比增长 28%；2023 年的保费规模突破 50 亿元。

（二）农业保险发展阶段

21 世纪吉林省农业保险发展经历了 4 个阶段：第一阶段是 2007—2012 年，最早由安华保险独家开展试点，人保财险、安盟保险陆续加入；第二阶段是 2013—2019 年，由安华保险、人保财险和安盟保险 3 家保险公司经营；第三阶段是 2020—2023 年，"老三家"和国寿财险、太平洋产险、中华财险"新三家"共同经营；目前已进入第四阶段，平安产险、大地财险、阳光农险、都

---

① 朱丹，就职于中华联合财产保险股份有限公司吉林分公司。

邦财险进入市场，10 家机构共同服务吉林省农业发展。

二、中华财险吉林分公司农业保险突破之路

(一) 铺设机构赢先机

健全的机构是经营农业保险的先决条件。2015 年 8 月，中华财险吉林分公司开业，在成立之初就树立了农业保险发展战略，将筹建新机构作为第一要务。筹建机构需要考虑业务规模、人员匹配等多方面因素，依托总公司和中国保险监督管理委员会吉林监管局的支持和帮助，新机构审批流程顺畅，用时 3 年 7 个月完成 9 家地级市中支机构铺设，地级市覆盖率 100%；用时 5 年 4 个月完成 40 家县级支公司铺设，县域覆盖率在 90% 以上，实现全省农业大县全覆盖。

(二) 组建队伍促发展

中华财险吉林分公司之所以取得诸多良好业绩，主要是因为拥有一支敬业、精干的高管队伍。在机构铺设初期，中华财险吉林分公司科学合理选聘市、县班子，县域机构的经理选聘采取优胜劣汰规则，坚持用人唯贤；农业保险业务正式开办后，从总公司、内蒙古分公司引进了农业保险专业干部充实领导队伍。

(三) 主动作为得认可

2018 年 10 月，我国南方多个省份暴发非洲猪瘟疫情，中华财险吉林分公司领导班子主动拜访和接洽吉林省财政厅和吉林省畜牧业管理部门，表达了抗击非洲猪瘟疫情的决心，积极申请开办生猪保险业务，体现了中华财险的社会责任感和勇于担当的精神，得到了吉林省政府的认可。

(四) 沟通汇报终获农业保险资格

中华财险吉林分公司领导班子多次向吉林省政府汇报服务"三农"想法，多次拜访吉林省农业农村厅和吉林农业保险领导小组，汇报自身的优势和特点，向吉林省林业和草原局与吉林省畜牧业管理局汇报工作；主动参与吉林省农业保险领导小组农业保险后备经办资格的招标方案设计。面对市场的激烈竞争，中华财险吉林分公司攻坚克难，于 2019 年年初成功中标，获得了吉林省农业保险后备经办资格，并于 2020 年 12 月 31 日获得了吉林省农业保险经营资格。

三、中华财险吉林分公司农业保险发展之路

（一）三轮遴选奠定农业保险发展基础

2020 年 3 月，吉林省下发了《关于做好 2020 年吉林省政策性农业保险经办机构招投标工作的通知》，明确了 2020 年政策性农业保险经办资格须由农业保险经办机构以县域为单位公开投标。中华财险吉林分公司高质量、高标准、高要求地完成了投标工作，取得 27 个县域投标、23 个县域中标的骄人成绩，得到了各级政府认可。

2021 年 4 月，吉林省下发《吉林省 2021 年政策性农业保险承保机构遴选工作方案》。中华财险吉林分公司通过积极努力，中标 19 个县域的种植保险经办资格。

2023 年 12 月，吉林省下发《吉林省 2024 年政策性农业保险承保机构遴选工作方案》，中华财险吉林分公司中标了 42 个县域，获得了 5 年的服务期资格，其中主承保县域 37 个，从共保县域 5 个，42 个县域中的 34 个为产粮大县。

（二）全险种发展提升农业保险市场份额

2019 年，中华财险吉林分公司破局初入市场，农业保险保费规模不足千万元，市场份额不足 1％；2020 年，中华财险吉林分公司实现跨越发展，市场份额达到 6.87％，实现保费收入 1.85 亿元；2021 年，中华财险吉林分公司的市场份额攀升至 10％，实现保费收入 3.66 亿元；2022 年，保费规模再上台阶，市场份额提升至 11％，保费收入达到 5.23 亿元；2023 年，中华财险吉林分公司的市场排名为第五名，保费收入达到 6.16 亿元。

1. 提标、扩面，全力发展种植保险

一是充分利用农村集体土地确权成果，将确权面积内符合投保条件的农作物纳入承保范围，扩大种植保险参保面积，实现应保尽保。2023 年，六大作物承保面积突破 600 万亩，较 2022 年增加 99.68 万亩，种植保险参保率超过 95％。二是按照吉林省农业保险领导小组文件要求，试点开展完全成本保险。中华财险吉林分公司按照财政预算配额足额执行，于 2021 年实现保费收入 6 563 万元，2023 年，完全成本保险的保费已达到 14 833 万元。三是对风险可控的区域执行高保额政策。2024 年，中华财险吉林分公司承保高保额大豆 13.4 万亩，占总体大豆承保面积的 84.6％，保费收入增加 200 多万元。

2. 多方联动，实现森林保险突破

吉林省森林资源丰富，保险市场潜力很大，中华财险吉林分公司多方入

手、寻找机会。一是拓展业务。积极与吉林长白山森工集团有限公司与吉林省林业和草原局沟通，获取了吉林长白山森工集团有限公司 1/3 的业务，保费规模 2 200 万元。二是抓住此次业务签订的良好契机，积极与各县域主管县长与林业和草原局领导沟通，实现了森林保险的区域突破。业务覆盖 6 个市（州）12 个县域，2020 年，保费规模为 2 810 万元，森林保险市场占有率位居吉林省第二名，赔付率为 10.12%。三是森林保险业务规模进一步扩大。2021 年年末，吉林省森林保险经办机构重新遴选，中华财险吉林分公司在 10 家参选机构中位列第二名，市场份额 16.68%，保费规模 1 745 万元。

3. 把握政策，扩大以奖代补领域

2020 年，吉林省财政厅下发了《吉林省中央财政对地方优势特色农产品保险以奖代补试点工作方案》。吉林省是畜牧大省，饲料粮资源充裕，生猪、肉鸡等食粮型畜牧业优势明显。西部辽阔的草原草场资源和东部林间、林下草地资源丰富，肉牛、奶牛、肉羊等节粮草食型畜牧业的发展条件得天独厚。按照吉林省委、省政府规划，2021 年，吉林省大力发展养殖产业，"秸秆变肉"暨千万头肉牛建设工程等一系列工程已经稳步实施。中华财险吉林分公司抢抓机遇，利用好中央财政以奖代补的政策红利，大力拓展肉牛、肉鸡保险，截至 2023 年年末，累计实现肉牛保险保费 3.13 亿元，肉鸡保险保费收入达 1.57 亿元。

4. 效益为先，大力开拓生猪板块

生猪业务接受中央财政补贴，经营稳定，效益突出。中华财险吉林分公司积极对接牧原食品股份有限公司、中粮集团有限公司等大型生猪养殖企业，2023 年，中华财险吉林分公司在前郭尔罗斯蒙古族自治县以第一名的成绩中标牧原食品股份有限公司的生猪业务，新增保费 577 万元；在农安县争取到 4 万头生猪的保险业务，新增保费 150 万元；在长岭县争取到中粮集团有限公司新三厂的独家承保资格，预计新增保费 800 万元。截至 2023 年年末，生猪板块的累计保费收入已经超过 1.7 亿元，为自身养殖保险整体发展做出了贡献。

5. 产品创新，激发农业保险内在活力

2019 年，前一轮中标的服务期限未到，在不能承办大田作物保险业务的情况下，中华财险吉林分公司寻找出路，开发了一系列符合吉林省实际的创新产品，扩大了自身的影响范围。在种植保险方面，开发了杂粮杂豆、西甜瓜、黄姑娘、辣椒、食用菌、人参等险种；在养殖保险方面，开发了梅花鹿、肉羊、能繁母羊、牛投毒等险种；在林草保险方面，开发了草原、芦苇、林权抵押等险种。实现人参保险保费收入 7 648 万元；食用菌保险保费收入 1 294 万元；梅花鹿保险保费收入 6 591 万元；肉牛、能繁母羊保险保费收入 2 823 万元。草原保险是吉林省范围内首创险种，芦苇保险是全国保险系统内首创险种，牛投毒保险得到吉林省畜牧业管理局和农户的高度认可，中华财险"肉牛综合保险＋"服务模式入选 2024 年度金融支农十大创新模式与十大典型案例。

四、面对大灾，中华财险吉林分公司积极应对

中华财险吉林分公司在经营农业保险的数年时间内应对了 4 次大规模自然灾害，赔偿超过 5.54 亿元。灾害赔偿放大了财政资金的杠杆效应，赢得了政府和农户的认可。

（一）台风三连击

2020 年上半年少雨干旱，9 月又遭受 3 场台风叠加侵袭，特别是台风"美莎克"造成吉林省玉米大面积倒伏弯折，十大产粮县倒伏面积均超过 95％；台风引发暴雨导致饮马河德惠段发生决堤决口，造成附近两个村庄 1 000 余户人口遭受损失。灾情发生后，中华财险吉林分公司 4 级机构立即成立专项工作组，协调抗灾减损和查勘理赔，及时向灾区投入 30 万元用于抢险救灾、灾后重建，并组织募款 1.78 万元温暖灾区群众。中华财险吉林分公司为受灾的两个村支付赔款 314.07 万元，赔付率达 789.52％。因台风灾害，2020 年，种植保险支付赔款共计 9 422.52 万元。

（二）冰冻雨雪灾害

2020 年 11 月，吉林省气温骤降，发生了历史罕见的冰冻雨雪灾害，造成长春市、吉林市、四平市、延边州大面积林木折断、倒伏。灾害发生后，中华财险吉林分公司主动与各林业和草原局联系并及时启动应急预案，在山上冰雪多、山路滑，人员无法进入，现场查勘难度大的情况下，中华财险吉林分公司及时利用无人机等技术进行辅助查勘，确定赔付金额后快速理赔，森林保险支付赔款 205.32 万元。

（三）农田渍涝灾害

2022 年入汛以来出现多轮强降雨，7 月，吉林省遭受了大面积的农田渍涝灾害。在吉林省农田渍涝调度部署会议后，中华财险吉林分公司坚决执行政府要求，立即在发生渍涝灾害的承保区域启动排涝救灾和查勘理赔全方位行动。为助力渍涝灾害防灾减损，购买各类抢险救灾物资，其中，购置抽水设备 237 台，累计投入资金 145 万元，得到各县域一致赞许。及时启动应急预案开展灾情踏查，出动查勘车辆 86 台次、无人机 245 架次，抽调人员 350 人次，通过卫星遥感对受灾作物进行分级评估，覆盖了 8 个县（市、区）17 个乡（镇），

面积达 148.78 万亩。

（四）"杜苏芮"洪涝灾害

2023 年 8 月初，台风"杜苏芮"袭来，造成吉林省大面积洪涝灾害，中华财险吉林分公司全力做好理赔服务。抽调人员 147 人次、车辆 88 台次，向受灾地区投入无人机 120 余架次，组成超过百人的理赔应急队伍，在开展现场查勘、快速赔付的同时，协助政府抢险救灾，为灾区捐赠 3 055.13 万元。利用卫星遥感技术及无人机等科技手段对灾情严重的扶余市、榆树市和双辽市进行现场勘查，实时掌握灾情，做足准备，得到了政府和农户的高度认可。

特色农产品保险的天津实践

刘成伟[①]　李紫薇[②]

　　天津市是我国首批沿海开放城市之一，具有较好的商业和工业发展基础。在农业方面，天津市展现了都市型现代农业的发展特点，在农业生产经营方式、管理手段等方面具有很多先进理念。天津市农业保险的发展，始终围绕天津市农业发展要求展开，切实设计风险保障方案，有效增强了农民抵御风险的能力，为"三农"发展增添了"保护伞"。

一、开启政策性农业保险发展帷幕

　　天津市开办农业保险历史较早，发展过程较为曲折。20 世纪 50 年代，针对小麦、水稻、牲畜试点开办农业保险，但可持续性较差。2007 年，中央一号文件明确指出"扩大农业政策性保险试点范围，各级财政对农户参加农业保险给予保费补贴"，从此，农业保险开启了新篇章。2007 年 8 月，天津市政府印发文件，正式启动政策性农业保险试点。此后，天津市相关部门先后印发《天津市政策性农业保险保费财政补贴资金管理办法》等文件，不断拓展政策性农业保险险种，将 7 个险种列入第一批补贴范围，市级财政给予 70% 的保费补贴，农业保险成为服务"三农"发展的重要着力点。中国人民财产保险股份有限公司天津市分公司（简称"人保财险天津市分公司"）在天津市率先而为，开办农业保险五险统保业务，包括种植保险、养殖保险、农民家庭财产保险、农民人身意外伤害保险、农房保险 5 个险种，均被纳入财政补贴范围，使更多农户得到保险保障。2017 年，天津市农业委员会、财政局等部门联合印发《关于开展 2017 年政策性农业保险新险种试点工作的通知》，推出棚内作物保险、牛奶价格指数保险、葡萄种植保险、蛋鸡养殖保险、生猪价格保险。市级财政对试点险种按保费的 60% 给予补贴，其余由投保企业或农户承担。

---

　　①②　刘成伟，李紫薇，就职于中国人民财产保险股份有限公司天津市分公司。

2019 年，《三大粮食作物制种保险工作实施方案》印发，天津市 4 家农业保险经营机构以共保形式开展了小麦、玉米、水稻三大粮食作物制种保险。至此，天津市重要农产品保险的保障变得相对完善。

二、特色农产品保险稳步发展

2020 年，为支持天津市特色农产品保险发展，天津市农业农村委员会和天津市财政局联合印发《关于开展特色农产品保险试点的通知》，调整完善了政策性农业保险的产品结构。市级和区（县）级财政分别给予 30% 的保费补贴，农户自缴 40%。2022 年，《关于开展地方优势特色农产品保险的通知》印发，持续试点开办地方优势特色农产品保险。

（一）稻蟹混养保险

人保财险天津市分公司创新推出稻蟹混养保险。稻蟹混养是生态循环农业经济的主要模式之一，天津市稻蟹混养面积已达 50 万亩，小站稻为河蟹的生长提供丰富的天然饵料和良好的栖息条件，河蟹能吃掉害虫，其排泄物可以肥田，促进小站稻生长，形成良性的生态循环。人保财险天津市分公司针对蟹苗和稻蟹混养开发稻蟹混养保险，赔偿蟹苗和稻田蟹因高温、暴雨、内涝、旱灾等造成的损失。该保险为落实乡村振兴战略，促进农村产业化发展，实现"一田多用，一水多用，一季多收"提供了风险保障。

（二）核心育种场种羊养殖保险

为贯彻落实国家种业振兴行动，助力国家畜禽种业"补短板"阵型企业做强做大，人保财险天津市分公司根据国家种羊核心育种场集群牧业需求，设计开发契合种羊育种需求的保险产品。天津奥群牧业有限公司是首批国家肉羊核心育种场，入选国家畜禽种业"补短板"阵型企业名单，拥有世界单体规模居首的纯种羊场，本土化选育的"澳洲白羊"，种源供给量占全国七成以上。在了解到天津奥群牧业有限公司的风险管理需求后，人保财险天津市分公司经过多次调研和研讨，创新推出核心育种场种羊养殖保险并开出全国范围内首张保单，为因自然灾害、意外事故、疫病及繁殖障碍等造成的风险损失提供风险保障，为种羊育种提供 1 500 余万元的风险保障。天津市农业农村委员会和人保财险总公司签署战略合作协议，围绕全面推进乡村振兴战略发挥各自职能作用。下一步，人保财险天津市分公司将围绕天津市种业产业特色和实际，继续提供丰富、精准的保险产品，努力建立一套保障种业"育繁推"的保险产品体系和服务标准。

（三）"三辣"种植保险

人保财险天津市分公司成功落地大蒜种植保险，为宝坻区特产、国家地理标志产品"六瓣红大蒜"提供40万元风险保障。"六瓣红大蒜""五叶齐大葱"以及"天鹰椒"并称"宝坻三辣"，均为国家地理标志产品。其中，"六瓣红大蒜"在天津市宝坻区林亭口镇的种植历史悠久，早在明清时期已誉满大江南北。为主动契合宝坻区政府实施的"三辣唤醒计划"，发挥保险对产业发展的保障作用，人保财险天津市分公司多次赴"六瓣红大蒜"原产地——林亭口镇小靳庄村，详细了解大蒜种植的全周期风险、产业模式、物化成本等，针对政府及农户需求，定制个性化保险方案、开发保险条款。在人保财险天津市分公司与宝坻支公司的共同努力下，成功推动大蒜种植保险纳入新一年度地方财政补贴特色农产品保险，切实让农户享受到实实在在的国家政策支持。

三、创新性业务发展模式

随着农业保险产品的保障范围逐渐扩大，为提供更为全面的保险服务，保险公司着眼于全产业链发展模式，对各个生产环节提出保障方案，并且提出针对乡村振兴的全面保障方案。以下是人保财险天津市分公司的小站稻全产业链保险模式、乡村振兴保险护村模式的介绍。

（一）小站稻全产业链保险模式

中共中央高度重视粮食安全，始终把解决好吃饭问题作为治国理政的头等大事。2018年，习近平总书记到国家南繁科研育种基地（海南）考察时，亦对天津市的小站稻十分关切，同时鼓励农业科技工作者，勇于创新，为全国人民从吃饱到吃好做出更大贡献。2023年，中央一号文件提出"必须坚持不懈把解决好'三农'问题作为全党工作重中之重，举全党全社会之力全面推进乡村振兴，加快农业农村现代化"。为贯彻落实习近平总书记关于天津市小站稻的重要指示精神，天津市政府专门出台《小站稻产业振兴规划》，提出推广良种繁育，扩大种植规模，提升品牌影响力，实现稻农增产增收，构建一二三产业融合发展的小站稻全产业链发展的目标。目前，小站稻已列入农产品地理标志保护行列，成为天津市民乃至全国人民承载舌尖记忆的明星产品。

人保财险天津市分公司深入贯彻落实乡村振兴战略服务，以护航小站稻振兴为己任，把保险服务嵌入小站稻全产业链，开发小站稻全产业链保险，从生产环节向产业链下游的加工、储存、流通、贸易直到终端消费等各环节延伸，深度服务现代农业的产业体系、生产体系和经营体系，助力提升品牌的市场认可度和竞争力，实现天津市农产品以优品、优质、优价走向市场，促进农业增效、农民增收，提升天津市现代农业发展质量，助力乡村全面振兴。

全产业链保险覆盖小站稻全生命周期。人保财险天津市分公司高度关注小站稻品种、种植、混养、丰产、销售各个环节的风险点，从种、产、销三方面，积极创新保险保障思路，从保障单一风险向保障全产业链风险延展，开发小站稻全产业链保险。开发品种选育环节的制种保险，种植环节的种植保险、极端灾害保险，混养环节的蟹苗和稻蟹养殖保险，丰产环节的产量保险，销售环节的交易保证保险、溯源保险，实现小站稻全产业链保障服务。在一张保单上推出不同保障项目的保险，为农户提供菜单式服务，由农户自行选择最需要保障的项目加以承保，实现小站稻全产业链保障服务。2023 年，人保财险天津市分公司累计提供 2.89 亿元风险保障，真正做到保险服务"量身定做""量体裁衣"。在保险期内，人保财险天津市分公司联合天津市气象局，为农户推送保障小站稻各生育时期内农业气象服务专报，提供为减少、防止病虫害影响小站稻生长所支付的必要费用，建立专家库为农户提供相应的种植技术支持。以科学技术为支撑，以保险的形式，通过"保险＋技术＋服务"模式，引导农户专注农业生产，努力达成国家粮食生产安全、居民生活供应稳定、农民收入实现增收的目的。

人保财险天津市分公司创新"保险＋科技"模式，通过技术手段实现产品溯源。小站稻产品溯源保险的核心是确保消费者可以买到人保财险增信的优质小站稻，该保险以二维码的形式，搭载农业生产企业在小站稻生长过程中的气象、农药、化肥、加工、储存及品质检测证书等生产溯源、质量安全和保险信息。对于消费者来说，可以在市场上买到好产品，买得放心、吃得安心；对于生产企业和农民而言，可以让真正的好产品在市场上体现好价值，提高产品销售价格，提升品牌的市场认可度，从而助力小站稻生产企业推广优质稻米。

（二）乡村振兴保险护村模式

乡村振兴要求乡村的产业、人才、文化、生态、组织全面振兴。人保财险天津市分公司学习运用"千万工程"蕴含的发展理念、工作方法和推进机制，找准乡村振兴的切入点，充分发挥人保财险天津市分公司专业、网点、队伍和服务优势，在农业生产、农村建设、农民生活领域的实际需求上，积极发挥保险的功能和作用，聚焦"保险＋产业""保险＋基建""保险＋治理""保险＋健康""保险＋增信""保险＋共富"，推广复制保险护村模式，不断提升保险服务乡村振兴的深度和广度，为村集体"创业"提供充足的风险保障。

2022 年，人保财险天津市分公司聚焦"保险＋村集体"，围绕西刘举人庄村产业优势基础、地域特色，开展乡村振兴保险护村模式，为该村提供了生姜保险、玫瑰保险、温室大棚保险、家财险、企财险、雇主责任保险、食品安全责任保险等多重保险保障，最大限度降低村集体产业"创业"风险，护航村集体产业发展。人保财险天津市分公司陆续在小靳庄村、杨家泊镇、任凤村落地乡村振兴保险护村模式，围绕大田作物、特色农产品、农业雇主、家庭财产以及村民意外等领域，共提供风险保障 8.89 亿元。该模式充分发挥了人保财险作为农业生产"稳定器"、财政资源"放大器"和产业导向"助推器"的作用，为天津市"三农"发展贡献了人保力量。

2023 年 12 月 5 日，在乡村振兴保险护村座谈会上，西刘举人庄村党支部书记对人保财险天津市分公司乡村振兴保险护村模式表示衷心感谢，对人保财险天津市分公司为村集体产业发展保驾护航做出的贡献给予了高度认可。

乡村振兴保险护村模式充分运用保险的保障机制，服务乡村特色产业发展，切实维护农民利益，达成了服务重要农产品稳产保供、保障居民生活供应稳定、促进农民增收的目的。人保财险天津市分公司将围绕天津市 100 个乡村振兴示范村，推广乡村振兴保险护村模式，努力将"一区一品"升级细化为"一村一品"，为乡村产业发展增添保障，构建乡村振兴风险屏障。

四、结论

在多年的发展历程中，农业保险模式由探索走向深入，保险公司始终坚持"政府引导、市场运作、自主自愿、协同推进"的基本原则，站在政府和农户的角度思考，由单纯提供保险产品服务，全面融入农业产业链发展，逐步走向"保险＋"模式，为实现乡村全面振兴贡献力量，切实提升对农业产业发展、农村生产生活的保障和服务水平，更好地将党和政府的支农强农政策惠及农业、农村和广大农民，开创保险服务乡村振兴和农业农村现代化新局面。

古树名木保险项目探索与研究

马亮[①]

古树名木不仅见证了历史的变迁，承载着丰富的生态价值和文化价值，还在维护生态平衡、丰富生物多样性、美化城乡环境等方面发挥着不可替代的作用。然而，由于自然灾害频发、人为干扰以及资金缺乏等多重原因，古树名木的保护工作面临着严峻挑战。安盟财产保险有限公司（简称"安盟保险"）积极探索和创新，通过金融工具为古树名木提供长效保障。本文围绕安盟保险的古树名木保险项目进行了全面而深入的研究，从古树名木的重要性与面临的挑战、项目背景与目标、项目实施过程、项目成效与案例分析、项目创新点与亮点、挑战与建议、展望等方面进行了详细的阐述，旨在通过该项目的实施情况，探讨其在古树名木保护中的重要作用以及对未来农业保险发展的启示。

一、古树名木的重要性与面临的挑战

（一）重要性

中国式现代化是人与自然和谐共生的现代化，古树名木是自然界中珍贵的"活历史"，它们不仅承载着地球演变的历史，也是生物多样性宝库中重要的组成部分。党的十八大以来，以习近平同志为核心的党中央高度重视古树名木保护工作。2023年7月，习近平总书记在四川省广元市剑阁县翠云廊考察时，嘱托当地同志，要把古树名木保护好，把中华优秀传统文化传承好。总而言之，保护古树名木既是建设生态文明和推进中国式现代化的本质要求，又是传承中华优秀传统文化的重要途径。

（二）面临的挑战

由于种种原因，古树名木面临着严峻的生存挑战。

---

① 马亮，就职于安盟财产保险有限公司。

在自然灾害方面，极端天气如暴雨、风灾、洪水、雷电、冰雹、冻灾、旱灾等频繁发生，不仅可能导致古树名木直接死亡，还可能对其生长环境和生态系统造成长期影响。

在人为干扰方面，在城市化发展进程中，城市扩张和建设活动频繁，古树名木的生长空间被侵蚀。更甚者，许多古树名木被误认为城市建设的"绊脚石"，遭到砍伐或迁移，导致其生存状况堪忧。另外也有其他挑战，如基础设施建设、人类活动干扰、病虫害侵袭、畜禽啃食、野生动物损毁等也在严重威胁着古树名木的生存。

在资金保障方面，根据国家林业和草原局网站发布的消息，第二次全国古树名木资源普查结果显示，我国普查范围内现有古树名木共计 508.19 万株，包括散生 122.13 万株和群状 386.06 万株，其维护和保养需要长期稳定的资金投入。目前很多地方存在专项保护经费不足的问题，导致日常养护、复壮、施肥、除虫、安装围栏、安装避雷针等措施难以实施。此外，由于缺乏专业的保护技术和人才，许多地方的古树名木保护工作处于无序状态。

二、安盟保险古树名木保险项目的背景与目标

（一）项目背景

随着国家对生态文明建设的高度重视以及人民群众对美好生活的日益向往，古树名木保护逐渐成为社会各界关注的焦点。2023 年，中央财政首次落实资金 5 000 万元用于支持地方抢救复壮一批生长濒危和衰弱的古树名木。地方政府也从不同方面持续加强古树名木保护，如北京市、湖北省等地将古树名木保护管理所需经费列入本级预算，保护成效明显；四川省广元市在剑阁县建立了翠云廊古柏保护示范小区；湖南省永州市为古树名木保护建立法律框架，出台了《永州市古树名木保护条例》。安盟保险一直致力于为农业生产提供全方位的保障服务，决定开展古树名木保险项目，切实守护好蜀道的古树名木。

（二）项目目标

安盟保险古树名木保险项目通过金融工具建立起对古树名木的长效保障，减少因自然灾害、人为破坏等因素导致的损失，促进旅游产业发展、维护生态平衡，提高人民的文化素养和城乡的文明程度。该项目旨在实现以下目标。

1. 为古树名木提供经济保障

通过保险机制，为古树名木在遭受自然灾害、病虫害、意外事故等方面的损失时提供经济赔偿，确保其安全并减轻相关损失带来的经济负担。

2. 增强古树名木保护意识

借助互联网宣传媒介，对安盟保险古树名木保险项目进行宣传和推广，提高公众对古树名木保护的认识和参与度，形成全社会共同保护古树名木的良好氛围。

3. 促进生态文明建设

通过古树名木保险项目的实施，推动生态文明建设的深入开展，促进人与自然和谐共生，努力实现经济社会发展与生态环境保护的协调统一。

4. 拓展农业保险服务领域

将古树名木纳入农业保险服务范围，为农业生产提供更加全面的保障服务。

三、项目实施过程

(一) 项目准备

1. 调研与评估

安盟保险组织专业团队对古树名木的分布、种类、数量、生长状况、生态环境等进行了全面的调研和评估，为后续项目的科学规划和实施奠定了基础。

2. 设计产品

根据调研结果，安盟保险设计了有针对性的保险产品，明确了保险责任、赔偿标准、投保流程等关键要素。

(二) 宣传推广

1. 宣传活动

通过媒体宣传、社区活动、专题讲座等多种形式，提高公众对古树名木保护的认识和参与度。

2. 合作与联动

与地方政府、林业部门以及四川省绿化基金会等建立合作关系，使跨部门合作形成保护合力，以此共同推动古树名木保护工作的开展，从而提高保护效率。

(三) 投保与承保

1. 投保流程

明确投保条件、投保金额、投保期限等，为符合条件的古树名木提供保险保障。

2. 承保管理

建立承保管理机制，对投保的古树名木进行定期巡查、监测和风险评估，确保保险责任的履行。

（四）理赔与救助

1. 理赔流程

明确理赔条件、理赔标准、理赔时限等，确保古树名木在遭受风险时能够及时获得赔偿，从而更好地保护这些珍贵资源。

2. 紧急救助

建立紧急救助机制，组织专业技术力量采用抢救复壮技术等对受损的古树名木进行及时有效的救助和修复。

四、项目成效与案例分析

（一）项目成效

安盟保险古树名木保险项目已在四川省甘孜州、成都市大邑县落地实施，为 300 株古树名木提供了 375 万元的保险保障。项目的实施提高了公众对古树名木保护的认识和参与度，促进了旅游产业发展，维护了生态平衡，提升了城乡的文明程度和旅游景点品位。

（二）案例分析

甘孜州、成都市大邑县古树保险案例。安盟保险承保的首单古树名木保险成功落地，为 300 株古树名木（罗汉松、香果树、三丰柏等一、二级古树）提供了保险保障。在保险期间，若因自然灾害、意外事故、病虫害等原因导致古树名木受损，安盟保险将按照合同约定负责赔偿。该项目的实施为甘孜州、成都市大邑县的古树名木保护提供了有力支持，促进了当地生态旅游的发展。

五、项目创新点与亮点

1. 创新保险产品

安盟保险针对古树名木保护的特点和需求，设计了有针对性的保险产品，填补了市场空白。

2. 金融与生态保护融合

项目通过金融工具与生态保护补偿机制的有效融合，实现了经济效益与生态效益的双赢。

3. 社会多方力量参与

项目由四川省绿化基金会通过募捐的形式投保，充分发挥了企业、社会组织等多方的合力。

4. 科技赋能

项目进展过程中利用现代科技手段对古树名木进行了监测和管理，提高了保护效率并增强了保护准确性。

六、挑战与建议

（一）面临的挑战

1. 资金筹集

古树名木保护需要长期稳定的资金投入，但目前很多地方缺乏专项保护经费，资金筹集是一大难题。

2. 风险评估

古树名木生长环境复杂多变，风险评估难度较大，需要不断增强风险评估的准确性和科学性。

3. 公众参与度

虽然公众对古树名木保护的认识逐渐提高，但参与度仍有待提升，需要加大宣传力度并增加激励措施。

（二）建议

1. 扩大保障范围

继续扩大古蜀道古树名木保险的保障范围，为更多地区的古树名木提供保险保障。

2. 优化产品设计

根据市场需求和反馈，不断优化保险产品的设计和理赔流程，提高服务质量和服务效率。

3. 深化合作与联动

加强与地方政府、林业部门、环保组织等的合作与联动，共同推动古树名木保护工作的开展。

4. 推广绿色保险

绿色保险指专门为环境保护和可持续发展设计的保险产品，是绿色金融的重要组成部分，农业保险也具有一定的绿色属性。将古树名木保险作为绿色保险的重要组成部分进行推广和宣传，提高公众对绿色保险的认识和参与度。

七、展望

古蜀道连通南北，曾在政令传达、文化交流、商贸互动、民族融合中发挥了重要作用。安盟保险作为一家注册地为四川省的保险公司，古树名木保险项目的实施为古蜀道古树名木保护提供了有力支持。让蜀道文化更好地得到传承和传播，是安盟保险的使命。未来，安盟保险将继续探索和创新，不断扩大保障范围、优化产品设计、深化合作与联动、推广绿色保险，为古树名木保护事业做出更大的贡献。同时，也期待更多保险公司以及社会各界加入古树名木保护的行列，共同守护这份珍贵的绿色遗产。

奋楫天山再出发
——中华联合财产保险股份有限公司
新疆分公司深耕农业保险发展实践

中华联合财产保险股份有限公司新疆分公司

农业保险作为农业高质量发展的"压舱石"，是农业支持保护制度的重要组成部分。中华联合财产保险股份有限公司新疆分公司（简称"新疆分公司"）围绕新疆维吾尔自治区和新疆生产建设兵团农业发展需求，延伸保险产业链条，探索多险种服务，强化科技支撑，推动农业保险"扩面、增品、提标"走向纵深，以全方位、多层次的保障服务，为新疆维吾尔自治区和新疆生产建设兵团农业产业链稳定和农业生产经营者收益稳定提供保障，助力乡村振兴。

习近平总书记谆谆告诫全党，要在新时代前进的征程上"不忘初心、牢记使命"，回答好"从哪里来、往哪里去"，牢记"中国共产党是什么、要干什么"。

棉山、麦海，天山南北五谷蓄熟、穰穰满家，丰收沃野千里展新卷；

维稳、保障，中华保险扩面提质、助力振兴，服务"三农"征程担使命。

中华联合财产保险股份有限公司深耕农业保险38年，新疆维吾尔自治区和新疆生产建设兵团是主要阵地，由单独探索到行业拓展，由现代化农业到全产业链发展，在防灾减灾中彰显保险底色。自2004年以来，乘政策东风，新疆分公司全面推动农业保险发展，助力稳定边疆农业生产和脱贫攻坚，有效推进乡村全面振兴，成为农户信赖、政府满意的农业保险经营者。

一、何以"中华"：肩负光荣使命深耕天山南北

1985年，中央一号文件提出"积极兴办农村保险事业"。在中国人民银行和财政部支持下，1986年9月12日，新疆生产建设兵团农牧业生产保险公司成立并诞生第一张农业保险单。新疆生产建设兵团农牧业生产保险公司迅速铺设三级机构112个，使自身从业人员超过500人，成为全国专业农业保险经营

的领军者。

2004年，中央一号文件提出"加快建立政策性农业保险制度"。中华联合财产保险股份有限公司作为新时期农业保险的探索者和开拓者，不断将多年来新疆维吾尔自治区和新疆生产建设兵团探索低保障、广覆盖的农业保险实践经验推向全国。

2007年，中央一号文件提出财政支持农业保险发展。农业保险成为国家惠农支农政策的重要组成部分，中华联合财产保险股份有限公司全面履行职责，以新疆维吾尔自治区和新疆生产建设兵团为根据地，向全国辐射，规模稳居行业前列。

2015年，中共中央、国务院提出要打赢脱贫攻坚战。新疆分公司制订专属保障方案，累计派驻数百名驻村干部，参与"访惠聚"工作，涌现出以徐东平为代表的先进典型和先进集体，为打赢脱贫攻坚战贡献了力量。

2022年，党的二十大擘画了以中国式现代化全面推进中华民族伟大复兴的宏伟蓝图，首次提出加快建设农业强国。农业保险是农业支持保护制度中不可或缺的部分。新时代新征程新要求新作为，中华联合财产保险股份有限公司肩负使命，始终把服务"三农"的初心使命贯彻始终，为开创我国农业保险高质量发展再添新功。

中华联合财产保险股份有限公司肇始于肩负屯垦戍边重任的新疆生产建设兵团，犹如一粒种子，从播种到收获，经历低温严寒、雪腐病、大风、虫害、冰雹、干旱等自然灾害的考验，终迎丰收，终成大树。一座座历史丰碑，铭刻在农业保险发展历史的长河中。

2004—2024年，是具有里程碑意义的一段时间。在党的政策指引下，一个个历史性成就、一幕幕标志性场景，用滚烫的温度镌刻出新时代新疆分公司的光荣与梦想。这段岁月里，新疆分公司团结奋进、破难开局，天山南北，大漠绿洲，高山雪谷，棉洁粮香，果甜畜旺，民安村美产业兴，服务新疆地区农业农村现代化。20年来，实现农业保险保费收入283亿元，为新疆维吾尔自治区和新疆生产建设兵团近700万户次农户、3.3亿亩农作物、0.4亿头牲畜提供了5 053亿元风险保障，累计为376万户次农户赔付217亿元。新疆分公司始终围绕新疆地区农业产业发展，致力于农业保险的提标、增品、扩面，着力优化农业保险供给，因地制宜开展具有地方优势特色的农产品保险，涵盖种植业、养殖业、林业等领域，覆盖棉花、小麦、玉米、稻谷、能繁母猪、育肥猪、奶牛等19个保险品种，还培育出多款特色保险。2016年，新疆分公司在全国首次推出农业机械设备保险，为新疆生产建设兵团90％以上的大型农机提供风险保障；2019年，麦盖提红枣保险＋期货落地；2023年1月1日，新疆地区首单商业性防返贫保险在克孜勒苏柯尔克孜自治州落地。

新疆分公司始终扎根农业生产一线，打造服务"三农"的服务体系，在新疆地区设立分公司（中心支公司）20个，在地方各县（市）、兵团各团（场）设立支公司（营销服务部）302个，员工近4 000名。连连（村村）有网点人员，协保体系完善，网格化管理服务乡村全面振兴，新疆分公司成为保障国家粮食和农业生产安全、支持农业稳产保供、促进农民持续增收、推进乡村全面振兴的实践典范。惟其艰难，才更显勇毅；惟其笃行，才弥足珍贵。事不避难，义不逃责，不避风险，干事担事。新疆分公司始终保有领头向前的拼劲、冲锋陷阵的韧劲。新疆分公司凭使命担当、用优质服务、靠科技创新，全程守护粮食生产的每个环节，开创精准承保理赔，提供一站式有温度的服务，为新疆维吾尔自治区和新疆生产建设兵团的农业生产安全和粮食安全提供全产业链保险保障。

二、深耕农业保险：以"第一时间"理念倾情服务各族群众

哪里有灾情，哪里就有履行责任的新疆分公司干部职工的身影，念兹在兹、真情服务。信任源自新疆分公司的优质服务和有力行动。在重大灾害面前，新疆分公司坚决履行与广大受灾农户风雨同舟、共渡难关的责任担当，用科学查勘、快速理赔赢得群众口碑。

2019年8月23日22时，新疆生产建设兵团第七师垦区在收获期发生了几十年不遇的特大冰雹灾害，20余万亩棉花遭受严重损失。新疆分公司成立了重大灾害紧急应对小组，上下协同，辅以科技，全面普查和重点勘损相结合，准确、合理、迅速服务，利用遥感技术获取灾损一张图，赔付1.6亿元，得到1 785户受灾农户的认可，受到地方政府表彰，此次的新疆生产建设兵团棉花雹灾理赔案例成为2019年中国财产保险十佳理赔案例。

2020年5—7月，北疆多地发生重大旱灾，324万亩小麦受灾严重。新疆分公司第一时间成立了由自治区、州、县分（支）公司查勘人员及农业专家组成的查勘小组，奔赴田间地头。最终受益农户达到1.84万户，赔款金额为7 675.55万元。

2021年4月，喀什地区遭遇低温冻灾，叶城县种植的核桃遭受冻害，新疆分公司及时启动大灾应急预案，成立重大灾害应急小组，联合当地政府逐村逐户查勘定损，及时安抚受灾群众情绪，确定核桃受灾面积37万亩，赔付金额1.12亿元。

"第一时间"是新疆分公司的服务理念，保户在哪里，公司的理赔服务第一时间就跟进到哪里。积雪覆盖的盘山道上、崎岖难行的草场山路、偏远的团

场连队……农业保险查勘工作人员用脚步丈量，用行动践行诺言。最是寻常见人心，最是细节显品格，这些看似不起眼的举动，那些日复一日的坚守，足见真心真情真品格。新疆牧区大部分处于高海拔地区，地广人稀，条件比较艰苦。养殖业保险70%的查勘任务都在山区，积雪覆盖的盘山道上，时时刻刻充满危险。但是农业保险查勘工作人员常年奔波在一线，用脚丈量，走出一条"中华保险，服务中华"的康庄大道。2023年8月，新疆生产建设兵团第八师一三六团发生冰雹灾害，多种作物严重受损，新疆分公司第一时间了解情况，积极配合抗灾自救，做好查勘理赔工作，为987户受灾农户赔付2 000余万元。

抢抓"预保防救赔"五位一体风险减量管理，第一时间介入，不断提升农业保险承保理赔服务质效。新疆分公司与新疆地区各地的气象服务中心合作，构建遍布天山南北的人工影响天气机制，防雹增雨，每年专项费用近千万元，汇集万亩冰雹带上的作业；联动气象部门预报预警信息，通过微信群、短信等方式，及时为农户发布灾害预警信息及防灾减灾提示，推动保险服务由事后理赔向事前防损转变。

三、农户认可：农业保险专管员是值得信赖的"贴心人"

带着农民干，帮着农民赚，新疆分公司主动把技术服务送到田野里。新疆分公司与新疆地区各地的农科所合作，建立协作模式，在灾害鉴定、种植培训、科学测量等方面更加专业、迅速，让保险客户能第一时间对灾害进行科学补救，这成为精准服务"三农"的特色。

新疆分公司还有一支活跃于田间地头的"土专家"队伍，聘请和土地打交道的基层农业技术人员为顾问，真正为大家解决急难愁盼问题，为农户讲解安全生产知识和保险知识。新疆分公司组织公司农业保险专管员和相关农业专家到农户地头抽样鉴定作物病害，提前介入提供技术服务，提早治疗规避，以无微不至的技术服务赢得了保户的认可。有了一个"明白人"，就会有更多的"明白人"。农民与科学种田的故事越写越长、越来越生动。农业保险专管员成了种植户信赖的"贴心人"。"想让大家信得过你，就得做给他们看，让他们有信心。"面对面讲、手把手教、实打实帮，把科技种田的好经验、好做法倾囊相授，三天两头到农户家里问问、地头看看，了解农作物长得怎么样、长得好不好，更好地为农户提供精准、贴心的服务，把专业的种子播撒在广袤的沃野中。

四、科技赋能：高效定损查勘理赔引领行业发展

科技改变农业，在农业保险扩面、增品、提标进程中，科技的力量不容忽

视，用科技赋能农业保险高质量发展已成行业共识。

农业保险难，难在查勘定损。过去到一个地块进行定损，查勘员有时要开车数小时才能从基层网点到达保险标的所在地。2023 年 7 月，新疆生产建设兵团第八师一五〇团遭受持续的强对流天气、冰雹及大风灾害，灾害对当地种植的棉花、玉米等作物造成损害。新疆分公司利用卫星遥感技术对受灾区域进行解译分析，结合灾后卫星遥感影像及公司查勘员灾情先验数据样本，快速获取灾情范围、灾情数量和灾情等级图，为科学理赔、政府抢灾救灾提供了数据支撑。

新疆分公司积极运用科技手段，打通卫星遥感、土地确权、自然灾害、作物长势监测和保险业务数据的共享服务渠道，增强理赔时效，减少农民经济损失。新疆分公司在新疆地区广泛使用底图落图工程、"空—天—地"遥感技术、"E 键兴农保"App、农险 GIS 系统、无人机、养殖业保险综合管理系统等，构成了智能化识别、定位、跟踪、监控和管理的保险物联网，实现了业务信息化、管理数字化和决策智能化。以"E 键兴农保"App 为例，具备农业保险"前中后"一体化服务平台功能，在实现信息精准采集的基础上，系统化集中处理和校验信息数据、图片分类、矢量数据，综合应用物联网、气象、卫星遥感等新技术，打造农业全产业链服务生态圈。

针对养殖业保险服务难题，新疆分公司搭建了养殖业保险综合管理系统，采用"植入式电子芯片耳标＋农保管理软件"，由信息化管理取代人工管理，实现数据信息自动化匹配归档，有效规避了管理风险。理赔员通过 App 端可以在第一时间调出验标信息，在现场进行"耳标＋图像"双重比对验证，改变了传统"先处理后核对"的查勘方式，提升了理赔查勘的效率。

五、国企担当：在脱贫攻坚和乡村振兴中展现"中华"风范

大企业有大风范。新疆分公司始终坚守"中华保险，服务中华"的初心，展现国企担当、履行社会责任；新疆分公司积极主动融入新疆维吾尔自治区和新疆生产建设兵团发展稳定大局。自 2017 年新疆分公司向喀什地区巴楚县的恰尔巴克乡炮台村、琼库尔恰克乡玉吉米力克村、琼库尔恰克乡且克且克村及新疆生产建设兵团第三师五十四团派驻"访惠聚"工作队以来，分公司各级机构先后派驻干部 140 余人，年投入资金近 4 000 万元，积极助力当地社会稳定、经济社会发展。

按照新疆维吾尔自治区全面推进乡村振兴工作和"访惠聚"驻村工作的要求，新疆分公司制订定点帮扶和乡村振兴工作计划，在帮扶点位实施"多胎

羊"养殖项目以及红枣和核桃种植项目，带动农户 300 余户，积极加大就业帮扶力度，引领 800 多名劳动力实现稳定就业。在定点帮扶工作中，新疆分公司创新帮扶举措，将"输血型"帮扶转化成"造血型"帮扶，形成自我发展的良性循环。在阿勒泰地区、喀什地区、昌吉州、巴州、奎屯市等地开展项目帮扶，支持乡村振兴工作。

农业保险新世纪20年：
成果、挑战与措施

许译丹①　杜逸群②　李雅萍③

新世纪 20 年来，农业保险取得了显著的发展成果。保险规模持续扩大，相关法律法规逐渐完善，信息化管理水平不断提升，为农业生产提供了更全面更高效的保障。在这一过程中，安盟财产保险有限公司（简称"安盟保险"）在产品创新、风险减量和数字化转型方面取得了巨大成就，显著提升了市场竞争力和可持续发展能力。然而，农业保险在发展过程中仍面临一些挑战，如产品设计欠合理、承保与理赔效率有待提高等问题。据此，本文提出了创新保险产品与服务、加强政策引导等措施，助力农业保险的高效发展。

一、新世纪20年来，农业保险发展成果显著

（一）保险规模

我国作为农业大国，政府高度重视农业和农业保险的发展。2004 年以来，每年的中央一号文件都以"三农"为主题，不仅推动了农业保险的快速发展，还提高了国家农业风险管理水平。

随着国家对"三农"工作的重视程度不断提高，农业保险政策持续得到优化和完善，农业保险的风险保障能力实现了质的飞跃。截至 2023 年年底，农业保险赔付支出已经达到 1 107 亿元，有效地减轻了广大农户的损失，增强了其抗风险能力（图 31-1）。

①　许译丹，就职于安盟财产保险有限公司。
②　杜逸群，西南财经大学金融学院保险与精算系硕士。
③　李雅萍，来自四川省金融科技学会。

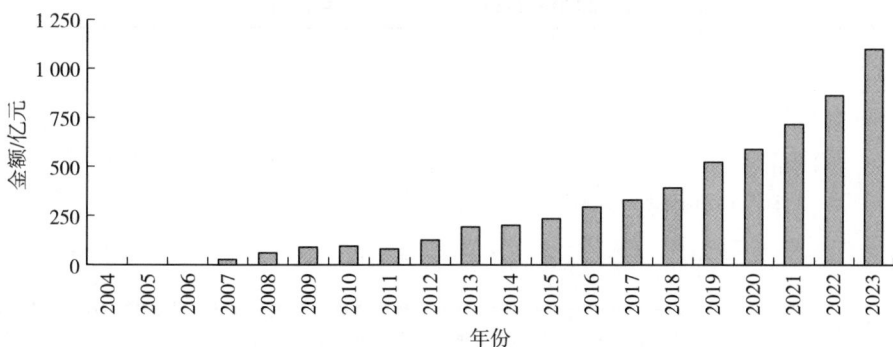

图 31-1　2004—2023 年我国农业保险赔款及给付

农业保险保费收入显著增加是我国农业保险快速发展的有力证明。从 2004 年的 4 亿元到 2023 年年底的 1 430 亿元，增长 1 426 亿元。这一显著增长既反映了农户保险意识的广泛增强，又体现了农业保险产品种类的丰富与服务质量的优化升级（图 31-2）。保险公司通过创新产品，如气象指数保险、收入保险等新型险种，更好地满足了农业生产多样化的风险保障需求。

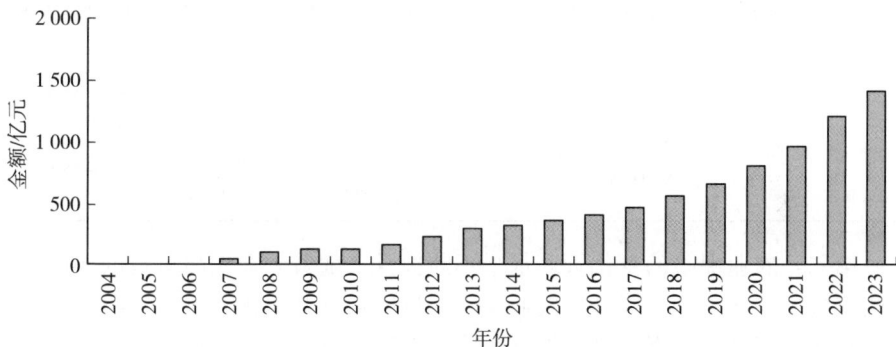

图 31-2　2004—2023 年我国农业保险保费收入

（二）基础建设

第一，农业保险领域的法律法规逐步得到完善和强化。农业保险法律法规的出台，是保证农业保险体系稳定运作、维护农民权益的关键。我国农业保险领域的法律法规主要包括《中华人民共和国保险法》《中华人民共和国农业法》《农业保险条例》等。其中，《农业保险条例》作为专门针对农业保险制定的行政法规，自 2013 年正式实施以来，在推动农业保险事业发展方面发挥着重要作用。此外，2004 年以来，多年的中央一号文件提出了农业保险发展的政策指导意见。2024 年的中央一号文件提出，扩大完全成本保险和种植收入保险政策实施范围；推进农业保险精准投保理赔，做到应赔尽赔（表 31-1）。

表 31-1　2020—2024 年中央一号文件的简要内容

年份	中央一号文件	简要内容
2020	中共中央 国务院关于抓好"三农"领域重点工作确保如期实现全面小康的意见	推进稻谷、小麦、玉米完全成本保险和收入保险试点;抓好农业保险保费补贴政策落实,督促保险机构及时足额理赔;优化"保险＋期货"试点模式,继续推进农产品期货期权品种上市。
2021	中共中央 国务院关于全面推进乡村振兴加快农业农村现代化的意见	扩大稻谷、小麦、玉米三大粮食作物完全成本保险和收入保险试点范围;将地方优势特色农产品保险以奖代补做法逐步扩大到全国;健全农业再保险制度。
2022	中共中央 国务院关于做好 2022 年全面推进乡村振兴重点工作的意见	实现三大粮食作物完全成本保险和种植收入保险主产省产粮大县全覆盖;积极发展农业保险和再保险;优化完善"保险＋期货"模式。
2023	中共中央 国务院关于做好 2023 年全面推进乡村振兴重点工作的意见	完善玉米大豆生产者补贴,实施好大豆完全成本保险和种植收入保险试点;发挥多层次资本市场支农作用,优化"保险＋期货";鼓励发展渔业保险。
2024	中共中央 国务院关于学习运用"千村示范、万村整治"工程经验有力有效推进乡村全面振兴的意见	扩大完全成本保险和种植收入保险政策实施范围,实现三大主粮全国覆盖、大豆有序扩面;鼓励地方发展特色农产品保险;推进农业保险精准投保理赔,做到应赔尽赔。

第二,农业保险信息化管理水平不断提升。随着农业保险科技的运用,数据收集效率整体得到了提升,农业保险市场的数据共享机制更加完善;各个保险公司实现了部分数据共享,提升了农业保险的管理效率。而且,随着农业保险信息化管理水平的不断提升,监管工作的效率与质量得到了显著提升。政府部门依托农业保险综合管理平台,实现了与各保险承保主体的即时信息交互与动态追踪,不仅有利于监管部门全面把握各承保主体的业务运营状况,还能迅速识别保单业务中的潜在问题,并据此采取有针对性的线下核查措施。通过将业务运营数据与财政保费补贴资金的分配流程深度融合,监管部门得以对补贴资金实施精准监管,确保了资金的合规使用与高效配置。

二、助力农业保险发展,安盟保险的做法

(一)产品创新

安盟财产保险有限公司积极引进国内外先进技术,围绕保产量、保收入以

及地方特色产业研发了多款国内领先的保险产品，满足了不同农业经营主体的风险保障需求。2023 年完成产品开发 127 个，其中价格、收入、气象指数、品质、碳汇等创新产品 17 个。截至 2023 年年底，已报备（批）农险产品 300 余个。

在种植类保险产品的创新上，安盟保险积极服务乡村振兴事业，持续提高保障水平。在养殖类保险产品的创新上，安盟保险推出全国首单牦牛商业保险，通过"政策性保险＋商业保险"的方式，有效覆盖了牧民牦牛养殖风险，最大程度保障了牧民牦牛养殖利益，助力牧民增收减损和乡村振兴；在森林碳汇价值保险创新上，安盟保险于 2021 年和 2022 年先后设计了森林碳汇指数保险，为 318 万亩碳汇林提供了 4 780 万元的风险保障。利用卫星遥感监测技术将因火灾、暴雨等自然灾害和意外事故造成的森林固碳量损失指数化，并按照合同约定进行赔偿，将资金用于碳汇资源救助、森林资源培育以及加强生态保护修复等方面，助力我国实现"碳达峰""碳中和"目标。

（二）风险减量

风险减量服务既有助于保险公司降低成本，也可以减少社会财富的损失。通过实施有效的风险减量管理，可以降低风险损失率，助力农业稳产保供。安盟保险的"慧眼识猪""智慧水产""风险地图"等技术都有效地实现了风险减量。"慧眼识猪"技术解决了养殖企业对猪场生物安全管控的痛点，降低了猪场的管理难度，也为保险公司精确承保提供了依据，为政府提出的承保回溯管理提供了有力的数据支撑。同时，该创新为保险行业探索智慧养殖创新金融服务模式和建立生态链共享共赢平台打下了基础。"智慧水产"防灾减灾新模式依据水产养殖开展情况、历年理赔数据、各地区鱼类发病数据和气象数据等，能够有效掌握各项风险规律，通过短信、微信提前将天气变化、疾病信息告知养殖户，提醒养殖户做好减灾防灾工作，切实助力养殖户增收。

（三）数字化转型

安盟保险紧盯农业保险科技前沿，大力提升自身科技水平，加快数字化转型应用。通过自主研发、合作开发、成品采购等方式，将数字元素注入农业保险服务全流程，将数字思维贯穿业务运营全链条，使数字技术成为自身农业保险发展的新引擎，推动农业稳产增产、农民稳步增收。

在数字化转型中，安盟保险持续推进科技创新，充分利用物联网、遥感、无人机、大数据技术、AI 技术服务与应用等与需求深度结合，通过一系列科技创新应用实践，形成了切实有效的数字化转型创新应用系统方案："智慧·司天"种植风险监测与管理系统化方案、"智慧·太牢"养殖险数字化应用方案、"智慧·观山"天空地一体化森林监测应用方案。

三、农业保险发展面临的挑战与困境

农业保险作为分散农业风险、稳定农民收入和促进农业发展的重要工具，在现代农业发展中发挥着重要作用。然而在实践中，农业保险也面临着诸多挑战，不仅影响了农业保险的有效实施，也制约了其进一步发展。

（一）产品设计欠合理

首先，就产品覆盖而言，尽管近年来农业保险的种类有显著扩充，但仍显不足。由于农业生产的丰富多样性与复杂性远超保险产品的覆盖范围，且众多地方特色农产品及新式农业活动未能覆盖于保险范畴内，导致农户遭遇自然灾害及市场波动时难以获得应有的保障，部分高风险地区和高风险作物也难以获得保险支持。其次，费率设定欠合理。高风险区域与低风险区域采用统一费率，这促使高风险区域的农户倾向于投保，而低风险区域的农户则选择不投保，从而引发逆向选择现象，导致整体参保比例下滑。此外，在保障范畴上，农业保险的保障范围局限于农业生产阶段，缺乏对储藏、运输、加工及销售等产业链中下游环节的保险产品的开发，导致不同经营主体难以根据自身需求进行差异化选择。

（二）承保与理赔效率有待提高

保险承保与理赔环节仍面临诸多挑战。在投保阶段，农户通常面临复杂且耗时的申请手续，需提供大量证明文件，并且会在保险公司与相关部门间进行多轮往返，消耗了大量的时间，也加重了其经济压力。同时，复杂的承保手续还可能导致部分农民对农业保险产生抵触情绪，影响其参保积极性。在理赔环节，农业保险同样面临着效率低下的问题。若发生灾害，农民需要及时获得赔偿以尽快恢复生产，但由于农业保险涉及的利益相关方众多，包括政府、保险公司、农户等，各方在理赔过程中的沟通和协调也需要耗费大量时间，导致理赔过程较为烦琐。

四、砥砺前行，农业保险发展需进一步优化

（一）创新保险产品与服务

针对不同地区、不同作物和不同生产模式，保险公司可以设计更具有地域特色的保险产品。通过精准定位，利用遥感、物联网、大数据等现代信息技

术，提高农业保险的风险评估能力和监测能力，切实满足农民的实际需求。保险公司也可通过实时监测作物生长状况以及预测灾害风险，为保险产品提供科学依据，降低赔付风险，提高赔付效率和准确度。同时，保险公司应推动跨界合作，与金融机构、农业科技企业等建立合作关系，共同开发创新产品。例如，与金融科技公司合作，推出基于区块链技术的保险产品，提升数据透明度和安全性；与农业科研机构合作，开发针对特定作物病虫害的保险产品。

保险公司应注重提升农业保险的服务质量。尽量用通俗易懂的语言向农户介绍农业保险产品的保障范围和保额，对于可能有争议的地方进行明确提示与说明。保险公司还必须清晰、准确地说明免责条款，并以醒目的方式提醒消费者。不仅可以有效地保障广大保险消费者的正当权益，而且会显著提升整个保险行业的透明度与公信力。

（二）加强政策引导

加强政策引导可以促进保险服务的普及与优化，保障农业生产稳定，助力农业现代化与乡村振兴。作为政策的引导者，政府需根据实际情况优化补贴政策，构建高效公平的补贴体系。政府可基于各地区的特定农业生产特性、潜在自然灾害风险等要素，设计出具有差异性的补贴方案。作为农业保险产品的服务实施主体，保险公司可借助前沿的信息技术提升风险评估能力与监控效能，有效降低赔付风险，进而提升盈利水平。保险公司应强化与政府的协作伙伴关系，共同促进农业保险事业的繁荣发展。例如，可与政府共同举办农业保险普及教育活动，增进农户对保险的认知；与政府合作启动农业保险示范项目，创新保险产品及服务形式。作为农业保险的直接受益者，农民群体应主动参与，认识到农业保险对于减少财产损失的价值，从而更好地让农业保险全面保障其农业生产的稳定与安全。

牦牛保险助力高原牧民增收致富

郭小清[①]　吴毅[②]　冯朝兴[③]

四川省高原地区视牦牛为宝贵资源，然而牦牛养殖业却面临着严酷的自然环境、草场的负荷压力、瘟疫疾病等多重风险挑战。基于此，安盟财产保险有限公司（简称"安盟保险"）在阿坝州红原县推行了牦牛养殖保险的试点项目，并逐步将此模式拓展至整个藏区。通过精心组织和宣传，牦牛保险显著提升了牧民的风险抵御能力，促进了畜牧业风险保障机制的建设，推动了产业健康发展。牦牛保险已成为保障牧民生产、帮助牧民增收、防止牧民返贫的重要手段。

一、推动政策落实，为现代草原畜牧业发展提供有力保障

2004 年以来，中央一号文件一直以"三农"为主题。2010 年的中央一号文件提出"加大中央财政对中西部地区保费补贴力度。鼓励各地对特色农业、农房等保险进行保费补贴"。财政部印发的《关于 2010 年度中央财政农业保险保费补贴工作有关事项的通知》，明确将牦牛保险列入中央财政养殖业保险保费补贴的种类。由于藏区牧民居住地区偏远，交通不便，通信不畅，信息传播渠道有限，金融意识薄弱，牦牛保险的政策、条款、优势等信息难以全面、准确地传达给广大牧民，很多人对牦牛保险不了解或存在误解，导致牦牛保险迟迟未能开展起来。

2012 年，安盟保险组织人员到四川省阿坝州红原县进行牦牛保险调研。2013 年 6 月，安盟保险的总公司及四川省分公司主要领导专程前往阿坝州拜会了州主要领导，双方就共同推动阿坝州农业保险工作进行了深入交流，并将双方合作重心放在牦牛保险和森林保险上。2013 年 6—11 月，安盟保险对各

---

①②③　郭小清，吴毅，冯朝兴，就职于安盟财产保险有限公司四川省分公司。

领域进行了 10 余次调研考察，拜访政府部门、企业、社会团体 30 余次，召开座谈会 20 余次，参与座谈及被走访的牧民为 1 000 余人次。经过多次实地考察，安盟保险确定了牦牛保险运作的基本原则：不以营利为目的；着眼建立以保险促牧业发展的长效机制，形成良性循环；务实创新，打破常规，形成一套适用于整个藏区牧业的新型保险模式。一系列的考察和调研为现代草原畜牧业的发展提供了有力保障，为逐步在以阿坝州红原县等为代表的藏区推广牦牛保险打下了基础。截至 2024 年 10 月 30 日，安盟保险已将牦牛保险承保区域扩大到绵阳市平武县、凉山州木里藏族自治县等 22 个县，承保牦牛总规模为 854.55 万头，保费收入为 10.97 亿元，累计为 8.1 万户次牧民提供风险保障 171.18 亿元，支付赔款 8.57 亿元，年度户均减损近万元。

二、因地制宜，七项并举夯实服务工作

（一）精心组织政策宣传，增强牧民保险意识

长期以来，藏区养殖牦牛逐水草而居，农牧业发展"靠天吃饭""听天由命""随遇而安"，牧民普遍缺乏风险意识。在开展牦牛保险业务的地方，安盟保险携手地方政府部门，组织各种形式的宣传活动，增强牧民保险意识：制作藏汉双语宣传单，广泛发放宣传资料；召开乡（镇）干部和村第一书记参加的牦牛保险宣传启动会；深入牧区召开村民大会，宣讲牦牛保险的政策、具体措施和工作要求，对村民提出的问题现场解答。随着牦牛保险业务的开展，政策宣传工作逐步深入人心，牧民群众的保险意识显著提高，参保意愿也实现了"淡漠—观望—信任—支持"的巨大转变。

（二）加强人员队伍建设，提升牦牛保险服务能力

由于藏区地广人稀、牧民居住分散，落实"五公开，三到户"政策和开展牦牛查勘、定损、理赔等服务的困难较多。为更好地方便服务牧民，安盟保险依据业务规模范围，选聘熟悉本地畜牧业生产情况、具有一定文化素养、能够使用藏汉双语的人员担任乡（镇）专（兼）职协保员，在各相关村选设兼职协保员，通过系统培训，让他们承担各村和联户组的保险宣传、协助承保单证填写、佩戴耳标等承保、理赔工作。这一举措不仅帮助当地解决了部分村民的就业，还形成了覆盖县、乡（镇）、村的基层服务网络体系，建立起了一支扎根乡土的牦牛保险服务队伍，大幅提升了安盟保险的牦牛保险服务能力。

（三）坚持因地制宜，满足当地需求

安盟保险始终坚守"诚信为本，服务'三农'"的经营理念，根据地方实

际情况和需求，对牦牛保险条款进行了优化，在原有条款上新增了"野兽侵害、火灾"等方面的保险责任，且用藏汉双语印发。中央政策性牦牛养殖保险经营期间，安盟保险在 2016 年和 2017 年积极向省级相关部门争取，并两次降低了州、县级财政补贴比例，目前县级财政补贴比例为 3%。安盟保险每年都因牦牛损失为牧民提供了足额赔偿，让牧民受益，充分发挥了保险补偿和稳定当地畜牧业发展的作用，为畜牧业长期稳定发展奠定了坚实的基础。

(四) 推进防灾减损体系建设，促进畜牧业发展

牦牛养殖一直是牧民收入的主要来源，也是高原地区的传统产业和支柱产业。受传统生产方式、牲畜疫病风险、恶劣的自然气候、草场承载压力等诸多因素影响，牧民的牦牛养殖始终在"夏饱、秋肥、冬瘦、春亡"的恶性怪圈中循环，一直面临巨大风险，牧民因灾致贫现象非常突出。安盟保险引进法国安盟集团"防大于治"的发展理念，提出"变灾后赔付为灾前预防"的思路，积极开展牦牛防灾减损体系建设，几年来累计投入 1 280 余万元，捐赠牦牛防寒背心 11 万件，捐赠过冬草料 1 800 吨，支持牧民修建过冬暖棚、改造牧棚并提供防疫药品等。安盟保险主动参与疫病防控，投入 230 万元支持畜牧部门进行兽药研制，提高牲畜疫病防治水平；额外投入 550 万元支持红原县、若尔盖县等地建无害化处理厂，将无害化处理作为获得保险赔付的必要前提，引导牧民对病死牦牛进行无害化处理，消除公共卫生安全隐患，斩断疫病传播途径，协助政府走出一条以"改良品种＋疫病防治＋修牧道建暖棚＋补饲舍养相结合"为核心的防灾减灾路径。有效减少了牦牛饿死、冻死、病死现象，避免了骗保、骗赔现象的发生，真正实现了互利共赢。

(五) 促进产品开发，提高保障水平

安盟保险在做好中央政策性牦牛养殖保险的基础上，充分发挥产品创新经验丰富、技术支持强的优势，紧密结合地方区域特点和灾害类型，于 2017 年办理了全国首单地方政策性牦牛价格保险，于 2018 年开办了地方政策性牦牛养殖保险，于 2022 年办理了全国首单商业性牦牛养殖保险，有效覆盖了牧民牦牛养殖风险，最大程度保障了牧民的牦牛养殖利益，助力牧民增收减损及乡村振兴。累计为 1 328 户次牧民提供了 7 255.12 万元的风险保障，为 1 192 户次牧民支付了 425.86 万元的保险赔偿。在开展牦牛保险的基础上，安盟保险延伸性地开展了天然草原保险、冬春草场火灾保险、草原指数保险等。

(六) 积极推动"牦牛保险＋"普惠金融模式

以"牦牛保险＋"的形式提供综合金融服务，助力牦牛产业发展。在红原

县、若尔盖县和松潘县，中国农业银行和阿坝州农村信用联社依托安盟保险牦牛保单推出的"牦牛活体贷"累计贷款超过 1 亿元，获得牧民的广泛赞誉。"牦牛保险＋"有效地缓解了牧民融资难、融资慢、融资贵问题，有力地支持地方畜牧产业持续、稳定和高质量发展，全面推进乡村振兴。

（七）开展技术创新，实现现代化管理

安盟保险为牧民参保牦牛佩戴的耳标经历了明耳标、生物芯片耳标、电子芯片耳标 3 个阶段，目前使用的最新的生物芯片耳标，配套电子扫描仪器，能有效运用 RFID 电子耳标、GPS 定位、二维码等成熟技术对每头牦牛进行个体标记，同时结合 RFID 便携式手持设备，可实现个体标识识别、信息写入、监控和查询，为承保区域内牦牛建立"身份证"标记。安盟保险正着手开发适用于该类芯片耳标的管理软件，一旦该系统开始运行，牦牛保险将能够实现标的识别、牦牛电子档案管理、网络理赔、生物追溯、无害化处理监控等多项功能，从而提升工作效率，规范并创新业务管理，实现现代化管理的目标。

三、取得阶段性成效，持续巩固拓展脱贫攻坚成果

（一）增强了牧民的抵御风险能力

每年，牦牛因各类疾病瘟疫、自然灾害导致的死亡率在 8％～15％，因野兽攻击导致的死亡率在 2％～4％。数据显示，在高原藏区，因各类灾害造成的牲畜平均死亡率是农耕区的 2.5 倍，灾年的死亡率更是高达 24％，这使得牧民因灾因病致贫返贫、贫困代际传递现象更为严峻，牦牛保险则成为抵御这些风险的关键保护措施。

（二）促进了畜牧业风险保障体系的建立

牦牛保险已形成以政策性牦牛保险为核心，配套目标价格保险、防返贫保险、人身意外保险、天然草原保险、商业性牦牛保险、"惠牧贷"等"1＋N"防返贫新模式，通过采取"兜底"与"扶持"、"输血"与"造血"、"治标"与"治本"相结合的工作方式，为牧民增收致富提供有力支撑。

（三）推动了牦牛产业的健康发展

牦牛保险让广大牧民得到了实惠，投保的牦牛养殖户从 2013 年的 2 338 户增加到 2023 年的 7 336 户，投保数量也从 2013 年的 18.77 万头增加到 2023 年的 93.6 万头，为藏区草原现代畜牧业发展注入新的活力。通过开展牦牛保险业务，推动四川省委、省政府出台《关于加快建设现代农业"10＋3"产业

体系推进农业大省向农业强省跨越的意见》以及四川省农业农村厅等 6 部门出台的《促进牦牛产业高质量发展政策措施》，有力地推动了牦牛产业健康可持续发展。

（四）保障了当地经济社会的良好发展

开办牦牛保险后，藏区牧民的损失大大降低，他们得到了实实在在的实惠，生活有了比较可靠的保障，使得社会环境也更加安定。通过实施牦牛保险政策，基层政府与群众的关系拉近了，受益的牧民从内心感激党的政策。广大牧民通过参加牦牛保险，增强了契约意识，学会了线上交易，掌握了现代金融工具的运用方法。党和政府的惠民政策通过牦牛惠及广大的农村牧区，减轻了政府的财务负担。

（五）产生了广泛的社会影响

2014 年，《中国保险报》、新浪财经等单位联合发起的"年度保险产品评选"活动中，安盟保险推出的牦牛保险获评"年度责任保险产品"。同年 9 月 3 日，《中国保险报》以《牦牛保险护卫高原牧业》为题进行了整篇幅报道。法国安盟集团主导的国际研讨会中，牦牛保险的话题引起了参会者的热烈关注，部分省份及区（县）的财政部门和畜牧部门专程前往红原县进行牦牛保险的现场考察和学习。2016 年 7 月，中国保险监督管理委员会组织的全国藏区农险工作会议在红原县召开，会议对安盟保险在阿坝藏区开展的牦牛保险业务给予充分肯定，认为这是"农险模式的创新、保险责任的担当、精准扶贫的突破"。2017 年 6 月 7 日，中国保险行业协会举行"7·8 全国保险公众宣传日动员会"，发布了"保险扶贫先锋榜"（第二期），安盟保险四川省红原县牦牛保险系列扶贫项目入选"保险扶贫先锋榜"。2018 年，法国《世界报》对安盟保险在阿坝州红原县开办牦牛保险的情况进行了整版报道，称赞其为"一项在中国绝无仅有的尝试"。2020 年 10 月，安盟保险"红原模式"成功入选中国保险行业协会"全国保险业助力脱贫攻坚经典案例"。2023 年，在由国家金融监督管理总局普惠金融司指导、由中国银行保险传媒股份有限公司主办的"金融支持国家乡村振兴重点帮扶县典型案例发布会"上，"创新发展牦牛保险"入选"金融支持国家乡村振兴重点帮扶县优秀案例"。作为首家在三州地区大规模开展牦牛保险业务的公司，安盟保险的"牦牛保险＋"模式受到各级领导的高度肯定和赞誉，被当地牧民亲切地称呼为"牦牛公司"。

葡萄气象指数保险的探索实践

李娜[①]

西安市鄠邑区[②]作为陕西省葡萄种植的重要地区，拥有悠久的葡萄栽培历史，当地重点打造以"户县葡萄"为代表的特色农业。葡萄在生长过程中，面临着连阴雨、暴雨、冻害等自然灾害。为有效提高品质和产量，进一步保障种植户收益，安盟财产保险有限公司（简称"安盟保险"）联合鄠邑区政府，在葡萄种植保险基础上创新推出葡萄气象指数保险，同时建设鄠邑葡萄产业气象监测站，通过科技创新提升防灾减灾能力，稳定果农收益，以风险减量推动地方农业保险高质量发展，以科技为葡萄产业提供全方位保障，推动了"气象＋"融入农业发展的新格局。

一、鄠邑葡萄千年传承映辉煌，安盟保险双增双抗促发展

陕西省栽种葡萄的历史已有两千多年，西汉时期，张骞从西域带回葡萄种子和葡萄酒酿造技术，葡萄最早种植于关中地区。凭借优质的气候、地势及降水条件，陕西成为中国葡萄种植大省之一，其中关中地区的种植面积占全省种植面积的90%。西安市鄠邑区作为陕西省葡萄种植的重要地区，拥有悠久的栽培历史，以"诗画鄠邑，品质新区"为发展目标，依托秦岭北麓独特的自然、人文和地理资源优势，以葡萄全产业链的标准化和品牌化提升为主导，打造以"户县葡萄"为代表的特色农业，提升了葡萄品牌的知名度和市场竞争力。"户县葡萄"在多次评优活动中荣获金奖，进一步巩固了其品牌地位。

鄠邑区的葡萄产业得到了地方政府高度重视，在推动葡萄产业化过程中，鄠邑区持续引进新技术、新品种，采用塑料大棚、日光温室等避雨设施栽培技

---

① 李娜，就职于安盟财产保险有限公司陕西省分公司。
② 鄠邑区原称户县，2016年经批复撤县设区，2017年正式揭牌成为西安市第十一个区。——编者注

术，保证葡萄的优质生产，逐渐构建起以"户太八号"为主，"阳光玫瑰""甜蜜蓝宝石""醉金香"等 20 多个品种搭配的科学种植模式。这些品种早、中、晚熟错峰持续上市，可以满足不同消费者的需求。当地政府积极推动葡萄产业的升级和转型，例如，成立西安市鄠邑区葡萄产业协会，为会员提供技术指导和服务；推动形成"快递＋电商＋农特产品＋农户"的协同发展模式，利用寄递物流体系推广当地葡萄。近年来，鄠邑区葡萄种植面积不断增加，从 2007 年的 1.1 万亩增长至 2023 年的 6.6 万亩。随着种植面积的扩大，鄠邑区葡萄的年产量显著增加，2023 年的产量达到 10 万吨，年产值也从 2007 年的 4 000 万元上升到 2023 年的 12 亿元，这不仅反映了葡萄产量的提升，也体现了葡萄品质和市场价值的提高。

葡萄的生长对温度和湿度有着较高的要求，陕西省葡萄产业面临的主要问题有冻害、连阴雨天气以及冬季冰雹，而连阴雨、短暂的强降雨以及冻害（3—4 月发生的倒春寒）是鄠邑区葡萄生长过程中经常发生的自然灾害。较低的温度环境会使植株内部结冰，生长受到影响，导致春季发芽晚且少，呈现出叶片发黄甚至不发芽的状态。连阴雨天气除导致果园排水不畅外，地面积水还会使土壤中的葡萄根系缺氧，影响根系存活率。在自然灾害面前，种植户的增收致富存在不稳定性。

2014 年的一场秋淋让西安市众多葡萄种植户损失惨重，农业保险无覆盖，果农损失无法得到补偿，而这一制约西安市葡萄产业发展的瓶颈在该市最大的葡萄生产区鄠邑区得到了突破。2015 年年初，西安市制定了《西安市政策性葡萄保险试点工作实施方案》，决定在鄠邑区率先开展政策性葡萄保险试点 2 万亩，保险金额按每亩 3 000 元、4 000 元、5 000 元分为 3 个档次，保险费率为 6％，拉开了陕西省开展葡萄保险业务的帷幕。这一举措有利于实现灾害风险双抵抗、产量产值双提升，促进了产业持续健康发展。

安盟保险作为国内唯一一家经营政策性农业保险业务的合资保险公司，依托法国安盟保险在农业保险方面的优势和经验，于 2013 年进入西安市鄠邑区农业保险市场至今，已累计开展农业保险 8 964.45 万元，为种植户、养殖户提供风险保障 34 亿多元，10 年间累计支付各类赔款 4 275.1 万元，受益农户高达1.25 万户次，为西安市农业产业发展保驾护航。在开展农业保险业务过程中，安盟财产保险有限公司西安市鄠邑支公司（简称"鄠邑支公司"）牢记"精细管理，创新发展"的工作思路，在发展中促创新，在创新中谋发展。

二、敢于突破领航领先，勇闯新路"翻"新篇

从 2018 年开始，鄠邑支公司连续 7 年开展葡萄种植保险工作，承保葡萄

11.83万亩，保费收入累计2 839.17万元。其中2021年、2022年，鄠邑区因暴雨导致大面积葡萄烂果、裂果，承保的4万亩葡萄损失面积达3.64万亩，种植户损失惨重。鄠邑支公司通过下乡调研、多方沟通，发现传统成本保险4 000元/亩的保额已无法满足种植户的需求和为种植户提供保障。2023年，鄠邑支公司在地方创新险种葡萄种植承保工作基础上主动联系地方政府，经过数次建议和争取，提出多款葡萄气象指数保险实施方案，最终，鄠邑区政府确定开展葡萄气象指数保险试点，鄠邑支公司也一举拿下鄠邑区葡萄气象指数保险3 000亩承保资格试点份额。气象指数保险将气候条件对农作物的损害程度指数化，为农户提供了一种全新的赔偿机制。与传统的农业保险相比，气象指数保险具有客观化、标准化和透明化的特征，能够较好地解决传统农业保险核灾成本高、赔付时间长以及道德风险高等问题。近两年，鄠邑支公司通过气象指数保险累计支付赔款143.84万元，风险保障翻了近一番，让种植户在葡萄种植上吃下双重"定心丸"。

三、精准化气象服务，助力葡萄丰产丰收

为进一步帮助种植户增产增收，有效预防自然灾害风险，提前预知，最大程度降低损失，安盟保险有效提供风险减量服务。2023年，安盟保险与鄠邑区气象局联手打造鄠邑区"数字'三农'"平台，实现了气象数据与农业产业的深度融合。之前在葡萄花期防冻时，种植户需整夜守在果园里查看温度变化。气象监测站建成后，农户在家里，通过手机就能查看，一旦发现降温就能及时采取措施。该平台推动了"气象＋"融入农业发展的新格局。

"数字'三农'"平台通过大数据、云计算、人工智能等先进技术，整合气象监测、气象预警、人工影响天气等各类资源，搭建了覆盖鄠邑区全域的高精度气象监测网络体系。2023年，平台实施方案形成，新建25套六要素区域站和100套两要素果园气象站，全域气象观测站达到155个；改建完善28个人工影响天气作业点；引进预报技术，将3千米尺度的精准预报与当地种植户地块信息融合，实现气象预警信号精细到种植户；开发"护农"应用程序和"鄠邑农户助手"微信小程序，种植户可自由选择地块信息，随时获取当地的实时气象观测数据、气象预警信息以及农事建议等。

2024年9月，鄠邑葡萄产业气象监测站正式投入使用，同年9月25日，中国农业科学院教授李世东，西北农林科技大学教授王西平、李智等专家学者，鄠邑区气象局局长毕旭，鄠邑区财政局副局长贾渡荣、农财科科长汪昱，鄠邑区农业技术推广中心主任马建斌，鄠邑区气象台台长史钰等市政府相关部门领导，安盟财产保险有限公司陕西省分公司农险部总经理呼延慧，西安中心

支公司总经理杨教训、副总经理王玥婷以及鄠邑区葡萄种植专业合作社、家庭农场、种植大户 30 余人参加了鄠邑葡萄产业气象监测站揭牌仪式。在揭牌仪式座谈会上，安盟保险代表全面介绍了建设气象监测站的意义，感谢各级政府部门对葡萄产业气象监测站建设的高度重视和大力支持。种植户代表张毅朝表示，气象监测站的投入使用，让自己以及周边葡萄种植户可以随时使用手机查看实时气象数据，在种植户生产、抵抗气候变化造成的损失等方面能够发挥重要作用。

西北农林科技大学王西平教授表示，农业发展受气候影响巨大，尤其是鄠邑区葡萄的生长对气象条件极为敏感，温度、湿度、光照、降水等因素的变化都可能对葡萄品质产生重大影响，气象监测站建立后的数据分析，可以为种植户提供科学的种植建议，从而优化种植管理模式，提高葡萄的品质和产量。

鄠邑区财政局副局长贾渡荣表示，葡萄产业是鄠邑区农业支柱产业，葡萄产业发展有利于带动地方经济增长，创造就业机会并增加税收收入，气象信息对葡萄种植至关重要，精准的气象数据和及时的气象监测有助于种植户合理安排生产工作，提高葡萄产量和品质，保障种植户的利益，安盟保险贴心服务"三农"，在鄠邑区乡村振兴和产业发展方面做出了贡献，政企联合共同为鄠邑区葡萄产业高质量发展保驾护航。

鄠邑区气象局局长毕旭指出，气象监测站的揭牌标志着鄠邑区在与安盟保险紧密合作中向农业科技创新方面迈出了新的一步，希望鄠邑区气象局同安盟保险以气象监测站为平台，进一步深化合作，同时可以加强与农业专家、科研院校合作，开展气象适应性研究课题的研究，探索适合本地气候条件的葡萄种植技术和管理模式，通过科技创新，提高葡萄产业的核心竞争力，推动葡萄产业可持续发展。

安盟财产保险有限公司西安中心支公司总经理杨教训表示，鄠邑区"数字'三农'"平台的应用，实现了气象数据与农业产业的深度融合，推动进入"气象＋"融入农业发展的新阶段，也为农业保险提供了数据支撑，推动风险减量服务内化到行业经营全过程，将保险服务向科技化、专业化、综合化延伸，安盟保险将加强和政府部门的合作，争取增加气象站点，提高防灾减灾能力，稳定果农收益，以科技赋能，以风险减量推动地方农业保险高质量发展。

鄠邑区气象台台长史钰介绍了气象监测站的功能和服务内容，包括气象监测、气象预报预警、气象数据采集和处理，以及农业气象服务等。让种植户实时了解葡萄种植区域的气象动态，提前做好应对恶劣天气的准备，最大程度减小气象灾害对葡萄产业的影响，让种植户减少损失。

葡萄气象指数保险试点及葡萄产业气象监测站的成立，是创新鄠邑区农业保险的重要一步，既是光荣的使命，也是义不容辞的责任。安盟保险在鄠邑区以葡萄为抓手，创新产品及服务技术，是自身在创新农业保险这条发展道路上的一个缩影，为自身农业保险高质量发展奠定了良好的基础。

我国农业保险高质量发展的
实践探索与未来展望

王继伟[①]

"要登绝顶莫辞劳。"我国农业保险经历了艰难的探索阶段。当前世界正经历百年未有之大变局，我国正处在中华民族伟大复兴关键时期。致力于建设一个现代化强国，农业不容忽视，农业作为国之根本，需要农业保险来保驾护航。

一、农业保险的地位和意义

1982 年，我国农业保险恢复经营，但发展过程曲折且发展缓慢。2004 年的中央一号文件明确提出"加快建立政策性农业保险制度"；2005 年的中央一号文件提出"扩大农业政策性保险的试点范围"；2006 年的中央一号文件提出"稳步推进农业政策性保险试点工作，加快发展多种形式、多种渠道的农业保险"。2007 年，财政部按照"政府引导、政策支持、市场运作、农民自愿"的原则，将"农业保险保费补贴"列入中央财政预算科目。2012 年，国务院颁布《农业保险条例》，之后为保证政策性农业保险制度的可持续性，中央一号文件连续多年多次提到建立健全大灾风险管理制度，建立健全政策性农业保险制度，增加政府补贴保费的保险标的和险种，扩大保险覆盖面等。从"推进稻谷、小麦、玉米完全成本保险和收入保险试点"到"全国三大粮食作物完全成本保险和种植收入保险""鼓励发展地方特色农产品保险"，20 多年的连续的利好政策，让农业保险阔步前进。

我国农业保险持续扩面、产品种类逐渐丰富、保障标准稳步提升，承保的农产品品种超过 500 个，构建起"中央保大宗，地方保特色"的农业保险体系。农业保险作为分散农业生产经营风险的重要手段，通过多种举措共同实

---

① 王继伟，就职于安盟财产保险有限公司吉林省分公司。

施，在推进农民稳定增收、提高我国农业产业效率、推动乡村全面振兴、促进现代农业发展、减轻政府救灾负担以及确保国家粮食安全等方面发挥着积极、重要的作用。

二、安盟保险的发展探索

（一）总体发展情况

我国农业保险经过 10 余年的高速发展，在稳定国家粮食供给、保障粮食生产、减少农民损失等方面发挥了重要作用。安盟财产保险有限公司（简称"安盟保险"）作为中国农业保险的参与者，亲历了中国农业保险的发展壮大。安盟保险自 2004 年在四川省成立，当年即推出多个涉农保险产品，其中的 15 个为国内首创，并在较早期就提出了建立关于农业巨灾风险体系和巨灾风险分散管理的建议。安盟保险充分结合外资先进技术与中国实际，围绕保产量、保收入和地方特色产业累计研发了 375 个保险产品，如在四川省落地大熊猫养殖保险，在陕西省落地森林碳汇指数保险，在吉林省落地食用菌收入保险，在内蒙古自治区落地采草场植被指数保险等。

（二）扩展地方特色农产品保险

2024 年的中央一号文件提出了支持各地发展地方特色农产品保险，强调要立足地方特色资源，因地制宜推出特色农产品保险品种，逐步完善中央补贴型保险和省级补贴型保险未能覆盖的领域。安盟保险顺势而为，强化主体责任，开展地方优势特色农产品保险，助力打造乡土特色品牌，因地制宜开展人参、梅花鹿、林蛙、肉鹅、驴、肉鸡、肉羊、肉牛等特色农产品的保险以满足差异化的市场需求、拉动地方经济、改善民生。

2021 年，吉林省实施"秸秆变肉"暨千万头肉牛建设工程，安盟保险迅速响应，利用 2015 年至 2021 年承保延边黄牛保险积累的经验，成立专业队伍，制订肉牛保险"五位一体"风险评估方案，从入口（承保）到出口（理赔）进行全方位培训，提高养殖户及从业人员的技术管理水平，为"秸秆变肉"暨千万头肉牛建设工程提供保障。安盟保险不断推进肉牛政策性保险扩面增量，通过与吉林省的镇赉县和合牧业发展有限公司、吉林东部延边特色黄牛等的合作，从种源、养殖、加工等方面助力吉林省"秸秆变肉"暨千万头肉牛建设工程，实现肉牛产业从田间到餐桌的全链条升级，助力吉林省"秸秆变肉"暨肉牛总量、质量等达到全国领先水平。肉牛保险为吉林省推进"秸秆变肉"暨千万头肉牛建设工程提振发展信心，为打造"中国肉牛之都"提供风险保障，助力吉林省从畜牧大省向畜牧强省迈进，让"吉牛中国牛"品牌享誉中国、走向世界。

安盟保险以点带面，借鉴肉牛保险的成功经验，带动其他特色农产品保险发展，全方位保障农业生产，为农民撑好保护伞，让特色农产品保险覆盖乡村经济的多个方面。地方特色农产品保险的推出，不仅为农民提供了稳定的风险保障，更为地方经济提供了有力支持。

（三）助力乡村振兴

推进乡村全面振兴，建设农业强国催生出各类风险保障需求，农业保险必须彰显在乡村振兴战略中的使命与担当，与推进乡村振兴保持步调一致。中国农业保险业务规模已居世界首位，中国农业保险发展必须加强科技支撑，引领全球农业保险的发展方向。农业保险在服务国家粮食安全和助力重要农产品稳价保供方面，发挥了重要保障作用。农业保险早已成为稳定农民收入，防范化解农业生产过程中各类灾害与风险的强有力手段，促进了农业、农村发展，发挥了"经济助推器"的作用。

"对农民而言，获得赔偿就是对灾害损失的最有效补偿。"2024 年，吉林省磐石市受台风"格美"影响，持续出现强降雨天气，导致农作物、基础设施受损严重，防汛形势严峻。安盟保险迅速行动，积极参与救灾。为提高查勘效率，对于大面积绝收地块，安盟保险使用卫星遥感全程监测，在 12 个主承保县域内启用无人机航拍超 100 余架次，利用"鲲鹏"（GIS）系统——农险大数据平台快速获取受灾信息，为制订理赔方案提供高效、精准的支持。

（四）产品和服务模式创新

随着乡村振兴战略的全面推进，现代乡村新业态蓬勃发展，乡村餐饮购物、乡村旅游休闲、农产品加工、农业产业园等优势特色产业不断涌现，保险保障需求更为迫切。安盟保险加快构建"政策险＋商业险＋附加险"类产品体系，并与信贷、担保等金融机构加强合作联动，推出"保险＋信贷""保险＋期货""保险＋期货＋订单"等多种服务模式，开发更多金融产品，丰富农业保险资金来源，充分发挥农业保险的"经济助推器"作用，解决补贴主体分担问题，通过创新性风险管理形式将风险保障延伸至农业产业全链条，在有条件的地区开展碳汇指数保险、耕地地力指数保险、气象指数保险等农业绿色保险，多种金融手段组合发力，促进农村产业融合，保障农业保险长期高质量发展。

（五）发挥科技等多种手段的作用

为更好地服务农业强国建设，提高各险种投保标的权属、数量、位置识别的精准度，增强损失数测定的科学性，大数据、云计算等服务以及区块链、遥感测绘、无人机、生物 AI 识别、电子耳标和围栏、远程视像监控等科技手段已然广泛应用于农业保险的承保、查勘和理赔等工作中。

农业保险由灾后补偿这种单一模块的形式向灾前预防、灾中干预、灾后补偿等多模块、全流程、多措施的方向发展，降低了农业风险发生概率，减少了农业灾害损失。安盟保险聚焦科技金融、绿色金融、普惠金融、数字金融等，继续加大农业保险覆盖范围，持续增加保险产品供给，开发更加满足种植户、养殖户风险管理需求的产品和服务，提高保障标准，不断提升农业保险服务保障能级，增强保险产品的内在吸引力，让农业保险好用、管用，助力农业发展、农民增收、农村稳定，给农民撑起"保护伞"，让农民吃下"定心丸"，让农业发展穿上"保护甲"，稳增长，防风险，服务国家战略和实体经济，在乡村振兴中发挥着自身的作用。

三、中国农业保险高质量发展展望

展望未来，从政策层面看，中国农业保险的补贴政策有望持续优化、监管体系将不断健全。从技术层面看，大数据、人工智能与区块链等前沿技术将深度嵌入农业保险业务流程，凭借大数据实现风险精准评估与定价，依靠人工智能优化理赔等服务环节，全方位革新服务模式。多样化、定制化的农业保险产品会满足农业经营主体多元化需求，且保险与金融的协同将更为紧密，推动农业产业链增值。同时，国际合作将不断加深，通过学习发达国家和地区发展农业保险的经验，不断推进农业保险高质量发展，助力农业强国建设。

安盟保险助力脱贫攻坚和乡村振兴

尹小明[①]

安盟财产保险有限公司（简称"安盟保险"）自 2012 年进驻吉林省以来，坚持服务农村战略，完善服务"三农"机制，聚焦脱贫攻坚和乡村振兴工作，取得了显著成效，特别是在 2017—2020 年脱贫攻坚行动中，安盟财产保险有限公司吉林省分公司（简称"吉林省分公司"）积极参与脱贫攻坚和乡村振兴工作，将自身发展与社会责任紧密结合，以高度的政治责任感，助力各级政府和监管部门领导下的脱贫攻坚和乡村振兴工作，使自身的经营理念和企业价值相互促进、相得益彰。

一、以党建工作为引领，全面深化服务"三农"

吉林省分公司近年来的工作规划，始终把参与脱贫攻坚和助力乡村振兴作为重要内容。为切实发挥农业保险行业优势，积极承担社会责任，吉林省分公司成立了由党支部牵头，书记兼总经理为组长，分管农业保险的副总经理为常务副组长，其他副总经理为副组长的"三农"服务工作领导小组，分公司的主要业务部门负责人为小组成员。小组重点关注脱贫攻坚和乡村振兴，与地方政府紧密联系，实行机构"一把手"负责制，统筹安排脱贫攻坚和乡村振兴工作。

吉林省分公司在白城市和延边州两个集中片区设立了机构，以脱贫攻坚工作为重点，发挥开办农业保险和涉农商业保险的优势，深入农村，立足村情，积极联系地方乡（镇）政府，争取做好适合村级发展的项目工程。

在政府的统一安排下，吉林省分公司有计划地走访农业保险承保区域涉及的帮扶村和帮扶户，除提供优先的理赔服务外，还设立了帮扶资金，对重点户给予资助。为确保脱贫攻坚工作有效落实，吉林省分公司围绕推动产品扶贫、实施帮村到户和优化扶贫机制三大措施为群众提供了生产和生活保障，解决了

---

① 尹小明，就职于安盟财产保险有限公司吉林省分公司。

他们的后顾之忧，有效实现群众脱贫。

二、以保险服务为载体，提升脱贫工作品质

吉林省分公司充分发挥保险的功能作用，因地制宜开展具有特色的扶贫保险产品，开展特色帮扶工作。吉林省分公司认真研究，创新产品和服务，大力推广农房保险，分别在大安市、磐石市、桦甸市推出农房保险，共 1 万余户参保，总保险金额达到 5.6 亿元，其中磐石市的出险户数达 65 户，赔付金额达到 17 万元。吉林省分公司在吉林省范围内将具有家庭财产保险性质的社会治安综合保险作为重要扶贫产品，捐赠救助资金达到 13 万元，全部用于承保社会治安综合保险，得到了当地政府和基层群众的高度认可和一致好评，树立了"为百姓解难，为政府分忧，为社会担责"的良好企业形象。

2018 年年初，吉林省分公司被吉林省指定为帮扶洮南市二龙乡新政村的保险企业。吉林省分公司向二龙乡拨付资金 50 万元，这些资金用于新政村的贫困村民危房改造、线路改造、村路改造和发展庭院经济。吉林省分公司为新政村全体村民投保了"扶贫保"产品，其内容包括家庭财产保险和人身意外保险，提供风险保障 3 560 万元。吉林省分公司积极参与二龙乡政府针对脱贫户推动的庭院经济工作，积极推动包括蔬菜大棚、西瓜大棚、特色果园和"农家乐"旅游项目等的建设，成效显著，促进了农户收入稳定增加。

吉林省分公司在地方政府领导下，主动作为，精准推动补位扶贫。吉林省分公司设置了专项扶贫资金，对因病、因灾、因残等支出型特殊原因致贫的困难家庭实施临时特别救助。2018—2019 年，吉林省分公司累计支出专项扶贫资金 406 万元，其中的 50 万元用于建档立卡贫困户危房改造。吉林省分公司出台了专项政策，提供爱心助学资金与实习工作平台，在当地招聘了 2～3 名因学致贫的应届大学生。吉林省分公司每年为大学生提供实习岗位，培训基本工作技能，为其更快地适应未来工作奠定了基础。吉林省分公司实施目标人群重点帮扶，向伊通满族自治县慈善总会捐赠 5 万元帮扶专项基金，为镇赉县双宝岱村拨付专项帮扶资金 24.1 万元。

三、以第一书记为抓手，发挥驻村干部作用

吉林省分公司在大安市的做法具有示范性作用。派驻机构选派李超同志到联合乡曙光村担任第一书记，驻村工作三年，负责包保村的脱贫、党建等具体工作。李超同志坚持以身作则，严守党的纪律，维护班子团结，密切联系群众，扎实开展脱贫攻坚工作。李超同志坚持以党建工作凝聚人心，作为下派第

一书记，经常利用节假日走访农户并与农户促膝谈心，掌握村情民意，完善工作措施。他引导村干部和全体党员增强大局意识、规矩意识和宗旨意识，带头推进"三务"公开，接受群众监督评议，有效发挥了党支部的战斗堡垒作用与党员的先锋模范作用，极大提高了村"两委"的凝聚力。他通过补位扶贫实现"输血"，为 105 户落实扶贫资金 981 861 元，具体包括产业帮扶资助资金 524 000 元、住房保障资助资金 384 000 元、庭院经济补助资金 53 861 元、临时救助资金 20 000 元。他通过产业扶贫实现"造血"，积极寻找致富门路，先后为 5 户推荐了 7 个就业岗位；推动庭院经济项目、光伏产业项目和合作社贴息带户项目等，最大程度保障了贫困群众持续性增收；新建"农村淘宝"便民超市一所，推进村级组织示范阵地建设；发动群众流转土地 356 亩，支持建成西瓜玉米良种繁育基地，实现年租金收益 42.72 万元；完善水利设施建设，新修农田井 5 眼，新建安全井房一所，保证了村民饮水安全。曙光村的脱贫工作得到大安市委、市政府以及广大人民群众的认可和赞誉。

四、以基层共建为契机，积极助力乡村振兴

吉林省分公司全面推进乡村振兴。2021—2023 年，吉林省全面推进重点边境村建设。吉林省分公司立足服务县域业务，设立"联村干部"，与乡村党支部开展"互联共建"活动，将延边州和龙市南坪镇龙渊村作为"互联共建"单位。

龙渊村位于图们江畔，南与朝鲜相望，有两大特色产业——延边特色黄牛产业和"龙渊红"辣椒种植。吉林省分公司在对接中，将支持庭院经济作为重要一环，协助村党支部壮大村集体经济，带动村民增收，促进边境村（屯）产业发展，并积极代卖龙渊村特产"龙渊红"辣椒。吉林省分公司为龙渊村"三支边"党建团队赠送人身意外保险，为龙渊村全体村民赠送房屋住房保险。以此为基础，从肉牛保险切入，共同研究保险项目，推广惠农商业保险，为龙渊村经济发展保驾护航。同时，吉林省分公司积极赞助"互联共建"边境村的公益活动，参与送温暖活动——"我为群众办实事"，并且在节假日特别是每年8 月 15 日（当日为延边州的老人节），开展有针对性的公益讲座，如养牛知识讲座、保险知识讲座等。

在参与重点边境村的建设过程中，吉林省分公司突出发挥了保险行业的独特优势，聚力以保险服务为特点、以产业兴旺为目标、以乡村宜居为根本，在为民服务上下功夫。通过"互联共建"活动，吉林省分公司更好地履行了社会责任，巩固拓展了脱贫攻坚成果，促进了边境村建设，强化了与地方政府和企业的深度合作，实现了互助共赢，为发挥农业保险促进农业及农村社会发展写下了浓墨重彩的一笔。

农业保险新世纪 20 年回顾与展望

赵晨蕾[①]

农业保险作为风险管理的重要工具，承担着保护农民收入、稳定农业生产、推动农业可持续发展的重要使命。2004 年以来，多年的中央一号文件提及农业保险，明确指出要通过政策引导和支持，加快农业保险体系建设。这不仅是对农业保险重要性的认可，也为农业保险的发展提供了坚实的政策保障。从 2004 年开始，20 年来，农业保险不断发展壮大，产品种类不断丰富，保障范围不断扩大，在农业经济中发挥的作用日益明显，成为推动农业农村现代化、建设农业强国和实现乡村振兴的重要支撑力量。本文通过回顾农业保险在新世纪的发展历程，分析其面临的挑战与机遇，展望未来的发展方向等，更好地阐释农业保险在中国农业发展中的地位和作用。

一、农业保险发展的历史回顾

（一）起始阶段（2004年以前）

在 2004 年之前，我国农业保险的覆盖范围有限，产品种类较少，普及率不高。一些地区尝试引入农业保险，以应对自然灾害对农业生产的影响，这些早期的尝试虽然规模不大，但为后续农业保险的发展提供了宝贵经验。这些项目虽在一定程度上降低了农业生产风险，但由于缺乏系统的政策支持和市场化机制，农业保险的影响力和覆盖范围相对有限。

（二）加速发展阶段（2004—2013年）

2004 年以后，随着中央一号文件对农业保险的政策支持，我国农业保险进入快速发展阶段。政府不断出台农业保险政策，提供财政补贴，鼓励农民参保，促进农业保险产品创新和多样化。这一时期，农业保险产品覆盖了更多农

---

① 赵晨蕾，就职于中华联合财产保险股份有限公司河北分公司。

作物和养殖业品种，服务覆盖范围显著扩大。财政补贴政策极大地激发了农民参与农业保险的积极性，农业保险经营主体也因此得以探索更多的业务模式和管理方法，积累了丰富的经验。这一时期的主要成就包括农业保险覆盖面的扩大、农民保险意识的提高、农业保险机制的初步建立。这些成就不仅提升了农业保险在农业经济中的地位，也为农业保险的进一步发展奠定了坚实基础。

（三）深化改革阶段（2014年以来）

2014 年以来，我国农业保险进入深化改革阶段。在这一阶段，政策创新与制度完善成为农业保险发展的主要特征。政府进一步加大了对农业保险的支持力度，推动农业保险制度的完善和优化，鼓励保险产品创新和服务创新。卫星遥感、大数据、人工智能等现代信息技术被广泛应用于农业保险中，极大地提升了农业风险评估的准确性和及时性，改善了保险服务的质量和服务体验。这些技术的应用不仅使农业保险产品更加多元化和个性化，而且提升了保险服务的可及性和便捷性，让农民能够便捷地享受到保险服务。

政府鼓励和引导企业进入农业保险市场，通过市场竞争促进服务质量的提升和产品创新。多家保险主体推出了针对不同作物、不同地区特点的农业保险产品，满足了市场的多样化需求，农业保险的专业化发展水平也显著提高。保险主体重视农业保险业务专业人才的培养，加强与农业科研机构的合作，利用科学研究成果指导保险产品的设计和风险管理，农业保险服务水平有了显著提升，更好地服务于农业生产并满足农民需求。与此同时，农业保险面临的挑战也在不断增加，包括如何更好地适应气候变化、如何应对新型农业风险、如何提高保险渗透率等。面对这些挑战，农业保险行业不断完善和创新，较好地发挥了其在农业发展中的兜底作用。

总体来说，从起始阶段的摸索试验到加速发展阶段的政策推动，再到深化改革阶段的技术应用和市场化、专业化发展，我国农业保险经历了飞速的发展历程。这不仅反映了我国农业保险制度的成熟和完善，也展示了农业保险在促进农业稳定发展、增进农民福祉方面的重要作用。未来，随着农业科技的进步和市场需求的变化，农业保险将继续在我国农业发展中扮演着不可或缺的角色。

二、20 年来的主要挑战与应对措施

（一）挑战分析

在过去的 20 年里，中国农业保险面临着诸多挑战。第一，全球气候变化导致洪水、干旱、台风等重大自然灾害频发，严重影响了农业生产。这些重大

自然灾害既给农业生产带来了巨大损失，也导致农业保险行业面临巨大的赔付压力。第二，随着科技进步和农业现代化的推进，新的生产风险随之出现，包括生物技术风险、市场价格波动风险等。这些新风险对农业保险产品的设计提出了新挑战。

（二）应对措施

1. 政策创新

政府和农业保险经营主体通过创新来应对挑战，包括提供财政补贴、推广农业保险、增加保险产品的多样性等，鼓励更多的农民参与农业保险，同时促进保险产品和服务的创新，覆盖更多的风险类型。

2. 技术应用

为了更好地评估和管控风险，农业保险经营主体采用先进的技术和方法，如遥感技术、大数据分析技术、人工智能技术等，不仅提升了风险评估的准确性和效率，也为产品创新和服务优化提供了可能。

3. 服务提升

农业保险经营主体通过提升服务质量，包括建立更加科学的风险评估模型、提供定制化的保险解决方案、提升客户服务质量等，更好地满足农民需求，提升农业保险的普及率和影响力。

三、农业保险在推进乡村振兴进程中的作用

在推进乡村振兴进程中，农业保险发挥着不可或缺的作用，其重要性主要体现在助力风险保障、促进经济发展和维护社会稳定 3 个方面。

（一）风险保障功能

农业保险具有至关重要的风险保障功能。第一，面对洪水、干旱、病虫害等多种自然风险，农业保险通过风险转移和经济补偿，显著减小了这些自然风险对农业生产的负面影响。这保障了农业生产的连续和稳定。第二，农业保险对于农民而言，是一种重要的收入保障机制。通过向农民提供经济补偿，农业保险有效减小了自然灾害对农民收入的影响，有效避免了因灾致贫返贫情况的发生。

（二）经济发展功能

农业保险在促进经济发展方面发挥了重要作用，既推动了农业科技进步与产业升级，也为农业投资提供了坚实保障，进而吸引了更多社会资本投入。一

方面，农业保险为农民和农业企业创造了一个稳定的经济环境，促使他们更加愿意采用新技术、新品种和新模式，从而加速农业生产方式转型与升级，促进农业科技进步。另一方面，农业保险通过有效分散和转移农业生产中的风险，显著降低了农业投资的不确定性，提升了农业领域对投资者的吸引力。这种保障机制不仅鼓励了更多社会资本流向农业和农村经济，也为农业和农村经济的健康稳定发展提供了有力支撑。

（三）社会稳定功能

1. 减小自然灾害等对社会稳定的负面影响

农业保险通过有效的风险管理和经济补偿，在减小自然灾害对农业生产和农民生活影响的同时，也减小了这些事件对社会稳定的负面影响，有助于维护社会稳定，促进社会和谐。

2. 提升农民对未来发展的信心

农业保险不仅提供了经济上的保障，更重要的是提升了农民对未来发展的信心，促使农民更愿意投身于农业生产，积极参与推动乡村振兴的各项活动。这种信心的提升对于吸引年轻人回乡创业、促进农村人才流动具有重要意义。

3. 提升农业产业的吸引力

随着农业保险深入人心，农业生产稳定性和可预测性增强，农业的吸引力相应提高。在乡村振兴战略的推进过程中，农业保险作为一种重要的风险管理工具，其作用不仅限于传统的风险补偿。通过创新保险产品和服务，农业保险还能够激发农村经济的内生动力，促进农村产业多元化发展。例如，通过推出与农业旅游、特色种植、精品养殖等新兴农村产业相关联的保险产品，可以进一步激励农民探索多元化经营模式，增加收入来源。

四、中华联合财产保险股份有限公司河北分公司发展历程概述

中华联合财产保险股份有限公司河北分公司（简称"河北分公司"）成立于 2004 年 9 月 30 日，截至 2023 年年底，河北分公司已在河北省设有 12 家地市级机构（含河北雄安分公司）、171 家县级机构，经营服务网络覆盖全省。经过 20 年的发展，河北分公司经营实力稳步提高，服务能力显著增强，社会影响力不断扩大，累计为河北省经济社会发展提供风险保障近 30 万亿元，累计支出赔款近 262 亿元，累计上缴税款近 50 亿元，2023 年实现保费收入43.65 亿元，市场规模居河北省财产保险市场第四位。河北分公司于 2007 年获批成为河北省第一批开办政策性农业保险的公司，始终坚持助力乡村振兴和

农业强省建设，立足服务"三农"，护航农业高质量发展。

（一）落实国家政策，持续提高风险保障水平

河北分公司 2007 年至 2023 年年底已在全省 12 个市的 153 个县开展了农业保险业务，覆盖 9 300 余个乡（镇）、村，拥有农业保险协保员 9 700 余人，涵盖了成本类、产量类、价格类、收入类、指数类以及乡村振兴类等全品类保险产品，保障了农林牧渔业的 230 余个农产品品种，覆盖了 2.3 亿亩作物、3.2 亿头（只/羽）畜禽、9 131.7 万亩森林，累计为近 2 900 万户次农户提供了超过 2 290 亿元的农业风险保障，累计支付赔款超过 52 亿元，其中在应对特大干旱、洪涝、暴雨等自然灾害方面支付赔款超 20 亿元，惠及 359 余万户次。2023 年，受台风"杜苏芮"的影响，省内多地遭受巨大损失。在河北省委、省政府和省财政厅的领导下，河北分公司高度重视、快速响应，迅速召集全省理赔人员赶往灾区，全力以赴抢险救灾，开辟绿色通道，秉承"能赔快赔、应赔尽赔、合理预赔"的原则，最大限度简化理赔流程和手续，全力提升赔案处理效率，共计支付农险赔款 2.34 亿元，为人民群众筑起安全生产和恢复正常生活的坚实堤坝，有效发挥了风险保障和损失补偿作用，为农民恢复生产提供了有力支撑。

（二）发挥农业保险优势，助力农业发展

全力推进农业保险"增品、扩面、提标"，服务粮食安全及重要农产品供给，护航产业振兴。2023 年，河北分公司在全省 77 个产粮大县开展完全成本保险业务，承保面积为 1 262.82 万亩，为 133 余万户次粮农提供农业风险保障 109 亿元。累计为约 2 亿亩的小麦、玉米、水稻等主粮作物提供 788 亿元的风险保障，在促进国家粮食安全生产方面发挥了重要作用。结合当地资源特点，大力推进地方特色农产品保险。围绕河北省产业布局，推动地方特色农产品保险从低水平保障向"保产量、保价格、保收入"转变，促进特色农业高质量发展、农户收入稳定。河北分公司承保的地方特色农产品保险已覆盖 12 个市的 140 个县（区），为 5.77 万户次农户提供了超过 145 亿元的风险保障。

（三）深化"保处联动"，维护食品安全

自 2007 年开办政策性养殖险以来，河北分公司累计承保 3.2 亿头（只/羽）畜禽，为近 57 万户次养殖户提供了超过 702 亿元的风险保障。近年来，河北分公司积极参与并支持地方政府建立病死畜禽无害化处理体系，首创病死畜禽无害化处理与保险联动的"平山模式""武安模式"以及在定州市、望都县等地的多个联动模式，有效解决了病死畜禽无害化处理问题，保障了百姓餐

桌食品的安全。

在平山县，河北分公司与当地政府、无害化处理企业密切合作，建立"政府监管、财政扶持、企业运作、保险联动"的无害化处理市场化运行机制。主要做法为"六个一"工作机制：即建立一批保险联动服务点、组建一支保险联动服务队伍、建立一条收集储存运输链、推进一套快捷查勘定损系统、统一佩戴保险溯源专用理赔标识、搭建一个信息化管理服务平台。有效解决了病死猪无害化处理"主动报案难、组织运输难、规范处理难"的问题。

在武安市，因地制宜、大胆创新，与深圳市闪联科技有限公司深度合作，河北分公司推出以提供病死畜禽无害化处理收集服务为特色，以养殖场（户）自主承保、自助理赔为目标的新型联动机制。主要做法：一是防疫前置，引进现场快速检测设备，为养殖场（户）提供多种病原体的日常检测服务，从预防入手降低死亡率。二是通过和兽医监管部门的深度配合，助力基层兽医卫生监管工作，增强与兽医监管部门的工作协同。三是推出由养殖场（户）主动参与的自主承保、自助理赔服务，形成了"入户服务办保险、清查登记要签字、验标自主传照片、死亡查勘两到场、自助理赔结案快"的工作机制。

在定州市，河北分公司以保险溯源专用耳标为纽带，借助物联网技术——全省畜禽管理平台，打造畜禽防疫－承保－理赔－无害化处理全流程的闭环管理模式，促进动物疫病防控工作的开展。主要做法：一是成立联动服务办公室，建立了 11 个联动服务网点，覆盖全市。二是建立保险联动服务队伍，保险联动服务队伍全流程参与农户参保、出险理赔、无害化收集处理。三是运用先进的科学技术手段，使用"养殖 365"App、"兴农保"App 查勘定损，实现理赔服务快、易、准，单笔赔付 3 000 元以下的小额案件确保 48 小时内"闪赔"。四是佩戴保险溯源专用标识，实现参保统一识别，在出栏环节、病死畜禽报案环节使用保险追溯专用耳标，做到保单与标的专用标识相互对应。一系列做法有效保证了病死畜禽无害化处理工作持续稳定运行，保障了食品安全和生态环境安全。

在望都县，河北分公司通过"保险＋动监"联动，扩大生猪保险区域、提高养殖场（户）参保率，控制病死畜禽源头，实行集中无害化处理。强化过程管控，做到查勘过程无扩散、运送过程严交接、处理过程全封闭，有效解决了病死牲畜信息共享不畅、集中收集难度大、无害化处理困难、疫病防控困难等诸多难题，有效化解养殖场（户）经营风险、保障公共食品安全、净化农村卫生环境，促进当地畜牧业健康发展。

（四）发挥金融支农作用，优化"保险＋期货"农业保险新模式

近年来，河北分公司加快创新步伐，持续推进"保险＋期货"模式落地，

与多家期货公司合力打好金融服务"组合拳"。"保险＋期货"项目已覆盖 7 个地级市，覆盖生猪、玉米、尿素、鸡蛋等品种，项目数量为 19 个，提供风险保障 2.65 亿元，通过期货杠杆，促进农户有效规避价格风险，获得可预期的收入保障。

（五）科技赋能农业保险，提高服务质效

河北分公司通过卫星遥感、无人机、"空天地"一体化智能作业、AI 智能点数等技术，利用移动端实现自助化服务，做到承保数量真实、理赔结果合规、服务效能显著，全面加快农业保险现代化进程，为农业保险高质量发展奠定了良好基础。

五、展望与建议

随着时代发展和科技进步，农业保险行业正站在新的历史起点上，将迎来更广阔的发展空间。

（一）未来发展趋势

1. 数字化、智能化技术的深度融合

随着大数据、人工智能、区块链等技术的发展，农业保险将进一步实现数字化和智能化。这些技术融合不仅能够提升农业风险评估的精确性，还能优化理赔流程，提升客户服务体验。未来，数字化、智能化将成为农业保险发展的重要驱动力。

2. 农业保险服务模式的创新

传统的农业保险服务模式将逐渐向定制化、个性化的方向发展。通过创新服务模式，如"保险＋科技""保险＋服务"等模式，能够为农民提供更加全面、便捷的保险服务，帮助保险公司拓展业务范围、增强市场竞争力。

3. 国际合作与经验交流的加强

面对全球气候变化等挑战，农业保险的国际合作与经验交流更加重要。通过加强与国际保险机构的合作，相互交流各自优秀的风险管理技术和经验，有助于提升我国农业保险的国际竞争力。

（二）建议

为应对农业保险行业面临的挑战并促进其健康发展，国家应继续加强对农业保险的政策支持，进一步完善相关法律法规，为农业保险行业的发展提供一个更加稳定的外部环境；鼓励保险经营主体开发适应气候变化的保险产品，通

过政策引导和支持促进行业健康发展。保险经营主体和保险研究机构也应加大在农业保险领域的科研投入，推动大数据、人工智能等技术的创新应用，以提升风险管理和评估的精度，优化保险服务流程，提升客户体验；加强农业保险专业人才的培养和国际交流，引入国际先进的理念和技术，提升中国农业保险行业的整体水平和国际竞争力，鼓励农业保险与农业科技、农村金融等领域深度合作，探索跨行业合作模式，更好地满足农民和农业企业的需求，促进农业产业链的整体发展；保险产品设计和风险评估中应充分考虑气候变化的影响，开发适应气候变化的保险产品，通过保险服务促进环境保护和可持续发展。

科技赋能农业保险精准承保、精准理赔

辛维伦[①]

2018 年，中华联合财产保险股份有限公司内蒙古分公司启动精准承保理赔试点，秉持"服务'三农'，科技赋能"的理念，通过移动 App、卫星遥感、无人机等技术手段，快速获取农田信息、完成承保理赔，大幅提升了服务效率。经过数年的尝试，种植险精准承保理赔工作在全自治区范围内取得了显著成效，为广大农户提供了精准、高效的保险服务，同时推动了内蒙古自治区农业保险科技化、智能化、精准化和绿色化发展，有力推动了内蒙古自治区农牧业的现代化发展和产业链升级。

一、中华联合财产保险股份有限公司内蒙古分公司简介

中华联合财产保险股份有限公司内蒙古分公司（简称"内蒙古分公司"）成立于 2004 年 10 月，现有机构 146 家，覆盖全自治区 12 个盟（市）及下辖各旗（县、区），员工总数为 1 500 余人，服务网络健全。2023 年，内蒙古分公司实现保费收入 28.28 亿元，其中，农业保险保费收入为 11.97 亿元，在全自治区经营农业保险的主体中排名第二位，荣获内蒙古自治区政府授予的"金融优质服务奖""金融创新服务奖""内蒙古自治区诚信企业"和"金融支持脱贫攻坚贡献奖"等荣誉。

二、以创新为引领，以科技为引擎，推动农业保险加快发展

2018 年，内蒙古分公司与 3 家科技公司签订精准承保理赔服务合同，覆盖辖区内 9 个旗（县、区）及农牧场；2019—2020 年，内蒙古分公司与 4 家

---

① 辛维伦，就职于中华联合财产保险股份有限公司内蒙古分公司。

科技公司签订精准承保理赔服务合同，覆盖辖区内 12 个旗（县、区）及农牧场；2021 年，内蒙古分公司与 4 家科技公司签订精准承保理赔服务合同，覆盖辖区内 18 个旗（县、区）及农牧场；2022 年至今，内蒙古分公司与 7 家科技公司签订精准承保理赔服务合同，覆盖辖区内全部开展政策性种植险业务的旗（县、区）及农牧场。

2018 年，内蒙古分公司明确自身在呼和浩特市土默特左旗，兴安盟农牧局，呼伦贝尔市鄂温克族自治旗，乌兰察布市察哈尔右翼中旗、察哈尔右翼后旗等区域开展精准承保理赔试点工作，并逐年扩大试点范围。

2019 年，财政部等四部门联合印发的《关于加快农业保险高质量发展的指导意见》明确指出，要"不断提升农业保险信息化水平"。随着精准承保理赔试点工作的深入推进，内蒙古分公司总结经验，逐步扩大试点范围，将更多种植险承办区域纳入试点范围。在试点工作中，引入卫星遥感、无人机等先进技术，逐步实现了对农田的精准监测和评估，不断完善精准承保理赔模式。

2020 年，内蒙古分公司构建保单、农户、地块、作物相互关联的承保底图，探索通过遥感影像鉴别农户受灾情况的方法，解决受灾重、上访多的地区的农户对卫星遥感查勘数据的"不理解、看不懂"的问题。

2022 年以来，内蒙古分公司在全面推广精准承保理赔工作的基础上，深化科技赋能，推动农业保险高质量发展。内蒙古分公司积极探索新的技术应用，依靠人工智能、大数据等科技手段，创新开发了中华保险智慧农业平台、中华"智翼"无人机管理平台等，对农田进行精准监测和评估，为承保和理赔提供更为准确的数据支持，帮助确定农户的受灾情况，为受灾农户提供更加合理的保险赔偿。近年来，内蒙古分公司以创新为引领，以科技为引擎，推动农业保险新质生产力加快发展，持续在金融主业领域探索新模式、新场景、新生态。中华保险智慧农业平台、中华"智翼"无人机管理平台等平台上线应用以来，得到了国家金融监督管理总局第三巡视组、内蒙古自治区农业保险工作小组、各级政府以及农户的充分认可，取得了很好的成效。

一是规避了农业保险开展过程中虚假承保、重复投保、虚假理赔等道德风险，大幅提升了农业保险补贴资金的使用效率，自身合规经营的基础得到进一步的夯实；二是通过"天空地"一体化数据展示，实现了定期为政府和农户提供长势分析监测、灾前预防、灾中减损、灾后理赔等各类数据的支持；三是实现了自身向精准承保、精准理赔服务迈进的目标，即承保有强大的数据支撑、理赔有充足的评估依据；四是提高了农户的认可度和满意度，在作物生长过程中为农户提供灾情预警、防灾建议、增值服务等，理赔阶段大灾大赔、小灾小赔得到了农户的认可。

三、具体做法

内蒙古分公司践行了精准、科学、全面、客观的服务理念，成功开展按图作业的工作模式，利用"遥感＋无人机＋App"图像，全覆盖生成承保地块图，做到农户、地块和作物的完全关联，精准、精细承保；全方位遥感验标，做到作物种植面积真实、精准监测，有重点、全覆盖开展长势评估，精准开展测产、样本采集工作，利用模型和技术参数确定灾害损失程度及分布，按图查勘定损理赔，实现了农业保险实务流程再造。

（一）承保阶段——精准承保、按图验险

传统农业保险承保，从收集数据到形成保单、抽样查验、承保公示、农户签字确认、收费签单和回访，大部分数据是纸上数据，追溯难度大，承保工作存在较多瑕疵。内蒙古分公司利用土地空间特征，每一个地块就是一个唯一的标的，通过无人机数据采集、确权图片的智能化处理、流转用户及确权农户的数据确认，形成一张标准的承保地块图，每个农户的承保面积和农户信息全部上图落地，形成唯一性的基础承保信息（图37-1）。

图 37-1　精准到农户地块的信息采集图

一是提取地块图斑。内蒙古分公司按照承保区域，在承保前期，对承保农田地块信息进行提取，包括坐标位置、面积、权属等，为精准承保、按图承保

做好前期基础准备。

二是农户与地块关联且现场落图。根据农户提交的投保信息，内蒙古分公司组织人员基于高精度卫星遥感地图开展地块的施画、核验、落图、标定工作，确定投保地块的坐标位置、面积、权属、现状等信息，形成一套完整、客观的承保地块图。经过村干部和农户的确认，整个图层作为承保的基本依据，确保唯一性。

三是农户地块验标。内蒙古分公司以承保地块为单元，基于米级多光谱高分辨率遥感数据，结合地面抽样数据，进行作物真实性核验，识别承保地块是否有面积、作物异常等情况，完成承保地块的全作物验标。每个承保作物均有地块信息、农户信息、遥感影像支持，确保承保作物面积的真实性（图 37－2）。

图 37－2　种植结构提取图

（二）作物生长阶段——实时动态监测防护

在作物生长阶段，内蒙古分公司通过遥感手段定期监测，结合历史种植情况、生长情况、气象信息等数据定期评估，依据作物长势分等定级，分为长势较好、长势中等、长势差、长势较差、长势极差 5 个等级，并根据地势、气候等信息，及时为农户提供防灾防损建议，为政府部门出具当地作物长势分析报告（图 37－3）。

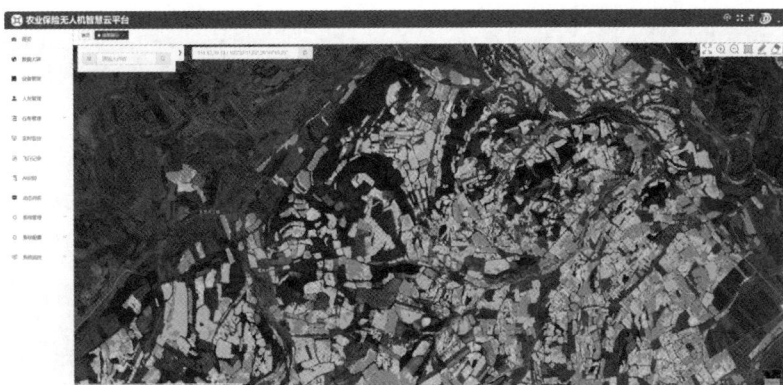

图 37-3 卫星遥感灾害评估图

（三）理赔阶段——精准理赔

在理赔阶段，内蒙古分公司使用超高分辨率无人机（精度范围为 0.02～0.15 米），分辨率优于卫星遥感 10 倍以上，全覆盖快速查勘服务，快速完成全域所有承保地块的查勘工作，定格理赔阶段的精准客观影像，有效解决了查勘阶段范围广、时间紧、难到达、地块内部信息不清等问题；通过无人机全覆盖影像（图 37-4），可以清晰客观地定格、记录、测量每块地与每个部分的生长情况、受灾情况，并结合生长阶段的遥感监测服务，完成农作物倒伏、洪涝等灾害的厘米级精度的评估，为农户提供科学、精准、客观、公平、可溯源的保险保障服务；聘请当地农业主管部门的专家实地测产，完成精准理赔样本采集，为构建农作物产量模型和分级损失模型提供科学依据（图 37-5）。

图 37-4 无人机飞行拍摄的影像

图 37-5 实地测产

利用科技赋能，结合承保地块图，精准生成承保农作物的作物长势图、产量分级分布图、查勘样本分布图、损失分布图和理赔图，按照 5 个等级进行分级赔付，具体数据落实到每一个承保地块和农户。

四、取得的成效

（一）高效应对台风"杜苏芮"，全力保障人民生命财产安全

2023 年 8 月，河北省受台风"杜苏芮"影响，中华联合财产保险股份有限公司河北分公司向其他分公司申请支援，内蒙古分公司迅速响应，派出农业保险科技工作小组携多架无人机紧急驰援。在重大灾情面前，部分农房因水位较深导致人员无法到达，对查勘定损工作造成了较大困扰。内蒙古分公司的农业保险科技工作小组抵达现场后，利用无人机自动巡航拍摄，全景呈现灾情损失，影像覆盖 1 万余亩耕地和 2 万余间民房。在协助政府做好灾情应急处置和灾后重建工作的同时，也为公司快速理赔提供了重要依据，充分发挥了保险的经济"减震器"作用和社会"稳定器"作用，在防汛救灾、服务社会、保障民生等方面跑出了"中华速度"，打响了"中华品牌"。

（二）协助地方政府优化营商环境

以呼伦贝尔市鄂伦春自治旗为例，当地农户年年上访导致当地农业保险经

营环境极度恶劣。鄂伦春自治旗地块分散，传统的查验、查勘、定损等工作得不到农户认可，给农业保险经营带来了巨大困难。2019 年，内蒙古自治区财政厅、农牧厅组织开展了中央政策性种植险遴选工作，鉴于鄂伦春自治旗高赔付、高投诉等情况，各保险主体纷纷回避。为体现国企担当，内蒙古分公司承接鄂伦春自治旗种植险经办资格，应用"天空地"一体化立体式服务模式，逐步实现精准承保、精准理赔。2022—2023 年，内蒙古分公司累计投入无人机49 架，已完全实现按图承保、按图理赔，成功剔除鄂伦春自治旗"河滩地"近 40 万亩。内蒙古分公司在鄂伦春自治旗种植险承办地区的赔付率从 2019 年的 127.1％降至 2023 年的 71.91％，投诉率从 23％降至 4％，在协助政府优化营商环境的同时，也实现了自身的健康持续发展（表 37 - 1）。

表 37 - 1　中华联合财产保险股份有限公司内蒙古分公司 2019—2023 年
在鄂伦春自治旗的保费收入、赔付率

年份	保费收入/万元	赔付率/％
2019	1 733	127.1
2020	2 211	126.76
2021	2 102	84.98
2022	2 612	66.8
2023	2 475	71.91

（三）积极保障农户信息安全

内蒙古分公司在多年经营农业保险的过程中对承办地区的地块信息、农户信息、作物长势和作物产量等均有翔实的了解，为保障信息安全，公司坚决贯彻落实数据保密工作，由卫星遥感、无人机等采集的农业保险数据，全部统一上传至总公司西安创新研发中心，统一存储、统一管理。

五、进一步发展思路

建设"天空地"一体化科技平台，更好地服务于农业保险工作的开展。内蒙古分公司将继续深化科技赋能，开发应用 AI 识别技术，实现对地块受灾情况的精准识别。同时，针对上访率较高的乡（镇），探索开发全景无人机长势监测功能，力争走出一条为政府排忧解难、为百姓保驾护航的高质量可持续发展之路。

新世纪 20 年农业保险发展的主要成就与主要问题

王可[①]

一、新世纪 20 年我国农业保险发展的主要成就

（一）农业保险政策环境持续优化

我国自 2004 年提出要加快建立政策性农业保险制度以来，农业保险试点范围不断扩大。同时，中央还鼓励更多的商业性保险机构参与经营农业保险业务。2016 年和 2017 年的中央一号文件均提出探索建立农产品收入保险制度。2022 年，我国 13 个粮食主产省的产粮大县实现了完全成本保险全覆盖。制种保险政策的支持力度进一步加大，水稻、小麦、玉米制种保险补贴政策积极落地实施，有力保障了我国种业生产的高质量发展。为了支持开展优势特色农产品保险，中央还出台了一系列奖补政策。2022 年 2 月，陕西省发布动态调整政策性农业保险保额与费率的文件，要求农业保险告别"全省一费率"的"一刀切"定价模式，以市为单位，执行与地区风险相适应的费率。

（二）农业保险监管制度持续完善

服务"三农"在我国农业保险监管工作中的地位进一步凸显，对保险经营主体的农业保险承保理赔业务规范性的监管不断加强，在农业保险保费等资金的管理上也更加合法合规。通过完善监管体系、优化监管环境，促进了农业保险可持续发展，提升了农业保险服务"三农"质效。

为加强对农业保险保费补贴的管理，财政部专门印发了《中央财政农业保险保费补贴管理办法》，并于 2022 年 1 月 1 日起正式实施，提出农业保险保费补贴原则为"财政支持、分级负责、预算约束、政策协同、绩效导向、惠及农

户"，在该原则的指导下，国家对农业保险保费补贴政策进行了调整，在保险方案和预算管理等方面更加规范，强化了对财政补贴资金使用全过程的监督管理，使财政补贴资金发挥更大的绩效，推动农业保险政策精准实施。

（三）地方特色险种创新取得新进展

近年来，地方特色农产品的发展越来越受到国家的重视，在中央一号文件中也被多次提及。中央财政通过以奖代补形式鼓励开展地方特色农产品保险。近年来，各级政府加快推进特色农产品保险的扩面、增品、提标，我国特色农产品保险发展迅速，标的数量已接近 500 余种。除中央财政奖补外，许多省份和市、县也利用本级财政开展本区域内特色农产品保险的奖补，其保费规模占比已从 2018 年的 20％提高到 2023 年的 37％。除鼓励特色险种创新外，农产品价格保险和收入保险陆续出现并开始试点。农业保险由传统的对农业生产的损失补偿向保障农业生产者的收入进行转变，对稳定农业生产者的收入、推进现代农业发展、建设农业强国具有重要意义。

（四）保险公司经营管理能力明显提升

针对农业保险经营过程中存在的不规范和效率低下等问题，监管部门加大了对农业保险承保理赔全过程的监管力度，制定并完善了承保、理赔的管理办法和操作细则，不断增强合规意识，不断提高查勘、定损、核赔、理算的规范性。

在农业保险经营中，越来越多的保险公司主动引入人工智能、物联网、大数据、无人机、卫星遥感等多种科技手段提高查勘、定损的准确性和效率。为贯彻落实数字化转型要求，提升小额案件处理时效，切实提升客户服务体验，中华财险强化科技手段在农业保险中的推广运用，2022 年 3 月 25 日，中华财险佛山中心支公司接到南海区生猪养殖户的报案后，迅速启用公司新一代农业保险理赔线上化系统"兴农保"，对养殖保险案件进行线上查勘、定损，借助"闪赔"技术，从客户报案到拿到赔款仅用时 15 分钟。科技手段的应用极大地提升了承保、理赔的办理时效。

农业保险的经营理念逐渐从事后赔付向全过程管理转变，保险公司越来越重视风险管理和预防，积极主动参与农业生产经营。中华财险乐山中心支公司全体党员干部深入田间地头，了解春耕备耕实际情况，为广大农户宣传承保政策，一对一解答疑问，并协助农户春耕播种；邀请乐山市农业农村局种植专家现场为农户讲解农业生产知识，以典型案例向农户普及主粮防患知识，增强农户风险意识。通过多方协调，将"爱心肥"等农资送到困难农户手中，保障春耕用肥所需，确保农户稳产增收，为扎实有序推进春耕备耕工作打好基础。

二、新世纪 20 年我国农业保险发展的主要问题

（一）农业保险供给与农户实际需求存在差距

第一，农业保险的品种虽然有所创新，但总体而言，仍以传统产品为主，以自然灾害、疫病导致的保险标的损失或死亡作为主要保险责任。第二，即使保险标的是三大粮食作物，保额也尚且不能实现生产成本的完全覆盖。

（二）农业保险方面的有关制度还不健全

一方面，农业保险业务的开展需要多个部门协同推进，如今各部门间配合的效率还不高。而且，政府部门之间存在职能重叠等情况，可能造成农业保险业务流程不畅通，不利于工作开展。另一方面，我国农业再保险制度还处于探索阶段，农业再保险公司如何发挥政策引导作用还不明确。

（三）农业保险的财政支持政策还需优化

第一，农业保险的补贴以保费补贴为主。保费补贴覆盖了大多数的主要粮食作物，但针对特色险种的政策补贴力度还有待加强。第二，保费补贴的差异性不明显。我国各个地区的经济水平存在差异，农业保险保费在财政补贴上并未实现因地制宜，对于经济落后地区，农业保险保费补贴大大增加了地方财政的压力，甚至存在补贴无法到位的情况，影响农业保险良性发展。

（四）保险公司的经营管理水平还需进一步提升

我国保险公司还存在以下几个问题：第一，农户对保险条款的理解可能存在偏差，保险公司的工作人员不能很好地解释和普及。第二，农作物损失评估的效率有待提高。由于农业保险工作人员配置不足以及查勘、定损难度大等原因，可能导致定损周期长，在一定程度上抑制农户购买农业保险的积极性。第三，部分保险公司理赔服务的规范性意识不强、相关账户信息录入错误等，会影响理赔服务质量，进而降低投保人对保险公司农业保险相关服务的满意度，增加了农业保险的推广难度。第四，保险公司还面临重大的合规风险。由于自然灾害或疫病发生的类型、大小和周期等难以确定，保险公司经常会遇到查勘与定损难、业务精细化操作难等问题，尤其在保险公司内控制度不健全和地方监管不严的情形下，极易滋生一些违规操作的行为，如虚假理赔、虚假承保等，这类违规操作行为将为保险公司埋下重大隐患，影响农业保险业务的长远发展。

三、总结

我国农业保险仍存在覆盖品种有限、保障程度不高、基础设施薄弱、经营服务粗放、法律建设滞后、运行机制不健全等问题，整体来看"大而不强"，应当坚持以需求、精准、绩效、科技、绿色和创新为发展导向，实现功能类型由单一向复合的转变、发展方式由数量扩张到稳量提质的转变、运营方式由粗放到精准的转变、服务方式由传统到创新的转变、保障水平由保物化成本向保完全成本和收入的转变，努力建设农业保险强国，发挥好农业保险在农业强国建设中的风险防控作用。

大道行思，取则行远

汪振春[①]

　　作为分散农业生产经营风险的重要手段，农业保险对推进现代农业发展、促进乡村产业振兴、保障农民收益等具有重要作用。多年的中央一号文件对农业保险发展提出具体要求，政府工作报告也多次部署农业保险工作。特别是近年来，在中共中央、国务院正确领导下，财政、农业、金融监管等各部门积极协同，各级党委、政府共同发力，不断健全农业保险政策体系，推动农业保险发展，在保障农户收益、助力乡村振兴、服务保障国家粮食安全等方面发挥了积极作用，取得了明显成效。

一、我国农业保险取得举世瞩目的成就

　　自 2007 年中央财政实施农业保险保费补贴政策以来，我国农业保险保费增长始终保持较高速度。2020 年，我国农业保险保费收入达到 815 亿元，成为世界上农业保险保费规模最大的国家。此后，我国农业保险保费规模一直保持全球第一。2023 年，我国农业保险保费规模超 1 400 亿元，为 1.67 亿户次农户提供风险保障约 5 万亿元，为"三农"发展和乡村振兴做出了重要贡献。

（一）农业保险服务能力有效提升

　　从保险覆盖面看，从 2007 年的 6 个省份到覆盖全国，从玉米、能繁母猪等 6 个品种到种植业、养殖业、林业、地方特色农业等领域的数百种农产品，从保物化成本到保完全成本和种植收入，农业保险发展脉络逐步理顺，发展局面全面打开。从保障程度看，我国农业保险的深度和密度分别达到 1‰和 500 元/人的阶段性目标。从服务领域看，农业保险正在努力实现从第一产业到全产业链的延伸，农机大棚、农房仓库等已不同程度被纳入保障范

---

　　① 汪振春，就职于中国人民财产保险股份有限公司。

围，农产品质量保险、农产品溯源保险等也助力农产品实现从田园到餐桌的全过程管理。"农业保险＋期货"等金融工具联动也进一步提升了综合金融服务质效。

（二）农业保险运行机制不断优化

从制度体系看，《农业保险条例》《农业保险大灾风险准备金管理办法》《中央财政农业保险保险费补贴管理办法》《关于加快农业保险高质量发展的指导意见》《关于加强政策性农业保险承保机构遴选管理工作的通知》《农业保险精算规定（试行）》相继出台，符合国情的农业保险制度的"四梁八柱"完成初步构建。从运行体系看，按照"中央保大宗，地方保特色"的总体思路，中央财政和省级财政重点保障关系国计民生以及粮食、生态安全的主要大宗农产品，市、县财政重点补贴的地方优势特色农产品，中央和省级财政采取以奖代补方式予以一定支持，通过政府引导、市场运作、自主自愿、协同推进，农业保险的市场定位愈发清晰，实务操作也愈趋精细化。从大灾应对看，以中国农业再保险股份有限公司的成立为标志，多方参与、风险共担、多层分散的农业保险大灾风险分散机制也正在完善。

（三）农业保险基础设施建设更加完善

从机构设置看，我国农业保险经营主体已由 2007 年的 6 家增至 30 余家，多数省份有 3 家以上农业保险经营主体开展适度竞争。全国农业保险基层服务网点约 40 万个，基层服务人员近 50 万人，基本覆盖所有县级行政区域和 95％以上的乡（镇），有效连接了千家万户，确保了农业保险这一惠民政策的直通直达。从信息共享看，财政、农业农村、林业和草原等部门及保险经营主体的涉农数据和信息持续优化整合，全国农业保险数据信息系统已实现农业保险全行业数据实时汇集、互通共享，并按季度共享主要数据至有关部门和承保主体，我国农业保险的精准度、精细度、可靠度不断提升。

（四）农业保险科技日趋先进

从科技的具体应用看，当年的"用脚底丈量土地"，如今已转为无人机、卫星遥感、物联网、5G 等新技术的广泛应用，不仅提升了农业保险精准化程度，而且提高了农业保险监管效能，推动了农业保险创新发展。从功能作用看，农业保险与气象、农业等部门的协同不断加强，"保防并举""保防救赔"的理念正化为实践，使得风险减量管理实效更加凸显，有效助力农业应对和防范重大灾害。

二、我国农业保险发展的主要经验

我国农业保险走过了不平凡的历程，在"三农"事业发展中发挥了重要作用，特别是党的十八大以来，在以习近平同志为核心的党中央坚强领导下，农业保险坚持聚焦本源主业，坚持改革创新驱动，在灾前预警、灾中调度、快赔预赔、科技赋能等方面积极担当作为，采取了一系列举措，让广大农户减少了损失，为农业恢复生产带来了希望，以实际行动彰显了农业保险的功能与价值。以史为鉴，全面回顾总结农业保险的发展经验，有助于承前启后、守正创新，进一步深化农业保险改革，为构建现代化农业保险体系提供理论指导和现实借鉴。

（一）坚持党的集中统一领导

党对金融工作的集中统一领导是我国金融业的最大优势，是农业保险发展壮大的根本保障。从中央一号文件提及农业保险，到出台政策性农业保险一系列制度规范，再到 2019 年的《关于加快农业保险高质量发展的指导意见》，以及我国农业保险保费规模已连续多年位居世界前列，改革发展迈出的每一次关键性步伐，都是中共中央坚强领导的结果，是坚定不移贯彻中共中央决策部署的结果。在党的领导下，农业保险为我国粮食安全、脱贫攻坚和社会经济发展提供了重要保障，实现了从小到大、由弱到强的历史性蜕变。站在新的历史起点上，农业保险还将坚定不移把党的领导作为事业发展的"根"和"魂"，增强"四个意识"，坚定"四个自信"，做到"两个维护"，坚决落实中共中央金融工作方针政策，确保改革发展的正确方向。

（二）坚持以人民为中心的价值取向

"江山就是人民，人民就是江山。"一切为了人民，是党领导金融工作的出发点和落脚点。农业保险作为国家资源配置的重要工具，肩负着"以人民为中心"的内在使命。近年来，在非洲猪瘟，南方"寒露风"，河南省特大暴雨，江浙沪"烟花"、台风"杜苏芮"等突发自然灾害后，农业保险的及时赔付在助力农业恢复再生产中发挥了重要作用，农民获得感显著增强。进入新时代，"以人民为中心"的价值取向集中体现为通过解决好农业保险供给结构不合理、质量不够高的问题，更好地满足人民群众对美好生活向往的需要。

（三）坚守服务"三农"的初心和使命

农业、农村、农民问题是关系国计民生的根本性问题，"三农"向好，全局主动。中共中央坚持把解决好"三农"问题作为全党工作的重中之重，坚持农业农村优先发展，走中国特色社会主义乡村振兴道路，目前全国粮食产量已稳定保持在1.3万亿斤以上，脱贫攻坚成果得到巩固和拓展，全面推进乡村振兴迈出坚实步伐，农业保险在其中发挥了重要作用。一大批典型经验、典型模式得以总结、复制、推广，为建设农业强国夯实了基础。今后农业保险将坚持把服务"三农"作为工作的出发点和落脚点，持续优化产品供给和服务供给，将更多资源配置到重点领域和薄弱环节，为高质量发展贡献力量。

（四）坚持改革创新，增强发展动力

改革创新既是自身发展的内在动力，也满足了服务"三农"的客观需要。回顾我国农业保险由小到大、从弱到强的发展历程，不难发现，改革创新是突破难点、不断发展壮大的根本动力。农业保险开办之初，财政补贴品种较少、业务操作粗放、科技应用寥寥，但改革创新解决了阻碍农业保险平稳健康发展的体制机制问题，抵御了不同历史时期发展面临的风险和挑战。实施一系列改革创新举措，使我国正逐步实现从农业保险大国到农业保险强国的迈进。改革创新只有进行时，没有完成时。今后农业保险要更加坚定地把改革创新作为第一动力，坚持制度创新与科技创新"双轮驱动"，持续激发经营活力，不断提升经营质效、增强发展动力。

三、农业保险面临的新形势和新要求

农业强国是社会主义现代化强国的根基，扎实做好保障粮食和重要农产品稳定安全供给、守住耕地这个"命根子"、强化科技和改革双轮驱动、全面提升农业防灾减灾救灾能力等工作，对于推动"三农"工作取得新进展新提升、更好支撑经济社会发展全局具有重要意义。中央金融工作会议强调："发挥保险业的经济减震器和社会稳定器功能。"农业保险兼具"三农"和金融的双重属性，既要遵循"三农"工作特点，也要把握金融发展规律，必须在深化农业强国、金融强国的认识中明确自身新方位、新内涵，明确怎么看、怎么干。

面对大国小农的基本国情、农情，我国农业保险面临着新的情况与挑战。一是地区间发展不平衡。2022年，我国农业保险的深度达到1.31%，密度超过500元/人，但在云南省，2022年的农业保险深度仅为0.44%，密度为149.31元/人；"土特产"的保障度有待提高。地方特色农产品保险的覆盖面普遍较窄，有的还达不到5%，不少地方特色农产品保险尚未纳入财政补贴范围。二是绿色转型的底蕴有待提升。草原、湿地保险仅在少部分地区试点，循环种养、生态碳汇等绿色险种还处于点状项目探索阶段，保险参与耕地保护的深度与频度仍然有限。三是数据信息共享有待加强。相关部门的数据信息碎片

化、分散化，且不同渠道的数据信息存在较大差异。四是大灾风险分散机制有待完善。通过保险方式转移大灾风险的能力仍然相对薄弱。亟待用发展的办法解决发展中的问题，靠高质量发展闯出新天地。

四、深化农业保险供给侧结构性改革

强国必先强农，农强方能国强，发展农业保险是促进我国农业健康稳定发展的重大举措。过去多年的发展，使农业保险的政治性、人民性愈发突出，规范化、科技化更加明显。但应当清醒认识到，建设农业强国是一项长期而艰巨的历史任务，将伴随全面建设社会主义现代化国家新征程。我国农业发展面临的难题和挑战还很多，农业保险的发展仍然任重道远。发展好农业保险，关键要深刻领会习近平总书记关于"三农"工作、金融工作的重要论述，自觉主动站在全局看，坚持不懈苦练内功。今后，农业保险尤其需要聚焦重点、精雕细琢，以优化产品供给、深化绿色内涵、加强信息共享、完善再保险体系等为着力点，实现发展方式由数量扩张到稳量提质、运营方式由粗放到精细、服务方式由传统到创新、功能类型由单一向复合的转变，从而为农业强国建设更好地发挥风险防控作用。

（一）加强以需求为导向的产品供给

一是聚焦粮食安全，扩大水稻、小麦、玉米完全成本保险和种植收入保险实施范围，确保全国所有产粮大县的完全成本保险和种植收入保险的面积覆盖率超过 70%，再将实施范围扩大到全国，实现全覆盖。二是丰富产品供给，借鉴吸收先进地区经验，完善"政策性＋商业性""基本保险＋补充保险"的保障体系，把可复制、可推广的内容结合区域实际，开发设计同类保险产品，以更全面、更丰富的产品体系惠及广大农民。三是做精"土特产"，推动地方财政加大对地方特色农产品保险的支持力度，在用好中央奖补政策的基础上，进一步扩大地方财政险种补贴范围，推进"一县多品"，做好扩面、增品、提标，助力地方特色农产品保险做大做强。

（二）拓展农业保险发展的绿色低碳内涵

一是深化模式创新。要贯彻落实《中华人民共和国黑土地保护法》中"国家鼓励保险机构开展黑土地保护相关保险业务"的要求，助力黑土地保护和耕地保护，破解耕地地力下降困局，将"藏粮于地"真正落实到位；紧紧围绕"山水林田湖草沙"一体化治理和系统治理，加大草原保险、湿地保险的覆盖面；要更加注重灾前预防和灾中处置，做好风险减量管理，以更有利于协调推进生态一体化治理和长期绿色转型。二是做精产品开发。要结合新的农业生产方式，为设施农业、循环种养、复合种植等绿色农业开发专属保险产品，探索在商业性农业保险产品开发中增加绿色转型因素（如耕地地力改善、绿色生产技术、产品绿色认证等）作为鼓励因子调整费率。三是践行减碳安排。要积极探索生态产品价值实现的机制路径，开展生态碳汇保险布局，在森林、竹林、草原和海洋的碳汇保险方面进行创新落地，丰富碳汇资产形态，落实金融支持碳汇消纳，形成碳汇价值转化实现的乡村振兴新模式。同时，加强金融工具协同，促进绿色保险与其他金融产品的紧密融合，通过构建"绿色保险＋银行信贷＋生态产品"的绿色金融服务模式，推动生态产品权益贷款融资创新、农村产权制度改革和乡村生态产业发展。

（三）加强农业保险信息共享

一是加强信息互联互通。加强信息共享是完善农业保险基础设施建设、推动农业保险高质量发展的重要一环。建议由指定机构牵头整合政府涉农部门数据和信息，为保险机构提供农田面积、当年种植情况、养殖生产计划等农业基础数据，实现农业保险信息资源互通共享和校验管控，做到数据应用可核验、可追溯、可追责，让农业保险数据取之于农、用之于农，不断夯实高质量发展基础。二是探索信息产业化供给。对于承保、理赔必不可少的气象、地理等方面数据，可由相关部门、行业协会等牵头，探索建立与农业风险管理相关联数据的产业化供给机制。保险机构要围绕具体场景提高农业保险信息化水平，积极探索利用既有数据沉淀优势，为农业保险产品研发、费率调整、差异化定价和风险区划研究等提供数据支持。鼓励保险机构与第三方科技公司合作，以人工智能、大数据等技术手段进行风险预警、查勘、定损，提高精准度和效率。

（四）完善农业保险再保险体系

一是完善农业保险大灾风险分散机制。一方面，以农业再保险公司为载体，基于市场化运作的原则，构建农业保险再保险与直保"分担风险、分享收益"的风险共担机制，充分利用国内、国际两个再保险市场，转移、分散农业大灾风险。另一方面，对于保险机构而言，要完善大灾风险准备金制度，在正常经营年份积累大灾风险准备金，从而实现不同年份之间分散风险。二是加强农业大灾风险基金设计论证。国家层面可统筹整合农业生产、水利救灾资金等，分层次建立农业大灾风险基金，支持农业灾害风险防范。厘清农业大灾风险基金与约定分保的关系，梳理明确资金来源、基金规模、运营使用规范等关键内容，并充分考虑农业大灾风险基金与其他相关制度的分工协作、归并整合，特别是做好农业保险大灾基金建设与政策性再保险的衔接，在顶层设计上优化完善农业保险再保险体系。

新阶段推进农业保险高质量
发展的几点思考

赵乐[①]

一、乡村振兴对农业保险提出新要求

党和政府高度重视"三农"问题,坚持将"三农"问题作为全党工作的重中之重来抓。党的十九大提出实施乡村振兴战略,这是新时代做好"三农"工作的重大举措。乡村不发展,中国就不可能真正发展;乡村不振兴,中华民族就不可能实现振兴。民族要复兴,乡村必振兴。实施乡村振兴战略,是全面建成社会主义现代化强国的重大历史任务,是解决人民日益增长的美好生活需要和不平衡不充分的发展之间矛盾的客观需要,是实现"两个一百年"奋斗目标的必然要求,是新时代做好"三农"工作的总抓手,是"三农"工作的"四梁八柱",是实现全体人民共同富裕的必然要求。

实施乡村振兴战略,"要坚持农业农村优先发展,按照产业兴旺、生态宜居、乡风文明、治理有效、生活富裕的总要求,建立健全城乡融合发展体制机制和政策体系,加快推进农业农村现代化"。近年来,农业保险作为强农惠农的重要政策工具和风险管理手段,在保障农业产业安全、稳定农民收入、打赢脱贫攻坚战等过程中发挥了重要作用。在推进乡村全面振兴的新阶段,推进现代农业发展、促进乡村产业振兴、提升农产品质量和食品安全、改进农村社会治理、稳定农民收入、保护农村生态环境等各方面都对农业保险提出了更高要求,急需农业保险紧紧围绕农业高质高效、乡村宜居宜业、农民富裕富足的新要求,全方位助推乡村振兴,实现新发展,做出新贡献。

---

① 赵乐,就职于安华农业保险股份有限公司。

二、农业保险高质量发展是新发展阶段的必然选择

（一）我国农业保险发展现状

1. 当前农业保险取得的成效

经过多年的发展探索，我国农业保险发展取得了令人瞩目的成就。农业保险从试点到全面推开，市场规模快速扩大，覆盖范围不断拓展，"三农"风险保障不断发挥作用，政策效果逐步显现，得到社会各界的广泛关注。农业保险保费收入从 2007 年的 51.8 亿元增至 2023 年的 1 430 亿元，农业保险的业务规模跃升为全球第一位。提供的风险保障从 2007 年的 1 126 亿元增至 2023 年的 4.98 万亿元。参保农户从 4 981 万户次增至 1.64 亿户次。中央财政补贴的险种基本覆盖了关系国计民生的三大粮食作物、棉花、油料、糖类、橡胶，生猪、奶牛等，全国农业保险承保的农林牧渔产品近 300 种。通过农业保险这个"稳定器"和"安全阀"，现阶段农业发展的主要品种和面临的自然风险得到了基本保障，农业保险已成为各界认可、上下关注、极为有效的农业风险管理手段和政策支持工具。

2. 安华保险在农业保险领域的探索与创新

安华农业保险股份有限公司自 2004 年成立以来，始终践行服务"三农"的宗旨。截至 2020 年年底，农业保险已有种、养、林 512 个险种。累计承保农作物 8.92 亿亩、畜禽 10.62 亿头（只）、承保农户 4 467.41 万户次，实现保费收入 254.25 亿元，累计赔款 166.05 亿元，受益农户 2 738.98 万户次。作为专业的农业保险公司，安华保险始终牢记初心使命，专注深耕"三农"保险市场，着力推进农业保险创新，不断满足"三农"发展的风险保障需求。

一是积极探索保障范围由自然风险向市场风险延伸。2013 年 5 月，安华保险在国内首次推出了生猪价格指数保险，尝试运用保险手段来化解生猪市场的价格波动风险，并在北京市签订了全国范围内第一单生猪价格指数保险。生猪价格指数保险开办以来，安华保险累计为近 2 000 个养殖企业和农户承保生猪 315 万头，提供风险保障 35.7 亿元，实现保费收入 9 644.8 万元，累计支付赔款 7 065.9 万元。

二是探索从保成本向保收入拓展，开展农产品收入保险试点。2016 年，安华保险在吉林省大豆主产区签订了我国第一单大豆收入保险。为家庭农场、专业合作社等新型农业经营主体提供了 665 万元的风险保障。

三是探索从保障农业生产向保障农业产业融合发展延伸。以农业保障为出发点，积极向资金融通和服务"三农"多领域探索。在国内率先探索推出"京郊保"旅游保险，防范和化解京郊旅游经营户的经营风险，促进农业产业融合

267

发展。2017 年，安华保险在北京市推出京郊旅游政策性保险，已为 4 391 户次京郊旅游经营户承担 30.7 亿元的风险保障，覆盖率达到了 63.4％，赢得了政府、广大京郊旅游经营户和游客的好评。

四是积极服务区域特色产业发展，大力开发地方特色险种。2016 年以来，安华保险紧紧围绕农业产业结构调整、国家精准扶贫、区域特色产业发展布局等，积极为地方经济发展提供有效的风险保障。陆续开发推出了食用菌、中药材、茶叶、桂花树、花椒、水果、骆驼、禽类、水产等 110 个特色农业保险产品，已成功推出达到千万级、百万级保费规模的农业保险创新产品 44 个。此外，安华保险还积极探索"保险＋期货"试点，陆续开展了玉米、大豆、生猪、鸡蛋、红枣的"保险＋期货"产品。2021 年 1 月 8 日生猪期货上市首日，安华保险在吉林省、大连市、山东省分别签发当地"生猪保险＋期货"首单。

五是不断探索科技创新驱动农业保险向更高质量发展迈进。在行业内率先开展无人机研发、应用，在行业率先探索应用养殖业电子芯片耳标识别技术，积极尝试"保险＋区块链"模式，探索解决长期困扰家禽保险的承保难、查勘难、理赔难等行业痛点。

六是率先开展农业保险基础研究。在农业保险理论研究方面，安华保险在行业内率先成立农业保险研究院，聘请国内知名专家庹国柱教授等，对农业保险基础理论和实践进行深入研究探索，2011 年以来连续发布《中国农业保险研究（发展报告）》。在农业保险技术研究方面，2011 年，安华保险制定的《农作物种植保险查勘定损规范标准总则》以及分险种的 8 个查勘定损技术规范，被吉林省质量技术监督局认定为行业标准。2015 年，安华保险在中国保险行业协会领导下牵头起草了《农业保险服务标准》；2016 年，牵头起草了《农业保险服务通则》，作为保险领域的首个团体标准，对行业发展具有重要的参考意义。

（二）新阶段农业保险高质量发展的总体部署

2019 年，四部门联合下发《关于加快农业保险高质量发展的指导意见》，从顶层设计明确了加快农业保险高质量发展的指导思想、基本原则、主要目标等，紧紧围绕实施乡村振兴战略和打赢脱贫攻坚战，立足深化农业供给侧结构性改革，按照适应世贸组织规则、保护农民利益、支持农业发展以及扩面、增品、提标的要求，进一步完善农业保险政策，提高农业保险服务能力，优化农业保险运行机制，加强农业保险基础设施建设，推动农业保险高质量发展，更好地满足"三农"领域日益增长的风险保障需求。

《关于加快农业保险高质量发展的指导意见》明确了农业保险高质量发展的目标规划，提出到 2022 年，基本建成功能完善、运行规范、基础完备，与农业农村现代化发展阶段相适应、与农户风险保障需求相契合、中央与地方分工负责的多层次农业保险体系。文件中还要求，水稻、小麦、玉米农业保险覆盖率超过70％，收入保险成为我国农业保险的重要险种；到2030年，农业保险基本达到国际先进水平，形成补贴有效率、产业有保障、农民得实惠、机构可持续的多赢格局。

同时，《关于加快农业保险高质量发展的指导意见》在提高农业保险服务能力、优化农业保险运行机制、加强农业保险基础设施建设、做好组织实施工作等方面都进行了部署安排。《关于加快农业保险高质量发展的指导意见》的出台，是继《农业保险条例》出台之后，我国农业保险发展历程中的又一个重要里程碑，标志着我国农业保险发展进入了一个新阶段。

（三）农业保险高质量发展是必然要求

农业保险高质量发展的总要求、总目标、总任务就是要不断地满足"三农"发展、乡村振兴过程中日益产生的风险保障需求。农业保险高质量发展就是要以农业、农村、农民需求为出发点，结合农业强、农村美、农民富的目标，紧紧围绕农业高质高效、乡村宜居宜业、农民富裕富足建设过程中的各种风险保障需求。

新时代新阶段推进农业保险高质量发展，就是要把农业保险作为风险管理工具、政策支持保护体系的重要组成部分、乡村振兴产业发展的重要抓手、农村金融体系的重要组成部分，发挥农业保险对保障现代农业发展、稳定农民收入、维护农村生态、改进农村社会治理的积极作用，不断拓展农业保险的内涵和外延，推动农业保险扩面、增品、提标。不断提高农业保险对"三农"的保障水平，逐步扩大部分物化成本保险向完全成本保险过渡，扩大收入保险试点范围。不断增加中央以奖代补品种，尽快实现全覆盖。从主要防范自然灾害风险向防范市场风险探索。从农业的产中环节向农业产前、产后延伸，实现农业生产全过程的覆盖。从第一产业向一二三产业融合转变，实现全产业链条的覆盖。从主要提供灾后补偿向灾前预警预防和灾中施救干预兼顾延伸，实现灾害全过程的干预，最大程度减损。从农业向农村和农民扩展、从农业生产向农民生活和农村生态拓展，实现"三农"全领域覆盖。从而实现从小农险到大农险的转变，从狭义的传统农业保险到广义的"三农"相关领域保险的转变，与农村的投资、信贷、担保、信用、基金、期货等联动，打造以农业保险为核心和底层架构的强农富农农村普惠金融体系，织密乡村生产生活生态"保障网"，为"三农"发展保驾护航，更好地服务乡村振兴战略。

三、推进农业保险高质量发展的几点建议

我国农业保险发展取得了突出成绩，但在快速发展中也积累了不少需要进一步完善的地方和亟待解决的问题。面对助力乡村全面振兴新任务，需要完善农业保险制度体系、规范市场秩序、提升农业保险保障水平、健全农业大灾风险分散机制、推进农业保险与农村金融体系融合、加强农业保险与产业政策联动、提升农业保险科技应用水平、加强农业保险基础建设等。

（一）完善农业保险制度体系

一是研究启动农业保险法立法。2013 年 3 月正式实施的《农业保险条例》，提出了农业保险的制度框架雏形，农业保险发展有了初步的法规依据，为农业保险发展奠定了基础，做出了重大贡献。但随着农业保险的快速推进，不可避免地产生了许多新问题，如何解决这些新问题，适应农业保险发展新形势，为农业保险高质量发展提供有效的法律制度保障是行业发展面临的新课题。建议从加强农业保险顶层设计入手，研究启动农业保险法立法，结合新时代的新阶段和新任务对农业保险的认识、定位和要求，总结现有实践探索，在政策定位、经营模式、管理体制、大灾风险分散、政策支持、市场秩序等各方面自上而下地从法律层面予以明确。提升农业保险在强农富农政策中的地位，用政策的制度化和体系化来理顺农业保险各环节、各主体的关系。建议恢复政策性农业保险市场准入资格审批，加强市场秩序管理，发挥"有形之手"的作用。二是加大财政支持力度，优化财政补贴机制。应进一步加大各级财政特别是中央财政保费补贴力度，加大中央财政对农业大省的支持力度，取消农业大县农业保险的县级财政补贴。加强农业保险考核评价管理，提高财政资金使用效率，加快财政补贴资金拨付进度。三是健全大灾风险分散机制。

（二）规范市场秩序

全国农业保险市场的竞争日趋激烈，农业保险市场白热化、不理智的过度竞争日渐严重，经营农业保险业务的市场主体已有 30 多家。一方面固然有农业保险市场规模扩大，需要适量的新主体进入，参与转移和分散风险的需要；但另一方面也不可避免地在许多区域形成了农业保险市场过度竞争的局面。比如部分省份经营农业保险的主体超过 10 家，局部市场不断变换经营主体，各主体为了进入市场各出奇招，"你方唱罢我登场，城头变幻大王旗"，激烈的竞争形势和市场主体变换严重影响了市场主体稳定的经营预期，也必然影响市场主体的基础投入和服务，进而影响对农民的服务，影响政策效果，不利于行业

持续健康发展，农业保险市场秩序亟待规范。

规范农业保险市场秩序，要充分发挥有为政府的作用，建议恢复农业保险市场准入审批制度，进一步完善市场准入和退出机制，维持市场适度竞争，稳定市场主体的经营预期，稳定经营时间，维持主体数量的基本稳定，基本保持遴选条件的严肃性、连续性、统一性、公平性等。严格承保主体遴选标准，市场主体的选择除了看实力，还要看积淀、看贡献、看历史、看情怀，杜绝"投机分子"。中央层面要加大对各地市场秩序的督导，可考虑择机出台有关考核管理办法。

（三）提升农业保险保障水平

结合现代农业发展、乡村振兴战略等方面的风险保障需求，为"三农"发展提供多元化、宽领域、全方位的风险保障。一是要服务产业需要，围绕农业产业增效，在产业兴旺、提质升级方面出大力；二是要服务生态需要，围绕农村绿色生态发展，在服务耕地保护和绿色金融上下功夫；三是要服务富民需要，围绕农民收入增长，探索开展收入保险，拉动农民增收。促进农业高质高效、乡村宜居宜业、农民富裕富足。积极探索从产业保障向农村农民领域、防灾减灾社会管理、加强农村金融体系建设等方面延伸。应不断拓宽"三农"服务领域，围绕扩面、增品、提标的要求，以巩固、拓展、提高为主线，进一步丰富保险产品，稳步推进完全成本保险，扩大收入保险、"保险＋期货"、天气指数保险等创新型保险产品的试点范围，推进农业保险的保障范围从产中向产前、产后延伸，从部分物化成本向完全成本过渡，从第一产业向一二三产业融合转变，实现产业全链条的保险覆盖，使保障对象由农业向农村和农民扩展，使保障领域由农业生产向生活和生态拓展。

（四）健全农业大灾风险分散机制

健全的农业大灾风险分散机制至关重要，它是农业保险的"安全阀""稳定器"，事关市场主体、参保农户等各方利益，事关农业保险制度的健康可持续发展。健全农业大灾风险分散机制是农业保险高质量发展的必然要求。中央高度重视农业大灾风险分散机制的建立健全，于2020年由财政部牵头出资成立中国农业再保险股份有限公司。中国农业再保险股份有限公司的成立是健全我国农业大灾风险分散机制的一件大事，对健全农业大灾风险分散机制具有里程碑意义。

应在因地制宜、实事求是、吸收借鉴总结的基础上，以中国农业再保险股份有限公司为平台和载体，探索构建具有中国特色的农业大灾风险分散机制，为农业保险高质量发展提供有效的风险保障。建议在以下方面充分发挥好中国农业再保险股份有限公司的作用：一是坚持政策定位，紧紧围绕新阶段乡村振兴和现代农业发展的主旋律，服务国家"三农"发展战略；二是坚持市场导向，遵循风险规律，充分发挥市场在资源配置中的决定性作用；三是坚持多方共赢，兼顾各参与主体公平合理的利益诉求，协调好市场与政策、直保与再保、国内与国际再保险市场等的关系；四是加强各方协同，包括部门之间、中央与地方、直保市场与再保市场、国内再保险市场与国外再保险市场等的协同，特别是中央层级的农业大灾风险分散机制与地方已有的农业大灾风险分散实践的衔接；五是坚持保障有效，应充分发挥中国农业再保险股份有限公司平衡长周期、全区域风险波动的作用，不宜以中国农业再保险股份有限公司短期、年度赔赚"论成败"，为市场提供切实有效且合理公允的风险保障。

（五）推进农业保险与农村金融体系融合

制约我国"三农"发展、乡村振兴的一个重要因素是资金，融资难、融资贵就是金融机构助力乡村全面振兴过程中需要破解的难题之一。农业保险保单本身所具有的标准化、价值固定的特点，成为农村资金融通的最佳载体。充分发挥农业保险增信作用，推进农业保险与农村金融体系的集成，建立健全农业、农业风险管理与农村金融创新统筹推进的政策。将农业风险管理与金融创新结合起来，通过金融创新为农业风险管理提供有效的手段和工具，提升并放大财政资金的运用效率。

大力推进农业保险与农业担保、农业信贷、农业投资等农村金融要素的融合联动，积极探索农业保险与互联网金融、互联网农业科技的合作，推动普惠金融业务向农村金融市场纵深发展，不断丰富保险助力农业实体经济的服务手段和服务方式。探索"保险＋银行＋政府"的多方信贷风险分担补偿机制，推进"保险＋担保""保险＋质押""保险＋期货"等金融工具联动，丰富农民和农业企业的融资方式，降低企业融资门槛，拓宽农业保险服务领域，增强农业保险服务能力，推动农村产业发展，持续巩固拓展脱贫攻坚成果和推进乡村振兴。

（六）加强农业保险与产业政策联动

加快产业融合发展，推进要素跨界配置、产业跨界重组、主体跨界联合，培育新型融合主体，需要推进政策集成，加强农业风险管理体系中的部门联动、政策集成机制建设，充分发挥政策集成协同效应。各部门出台的许多农业政策、涉农政策中，通过系统集成，形成"1＋1＞2"的常态化支持政策。建议加强各部门、各部门内部的联动，以及各政策工具的联动集成、各参与主体的联动协同。在制定粮食安全、食品安全、农业产业保障、农民收入稳定、农村环境建设、乡村振兴等领域的各项农业、涉农政策时，整合加入农业保险这个政策工具，让农业保险在相关政策中发挥出作用。

（七）提升农业保险科技应用水平

农业保险要实现高质量发展，不仅相关制度体系需要进一步完善，还需要科技的创新支持。通过新技术、新手段改变传统农业保险的粗放经营模式，从而促进农业保险提质、增效、降本。随着我国农村生产生活方式和社会结构发生显著变化，特别是在非洲猪瘟疫情和新冠疫情的变化下，农业保险电子化、数字化、智能化科技应用普及显得更为迫切。通过移动互联网、卫星定位、遥感测绘、物联网、人工智能、区块链、大数据、云计算等新技术，全面提升农业保险服务的能力，强化产品创新能力，加大农村普惠性保险产品供给，有效提升农户的服务体验；提高风险管控能力，提升保险标的管理、客户管理、风险管控水平；继续创新、完善线上作业和移动作业，不断提高数字化和智慧经营水平，提质、增效、降本。同时，通过科技手段，也可以有效提升各级政府和监管部门对农业保险的管理效能。

（八）加强农业保险基础建设

第一，推进农业保险数据信息共享。在农业保险风险评估、承保理赔、信息化应用方面，一些农业保险经营主体开展了有益的探索和尝试，但在气象、灾害预警、承保地块信息、农作物信息等方面依然存在信息获取难、信息不对称的难题。建议整合财政、农业农村、林业和草原、气象、保险等多部门的信息资源，破除信息数据壁垒，完善农业保险数据库，实现农业保险基础信息资源互通共享，安全科学合理运用数据，各方承担保密义务，为农业保险承保、产品研发、费率区划设定、差异化定价、预报预警、防灾减损等工作提供数据支撑。

第二，提高农业保险信息化水平。加强信息基础设施建设及软硬件的投入，加快技术创新，提高信息化水平，打造专业化、智能化、人性化的农业保险信息系统。充分利用现代互联网与信息技术，整合业务、财务等系统数据资源，分析研究客户类型、风险状况、保险需求等内容，为产品研发、业务管理、风险管控、领导决策、客户服务等提供数据支持，进一步提升信息化管理和精细化管理水平。

第三，加大基层服务网络投入。鼓励支持农业保险经营主体加强农业保险服务"最后一公里"建设，继续提高农村服务网络覆盖率，提高农村服务网络人员服务能力，使农村服务网络真正成为农业保险经营主体链接农村市场的"互联网"。

第四，加强农业保险人才队伍建设。农业保险高质量发展离不开高质量的人才队伍。农业保险实现高质量发展需要农业保险经营主体、政府、监管部门三支高质量人才队伍的支撑。农业保险经营主体层面，要加强农业保险专业人才的培养，特别是一些新主体刚刚开办农业保险业务，对基层农业保险承保、理赔等领域的一线操作人员需求很大，应在进入市场之前就要做好人员队伍的前期准备，这也应该成为各级政府选择承保主体的重要考核指标。政府和监管部门层面，也需要打造一支熟悉农业政策和监管政策、熟悉农业产业，知农情、懂农事、有情怀的高质量人才队伍，来保障农业保险高质量的发展。

第五，加强农业保险基础理论研究。实践离不开理论的指导和支撑，农业保险实现高质量发展离不开农业保险领域高质量的理论研究。当前农业保险领域的研究较之前人气旺了、相关论文书籍多了、成立机构多了、各界重视程度越来越高了，这是农业保险发展的幸事、好事，非常期盼涌现出更多的高质量研究成果，助力农业保险高质量发展。

农业保险风险区划研究与实践新进展

叶涛①　王晓杰②　刘婧③　张兴明④

农业保险风险区划（也称"保险区划"或"风险费率区划"）是揭示农业自然灾害风险的区域分布规律、科学厘定不同风险区域的费率、最终服务农业灾害风险防范与农业保险业务实践的一类综合性区划。早在 1994 年，国家科学技术委员会、国家计划委员会、国家经济贸易委员会自然灾害综合研究组便提出了保险区划的概念："保险区划是以自然灾害风险为基础、为保险企业经营管理和决策服务的区划"。贯穿农业保险风险区划的基本原则和理论基础是"区域决定风险"和"风险决定费率"。依据区域灾害系统理论，农业生产受到的自然灾害灾情是区域特定孕灾环境、致灾因子与承灾体相互作用的结果。认识农业自然灾害发生和恶化的时空分布规律，是进行综合自然灾害风险防范和开展自然灾害保险的重要科学依据。保险是投保人与承保人之间平等互惠的风险交易，保险费率与风险水平的对等是实现互惠的基本条件，也是控制逆选择的重要手段。破解保险标的风险高低差异、信息不对称条件下风险与费率不对等的关键手段是识别不同标的风险水平、实现保费差别化。对于农业保险而言，农业自然灾害风险的区域性为风险高低识别和差别化定价提供了可能性。

农业保险的试点不断推动农业保险风险区划工作的探索。随着农业保险从 20 世纪 80 年代开始的试点，学者们逐渐认识到保险区划的重要性。1994 年，学者庹国柱和丁少群提出了农业保险风险区划的基础理论，编制了第一个中国农业保险风险区划和费率区划方案。2001 年后，农业保险试点的进展相对有限，但学术探索并未停滞，学者们进一步利用历史单产统计数据分析和动态聚类等方法，编制了全国和区域性农业保险风险区划方案，完成了全国主要粮食

①　叶涛，就职于北京师范大学应急管理部-教育部减灾与应急管理研究院。
②　王晓杰，就职于北京师范大学地理科学学部灾害风险科学研究院。
③　刘婧，就职于中国人民财产保险股份有限公司。
④　张兴明，就职于中国人民保险集团股份有限公司。

和经济作物的保险区划。2007 年，中央财政支持的农业保险试点启动，农业保险规模快速扩大，行业实践增加了对农业保险风险区划工作的需求。中国保险监督管理委员会提倡加强农业保险风险区划研究，提高产品定价科学化水平，并设立两级尺度上的种植业保险区划研究课题。国际模型公司和再保险公司也适时研发了不少适合中国市场的农业风险模型。2016 年，财政部印发的《中央财政农业保险保险费补贴管理办法》强调，经办机构应公平合理拟订保险条款和费率，体现了实施差别化费率的原理。2017 年，中央一号文件强调风险管控。

2019 年 9 月，财政部等四部门联合出台《关于加快农业保险高质量发展的指导意见》（简称"《高质量发展意见》"），明确提出"加强农业保险风险区划研究，构建农业生产风险地图，发布农业保险纯风险损失费率，……建立科学的保险费率拟订和动态调整机制，实现基于地区风险的差异化定价，真实反映农业生产风险状况"。2021 年，财政部出台《中央财政农业保险保费补贴管理办法》，提出"各省财政部门应当会同有关部门，指导承保机构逐步建立当地农业保险费率调整机制，合理确定费率水平"，要求中国农业再保险股份有限公司"适时发布农业保险风险区划和风险费率参考"。在上述背景下，中国精算师协会、中国农业科学院和北京师范大学，分别立足行业机构优势与学科优势，开展最新一轮的中国农业保险风险区划研究，形成了最新方案。

正值农业保险发展 20 年之际，在此系统综述 2019 年《高质量发展意见》出台以来我国农业保险风险区划的研究与实践进展，总结已取得的经验，分析仍然面临的问题，并对进一步开展农业保险风险区划研究、推动我国农业保险高质量发展进行展望。

一、中国农业保险风险区划的研究进展

（一）中国精算师协会基于农业保险经营数据精算的农业保险风险区划方案

《高质量发展意见》发布前的农业保险风险区划工作均围绕外部损失数据构建模型，保险业务数据的匮乏制约了研究的深化与实践应用。随着农业保险试点不断深化，保险业务数据不断积累和技术不断完善，基于保险业务数据形成农业保险风险区划成为可能。2020 年，在中国银行保险监督管理委员会的指导下，中国保险行业协会、中国精算师协会和中国银行保险信息技术管理有限公司组织力量，开展了稻谷、小麦、玉米的保险风险区划和费率分区研究工作，形成了《稻谷、小麦、玉米成本保险行业基准纯风险损失率表（2020版）》（简称"《基准表》"），并由中国保险行业协会正式发布，为我国农业保险行业发展提供了重要的技术支持和行业标准。2023 年 4 月，中国银行保险监督管理委员会发布《农业保险精算规定（试行）》，明确提出"对于中国精算师协会已发布农业保险行业基准纯风险损失率的产品，公司定价时的基准纯风险损失率应当使用行业基准"。

《基准表》以全国范围内的 343 个地市级区域（或等价单元）为农业保险风险区划的基本单元，通过搜集整理稻谷、小麦、玉米三大粮食作物涉及的农业保险承保理赔数据与空间、农业、遥感 NDVI 等数据，构建风险评估区划数据库，为风险评估提供了全面的数据支持。该研究使用多因子综合损失样本，基于信息扩散的损失概率分析、最小生成树智能约束的区域划分和依托先验知识的空间推断等技术，对风险区进行精准划分，形成了农业保险风险区划结果。实施过程中，研究以 11.6 亿条保险承保理赔业务数据为基础，开展了多因子损失样本的构建，利用保险承保理赔数据，测算了最小空间单元（地市级区域）的保额损失率，以遥感技术获取的归一化植被指数的年际变差作为修正变量，依据单一区域损失与领域损失的一致性进行空间订正，实现行业记录数据与遥感对地观测数据之间的协同。在此基础上，利用适宜小样本分布拟合的信息扩散方法，对分区域保额损失率的概率分布进行了拟合，进而测算最小区划单元的纯风险损失率。

《基准表》在《中国农业自然资源和农业区划》中的 10 个一级农业区和 38 个二级农业区基础上，保持县级行政区划界线的完整性，对三大粮食作物的保险损失风险进行了区域划分。结果显示，玉米保险纯风险损失率值为 0.015～0.078，全国被划分为 31 个风险区，总体呈现由东北向西南降低的趋势；水稻保险纯风险损失率值为 0.012～0.053，全国被划分为 64 个风险区，总体呈现由北向南降低的规律，但中部地区如湖北省出现风险比周边更高的情况；小麦保险纯风险损失率值为 0.011～0.062，全国被划分为 37 个风险区，由北向南总体呈现高低高的分布规律，低风险地区主要分布在北京市到腾冲市连线的两侧。

（二）中国农业科学院基于风险损失的农业生产风险评估方案

中国农业科学院（简称"农科院"）在农业保险风险区划上有深厚的研究基础。《高质量发展意见》发布后，农科院团队在充分运用农业生产风险评估与区划理论及方法的基础上，结合农情灾情大数据，基于风险损失的评估方法，对全国范围内省级和县级两种空间尺度下的 11 种作物进行了农业生产风险的评估、区划和制图，于 2020 年发布了《中国农业生产风险区划地图册》。

《中国农业生产风险区划地图册》的编制采用了基于区（县）一级历史单产统计数据的方法进行量化风险评估，充分考虑了与农业保险风险区划相关数据的优缺点：作物单产数据能反映作物的产量损失风险，却因区域内产量增减的相互抵消而导致风险被低估；作物灾情数据能反映作物的因灾损失风险，却无法区分受灾的具体品种；作物保险数据能反映作物的赔付损失风险，却因农业保险开办时间较短，历史赔付数据积累较少、数据质量不高，不能真实反映风险大小。故该研究以单产数据为研究主要数据源，结合灾情数据和保险数据对损失风险进行修正，从而达到兼顾多源数据优势的同时，克服单维数据带来的风险评估偏差的目的。风险评估环节利用了非参数法进行损失序列数据的分布拟合，弥补了传统参数方法在处理农业生产风险时的不足。同时，通过直观判断和 Anderson - Daring（AD）、Kolmogorov - Smirnov（KS）、Chi - square 等计量经济学方法进行检验，选出了最优的损失概率分布模型，确保风险分析的准确性和可靠性。采用农作物的期望损失率（也称农作物的纯风险损失率）作为风险度量指标，并根据纯风险损失率，将农作物生产风险分为极高风险、高风险、中风险与低风险 4 个等级。最终采用分位数分级法分省、分县、分品种形成风险区划，编制成农业生产风险区划地图，直观展示我国农业生产风险的空间分布特征。

《中国农业生产风险区划地图册》涵盖全国省级和 31 个县级两种尺度下中央财政农业保险保费补贴的 11 种作物（水稻、玉米、小麦、棉花、大豆、马铃薯、油菜、花生、芝麻、甜菜、甘蔗）的生产风险评估、生产风险区划和地图展示，共编制了 288 张地图，充分展示了我国主要农作物生产风险的区域分布特点。这也使其成为我国第一部全面反映各地区主要农作物生产风险空间差异的图册。

（三）北京师范大学基于单产模拟与时空融合的三大粮食作物保险风险区划方案

北京师范大学曾在 2010—2012 年承担了中国保险监督管理委员会设立的"全国（省）种植业保险区划研究"课题，并在内蒙古和湖南两省份试点实施了"省到区（县）一级种植业保险区划研究"项目，初步形成了以农作物减产损失风险评估为核心的量化模型，多指标、多级序综合聚类与区划为区划方法的保险区划技术体系。"十三五"期间，在国家重点研发计划支撑下，借助气候变化影响评价中广泛使用的农作物模型，形成了一套基于机理模型模拟单产与统计单产时空融合的主粮作物减产风险评估与费率厘定方法。2022 年，在中国农业再保险股份有限公司课题的支持下，进一步总结了一套适宜我国国情的农作物保险风险费率分区差异化的技术方法体系，形成了全国三大粮食作物保险风险区划方案。

该技术方法体系试图解决以下 3 个重点问题。

1. 费率的空间差异性

省内不同层级行政地区（地级市、县）保险费率的厘定结果应充分体现风险水平的空间分布规律。近30年的农业保险风险区划实践逐步将区划和基础费率的最小空间单元从省一级细化到了地级市或县一级。这在一定程度上与我国农业保险基层经营机构处于同一行政区划层级。然而，农业生产风险的特点决定了县域内部依然存在巨大的空间差异，特别是西部地区部分县域面积巨大。还原更细粒度的费率空间差异性的瓶颈是地块级别的历史单产数据的缺失，直接使用县级以上行政区划的单产数据会因尺度差异造成风险和费率的低估。破解尺度差异、还原行政区划内部的差异性是解决上述问题的关键。

研究团队自主研发了基于机理模型模拟单产与统计单产时空融合的主粮作物减产风险评估与费率厘定方法，包括两个核心环节，一是主粮作物历史单产的网格化模拟，二是模拟与统计单产的时空融合。其中，历史单产的网格化模拟使用了团队自行开发的基于全球网格的作物模拟集合模拟器，该模拟器使用极限梯度提升树等机器学习算法，模拟了全球网格作物模型（global gridded crop model，GGCM）中水稻、冬小麦、春小麦和玉米的输入、输出关系，每个作物类别包含9个成员模型和雨养/灌溉两种水分处理情景，共72个成员模拟器。利用中国区高时空分辨率的气候驱动数据驱动模拟器，生成了1991年以来全国范围高空间分辨率（5km）的水稻、小麦、玉米历史单产的网格化模拟。模拟结果显示，小麦模拟器的预测准确率达到了93%，玉米模拟器为96%，水稻模拟器为92%，且所有模型的平均预测误差均控制在1吨/公顷以内。

模拟单产与统计单产时空融合借助了遥感领域高时间分辨率和高空间分辨率数据信息融合的理念，在县一级尺度上以充分利用模拟单产在空间分辨率上的优势，兼顾县级统计单产在年际变异性上的准确性，从而达到在较高空间分辨率上还原单产年际波动的目标。在融合过程中，首先对年鉴统计数据进行质量控制，删除超过能够到达范围的异常单产和正负3倍标准差范围外的单产，只采用单产纪录超过9年的县级统计数据。时空融合包含时间维插补和空间降尺度两部分。对统计单元序列的缺失值进行时间序列插补的过程，借助了气候变化预估数据偏差校正中常用的分位数校正方法。在减产风险评估环节，使用了经典的单产仿真法逐个网格计算保额损失率，并厘定出风险损失率。

时空融合的算法充分利用了统计单产和模拟单产在时间维和空间维的优势，有效解决了传统的利用行政单元统计单产进行农户级别保险定价中面临的尺度转换问题。最终结果的空间分辨率大幅细过县界，使得可以在省、市、县、乡等不同层级的行政区划上厘定保险费率，自下而上地估计区域到全国尺度的大灾风险附加费率成为可能。与此同时，时空融合算法中纳入了气候年际变异的信号，从模拟或还原像元级别的单产出发，相较于单纯使用历史单产统计数据或赔案数据的方法，具有更好的原生性，可以计算不同的保障水平和赔付办法条件下的保额损失率，从而进一步支撑产品条款的优化。与此同时，由气候数据驱动的多模型集合模拟结果能够更好地应对气候变化带来的时间序列非平稳性问题，从而预估短期因气候变化造成的费率变动。

2. 费率的公平性

在省级水平上，农业保险纯风险损失率的厘定结果可以保证"收支相抵、略有盈余"，足以支撑业务可持续性。公平性保险费率厘定是一项重要的基础性工作，使用外部损失数据确定的纯风险损失率只能代表期望减产损失，而非农业保险的保险损失风险，二者在绝对值上可能存在较大的偏差。这也是过去农业保险风险区划工作中，研究结果很难被投入实践的瓶颈。在考虑省内风险和费率的地区差异之前，保险经营主体往往更关注新的方案可能带来的基础纯风险损失率变动，因此在区划试点实施中存在较大的阻力。

针对这一问题，该方法体系试图将费率充足性与差异性问题剥离。省一级尺度的纯风险损失率以保险业务数据为基础，使用经典的保险精算方法进行评估，以保障保费收入与多年赔付支出基本做到收支相抵。费率的空间差异性则是在外部数据测算得到的期望减产率基础上，以省一级平均期望减产率为基准，将县级期望减产率匹配为相对省级平均值的"调节因子"。调节因子值为1，代表该县的风险水平与全省平均值相当；值越大则代表风险越高，越小则代表风险相对更低。

3. 费率的充足性

省一级大灾风险附加费率的厘定结果可以满足偿付特定重现期的大灾风险。过去的农业保险风险区划中多数没有提供大灾风险水平（重现期保额损失率）的评估，然而根据灾害保险定价的基本原理，风险费率应包括纯风险损失率、大灾风险附加费率和业务费用率 3 个部分，其中大灾风险附加费率的目的是保障在特定重现期大灾出现的前提下，经营主体有充足的赔付资金。美国的研究表明，较高的空间相关性可以使联邦农作物保险的大灾风险附加费率达到纯风险损失率的 50%～120%。由于大灾风险附加费率是对分布尾部特征值的估计，需要长时间序列的业务数据才能保障估计的准确性。针对这一瓶颈，解决思路是在省一级保险损失数据与外部损失数据之间开展融合。在对网格尺度减产风险评估的基础上，利用播种面积数据进行全省总体风险的聚合，将减产损失序列与省一级保险赔付数据进行匹配，对有限的省级保险赔付时间序列进行插补、延长超过 30 年，以在此基础上利用经典精算方法测算大灾风险水平和重现期保额损失率。各省份玉米 5 年一遇、10 年一遇和 20 年一遇大灾风险附加费率厘定结果见图 41 - 1。

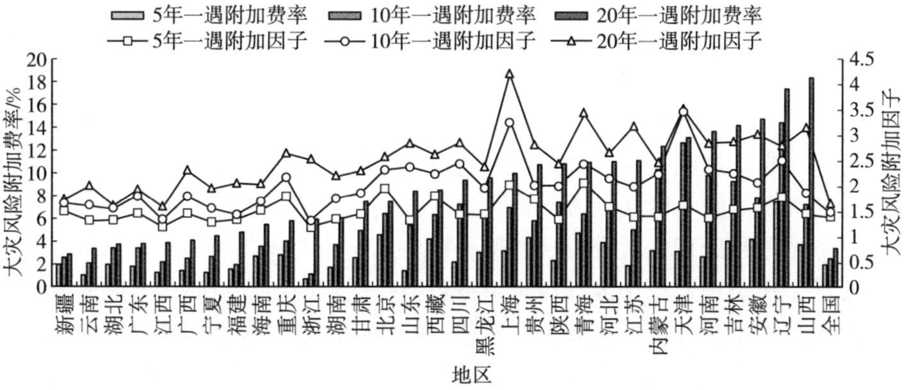

图 41-1　各省份玉米 5 年一遇、10 年一遇和 20 年一遇大灾风险附加费率厘定结果

（四）　三种技术方案研究结果对比

前述 3 种技术方案在源头数据、技术方法上各有侧重，形成的区划方案也有所不同，重点体现在纯风险损失率的值域范围，以及风险等级高低在空间上的分布格局。总体而言，农科院《中国农业生产风险区划地图册》与北京师范大学方案的结果更为接近。

一是水稻方面。就空间格局而言，《中国农业生产风险区划地图册》与北京师范大学的方案显示，在省一级尺度上，水稻的纯风险损失率呈现南北分异的格局；在秦岭—淮河以南的区域，除贵州外，均为低费率水平区；中高风险地区集中于中国北方地区，以及南方地区的安徽省和贵州省。而《基准表》的结果也呈现了南北分异的格局，但是河南、湖北、安徽等省份的费率水平相对更高。从纯风险损失率的数值上看，北京师范大学方案的水稻纯风险损失率（0.004～0.218）要高于其他两套风险区划的值（0～0.06），这在一定程度上是由于尺度转换问题。如直接在县级单产数据上进行纯风险损失率测算，将比现有的网格尺度结果更低。

二是小麦方面。在空间格局上，仍是《中国农业生产风险区划地图册》与北京师范大学方案的结果更接近，小麦减产风险总体呈现北—中—南的分异格局。中高风险区位于北方大部分地区（包括黑龙江、吉林、辽宁、内蒙古、河北北部、山西、陕西、宁夏、甘肃南部等地）和西南地区（包括云南、贵州等地）。而《基准表》结果中，中高风险区虽然也是一南一北，北方主要是黑—吉—蒙—陕—青—新一线，南方则主要集中在湖南—江西周边的山地区域；而低风险区主要是河北—山西—陕西—川渝—云贵一线。从数值上看，北京师范大学方案的厘定结果整体数值略高。

三是玉米方面。3 套风险区划的结果有相似性。主要的中高风险区位于从东北地区到中部地区农牧交错带的广大地区，以及河南、安徽、江西等省份。从数值上看，3 套方案整体相差不大，与水稻、小麦两种作物的差异相比更小，生产风险结果更为接近。

从上述对比不难看出，3 套区划方案仍然存在较大的差异。这种差异的根源可能在于保险理赔数据与外部损失数据之间存在较大偏差，而非风险评估方法上的差异。尽管 3 套区划方案都在技术方法中强调了多源数据融合，但《基准表》的结果是以理赔数据反映的保险损失风险的空间差异为主，另两套结果更多反映了历史统计单产或气候－植被数据所反映的减产风险的空间差异。基于保险理赔数据和外部损失数据分别获得的风险区划结果之间差异的原因可能是多维的，从实地的灾害损失到保险理赔，中间经历了保险查勘、定损等环节；从县（区）统计单产到依据合同条款推算保险损失，其中存在尺度转换的差异；实地定损操作与合同条款规定不一致可能带来差异。然而，当前基于这两套数据所形成结果之间的差异可能过大，导致融合过程暂难以真正协调。

二、深化我国农业保险风险区划的展望

为助力我国农业保险高质量发展，建议农业保险风险区划的相关工作可以在如下方面进一步探索。

（一）进一步加强基础数据建设与多源数据融合

第一，进一步提高外部损失数据的质量和精度，规范农业保险基层承保理赔，可能是未来深化农业保险风险区划的重要前提。第二，形成农业保险风险区划的核心在于对农业风险的精准识别与评估。然而，单一数据源往往存在局限性，难以全面反映农业风险的实际情况。作物单产、作物灾情、作物保险和模型模拟等方面数据，具有不同的特点和适用范围。通过综合运用这些数据，可以更加全面、客观地评估农业风险。作物单产数据可以反映区域内的产量损失风险，但可能因产量增减的相互抵消导致风险被低估；作物灾情数据虽可以揭示因灾损失风险，但无法区分受灾的具体品种；模型模拟数据则可以通过模拟作物生长过程，评估外部损失风险，但受模型输入数据和假设条件的影响，其准确性可能受限。因此，加强多源数据融合，充分利用各类数据的优势，是提升农业保险风险区划精准度的关键。在多源数据融合的过程中，应注重数据的互补性和协同性。例如，遥感对地观测数据具有时空分辨率高、覆盖范围广等优势，可以用于监测作物生长状况、评估灾害损失等。通过将这些数据与其他数据相结合，可以进一步提高农业保险风险区划的准确性和可靠性。

（二）分省份细化实施区划

我国地域辽阔，不同地区的自然条件、农业生产方式和经济发展水平差异显著。因此，在形成农业保险风险区划的过程中，应充分考虑地区差异性，分省份细化实施区划。农业保险风险区划需要根据各省份的实际情况，制定符合当地特点的农业保险风险区划方案，包括确定区划的级序、级数、从属关系等，以及制定相应的风险评估指标和费率厘定方法。同时，还应充分听取省内主管部门和保险经营主体的意见，多方参与推动、形成合力，确保农业保险风险区划方案的科学性和可操作性，在此基础上科学厘定农业保险费率。各省份应建立完善的农业保险数据库，收集包括作物单产、作物灾情、保险赔付等方面数据，为农业保险风险区划提供有力支撑。

（三）固化技术并开展动态更新

随着农业科技不断进步和保险市场不断发展，农业保险风险区划的技术和方法也在不断更新和完善。农业保险风险区划研究需要及时固化已有技术成果，并开展动态更新工作。研究工作应对已有的农业保险风险区划技术进行总结和提炼，形成一套完整、系统的技术体系，包括风险评估方法、费率厘定方法、区划方案制定等各个环节的技术流程和规范。建立农业保险风险区划的动态更新机制，定期对农业保险风险区划方案进行评估和调整，以适应气候变化、政策调整等带来的新形势，确保农业保险风险区划的时效性和有效性，为农业保险高质量发展提供有力保障。根据农业科技和保险市场的最新动态，及时更新和完善农业保险风险区划技术。例如，可以利用遥感数据，开展更加精准的作物长势监测和灾害损失评估；大数据和人工智能技术对海量数据进行深度挖掘和分析，提高农业保险风险区划的准确性和效率。

保险助力大豆与油料作物产能提升

叶涛①　牟青洋②　刘婧③　赵兴灿④　张守刚⑤　刘杨宾⑥

大豆等油料作物是我国重要的粮、油、饲兼用作物，提供了丰富的蛋白质和油脂资源，在促进农业可持续发展、保障国家粮食安全方面发挥着不可替代的作用。我国大豆种植面积仅次于水稻、玉米和小麦，居第四位。然而多年来，我国大豆生产一直停滞不前，我国由大豆第一出口国变成第一进口国，大豆产业面临着依赖进口的危机。中共中央、国务院高度重视大豆产业的发展，将其作为农业结构调整和乡村振兴的重要抓手之一。2004—2024年，已有14年的中央一号文件关注大豆生产，特别是2019年的中央一号文件提出实施大豆振兴计划以来，连续5年聚焦大豆的种植推广；2024年的中央一号文件提出"巩固大豆扩种成果，支持发展高油高产品种。……扩大完全成本保险和种植收入保险政策实施范围，实现三大主粮全国覆盖、大豆有序扩面"。习近平总书记多次强调"要实打实地调整结构，扩种大豆和油料，见到可考核的成效"。

保险行业积极落实中共中央有关大豆产业发展的重要指示，采取了一系列措施，支持和保障大豆产业的健康有序发展。2008年，保险行业开办有中央财政保费补贴的大豆与油料作物保险。2022年，中国银行保险监督管理委员会在《关于2022年银行业保险业服务全面推进乡村振兴重点工作的通知》中提出，要稳步扩大关系国计民生和国家粮食安全的大宗农产品保险覆盖面，加快发展种业、大豆与油料作物保险。2022年，财政部、农业农村部、中国银行保险监督管理委员会在《关于开展大豆完全成本保险和种植收入保

---

① 叶涛，就职于北京师范大学应急管理部-教育部减灾与应急管理研究院。
② 牟青洋，就职于中再巨灾风险管理股份有限公司。
③ 刘婧，就职于中国人民财产保险股份有限公司。
④ 赵兴灿，来自农业农村部计划财务司。
⑤ 张守刚，来自农业农村部帮扶司。
⑥ 刘杨宾，就职于太平财产保险有限公司。

险试点的通知》中指出，拟通过开展大豆完全成本保险和种植收入保险试点，进一步提高农业保险保障水平，稳定农户种豆收益，助力提升我国大豆油料自给率。大豆与油料作物保险开始由传统的物化成本保险走向完全成本保险和种植收入保险的新阶段。如何进一步利用完全成本保险和种植收入保险模式，发挥保险在促进大豆与油料作物产业发展中的风险保障作用，成为当前的重要课题。

为此，回顾当前我国大豆与油料作物物化成本保险的发展历程，分析传统物化成本保险发挥的功能和作用，在此基础上，通过实地调研与资料搜集，总结 2022 年以来大豆与油料作物完全成本保险和种植收入保险试点工作取得的成效，分析当前推行过程中面临的主要困境与挑战，并提出进一步扩大大豆与油料作物完全成本保险和种植收入保险覆盖面的政策与技术路径，以期使完全成本保险和种植收入保险更好地服务大豆与油料作物生产，持续巩固和扩大稳粮扩豆战略的成效。

一、我国大豆与油料作物物化成本保险发展概况

经过 10 余年的发展，我国大豆与油料作物保险形成了多区域、有特色的产品体系；保险市场规模不断扩大，对稳定农副产品生产、保障民生起到了重要作用。2022 年，国内主要财产险公司的承保数据显示，我国大豆承保共计约 235 万户次、面积约 8 200 万亩，主要集中在黑龙江和内蒙古两省份，其中黑龙江省参保农户就超过 50 万户次、承保面积超 5 300 万亩，占全国大豆承保面积的 65％以上，是我国最大的大豆保险实施区域；我国油料作物（油菜、花生、芝麻等）承保共计约 1 174 万户次、面积约为 8 600 万亩，主要集中在湖南、江西、内蒙古、河南 4 个省份，承保面积均超 1 000 万亩，占全国油料作物承保面积的 50％以上。2022 年，大豆与油料作物保险保费收入合计 38.8 亿元，其中大豆保险保费 21.6 亿元，油料作物保险保费 17.2 亿元，对稳定农副产品生产、保障民生起到了重要作用。总体来看，2013 年以来，我国大豆与油料作物物化成本保险的发展有以下特点。

（一）保险市场规模不断扩大，覆盖面持续提升

行业主要承保主体的统计资料显示，2013—2022 年，我国大豆与油料作物物化成本保险累计为农户提供风险保障超过 1 073 亿元，共向约 800 万户次的受灾农户支付赔款 49.6 亿元。2023 年，大豆与油料作物物化成本保险的规模进一步扩大，为防范大豆与油料作物生产风险发挥了重要作用。

（二）赔付率较高，保险支持"三农"力度维持高水平

从时间序列数据来看，大豆与油料作物物化成本保险的赔付率在农业保险中整体处于较高水平。大豆保险赔付率在 2013 年、2017 年和 2019 年较高，均超过了 160％；2017—2021 年，大豆保险赔付率达到 150.8％，2017 年的赔付率高达 287.6％。油菜保险赔付率在 2013—2023 年呈现先上升后下降的规律，年均赔付率为 63.3％。2022 年，我国油料作物保险的保费收入合计 38.8 亿元，已决赔款支出合计 23.1 亿元，平均赔付率为 59％；已决赔款金额与分区情况和保费收入保持较高一致性，黑龙江和内蒙古两省份的赔款金额均分别超过 4 亿元。

（三）大豆与油料作物物化成本保险覆盖面相比主粮作物仍需提升

2022 年，我国大豆与油料作物承保面积占农业保险总承保面积的 50％左右，其中，大豆为 60.5％，其他油料作物约为 39％。大豆承保面积占比在 2013—2022 年表现为震荡上升的态势；油料作物的承保面积占比呈现震荡下降趋势，油菜承保面积占比最高，其次为花生。从空间分布看，全国各地承保面积和保障水平差异化明显，内蒙古和黑龙江两省份的大豆种植面积分别为 2 680 万亩和 6 360 万亩，承保面积均分别超过 80％。其他省份如河南、四川、湖南、湖北，种植面积均超过 2 500 万亩，但承保面积占比仅在 25％～50％，保障水平相对较低。因此，尽管大豆与油料作物已被纳入中央财政补贴型保险产品，但不管是承保面积还是承保金额相较于三大粮食作物，差异依旧明显，其中小众油料作物如花生、芝麻的保障覆盖水平更低。

（四）大豆与油料作物物化成本保险费率水平区域差异明显，精细化费率区划工作有待进一步推动

我国现行大豆与油料作物物化成本保险的费率基本实行"一省一费率"的政策。2022 年的主要财产险公司统计数据显示，黑龙江和山西两省份的大豆保险费率最高，均在 8.5％以上；广东和陕西两省份的费率最低，均在 3％以下。油料作物的保险费率属黑龙江省为最高，达到 12％。尽管目前保险费率的厘定考虑了当地生产风险水平，但费率设置尺度仍然较粗，无法体现地区特定作物的真实生产风险，省级行政单元范围内的农作物生产情况可能呈现出区域差异，即使是一个县（市、区）内也会有风险高低的差异，不同县（市、区）之间的风险大小也可能同质，所以县域单元也存在分辨率尺度过粗的现象，使得保险经营中风险决定费率这一重要原则难以实现。目前省域内统一费率的方法缺乏科学性，逆选择现象和违规问题容易发生，因此需要推动地方相

关部门开展科学的保险费率拟订和动态调整机制，开展基于地区风险的差异化定价工作。

二、我国大豆与油料作物完全成本保险和种植收入保险试点：成效、挑战与建议

《关于开展大豆完全成本保险和种植收入保险试点的通知》明确在黑龙江省的6个县、内蒙古自治区的4个旗（县）开展大豆完全成本保险和种植收入保险试点。文件下发后，黑龙江、内蒙古两省份有关部门陆续联合出台大豆完全成本保险和种植收入保险文件及产品条款。在过去两年，试点工作取得了积极进展。为了掌握试点情况，分析面临的问题与挑战，采访黑龙江、内蒙古两省份相关政府部门和保险机构人员，获取了业务开办情况及产品条款信息；赴内蒙古自治区扎赉特旗和黑龙江省齐齐哈尔市开展实地调研，就试点的相关问题进行了访谈和讨论。

（一）试点工作开展情况

1. 积极落实《关于开展大豆完全成本保险和种植收入保险试点的通知》要求，初步形成了大豆完全成本保险和种植收入保险产品体系

大豆完全成本保险是保险金额覆盖大豆生产的物化成本、土地成本和人工成本等总成本的农业保险。当自然灾害、病虫草鼠害、意外事故、野生动物损毁等造成投保大豆直接物质损坏或灭失且损失程度达到合同约定的起赔点时，保险机构负赔偿责任。2022年以来，黑龙江省在五大连池市、海伦市、嫩江市、克山县、宝清县开展大豆完全成本保险试点工作，每亩保额参照《全国农产品成本收益资料汇编2021》，拟定保额为627元/亩，保费为47元/亩，费率为7.5％。保费承担比例：中央财政承担45％，省级财政承担25％，试点县财政承担10％，农户自缴20％。内蒙古自治区在莫力达瓦达斡尔族自治旗、鄂伦春自治旗、阿荣旗、科尔沁右翼前旗开展大豆完全成本保险试点工作，在参照《全国农产品成本收益资料汇编2021》相关数据和盟（市）旗（县）相关部门认可的数据的基础上，分地区确定了不同的保额和费率水平：莫力达瓦达斡尔族自治旗保额470元/亩、费率7.5％，鄂伦春自治旗保额460元/亩、费率7.8％，阿荣旗保额490元/亩、费率7％，科尔沁右翼前旗保额635元/亩、费率7.5％。保费承担比例：中央财政承担45％，自治区财政承担30％，盟（市）级财政承担3％，旗（县）财政承担2％，农户自缴20％。

大豆种植收入保险是保险责任涵盖大豆由于价格和产量波动导致种植收入损失的农业保险。由于产量下降或价格波动造成大豆种植农户每亩实际收入低

于每亩约定收入（每亩保额）时，视为保险事故发生，保险机构按照保险合同的约定负责赔偿。2022 年以来，黑龙江省在依安县开展大豆种植收入保险试点工作，拟定保额为 722 元/亩，保费为 55 元/亩，费率为 7.6%。保费承担比例与黑龙江省大豆完全成本保险试点一致。内蒙古自治区确定扎赉特旗为试点地区（不在确定的 10 个中央财政补贴的试点旗内），开展大豆种植收入保险试点工作，确定扎赉特旗南部的保额为 942 元/亩，北部的保额为 565 元/亩，费率均为 7.5%。保费承担比例：自治区财政负担 75%，盟（市）级财政承担 3%，旗（县）财政承担 2%，农户自缴 20%。

2. 积极推动大豆完全成本保险和种植收入保险试点落地

据相关保险机构 2023 年年初调度数据，2022 年，黑龙江、内蒙古两省份试点县大豆完全成本保险承保面积约 1 240 万亩（其中内蒙古约 448.64 万亩，黑龙江约 791.36 万亩），约占试点县大豆总播种面积（约 4 000 万亩）的 30%，约占试点县大豆保险总投保面积的 60%，保费规模约 5.23 亿元，为 6.6 万户次农户提供风险保障约 63.5 亿元，已决赔付约 3.1 亿元，简单赔付率约 59.3%。两省份大豆种植收入保险承保面积约 90 万亩（其中内蒙古自治区约 0.2 万亩，黑龙江省约 89.8 万亩），保费规模约 0.57 亿元，为 1.1 万户次农户提供风险保障约 6.5 亿元，已决赔付约 0.14 亿元，简单赔付率约 24.6%。

3. 试点区域大豆种植积极性明显提高

2023 年，完全成本保险保额的提高能够覆盖试点地区农户种植成本的 60%～70%，加上政府主导推动的种植补贴和规模种植户获得的轮作补贴等，部分合作社种植大豆所带来的经济收益与玉米的差距也在不断缩小。在齐齐哈尔市和扎赉特旗调研期间，在与种植户的沟通中了解到，2023 年种植玉米的补贴较低，仅为 30 元/亩。在亩产约 1 000 斤、收购价为 1.2 元/斤的情况下，玉米亩均收入约为 1 300 元。种植大豆的补贴包括种植补贴 366 元/亩、轮作补贴 150 元/亩等，在亩产约 250 斤，收购价为 2.5 元/斤的情况下，大豆亩均收入在 1 100 元左右。同时，在齐齐哈尔市调研过程中还了解到，克东县、讷河市等多地没有大豆完全成本保险和种植收入保险试点，但农户对其表现出较高的投保意愿。

4. 试点涌现了一些好的做法

试点中，各方积极发挥主观能动性，边探索、边实践，形成了一些好的经验和做法。内蒙古自治区充分尊重不同旗（县）种植成本差异和种植风险差异的客观实际，依据县域制定了差异化的保额和费率方案。扎赉特旗农牧业和科学技术局在 2023 年建立了承保验标的监管平台，覆盖全旗 30% 的承保面积，通过向遥感公司购买影像资料，对重点地区实现全区域验标，对其他地区实行抽样验标，将地块与农户对应，实现精准理赔复核。齐齐哈尔市农业保险经营主体强化 3S 技术应用，基本实现了绝大部分承保区域覆盖，在精准理赔方面效率更高。人保财险和太平洋产险等农业保险经营主体在大连商品交易所支持下，在黑龙江省五大连池市、海伦市、嫩江市、克山县、宝清县、依安县开办"保险＋期货"模式的大豆种植收入保险。在两省份外也出现了一些新做法。例如，人保财险自主开发建立了以中央财政补贴型大豆种植保险、大豆完全成本保险、大豆收入保险为主体，地方财政补贴型大豆种植保险为补充，大豆玉米带状复合种植收入保险、大豆干旱指数保险、大豆期货价格保险、大豆育种技术攻关保险为创新突破点的多元化大豆保险产品体系，为大豆振兴计划提供全面风险保障。

（二）试点中发现的问题与面临的挑战

1. 产品设计有待进一步优化

一方面，种植收入保险的赔付触发方式需调整。收入的变动受到产量和价格共同影响，部分地区收入保险采用产量、价格相对独立的方式计算赔付，减产就赔产量、降价就赔价格，即使减产的同时价格走高，农户收入未受影响也会发生赔付。在确定触发价格时，采用价格的取值方式，使用期货价格、使用合约、采价区间、采价值不明确。种植收入保险应在农户实际收入低于目标收入的情况下才触发。另一方面，单位保额宜进一步细化。目前，单位保额是在地方政策制定和下发文件时统一确定的，未能充分考虑不同等级耕地在大豆种植成本和预期产量上的差异性。例如，在扎赉特旗和齐齐哈尔市，农业保险经营主体和种植农户均反馈土地成本较高，2023 年每亩土地成本基本在 800 元以上，加上其他支出，总成本在 1 000 元以上，即使将保额上限限制在完全成本的80％以下，单位保额也应达到 800 元以上；而实际保额仅在 600～700 元。此外，文件规定的单位保额尚未充分考虑价格等要素的年际变动，缺少动态化考量。

2. 风险与费率区划工作有待跟进

一方面，现有的保险费率水平多采用"一省一费率"或"一地一费率"的模式，省域费率和统一风险附加系数无法反映各地级市之间的风险差异。部分种植地块位于洼地，地势低、风险高，但是一省或一县统一费率的形式，容易导致逆选择问题。例如：内蒙古自治区扎赉特旗的大豆收入保险试点分为南北两区域实施，费率在南北区域内部没有进一步细分。然而，南部地区一些播种面积超过 3 600 亩的规模种植户具备较强的仓储和运输能力，能够抵御价格波动带来的影响，且大豆种植区域内基本能够实现丰歉互补、旱涝保收。这些规模种植户无疑认为基于整个区域的平均费率水平偏高，导致投保种植收入保险的积极性不高。另一方面，种植收入保险属于新试点险种，其费率厘定过程需联动测算减产风险和价格波动风险。但相比于完全成本保险，种植收入保险基本没有历史赔付数据，产品定价缺乏有效模型和理论依据，需要利用外部损失数据开展精算定价研究。

3. 财政补贴支出和部分农户缴费压力增加

完全成本保险与物化成本保险在运行方式上非常相近，但完全成本保险的单位保额显著上升。例如，黑龙江省大豆物化成本保险保额为 200 元/亩，费率为 8%，而完全成本保险保额为 627 元/亩，费率为 7.5%，种植收入保险的保额更高，费率为 7.6%。在此情况下，应缴保费增长为原有水平的近 3 倍。假定物化成本保险保费的各级财政补贴比例不变，完全成本保险和种植收入保险的保费补贴支出会增加 2 倍左右。2022 年，黑龙江和内蒙古两省份试点完全成本保险和种植收入保险的保费补贴，仅中央财政补贴就较物化成本保险增加支出 1.7 亿元。部分专家学者关注到补贴支出的增加对于一些区（县）特别是财政资金相对紧张的农业大县，在配套保费补贴资金时存在困难，无形中影响了试点规模的扩大。另外，亩均保额、保费上升也对部分低收入农户造成一定压力。在齐齐哈尔市，由于完全成本保险的亩均保额提高，保费相应提高，部分农户因自缴保费压力大，只能选择投保物化成本保险。

4. 试点代表性略显不足

尽管大豆完全成本保险和种植收入保险试点已覆盖黑龙江、内蒙古的部分旗（县），但试点范围仍然有限，不论是承保面积占比（50%）还是承保金额的占比（25%），都与三大粮食作物完全成本保险和种植收入保险的前期试点存在较大差距。齐齐哈尔市的保险经营主体反馈，包括在讷河市和克东县在内的多个县（市、区）应该尽快开展完全成本保险承保工作，特别是未在试点县范围内的种植大户由于传统物化成本保险的保额较低，普遍表现出不投保险或者自行购买其他商业保险的情况。根据《中国统计年鉴 2022》数据，2021 年，黑龙江和内蒙古两省份大豆总产量占全国的 54%，而大豆总产量排第三至第八位的四川、安徽、河南、吉林、山东、江苏等省份也贡献了全国大豆总产量的 26%。在这些省份，大豆完全成本保险和种植收入保险试点尚未纳入中央财政保费补贴序列。除大豆外，油料作物完全成本保险和种植收入保险未试点中央财政补贴，仅小部分地区，如山东省某区（县）试点地方财政补贴性花生收入保险，但未进行推广，仅试行 2~3 年即停办。由于不同地区在土壤、气候、耕作方式、成本和利润水平上均存在较大的差异，黑龙江、内蒙古两省份的试点经验与两省份面临的挑战可能不足以代表全国。

（三）进一步扩大大豆与油料作物完全成本保险和种植收入保险覆盖面的政策建议

针对目前完全成本保险和种植收入保险试点存在的问题，在参考粮食作物完全成本保险和种植收入保险经验，充分征求试点地区农业主管部门、保险经营主体以及农业保险研究专家意见的基础上，提出如下建议。

1. 持续推动大豆与油料作物保险扩面、增品、提标

为进一步提升试点效果，总结成功经验，建议在全面推开大豆与油料作物完全成本保险和种植收入保险之前，扩大试点范围，在四川、安徽、河南、吉林、山东、江苏等主产省份，分别选择 2～3 个代表性县（市、区）开展试点工作。大豆种植收入保险相比大豆完全成本保险，有更广的风险保障范围、更高的保障水平，但对于农户来说存在理解和认知上的难度。为此，建议使用渐进式的方案，在物化成本保险实施情况好的地区扩大完全成本保险试点；在大豆商品化种植率高、农户运用金融工具水平更好的地区扩大种植收入保险试点；增强试点地区基层政府和保险业务人员对于收入保险工作的理解。逐步从大豆保险试点扩展至油料作物，如油菜、芝麻、花生、葵花籽等，全面开展完全成本保险和种植收入保险。同时，对规模户、产油大县设置完全成本保险和种植收入保险最低参保比例，加快推动规模户"愿保尽保"实现全覆盖。在做好基础定价、财政补贴资金准备以及再保险安排的条件下，进一步提升亩均保额标准，使亩均保额进一步接近种植成本或收益的 80%（不可超过 80%，以防出现道德风险），从而为提升农户大豆种植的积极性提供有效激励。

2. 提高财政资金补贴效率

针对亩均保额上升、亩均保费上升、补贴支出大幅增加带来的财政压力，建议在财政资金有限的前提下优化保费补贴结构。优化补贴资金来源构成，调整中央财政补贴、省级财政补贴、县级财政补贴比例，酌情减少县级财政的补贴配套比例，甚至可以取消县级财政补贴。调整农业保险资金结算层级，将县级补贴资金兑付和结算改为地市级以上公司，避免县支公司发生配套补贴资金被挪用而无法到位的情况。优化补贴对象产品，在补贴资金运用上形成对完全成本保险和种植收入保险的优先导向，酌情降低对传统物化成本保险的补贴比例。

3. 着力推动保险条款标准化

建议由中国保险行业协会牵头，制定大豆与油料作物完全成本保险和种植收入保险的示范性条款，规定触发条件与保额设置的原则。统一产量和价格数据采集方式与口径，设定保额基准，允许依据当地实地情况灵活确定保额。为使种植收入保险实现高保障和足赔付的效果，亩均保额应接近但不超过投保区（县）大豆与油料作物亩均生产投入总成本或亩均预期收益的 80%。一是针对完全成本保险，建议参照每年发布的《全国农产品成本收益资料汇编》，充分考虑当地大豆生产成本和种植收入的区域特征与地块差异，允许在县域内部根据地力指数或者地块等级（如一等地、二等地、三等地）等因素上浮或下调，设置差异化保额。二是针对种植收入保险，考虑分别使用现货价格或期货价格制定保额。当以现货价格确定保额时，产量数据以收获期大豆实际亩产量为准；价格数据采取约定标准基差的方式，约定期货合约在约定时期内各交易日收盘价的平均价格与约定标准基差的差值，或者以当地价格主管部门公布的大豆集中销售期价格的算术平均值。当以期货价格确定保额时，产量数据以收获期大豆实际亩产量为准；价格数据结合大豆实际收获、销售时段，参照大连商品交易所相应期货合约制定采价方式。监管部门应当认可"收入保险＋期货"产品的政策性农业保险性质，保险经营主体应当加强期货数据的应用。

4. 加快推进完全成本保险和种植收入保险费率区划

建议根据财政部、农业农村部、中国银行保险监督管理委员会与国家林业和草原局等四部门联合印发的《关于加快农业保险高质量发展的指导意见》与财政部印发的《中央财政农业保险保费补贴管理办法》等文件要求，围绕大豆与油料作物的生产风险和市场风险开展风险区划与费率厘定研究工作，构建大豆与油料作物的生产风险模型与收入风险模型，综合分析价格、产量以及两者间的关联关系，揭示风险的区域差异，开展分区费率厘定，在标准化的共享有效数据基础上，改变"一省一费率"的做法，试点实现"一县（或一乡镇）一个基准费率，实际费率按地块风险等级酌情浮动"的精细费率区划。

5. 加快科技赋能，推动农险信息基础设施建设

推动农业农村、林业和草原、国土、水文、气象、发展和改革委员会、商品交易所等部门与保险经营主体的合作，整合行业资源，打造涵盖有效的产量数据以及公开的县乡级别的土地确权、地块轮廓、气象、价格等数据的共享平台，降低数据获取难度，构建完全成本保险和种植收入保险高质量发展必备的信息基础设施。建立土地流转平台，明晰拥有土地承包权农户和拥有实际经营权农户之间的关系，为精准承保打好基础。运用物联网、遥感等技术手段，全程监测农业保险标的生长情况和环境参数，实现作物生产全流程风险减量管理，助力农户防灾减损，做到灾前预警和提供风险指导，灾中引导减损，灾后进行快速和精确定损赔付。

6. 探索建立并完善完全成本保险和种植收入保险再保险风险分散机制

建立多层次农业保险大灾风险分散机制，为农业保险更快速、更稳健经营和发展提供保证。不同于物化成本保险，完全成本保险应优化再保险顶层设计，建立多层分保模式，收入保险责任中价格下跌存在的系统性风险应联合定量分析。当前，中国农业再保险股份有限公司只接受 20% 的合约分保。在此基础上，宜进一步探索设计单独的大灾风险分散方式，加大再保险保障支持，消除直保公司在承保更高保额风险时的后顾之忧。

三、结论与讨论

面向大豆与油料作物产能提升的国家战略需求，大豆与油料作物物化成本保险在十余年的试点与发展过程中，逐步成熟，为防范生产风险、激发大豆与油料作物种植积极性做出了贡献。从物化成本保险向完全成本保险和种植收入保险进阶，是保险进一步发挥风险防范作用、提升种植积极性的必由之路。2022年以来，大豆完全成本保险和种植收入保险试点取得了显著成效，在产品设计、财政压力、费率区划、大灾风险防范等问题上形成了好经验。下一阶段，大豆与油料作物完全成本保险和种植收入保险可进一步扩面、增品、提标，优化财政补贴结构，改进产品设计，建立示范条款，编制费率风险区划。通过加强科技赋能，做好从承保到理赔各环节的精细化管理和服务，实现完全成本保险和种植收入保险的高质量发展。

农业保险 20 年发展历程总结与展望

苏玉洁[①]

2004 年以来，中央一号文件均提及"三农"问题，并对农业保险提出政策性指导。学习了解历年的中央一号文件能够更好地了解 21 世纪农业保险发展历程，领会农业保险在"三农"中的作用与地位。在中央一号文件的指导下，中国农业保险取得了显著成效。一是农业保险市场逐步壮大。多年的中央一号文件所提出的政策指导意见为农业保险的发展提供了重要引导和支持，以此为导向，各级政府出台一系列鼓励支持政策为保险公司经营农业保险营造稳定的经营环境，促进了农业保险市场的良性发展。二是农业保险产品发展多元化。随着农业保险市场不断发展壮大，农业保险险种也不断增加，更加契合农业生产实际需求，涵盖了农作物、农业设施、农业生产经营风险等多个方面，农民可以根据需求选择适合的保险产品，农业保险的参保率和覆盖率不断提高。三是农业保险服务水平不断提升。市场的扩大与竞争的增加要求保险公司建立健全服务体系，为农民提供更加便利和高效的保险服务，如加强与农业部门和农民的沟通与合作、提高保险理赔效率、利用信息技术手段开发便捷服务平台等。四是农民保险意识持续增强。随着政府和保险公司的宣传推广，农民对农业保险的认识不断加深，保险意识不断增强，参与保险活动的积极性与主动性不断提高。

一、中央一号文件指引下的农业保险发展历程

2004 年起，多年的中央一号文件对农业保险提出具体的指导意见，贯穿 21 世纪以来我国农业保险发展的各个阶段，为农业保险的健康发展提供了重要的政策支持和指引，这些指导意见主要包括以下方面。

---

① 苏玉洁，就职于中国太平洋财产保险股份有限公司河北分公司。

（一）明确农业保险的发展方向与目标

中央一号文件明确了农业保险的发展方向和目标。2004 年的中央一号文件提出"加快建立政策性农业保险制度，选择部分产品和部分地区率先试点，有条件的地方可对参加种养业保险的农户给予一定的保费补贴"；2005 年的中央一号文件提出"扩大农业政策性保险的试点范围，鼓励商业性保险机构开展农业保险业务"；2006 年的中央一号文件提出"各级财政要增加扶持农业产业化发展资金，支持龙头企业发展，并可通过龙头企业资助农户参与农业保险"。

（二）明确政府在农业保险发展中的职责与作用

中央一号文件明确了政府在农业保险发展中的职责和作用。2007 年的中央一号文件明确了各级财政在农业保险中担任的角色，按照"政府引导、政策支持、市场运作、农民自愿"的原则建立完善农业保险体系，并提出建立农业风险防范机制；2008 年的中央一号文件开始明确中央财政补贴险种，鼓励发展财政补贴性粮食作物，提出"逐步形成农业巨灾风险转移分担机制"；2009年的中央一号文件提出"加快发展政策性农业保险，扩大试点范围、增加险种"；2010 年的中央一号文件提出"鼓励各地对特色农业、农房等保险进行保费补贴"；2012 年的中央一号文件提出开展制种保险的试点，扩大森林保险保费补贴试点范围，扶持发展渔业互助保险。

（三）推动农业保险发展相关细化政策建议

中央一号文件提出了一系列推动农业保险发展的细化政策建议。2013 年的中央一号文件提出保险可与其他金融工具协同建立农业信用担保体系，提出不同地区、不同风险的险种应进行差异化保费补贴；2014 年的中央一号文件首次提出探索粮食作物、生猪等农产品目标价格保险试点，提出提高中央和省级财政对主要粮食作物保险的保费补贴比例，逐步减少或取消产粮大县县级保费补贴，明确提出鼓励探索贷款保证保险与信用保险；2015 年的中央一号文件再次提出鼓励发展农产品价格保险，并将主要粮食作物制种保险纳入中央财政保费补贴目录；2016 年的中央一号文件提出发展"保险＋期货"业务，鼓励探索收入保险；2017 年的中央一号文件提出推进农业保险扩面、增品、提标；2018 年的中央一号文件提出探索开展三大粮食作物完全成本保险和收入保险试点。

（四）提出助推农业保险高质量发展的指导意见

中央一号文件提出了助推农业保险高质量发展的指导意见。2019 年，财政部等四部门联合下发了《关于加快农业保险高质量发展的指导意见》，提出农业保险的发展应契合农业现代化发展与乡村振兴需求，满足不同经营主体需求，以此推动农业保险可持续发展。2019 年的中央一号文件提出鼓励开发满足新型农业经营主体需求的农业保险险种；2020—2024 年的中央一号文件提出要由扩大粮食作物完全成本保险试点逐步发展为完全成本保险全覆盖，将大豆和甘蔗纳入完全成本保险试点，不断扩大农业保险保障范围，并提出鼓励发展渔业保险，鼓励发展地方特色农业保险，提出推进农业保险精准投保理赔，做到应赔尽赔。

二、农业保险的实践与发展成果

农业保险在保障模式、保障范围、保障对象等方面不断升级，从仅保障物化成本逐步发展为保障完全成本与农业收入，从保障自然风险逐步转变为自然风险与市场风险全面保障，从独立发挥作用逐步转变为与其他金融工具协同配合，从以赔付为主的保障方式逐步转变为全流程的风险管理保障，农业保险已经成为推进实施乡村振兴战略的重要抓手。

（一）政企学研共同创新

在农业保险的发展历程中，政府、企业和学术界共同推动农业保险制度不断完善和创新发展。

首先，政府在政策支持和监管方面扮演着关键角色。多年的中央一号文件以及财政部等四部门联合下发的《关于加快农业保险高质量发展的指导意见》等文件，为农业保险的发展提供了明确的政策指引和全面支持，为保险市场的健康发展创造了良好的政策环境。同时，政府还加强了对农业保险市场的监管，为其稳定健康发展提供了有力支持。

其次，保险公司在产品创新和服务提升方面发挥着重要作用。保险公司通过不断研发新产品，满足农民对不同风险的保险需求，拓展了农业保险的市场空间。同时，通过建立健全的服务体系，提高了保险服务的质量和效率，提升了农民获得感和满意度。

此外，学术界在技术创新和理论研究方面做出了积极贡献。学术界通过开展农业保险相关的科学研究，参与农业保险制度的设计和改革，提出一系列农业保险发展的观点和方法论，为农业保险发展提供理论支持和学术指导。

（二）20 年来的发展成果

过去的 20 年里，我国农业保险取得了显著的发展成果，这些成果在多个方面体现着农业保险的重要作用和积极影响。

其一，保险的保障程度和覆盖率不断提升。在政府和保险公司的共同努力下，农业保险的覆盖范围不断扩大，涵盖的农业领域也在逐步增加。从最初的农作物保险到现在的农业设施、畜禽养殖等保险，农业保险基本实现了农业产业全覆盖，为农民的生产经营提供了更加全面和多样化的保障。

其二，保险服务水平不断提高。随着保险公司服务意识增强和服务技术不断创新，农业保险服务水平也在不断提高。保险公司通过加大对农民的宣传和培训力度，提高农民对农业保险的认知度和参与度。保险公司还建立了健全的理赔机制，保障了农民在保险事故发生后的合法权益，提升了农民对农业保险的信任度和满意度。

其三，保险市场竞争日益激烈。随着农业保险市场逐渐成熟，保险公司之间的竞争也日益激烈。各家公司在产品设计、价格竞争、创新服务等方面展开了激烈竞争，为农民提供了更加优质和多样的保险产品与服务，促进了农业保险市场健康发展。

其四，保险理念深入人心。随着保险意识增强和保险文化普及，农民对农业保险的接受程度不断提高。越来越多的农民意识到农业保险对于农业生产的重要性和必要性，积极参与农业保险活动，为自身农业生产提供了更加有力的保障。

三、农业保险的重要作用

（一）推进乡村振兴的战略性支撑力量

首先，农业保险为农业生产提供了稳定的经济保障。由于农业生产易受自然风险与市场风险的影响，加上农业的弱质性特征，农民抵御灾害的能力较弱，经常面临因灾返贫、因灾致贫的困境。农业保险的推广为农民提供了经济风险转移机制，一旦发生保险责任范围内的灾害，保险公司将会按照合同约定补偿农民的经济损失，从而降低农业生产中的经营风险，保障农民基本生活和生产经营的持续性。

其次，农业保险促进了农业生产规模化、现代化。随着农业保险保障程度的提升，农民更加愿意采用先进的农业技术和管理方式，从而提高了农业生产效率和质量，推动农业生产的现代化转型。同时，保险公司根据农民需求开发更具针对性的保险产品，为农业生产提供更加个性化的保障服务，促进了农业的多元化发展。

最后，农业保险为农业生产提供了金融支持。保险公司在向农民提供保险服务的同时，还提供了一定的金融服务。农业保险能够充当农业贷款的抵押物帮助农民获得贷款资金，同时，农业保险的损失补偿功能在一定程度上保障了农民收入，增强了贷款农民的还款能力，降低了农业信贷的违约风险，打消了信贷机构对农民还款能力的顾虑，有利于加大信贷机构对农业活动的贷款投放规模，从而促进农村经济发展，为建设农业强国提供有力支持。

（二）建设农业强国的重要保障

农业保险作为建设农业强国的重要保障，在稳定农民收入、促进农业现代化、支持农村金融发展和增强国家农业安全保障能力等方面发挥着重要作用。

首先，农业保险降低了农业生产经营风险。农业生产受到自然灾害、气候变化、农产品市场价格波动等因素的影响，这些因素可能导致农作物减产、损失甚至灭失、农民收入骤降，为农民带来严重的经济损失。而农业保险的推广为农民提供了经济风险的转移机制，降低了因自然灾害、意外事故、市场价格波动等因素为农民带来的损失，较好地发挥了农业保险保成本、保价格、保收入的作用，激发了农民的生产积极性，为建设农业强国打下基础。

其次，农业保险促进了农业现代化发展。随着农业产业不断发展，新型农业经营模式、主体等不断涌现，农业产业对农业保险的多元化需求推动着农业保险产品体系日趋成熟。农业托管保险、设施农业保险、水产养殖保险、碳汇保险、耕地地力指数保险等新型保险产品的出现，为农业生产提供了更全面的保障，激发了农业经营主体使用新技术、新设备的积极性，提高了农业生产效率和质量，推动了农业生产的现代化转型。同时，保险公司还根据农民需求开发更具有针对性的保险产品，为农业生产提供更加个性化的保障服务，促进了农业生产的科技创新和产业升级。

最后，农业保险提升了农业补贴资金的利用效率。农业保险的推广不仅能够为农民提供保障，也能减轻政府因自然灾害等因素导致的负担，政府通过补贴部分保费的方式，激发农民投保积极性，降低因自然灾害、意外事故的发生为政府带来的农业救助成本，从而将更多的资金用于农村基础设施建设和农业生产发展。

四、农业保险发展展望

（一）发展方向与发展策略

第一，需要进一步完善农业保险制度建设。如加强农业保险政策的研究和制定，优化保险产品设计，完善保险市场监督管理机制等。政府应该加大对农业保险的支持力度，提供更细化的政策引导和更充足的财政支持，为保险公司提供更加稳定的发展环境。

第二，需要进一步推进农业保险扩面、增品、提标。推进粮食作物完全成本保险全覆盖，通过开展收入保险、目标价格保险、产值保险等不断提高农业保险保障水平，满足家庭农场、农民合作社等新型农业经营主体的需求。做好农业保险产品研发与创新工作，开发包括畜禽养殖、水产养殖等在内的多样化保险产品，满足不同农业领域的保险需求。同时，还应该加强保险服务创新，提高保险服务的质量和效率，为农民提供更加便捷和个性化的保险服务。

第三，需要加强农业保险的宣传和推广工作。政府和保险公司应该加大对农民的宣传力度，提高农民对农业保险的认可度和参与度，可以通过举办各种形式的宣传活动提高农民保险意识等方式，提升农民对农业保险的接受度。

第四，需要加强农业保险与农业科技的协作。利用大数据、人工智能等技术手段，提高保险公司的风险评估和预警能力，通过建立农业保险与农业科技的联动机制，为农业生产提供更加精准的保险服务，进一步提高农业生产效率和质量。

（二）使命与责任

第一，农业保险要充分发挥保障农民利益的作用。农业保险最基本的使命是保障农民生产经营利益，确保农民在自然灾害、气候变化等不可抗因素的影响下及时得到经济补偿和相关支持，维护农民的合法权益，保障他们的基本生活。

第二，农业保险要积极支持农业现代化和乡村振兴战略。在新时代，农业保险应当积极响应推动农业现代化和实施乡村振兴战略的号召，通过为农业生产提供稳定的风险保障，促进农业生产更加规模化、现代化，推动农村经济转型升级，实现农业高质量发展。

第三，农业保险要发挥应急响应和灾后重建的作用。在自然灾害等突发事件发生时，农业保险应当迅速响应，及时向受灾农民提供经济支持和援助，帮助受灾农民及时恢复生产与经营，减轻灾害带来的损失和痛苦，实现农村的稳定和可持续发展。

第四，农业保险要充分发挥风险管理作用。农业保险作为一种社会化的风险管理工具，可以有效地分散和转移农业生产中的各种风险，减轻因自然灾害、气候变化等因素导致的国家财政压力，增强国家的农业安全保障能力，保障国家经济的稳定和安全。

中华财险在辽宁省推进农业保险
高质量发展思路举措

农业保险作为农业风险管理的重要手段，对于促进农业发展、保障农民利益具有重要作用。本文阐述中华财险在辽宁省推进农业保险高质量发展的创新思路，分析农业保险高质量发展的实践案例，从塑造创新文化、完善创新机制、明确创新重点、提升创新能力等方面提出农业保险高质量发展的建议。

一、农业保险高质量发展的背景和意义

随着农业产业结构调整和农村经济快速发展，农业风险呈现多样化、复杂化的特点。传统农业保险模式存在覆盖面不足、保障水平偏低等问题，较难满足现代农业发展的需求。因此，农业保险高质量发展成为当前的重要课题。2019年9月，财政部等四部门联合下发了《关于加快农业保险高质量发展的指导意见》。2020年10月29日，中国共产党第十九届中央委员会第五次全体会议通过《中共中央关于制定国民经济和社会发展第十四个五年规划和二〇三五年远景目标的建议》，指出优先发展农业农村，全面推进乡村振兴。在这个新时代，农业保险成为服务乡村振兴战略，打赢脱贫攻坚战，深化农业供给侧结构性改革不可或缺的金融工具。

推动农业保险高质量发展，是适应我国农业保险发展新变化的必然要求，具有重要意义。一是有利于完善农业保险灾后补偿功能，有效保障国家粮食安全，促进农民增收，防范化解农业灾害风险，弥补农业发展短板；二是有利于健全国家灾害预警机制、灾害救助体系和国家综合治理体系，使农业保险有更大作为；三是有利于服务乡村振兴战略，使农业保险在乡村经济发展中，在强农、惠农、富农中发挥重要作用。

---

① 李夏，就职于中华联合财产保险股份有限公司辽宁分公司。

二、中华财险在辽宁省的农业保险发展现状

2023年，辽宁省实现农业保险保费收入54.8亿元，同比增长17.51%。中华财险辽宁分公司实现农业保险保费收入10.81亿元，同比增长17.22%，市场规模位居第二位。中华财险辽宁分公司作为2007年首批获得政策性农业保险承办资格的主体之一，17年来，始终以服务辽宁省农业发展为己任，不断提高农业保险专业化经营能力，拓宽经营范围和服务领域。2021年2月，中华财险辽宁分公司与辽宁省农业农村厅签署保险服务乡村振兴战略合作协议，为更深层次、更宽领域服务农业产业发展升级奠定坚实基础。2023年，中华财险辽宁分公司在辽宁省13个地级市、52个县（市、区）、448个乡（镇）、2 741个村开展了农业保险业务，以实际行动履行服务"三农"、助力精准扶贫、落实国家惠农政策的社会责任和历史使命。

种、养、林全险种实现综合发展。中华财险辽宁分公司是行业内农业保险经营品种与经营区域最为全面的综合性公司之一，2007—2020年，农业保险产品涵盖了玉米、水稻、日光温室大棚、林木、育肥猪、能繁母猪等近百个险种。2023年，实现农业保险保费收入10.81亿元，其中种植保险保费5.09亿元，业务占比47%；养殖保险保费5.65亿元，业务占比52%；林业保险保费796万元，业务占比0.7%。种、养业务占比约为1∶1，业务结构进一步优化。

农业保险创新工作基础扎实。当前中华财险辽宁分公司农业保险创新工作已经走在行业前列，2016年以来，累计开展了50余个"保险＋期货"项目，引进商品交易所、期货公司补贴资金4 000万元，为5万户次农户提供风险保障15.4亿元，赔款支出超1亿元。同时通过创新项目的发展，锻炼和培养了一支能力过硬的团队，为自身农业保险创新发展奠定了坚实基础。

三、农业保险高质量发展的创新思路

（一）创新农业保险产品和服务

农业保险产品发展应以市场为导向，以客户为中心，以创新为手段，有针对性地加强产品创新、提高保障水平、扩大保险服务领域，更好地发挥农业保险风险保障功能，服务现代化农业发展，满足广大农户不断增长的差异化保险需求。

大力推进"保险＋期货"类业务发展。积极争取商品交易所、地方政策、社会资源的支持，推动更多项目落地；加强与期货公司、银行、担保机构等金

融部门开展合作，完善"保险＋期货"运作模式，丰富服务功能；大力发展玉米、大豆、鸡蛋、猪饲料、苹果等品种"保险＋期货"价格保险，稳步拓展收入保险、收益保险，推动农业保险"保价格、保收入"，防范自然灾害和市场变动双重风险，保障农户收入稳定；跟踪生猪、花生、辣椒等品种在期货市场的上市动态，做好新品种上市后开展项目的准备，不断丰富项目品种；挖掘农业龙头企业、新型农业经营主体风险保障需求，探索"保险＋期货"商业化运作模式。

推动地方特色农产品保险试点开展。重点围绕辽宁省产业布局，积极开展地方特色农产品保险试点，做好前期调研评估，优先选择地方政府政策支持、具有一定发展规模或具备地理标志和品牌效应的特色农产品作为保险拓展方向，争取纳入省级特色农产品保险品种储备库，通过市县财政给予一定保费补贴，逐步纳入省级财政以奖代补的补贴险种，提高特色农产品保险比重。

大力发展商业性农业保险产品。在风险可控的前提下，为辽宁省农业生产提供多层次、多保额的保险产品，通过农业保险保单为融资增信，服务"三农"发展。一是实现财政补贴型产品和商业性产品有机组合，根据客户需求开发商业性补充保险，推动政策性保险提标、扩面。二是继续探索"保险＋信贷"业务模式，推进银行抵押贷款类业务发展，如林权抵押贷款、活体抵押贷款业务等，降低融资成本，满足农业适度规模经营主体的融资需求；三是增加国家政策鼓励险种或地方政府鼓励险种，稳步开展天气指数保险、区域产量保险、草原保险、渔业保险等；四是针对新型农业经营主体的需求有针对性地开发多层次保障产品，探索开展一揽子综合保险、农机、渔船等涉农保险，推动农业保险服务向农业产业链上下游延伸。

组建产品创新团队。为提升中华财险辽宁分公司整体农业保险产品创新能力，适应农业保险高质量发展需要，从每个中心支公司选派一至两名骨干员工，组建农业保险创新团队，通过不定期开展业务培训、考察学习等方式提高人员专业能力和业务拓展能力，提升农业保险产品创新水平。

（二）创新农业保险科技手段

我国农业产业正处于"传统"向"现代"过渡的关键时期，科技创新与技术应用发挥着巨大作用。农业保险由低保障、广覆盖向扩面、增品、提标转变，必须借助科技的创新动力，推动农业保险高质量发展。

推广养殖保险"生物特征 AI 识别"与"电子耳标"技术。"生物特征 AI 识别"通过承保标的面部采集，创建云系统 3D 特征数据库，形成身份识别管理系统，确保承保标的的真实性、唯一性。杜绝重复理赔、非标的索赔等现象，有效降低道德风险。"电子耳标"通过养殖险种追溯平台，按照统一追溯模式、统一追溯标识、统一业务流程、编码规则、信息采集要求，帮助养殖户实现产销可对接、信息可查询、源头可追溯、生产消费互信互认。

推动种植保险"卫星遥感"技术应用。卫星遥感技术具有快速、大范围监测农作物长势的先天优势，采用遥感技术识别的农作物数据可作为评估承保数据真实性和合理性的客观依据，在定损理赔上掌握主动权。卫星遥感技术还将广泛应用于农作物识别校验、长势监测、灾害定损等方面。

打造种植保险"精准承保，精准理赔"模式。开展"精准承保，精准理赔"的农业保险试点，逐步整合承保标的属性信息和空间信息，精确锁定标的位置和面积，提升农业保险风险管控水平，强化灾害发生快速评估能力，及时掌握灾情总体状况。

推进农牧企业"智慧农业"管理体系。为促进现代农业的智慧化发展，深化大型农牧企业合作关系，根据企业实际需求，保险公司增加投放费用，为企业提供监控设备等，利用"电子围栏""智能点数"等技术，帮助企业实现"智慧农业"管理。

探索开展科技创新项目试点。加大科技创新费用投入，积极运用先进科技手段，探索开展农业保险科技创新项目试点。联合科技院校等机构成立研发中心，共同探索行之有效的技术方法，解决农业保险实际工作中遇到的瓶颈。

（三）创新农业保险经营模式

发挥政府主导作用，引入社会资本和市场化经营机制，提高农业保险服务效率和覆盖面，助推农业保险高质量发展。

积极探索，升级"保处联动"模式。通过与动物检验检疫部门、无害化处理厂共同参与病死畜禽的处理，从源头上遏制病死畜禽流入市场，实现保险病死动物无害化处理与监督的全链条闭环管理，履行社会责任，提高理赔质量。

创新开展普惠金融业务。聚焦经济发展特点，提供服务乡村振兴的金融服务，创新运用金融工具，将农业保险、信贷保证保险有机结合，探索"保单贷""活体抵押"等业务，开发"订单＋保单""保险＋期货""银行＋保险＋合作社"等业务模式，建立扶贫小额贷款风险补偿机制，创新农业生产保障方式，以农户为中心，拓宽综合服务领域，为乡村振兴提供多样化的金融服务。

四、农业保险高质量发展的实践案例

（一）产品创新案例

1. 创新开办黑土地保护耕作保险项目

为贯彻落实辽宁省《2023年黑土地保护耕作行动实施方案》，中华财险辽宁分公司在行业内率先推出"保险保障＋科技防灾＋长势监测＋气象服务"一体化保障模式，打造黑土地保护性耕作农作物损失补偿保险产品，已在沈阳、鞍山、本溪、锦州、阜新、辽阳、铁岭、朝阳 8 个地级市落地，为 2 256 户次种植户的 21.24 万亩黑土地提供 4 960 万元的风险保障，助力辽宁省黑土地保护。项目践行"保防救赔"服务理念，有效覆盖被保险人在参与辽宁省黑土地保护性耕作项目时面临的自然灾害、意外事故风险，实现风险减量。

2. 开展乡村振兴专属玉米气象指数保险

专属玉米气象指数保险项目由地方乡村振兴局支持，在朝阳市的北票市、凌源市和喀左县签单落地，为当地 2.75 万建档立卡户种植的玉米提供 5 000 余万元的风险保障。中华财险辽宁分公司还在抚顺、本溪、丹东、营口、阜新、铁岭 6 个地级市开展了商业性农作物气象指数保险试点，累计承保作物面积 62.59 万亩，提供风险保障 7 100 万元。

3. 开展森林碳汇指数保险，助力"双碳"目标实施

中华财险辽宁分公司连续两年开展林业碳汇指数绿色保险项目，着眼于森林所带来的固碳功能，保障林业直接经济价值以外的富余价值，在保障对象、保险金额、受益人、赔款用途上，与传统森林保险有别。中华财险辽宁分公司高度重视"碳汇＋保险"项目，为国家"碳中和""碳达峰"战略目标贡献力量。

4. 开展"保险＋期货"花生收入保险项目

2022 年，在鞍山市台安县落地花生收入保险项目，为台安县 6 500 户次花生种植户提供 6 668.3 万元的风险保障，发挥保险业服务实体经济的职能。2023 年，在鞍山市台安县基础上，扩展了葫芦岛市兴城市，开展花生收入保险项目，为鞍山市台安县和葫芦岛市兴城市的花生种植户提供 1.31 亿元的风险保障，保障了农户的农业生产收入，解决了收获后的销售问题。通过多方主体参与的"保险＋期货"模式，金融市场分散农业风险的作用得到了充分发挥，实现了合作共赢。

（二）科技创新案例

1. 气象监测预警服务

种植业属于弱质产业，对自然条件依赖性较强，为抓好辽宁省粮食安全和农产品保供，中华财险辽宁分公司与华风象辑（北京）气象科技有限公司深入合作，搭建了农业保险气象服务平台，加强气象灾害监测预警，逐步构建了灾前风险监测预警体系，指导农户科学应对台风、暴雨、低温冻害、病虫害等灾害。每年 6—10 月，逐月定期出具农业气象服务专报，对当期作物级别、农业气象条件精细化分析，对次月农业气象灾害预报提示，对农作物生长进行定量评估和农事指导等，帮助农户及时应对长势异常情况，降低损失，实现从种到收的农业全流程管理和风险预警管理。

2. 卫星遥感长势监测服务

近年来，随着科技与农业保险深入融合，卫星遥感技术在种植业保险风险评估、预警、查勘、定损等风险减量服务上，发挥着越来越重要的作用，推动种植业保险"看天吃饭"向"知天而作"转变。中华财险辽宁分公司与北京佳格天地科技有限公司深入合作，构建了卫星遥感常态化监测服务平台。该平台通过卫星遥感技术对承保地块的作物分布、保险覆盖率、长势及变化、产量、损失等数据进行提取、展示与分析，其中，作物长势信息可以反映作物生长的状况和趋势，是农情信息的重要组成部分。利用遥感数据对作物的实时苗情、环境动态和分布状况进行宏观的评估，及时了解作物的分布概况、生长状况、肥水行情以及病虫草害动态，便于采取各种管理措施，为作物生产管理者或管理决策者提供及时准确的数据信息支持。

（三）模式创新案例

1. 保单抵押综合金融服务模式

中华财险与多方机构联合开发肉牛、生猪活体抵押以及林权抵押综合金融服务模式，有效帮助养殖企业和林农提升灾害应对能力，累计为辽宁省农户提供贷款额度近 7 亿元，解决"融资难、融资贵"等问题。农业农村部与中华财险联合开展了农业经营主体"信贷直通车"专项创新服务；中华财险辽宁分公司也积极对接探索"农业保险＋信贷"模式，助力辽宁地区农村信用体系建设。

2. "保处联动"服务模式

中华财险辽宁分公司参与当地病死畜禽无害化处理固定资产建设，如无害化处理场建设、运输车及冷藏设备购置、无害化处理人员所需防疫消毒设备购置等，提供无害化处理平台对接所需费用，达成签订区域独家承保框架协议或加强与政府深度合作关系的预期目标。同时，对部分地区开展的畜禽联动模式（保处联动升级版）等业务提供费用支持，如畜禽养殖和屠宰管理系统建设、检疫系统无缝对接、防疫运输、区块链技术运用、生猪智慧管理平台建设、食品安全联网处理系统等，总共开展了 8 项"保处联动"创新项目，其中包括 6 项建设型、2 项运营型项目，助推养殖业保险高质量发展。同时，中华财险辽宁分公司在北镇地区，与政府协同运用死亡率指标考核免疫率，将动物防疫免疫成果与牲畜死亡率挂钩考核，层层强化防疫免疫工作落实，对每天送到处理中心的死亡动物，逐个进行复核。一看数量准不准，二看分量够不够，三看有没有作假，联合打造了"北镇模式"。率先在辽阳地区应用至为无害化处理平台，建立"辽阳模式"，全面建立病死猪无害化处理与政策性养殖业保险联动机制，将病死猪无害化处理作为保险理赔前提条件。此项工作得到当地政府的肯定，获得辽宁省"骗保骗赔"检查组的高度认可。

五、农业保险高质量发展的主要举措

（一）落实党中央惠农政策，全面做好农业保险

围绕乡村振兴战略部署，提高农业风险抵御能力，提升金融服务"三农"水平。按照扩面、增品、提标的要求，坚持创新产品、模式、技术，完善农业保险承保、理赔操作流程，推进农业保险高质量发展。拓宽农业保险服务领域，将保险的事后补偿与事前防范功能相结合，发挥其在农业产业发展、农村精准扶贫、集体经济发展、基础设施建设以及农村社会事业发展等方面的积极作用，更好地满足"三农"领域日益增长的风险保障需求。

（二）开发地方特色险种，服务乡村振兴发展

积极围绕辽宁省产业布局，重点开发具有一定发展规模、具备地理标志和品牌效应的优势特色农产品。种植保险领域包括北镇葡萄，丹东草莓，朝阳谷子、高粱，辽东南水果等；养殖保险领域包括大洼和台安肉鸭、海城和康平鹅、北票和北镇肉鸡、黑山和东港蛋鸡、盘锦河蟹等。同时，加强与政府协调配合，争取出台特色农产品保险奖补政策，将地方特色险种纳入地方财政保费补贴范围，通过保险保障助力地方特色产业发展，服务乡村振兴发展，助力地方经济腾飞。

（三）深化科技创新，持续推进科技赋能

数字时代，万物互联互通。云计算、智能化是当前世界发展的潮流，中华财险辽宁分公司坚定不移地构建农业保险"保防救赔"一体化的服务体系，贯彻"防赔并举""以防为先"的保险理念，以科技为抓手，切实做好农业保险"风险减量"工作，持续引进长势监测可视化平台、农业微型气象站、渔业智慧养殖平台、农业气象服务平台、生物电子识别技术等，不断提高农业保险精细化管理能力。通过"保险＋科技＋服务＋数字化"，打造"保防救赔"一体化风险减量服务模式。

（四）推动农村普惠金融，助推乡村产业振兴

进一步抢抓农村市场发展机遇，丰富服务"三农"的内涵，发挥保险增信职能，拓展农村普惠金融综合增值服务，创新发展"保险＋信贷"模式，为农

业保险客户打通融资渠道，提供增信服务。与政府、银行、融资担保机构、核心企业实现信息连通共享，为农业保险客户开发专门信贷产品，提供优质便捷的金融服务。探索供应链金融保险服务，满足农业产业链资金需求，解决农户"保险＋融资"的综合金融需求，帮助广大中小农户解决"融资难、融资贵"的问题。

阳光农业相互保险公司
农业保险发展回顾

卢一鸣[①]

阳光农业相互保险公司成立于 2005 年 1 月，是由黑龙江省农垦总局发起、经中国保险监督管理委员会批准成立的国内唯一一家相互制农业保险公司，也是黑龙江省唯一一家总部法人保险机构，注册资本 10 亿元，主要经营险种包括种植保险、养殖保险、财险责任险、车险和其他涉农保险等，是一家以农业保险业务为主的财险公司。

自 2005 年成立以来，公司始终恪守"为农民谋福祉、为农村谋和谐、为农业谋发展"的企业宗旨，坚持"做优专业化公司、培育职业化团队、实行科学化管理"的发展思路，彰显"走进阳光、共享温暖"的品牌文化理念，承担社会责任，依法合规经营，扎实稳健发展，取得了农民得实惠、企业得发展、政府得民心的成效。公司多次荣获全国"最具社会责任保险公司"，黑龙江省"金融机构促进经济社会发展先进单位"和"诚信企业"称号，为促进经济社会发展做出了突出贡献。

一、不忘初心，深耕农险

阳光农业相互保险公司因农而生，伴农成长。作为国家农业保险的先行者，深耕"三农"领域，围绕落实国家惠农政策积极实践，走出一条不平凡的发展之路。

（一）农业保险探索阶段（2004—2006年）

2004 年，中央一号文件提出，"加快建立政策性农业保险制度，选择部分产品和部分地区率先试点，有条件的地方可对参加种养业保险的农户给予一定

---

① 卢一鸣，就职于阳光农业相互保险公司。

的保费补贴"。2005 年，按照时任总理温家宝同志"同意先行试点，加强监管，防范风险，注意总结经验"的批示要求，遵循中国保险监督管理委员会"先农险、后商险，先局部、后放大"的指导原则，阳光农业相互保险公司（以下简称"公司"）正式挂牌成立。2005 年和 2006 年，公司种植保险承保作物面积分别为 2 237 万和 2 464 万亩，保费收入分别为 2.2 亿元和 2.3 亿元，开展了玉米、水稻、大豆、麦类种植保险及马铃薯、杂豆等 11 个险种。此阶段，公司刚成立，业务规模小，且局限于黑龙江垦区，险种为单一种植保险，且产品种类以大豆和三大粮食作物为主。

（二）农业保险快速发展阶段（2007—2012 年）

1. 农险规模迈上新台阶

2007 年，财政部设立了"农业保险保费补贴"的预算科目，并列支 10 亿元，选定 6 个省份的小麦、水稻、玉米、大豆、棉花进行政策性农业保险试点。同年下半年，财政部增加了能繁母猪保险的试点。2007 年，公司作为黑龙江省首批试点单位，在经营险种上，增加了养殖保险，在经营区域上，增加了黑龙江省地方业务，迈出了农业保险拓展步伐。当年保费收入 3.2 亿元，承保作物 2 852 万亩，家畜 19.7 万头。2008 年，农业保险保费收入取得快速增长，突破 10 亿元，达到 12.6 亿元，承保作物 5 802 万亩，家畜 96.6 万头。在财政政策支持下，保费规模总趋势不断增长。至 2012 年，保费收入已达到 19.4 亿元，承保作物 7 077 万亩，家畜 26.3 万头。在此发展阶段中，公司成立了广东分公司，广东分公司于 2009 年开始承办业务，迈出了向省外拓展业务的步伐。

2. 尝试运用 3S 技术进行承保理赔

2011 年，公司开始关注遥感技术，尝试利用遥感技术进行灾害监测，建立灾害监测模型。2012 年开发单机版地图软件完成部分承保标的的标注工作，进行灾害遥感监测，并实地验证监测结果对核灾定损工作的指导作用。

（三）农业保险规范发展阶段（2013—2019 年）

1. 保费规模实现新突破

2013 年，公司农业保险保费规模突破 20 亿大关，实现保费收入 23.5 亿元，其中种植保险 22.7 亿元，养殖保险 7 504.8 万元。2017 年，种植保险 25.9 亿元，养殖保险 1.16 亿元，养殖保险迈上亿元规模的台阶。2019 年，公司农业保险保费达到 27.9 亿元，其中，种植保险 26.7 亿元，养殖保险 1.2 亿元。

2. 险种创新成为新课题

2014 年，中央一号文件提出启动东北大豆目标价格补贴试点和探索粮食、生猪目标价格保险。2016 年，中央一号文件首次提出探索收入保险、"保险＋期货"试点。依据国家政策要求，公司开办了目标价格保险、收入保险、气象指数保险、"保险＋期货"等各种新型险种。

3. 科技应用步入新阶段

公司加大科技应用的步伐，与科研机构合作，深入融合产学研，开展《农业灾害遥感监测与年景评价项目》。2015 年，建设开发 3S 承保理赔平台，用于标注电子地号图，生成承保标的电子信息库，展示储存遥感灾害监测结果。2016 年，开发遥感应用 App 验标查勘系统，实现遥感结果移动作业。同年，公司首次采购无人机，用于辅助查勘、定损，正式形成了"空天地"一体的农业保险科技应用的新局面。

（四）农业保险高质量发展阶段（2020年以来）

2019 年 9 月，财政部、农业农村部、中国银行保险监督管理委员会与国家林业和草原局四部门联合发布了《关于加快农业保险高质量发展的指导意见》，提出发展目标和高质量发展的若干指导意见。公司在政府、监管部门政策支持下，迅速发展农业保险业务，为农业保险高质量发展贡献重要力量。

1. 种植保险业务稳步增长

2023 年，公司种植保险保费收入 33.01 亿元，与 2020 年相比，增长了 11.1%。2021—2023 年，公司开展了完全成本保险由"保成本"向"保收入"转变，开展完全成本保险在提升农户保险保障的同时，种植保险保费收入也相应提升，保费收入分别为 0.31 亿元、4.71 亿元和 6.36 亿元。

2. 养殖保险业务快速发展

近几年，公司养殖保险规模持续快速增长。2020 年，保费规模 1.6 亿元；2021 年，保费规模 2.7 亿元；2022 年，保费规模 3.5 亿元；2023 年，保费规模 4.1 亿元。保费规模逐年突破，增长态势强劲。

3. 农业保险经营主体竞争激烈

2007 年，黑龙江政策性农业保险经营主体是 2 家，2023 年增加到 12 家。2007 年，广东政策性农业保险经营主体是 5 家，2023 年增加到 15 家，农业保险业务竞争激烈，成为各保险经营主体业务拓展的重点领域。

4. 科技应用促进数字化转型

公司坚持以客户为中心，深化保险科技应用，持续强化科技赋能，全面开展数字化转型工作。2020 年开始，公司在黑龙江地区全面应用 3S 技术，实现种植险业务精准承保、精准理赔提档升级。2021 年，申报农业农村部"金融支农"项目，研究"确权数据＋卫星遥感"在农业保险精准承保理赔创新应用试点，取得显著成效。公司在黑龙江省科学技术厅 2021 年第二批"揭榜挂帅"

科技攻关项目中，申报"基于人工智能的遥感技术建立农作物产量和损失程度模型及遥感应用"课题，已取得阶段性成果。

2022年，农业保险一体化平台上线，整合原核心业务系统、理赔工作流系统、协办管理平台、收付费平台等功能，实现了农业保险承保、理赔、批改、产品开发全流程数字化、模块化的管理。平台对接中农再平台、中银保信农业保险平台、土地承包系统、监管报送系统等7个应用类、11个数据类外联平台，实现了业务、财务、再保险、准备金等的无缝衔接，是业内首个具有自主知识产权的专业农险全流程一体化平台。同年，公司开发种植保险App，并在全辖应用，从农户端、协办端和业务端为农户提供全流程线上化承保理赔服务，实现投保、验标、查勘、理赔等流程掌上办理，进一步提高农业保险线上化水平和工作效率。

2023年，为深挖遥感大数据应用价值，扩大遥感技术应用场景，公司打造了集"人工智能＋遥感技术"的全新遥感应用平台，与农业保险一体化平台投保信息自动化对接，打通各类农业保险信息资源孤岛；设计4种3S承保理赔应用模式，在传统地块标注模式基础上，量身打造确权地块模式、北大荒集团地块模式、外部数据模式，满足基层机构对3S应用模式的个性化需求；创新嵌入人工智能估产模块，实现从遥感影像下载到大豆、玉米、水稻估产模型全过程的自动化、智能化运行。

养殖保险开发App和AI算法平台项目，将移动展业工作与人工智能结合，实现牛脸/牛纹识别、投保智能点数、理赔智能测猪长/猪重、图像智能查重，推进养殖业保险业务精准、高效开展，有效防范和化解了经营风险。

二、取得的成绩及存在的问题

经过近20年的实践探索和创新发展，阳光农业相互保险公司农业保险业务发展取得了一些成绩，也显露了一些问题。

（一）取得的成绩

1. 业务规模持续增长，社会效益显著

一是保费规模增长显著。农业保险保费从2005年的2.2亿元，增长至2023年的37.1亿元，年复合增长率16％，其中，2008年保费收入12.6亿元，规模首次突破10亿元；2013年保费收入23.5亿元，规模首次突破20亿元；2020年保费收入31.3亿元，规模首次突破30亿元。19年来，公司累计为3 127万户次农户提供风险保障约5 801亿元，为"三农"发展提供了强有力的风险保障。

二是经济补偿作用明显。2005—2023 年，农业保险赔付支出由 1.5 亿元增加到 22.5 亿元，年复合增长率 15.3％。19 年来，公司累计赔款达到 289.2 亿元，共有 1 039.8 万户次农户受益。日历年度赔付率超过 80％的年份有 6 次，其中，2006 年保费收入 2.3 亿元，赔款支出 1.9 亿元，年度赔付率 83.99％；2007 年保费收入 3.2 亿元，赔款支出 3.21 亿元，年度赔付率 103.93％；2008 年保费收入 12.6 亿元，赔款支出 9.9 亿元，年度赔付率 87.91％；2013 年保费收入 23.5 亿元，赔款支出 20.6 亿元，年度赔付率 87.89％；2016 年保费收入 25.8 亿元，赔款支出 33.8 亿元，年度赔付率 133.73％；2019 年保费收入 27.9 亿元，赔款支出 37.9 亿元，年度赔付率 133.45％（图 45-1）。

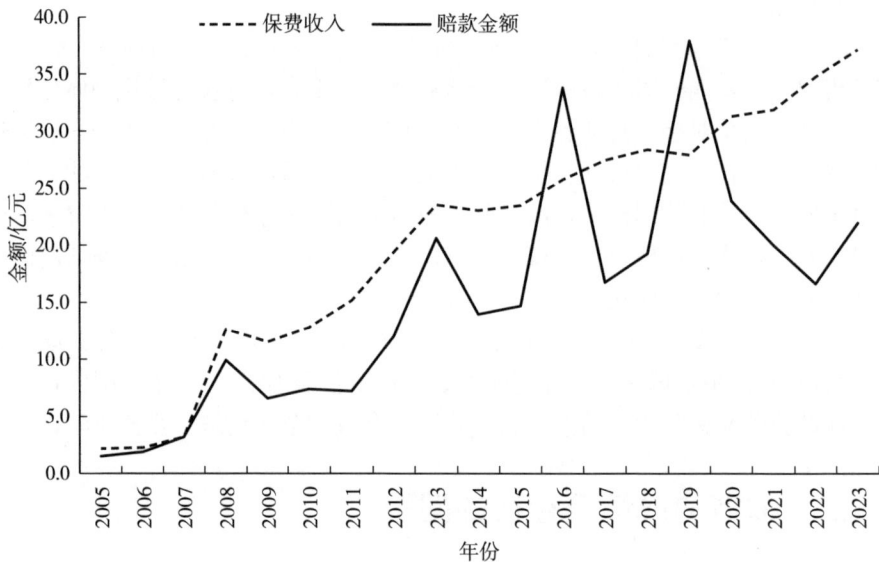

图 45-1　阳光农业相互保险公司 2005—2023 年保费收入及赔款金额统计图

三是保障大豆振兴计划成效显著。2019 年，公司对大豆种植保险降费提标，黑龙江省政策性大豆种植保险费率由 9.6％降低至 8％，亩保额由 155 元调至 200 元，5 年来保费间接向农户让利 1.3 亿元，向受灾农户支付大豆种植保险赔款累计 36.8 亿元。2023 年开展大豆完全成本保险，承保面积 164 万亩，为 2.3 万户次农户提供风险保障 10.3 亿元，较传统成本保险提高风险保障 7 亿元。

四是服务脱贫攻坚工作典型突出。2019 年，公司在黑龙江省海伦市开展全域大豆收入保险项目，赔款金额 9 773 万元，助力海伦市于 2020 年 2 月脱贫摘帽，2020 年继续赔款金额 3 284 万元，有效巩固海伦市脱贫成果，助力乡村振兴。

2. 发展基础得到夯实，保险服务能力提升

一是服务网络健全。公司实行四级机构管理，现有机构257个。其中，总公司1个，省级分公司3个，中心支公司22个，支公司（保险社、营销服务部）231个；分支机构中，黑龙江省187个、广东省66个、天津市3个。公司总部内设管理部门19个。公司现有员工2 000余人，其中农业保险专业人员超过80％，平均年龄38岁，拥有高级职称129人，中级职称355人，初级职称634人。

二是保险产品体系丰富。公司产品条款种类齐全，传统险种和创新险种统筹推进。截至2023年年末，公司已研发报备农险主险条款201个，附加险条款2个。开展了完全成本保险、收入保险、价格保险、巨灾保险、制种保险、气象指数保险、"保险＋期货"等创新试点。

3. 科技赋能加快发展，核心竞争力提升

一是创新研发农险一体化平台。公司农险一体化平台于2022年5月4日正式投入应用，搭建了以农险一体化平台为核心，以遥感应用平台、气象增值服务系统、种植保险和养殖保险App为子系统的综合应用管理平台。融合了大数据、人工智能、物联网等技术，全方位引入遥感、气象、北大荒土地承包等数据，实现了领导驾驶舱移动报表、同质化产品快速上线，投保农户实名认证，电子签字，影像查重，清单式批改，一键归档等功能，取得了发明专利1项，软著7项。

二是遥感应用取得阶段性成果。2020年以来，公司为承保的160余个县支机构进行遥感辅助验标，累计验标面积2.7亿余亩，剔除不符合承保条件的作物105万亩；每年应用高精度遥感监测图对玉米、水稻和大豆实地分级取点约1.2万个，每年使用无人机查勘约1.3万架次，航拍面积2 400余万亩，剔除未达到赔付标准的受灾面积78万亩，累计减损约2亿元。2023年，公司开展了遥感应用平台建设，实现了与一体化平台数据共享、投保信息自动化对接，支持传统地块标注模式、确权地块模式、北大荒集团地块模式等多种数据模式，还创新嵌入人工智能估产模块，实现遥感影像下载到作物估产全流程的自动化、智能化。此外还在涉农保险服务领域有所延伸，可对水稻育秧大棚、政策大棚保险等涉农标的空间位置确定和灾损情况进行评估。

三是气象增值服务系统发挥功能作用。气象增值服务系统是基于气象部门数据研发的移动互联网信息化应用系统，充分利用气象行业数据构建完整数据体系，实现气象数据查询与分析、重大气象信息专报、气象证明开具、气象监测和预警预报信息发布等功能，为农户提供智能化、定制化气象服务。

四是移动App助推业务升级。移动App实时调取农险一体化平台、遥感应用平台、气象增值服务系统数据，多方数据互联交互，实现了信息采集、移动查勘验标、按图承保理赔，现场查询气象数据和实时查看遥感监测结果等功能，使农险业务提档升级。

4. 风险管理制度不断完善，水平稳步提升

一是风险管理制度体系不断完善。近些年，受国内外环境和自然灾害等多种因素的影响，保险公司更加注重风险管理。公司建立了与自身业务性质、规模、发展战略目标相适应的风险管理制度体系，并推动制度流程的有效执行。借鉴行业先进经验，开展偿二代全面体系建设工作，完成三支柱的模型、分析、制度建议等 28 个项目，在制定风险偏好体系、业务发展规划、再保和投资策略、偿付能力预测等经营决策时发挥了较大作用。

二是风险减量工作成效显著。公司注重以防灾减灾为主的风险减量工作，不断提升保险服务满意度。防灾减损方面，在黑龙江垦区内建立起拥有 337 门高炮、83 部火箭发射装置、22 部雷达和 1 500 余名作业人员的增雨防雹体系，平均每年作业 600 余次，消耗弹药 2 万余发，累计防控面积超过 4 亿亩，年均减损增效超过 1 亿元。近 5 年公司通过水渠治理、打抗旱井、推送气象灾害预警信息、增雨防雹人工影响天气和养殖场消毒防疫等方式开展风险减量工作，累计投入资金 0.8 亿元。增值服务方面，公司与黑龙江省气象中心签订战略合作协议，购买气象增值服务项目，将气象数据与保险行业数据进行融合，构建农业风险大数据体系，通过移动 App 为农户和农业保险业务人员及时发送气象监测、预报和灾害预警信息，提示和指导农户开展风险防范工作，为种植保险核灾定损提供有力的依据。通过风险管理与风险减量的建立与完善，公司近些年赔付保持相对稳定，监管投诉逐年降低，公司效益和保户满意度持续增加。

（二）存在的问题

1. 对自然灾害风险分散能力不强

公司业务集中，在黑龙江、广东两省，农业保险业务占比高，在 80% 以上，农业保险保费收入集中在黑龙江省。一旦遭受干旱、台风、洪涝等极端天气，公司经营将面临较大风险。公司 19 年来的发展中，黑龙江省发生过 6 次日历年度赔付率超 80% 的情况，超赔严重的年份赔付率达到 133%，由于公司经营区域有限，无法有效分散经营风险。

2. 相互制保险缺乏理论和制度支撑

一是相互保险探索过程中需要理论支撑。从目前的实践情况看，相互制理论基本依据国外的理论基础，尚未真正将相互制的基本原理与中国国情相结合，推出一整套适合我国国情的相互制保险模式发展理论体系。二是相互保险探索过程中需要差异化监管支持。《中华人民共和国公司法》《中华人民共和国保险法》均未对相互保险组织作出明确规定，缺乏上位法支持。公司经营管理基本参照股份制公司标准进行，相互保险探索还需差异化监管支持。三是会员分享红利机制需要进一步探索。农业保险的经营特殊性导致公司法定会员的界定在实际操作中存在困难，公司较难实现向会员分红，公司盈利结余分红等相互制核心运营模式较难体现。四是相互保险特色产品难以应用。实践中，公司农业保险业务仅使用统一条款，与股份制公司在业务拓展上没有区别，相互制特色较难发挥。

3. 土地确权数据获取难度大，试点成效难发挥

在开展县（市、区）业务过程中，业务人员绘制电子地号图难度较大。公司在农业农村部支持下，于2021年在黑龙江省哈尔滨市延寿县开展了土地确权数据试点工作，获得了土地确权数据，开展承保工作时土地确权信息与投保信息能够自动对应，得到了良好的效果。由于获取其他县（市、区）土地确权数据困难更大，扩大试点和推广工作受到制约。

三、农业保险的未来发展展望

（一）坚持稳中求进，先立后破发展总基调

根据公司的发展规划，从实际情况出发，公司重点抓农业保险主业，保持农业保险收入可持续性增长，在稳定发展中寻求业务的突破，以发展促进公司稳定、健康运营。积极拓展业务经营区域，在其他省份建立分公司，分散经营风险，以"立字当头"，从立中寻找机遇，寻求发展方向。

（二）依托全国农业保险平台，深度开展农业保险全流程电子化

一是以全国农业保险信息管理平台和北大荒集团智慧农业建设为契机，全方位对接全国农业保险行业数据和各类农业数据，建立与外部数据共享共用的基本路径。二是对接北大荒集团资源管理、农机管理、农业补贴等系统，促进公司农业保险一体化平台与集团智慧农业建设深度融合，实现农业、林业、水产、农机等资源信息、农户信息共享。三是建立种植保险承保理赔全流程线上化、自动化的操作及业务管理模式。实现投保信息自动获取，承保标的自动落图，遥感无人机验标查勘定损，全流程电子签字，自动核保核赔的新操作流程，减少业务人员工作量，提高工作效率。

（三）强化"大数据＋物联网"应用，提升风险预警和风险防范能力

一是依托大数据对历史高风险区域、高风险险种和高风险人群进行筛查，

建立高风险综合数据库，对高风险标的强化验标、查勘定损等工作进行管理。二是依托北大荒集团智慧农业物联网田间监测设备，结合公司现有遥感、无人机、气象增值服务等科技，实时监测作物长势。三是对灾害进行预防或减损提示，协助农民和农业生产经营组织开展事前、事中的风险减量工作，实现灾后赔偿向灾前预防转移，提升风险减量服务的整体效能。

（四）围绕农业生产全产业链，提高产品创新服务能力

围绕农业生产全产业链，提升农险服务的深度和广度，为农业投入、种植、收储、销售、加工、物流等各个环节提供制种保险、完全成本保险、收入保险、产品责任保险、产品质量保险、运输保险、农机具保险、机电井保险、高标准农田建设质量缺陷保险、务农人员意外伤害保险等全产业链保险服务。

中国农业保险 20 年政策
支持与市场变化

王嘉启[①]　朱铭[②]　李嘉良[③]　宋淑婷[④]

2004 年之前，中国农业保险经历了 1982—1992 年的恢复试办和 1993—2003 年的停滞萎缩阶段。尤其在 2000 年以后，商业性农业保险价格不断提高，使得保险有效需求大幅下降，保费规模连年萎缩，实际上至 2003 年，已经处于市场失灵状态。进入 2004 年，为了保障国家粮食安全，保护农民种粮积极性，我国全面放开粮食收购价格，亟待农业保险发挥风险保障作用。因此，在当时的中国，农业保险要不要发展、能不能发展、向哪个方向发展，整个行业都在寻找解题答案。

一、20 年政策供给变化

（一）政策性农业保险探索阶段（2004—2006年）

政策性农业保险的概念是在 2002 年首次提出的，同年修订的《中华人民共和国农业法》中指出"国家逐步建立和完善政策性农业保险制度"。并在 2004—2006 年，不断发布重要政策，推动我国农业保险转型发展。

2004 年，中央一号文件提出"加快建立政策性农业保险制度，选择部分产品和部分地区率先试点，有条件的地方可对参加种养业保险的农户给予一定的保费补贴"，指明了建立我国政策性农业保险制度的具体方向，选择在有条件的地方试点推行，实际上表明政府期望在试点基础上形成"政策模板"。2005 年，中央一号文件提出"扩大农业政策性保险的试点范围，鼓励商业性保险机构开展农业保险业务"。2006 年，中央一号文件提出"可通过龙头企业资助农户参加农业保险"。2006 年，《国务院关于保险业改革发展的若干意见》明确指出"探索建立适合我国国情的农业保险发展模式"。

---

①②③④　王嘉启，朱铭，李嘉良，宋淑婷，就职于太安农业保险研究院。

2004—2006 年，我国关于政策性农业保险的支持政策大多体现在中央一号文件中，已经明确提出探索中央和地方财政对农户投保给予补贴的方式、品种和比例，为开展中央财政农业保险保费补贴试点打下了坚实铺垫。

（二）政策性农业保险扩面阶段（2007—2011年）

2007 年 4 月，财政部印发了《中央财政农业保险保费补贴试点管理办法》，"农业保险保费补贴"列入中央财政预算科目。首批中央财政保费补贴试点省份为内蒙古、吉林、江苏、湖南、新疆、四川，补贴标的包括玉米、水稻、大豆、小麦和棉花等种植面积广且关系国计民生的重要农作物。2008 年10 月，党的十七届三中全会通过《关于推进农村改革发展若干重大问题的决定》，提出"发展农村保险事业，健全政策性农业保险制度，加快建立农业再保险和巨灾风险分散机制"。2008 年起，中央财政补贴农业保险试点范围由部分地区逐步扩大至全国所有省份，补贴品种逐渐涵盖种植业、畜牧业、林业等多个方面，补贴比例向中西部地区差异化倾斜，地方优势特色农产品保险、价格保险、指数保险等新型产品不断创新拓展。2007—2011 年国家有关部门农业保险政策供给见表 46－1。

表 46－1　2007—2011 年国家有关部门农业保险政策供给一览表

文件名称	发文单位	年份
中央财政农业保险保费补贴试点管理办法（财金〔2007〕25 号）	财政部	2007
关于进一步贯彻落实国务院促进能繁母猪保险和生猪保险发展有关要求的通知（保监发〔2007〕83 号）	中国保险监督管理委员会	2007
农业保险统计制度（保监发〔2007〕111 号）	中国保险监督管理委员会	2007
关于加强政策性农业保险各项政策措施落实工作的通知（保监发〔2008〕61 号）	中国保险监督管理委员会	2008
关于规范政策性农业保险业务管理的通知（保监发〔2009〕56 号）	中国保险监督管理委员会	2009
关于保险公司提取农业巨灾风险准备金企业所得税税前扣除问题的通知（财税〔2009〕110 号）	财政部、国家税务总局	2009
关于进一步做好农业保险发展工作的通知（保监发〔2009〕93 号）	中国保险监督管理委员会	2009
关于进一步加强生猪保险和防疫工作促进生猪生产发展的通知（保监发〔2009〕86 号）	中国保险监督管理委员会、农业部	2009

（续）

文件名称	发文单位	年份
关于进一步做好农业保险保费补贴工作有关事项的通知（财金〔2010〕54 号）	财政部	2010
关于加强农业保险承保管理工作的通知（保监产险〔2011〕455 号）	中国保险监督管理委员会	2011

（三）农业保险依法规范阶段（2012—2018年）

在总结试点经验的基础上，国务院颁布了《农业保险条例》，农业保险支持措施进一步规范化、制度化，填补了我国农业保险法律上的空白，政策性农业保险有法可依。自 2013 年后，相关部门不断细化农业保险各环节要求，在产品、条款、作业、市场、大灾分散、信息建设、保费补贴等各方面均出台了相关文件，建立了支持农业保险发展的"四梁八柱"。2017 年，中央一号文件提出，要持续推进农业保险扩面、增品、提标。2017 年，财政部印发《关于在粮食主产省开展农业大灾保险试点的通知》；2018，财政部、农业农村部、中国保险监督管理委员会联合印发了《关于开展三大粮食作物完全成本保险和收入保险试点工作的通知》，试点农业保险完全成本和收入保险等。2012—2018 年国家有关部门农业保险政策供给见表 46-2。

表 46-2　2012—2018 年国家有关部门农业保险政策供给一览表

文件名称	发文单位	年份
农业保险条例（国务院令第 629 号）	国务院	2012
关于加强农业保险理赔管理工作的通知（保监发〔2012〕6 号）	中国保险监督管理委员会	2012
关于进一步加大支持力度做好农业保险保费补贴工作的通知（财金〔2012〕2 号）	财政部	2012
关于加强农业保险条款和费率管理的通知（保监发〔2013〕25 号）	中国保险监督管理委员会	2013
关于加强农业保险业务经营资格管理的通知（保监发〔2013〕26 号）	中国保险监督管理委员会	2013
农业保险大灾风险准备金管理办法（财金〔2013〕129 号）	财政部	2013
关于开展全国农业保险信息管理平台一期试点工作的通知	中国保险监督管理委员会	2014

（续）

文件名称	发文单位	年份
关于延续并完善支持农村金融发展有关税收政策的通知（财税〔2014〕102 号）	财政部、国家税务总局	2014
关于印发农业保险承保理赔管理暂行办法的通知（保监发〔2015〕31 号）	中国保险监督管理委员会	2015
中央财政农业保险保险费补贴管理办法（财金〔2016〕23 号）	财政部	2016
关于在粮食主产省开展农业大灾保险试点的通知（财金〔2017〕43 号）	财政部	2017
关于将三大粮食作物制种纳入中央财政农业保险保险费补贴目录有关事项的通知（财金〔2018〕91 号）	财政部	2018
关于开展三大粮食作物完全成本保险和收入保险试点工作的通知（财金〔2018〕93 号）	财政部、农业农村部、中国银行保险监督管理委员会	2018

（四）农业保险高质量发展阶段（2019年以来）

2019—2023 年，我国农业保险步入高质量发展阶段。作为进入高质量发展阶段的标志，《关于加快农业保险高质量发展的指导意见》（以下简称《指导意见》）于 2019 年 9 月由财政部、农业农村部、中国银行保险监督管理委员会、国家林业和草原局联合印发，明确提出了未来 10 年农业保险的发展方向和实现目标。这是自《农业保险条例》颁布以来，农业保险在新时代的行动纲领和工作指南。随着一系列推动农业保险高质量发展的制度和政策相继出台，农业保险支持力度得到进一步加强。按照高质量发展的要求在提标、增品方面发布实施了三大粮食作物、大豆、糖料蔗、天然橡胶作物完全成本和收入保险试点及扩大试点的通知，并在内蒙古、山东等 10 个省份开展地方特色优势农产品"以奖代补"试点，我国农业保险建立了"中央保大宗，地方保特色"的风险保障体系。在保费补贴管理方面，财政部 2022 年修订出台《中央财政农业保险保费补贴管理办法》，全方位加强保费补贴资金管理。在市场管理方面，监管和财政部门先后出台农业保险经营条件和政策性农业保险遴选办法，构建了"监管资质＋政策遴选"市场选择新格局。在产品管理方面，发布农业保险精算办法，通过中国保险行业协会先后制定了三大粮食作物、生猪、森林保险标准条款，发布了农业保险产品开发指引，持续优化产品和费率厘定的标准和规范。在农业保险大灾风险分散方面，财政部牵头成立了中国农业再保险股份有限公司，与我国农业保险承保机构签署再保险标准协议，承担了行业 20%

的农业风险保障，对推动扩大农业再保险供给起到了重要作用。2019—2023年国家有关部门农业保险政策供给见表 46‑3。

表 46‑3　2019—2023 年国家有关部门农业保险政策供给一览表

文件名称	发文单位	年份
关于加快农业保险高质量发展的指导意见（财金〔2019〕102 号）	财政部、农业农村部、中国银行保险监督管理委员会、国家林业和草原局	2019
关于扩大农业大灾保险试点范围的通知（财金〔2019〕90 号）	财政部	2019
关于开展中央财政对地方优势特色农产品保险奖补试点的通知（财金〔2019〕55 号）	财政部	2019
关于进一步明确农业保险业务经营条件的通知（银保监办发〔2020〕57 号）	中国银行保险监督管理委员会	2020
关于扩大中央财政对地方优势特色农产品保险以奖代补试点范围的通知（财金〔2020〕54 号）	财政部	2020
关于加强政策性农业保险承保机构遴选管理工作的通知（财金〔2020〕128 号）	财政部	2020
关于扩大三大粮食作物完全成本保险和种植收入保险实施范围的通知（财金〔2021〕49 号）	财政部、农业农村部、中国银行保险监督管理委员会	2021
中央财政农业保险保费补贴管理办法（财金〔2021〕130 号）	财政部	2021
关于在广西开展糖料蔗完全成本保险和种植收入保险的通知（财金〔2022〕52 号）	财政部、农业农村部、中国银行保险监督管理委员会	2022
关于开展大豆完全成本保险和种植收入保险试点的通知（财金〔2022〕63 号）	财政部、农业农村部、中国银行保险监督管理委员会	2022
关于印发农业保险承保理赔管理办法的通知（银保监规〔2022〕4 号）	中国银行保险监督管理委员会	2022
农业保险精算规定（试行）（银保监规〔2023〕4 号）	中国银行保险监督管理委员会	2023
关于扩大三大粮食作物完全成本保险和种植收入保险实施范围至全国所有产粮大县的通知（财金〔2023〕59 号）	财政部、农业农村部、国家金融监督管理总局	2023
关于实施天然橡胶综合保险政策的通知（财金〔2023〕107 号）	财政部、农业农村部、国家金融监督管理总局	2023

二、20 年农业保险市场变化

（一）市场规模情况

1. 探索阶段（2004—2006 年）

在 2004 年之前的 10 年中，农业保险保费收入由 5.6 亿元减少到 3.8 亿元，农险保费收入仅占财产险保费收入的 0.35%，农险业务萎缩了 32%。2004—2006 年，中国保险监督管理委员会为积极落实中央一号文件的要求，在黑龙江、吉林、上海、新疆等 9 个省份开展与政府联办、为政府代办以及保险公司自营等多种形式的农险试点。2005 年，全国农业保险保费收入达 7 亿元，同比增长 84%。2006 年，我国农业保险保费收入达 8.5 亿元，同比增长 21.4%。随着政府部门对农业保险的重视程度不断加强，我国农业保险走出了停滞萎缩局面。

2. 扩面阶段（2007—2011 年）

2007 年，中央财政保费补贴政策揭开了我国政策性农业保险快速发展的序幕。2007—2011 年，全国保费收入由 52.1 亿元跃升到 173.8 亿元，年均增长率为 35.1%；提供的风险保障由 1 720.22 亿元增长到 6 523.24 亿元，年均增长率为 39.5%（图 46-1）。

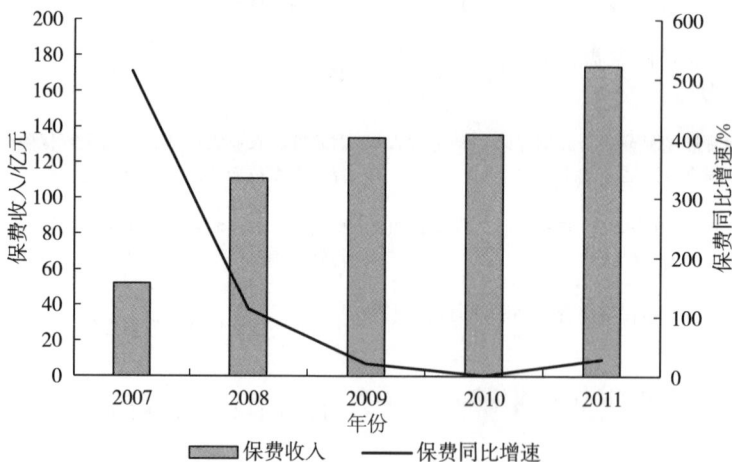

图 46-1　2007—2011 年农业保险保费收入及同比增速

3. 依法规范阶段（2012—2018 年）

2012—2018 年，农业保险的保费规模持续提升，由 2012 年的 240 亿元增长至 2018 年的 573 亿元。2012 年后，随着农业保险条例的发布，农业保险市场迎来高潮。传统保险公司纷纷入局，农业保险增速提升显著。随着保险覆盖面不断扩大，农户的知晓度持续增强，农业保险产品保障程度低、难以满足农户的要求的问题逐渐显现；农业保险供给产品亟须转型升级，供需主要矛盾转移至农业保险提标上（图 46-2）。

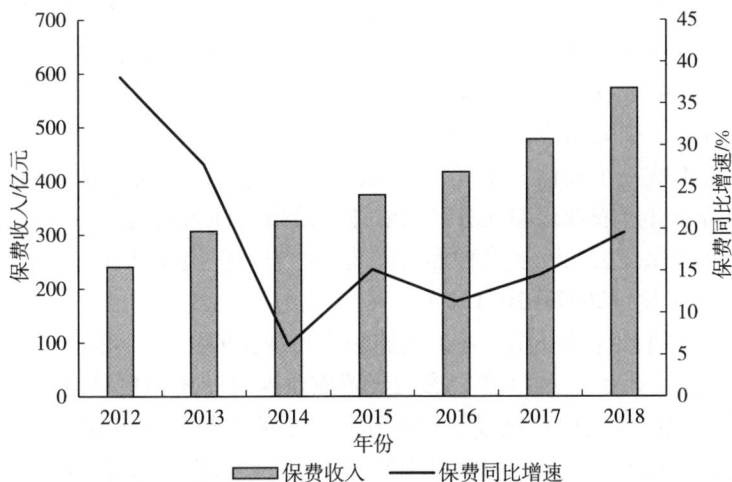

图 46-2　2012—2018 年农业保险保费收入及同比增速

4. 高质量发展阶段（2019 年以来）

2019 年《指导意见》发布以来，农业保险市场潜力得到进一步释放，保费收入持续增长。2019—2023 年，保费收入由 672.5 亿元跃升到 1 429.66 亿元，年均增长率为 20.78%，延续了近年来的高速增长态势，其中 2020 年，我国农业保险保费收入首次跃居全球首位，成为当年农业保险第一大国。保费增速的变化趋势不仅体现了我国农业保险高质量发展的卓越成效，也表明农业保险对财产保险业发展的贡献度持续上升（图 46-3）。

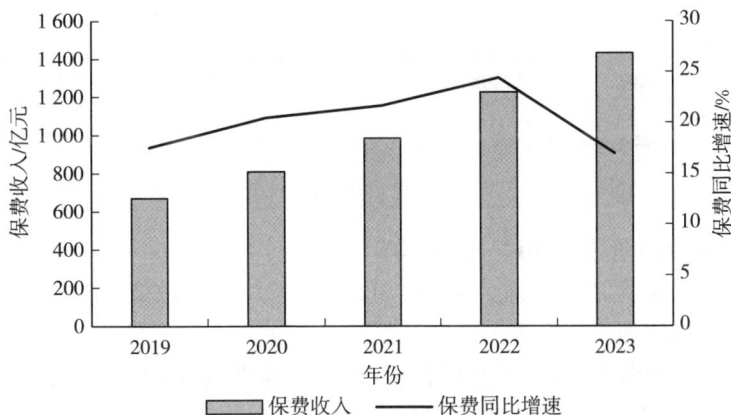

图 46-3　2019—2023 年农业保险保费收入及同比增速

（二）市场参与主体情况

1. 探索阶段（2004—2006 年）

2004 年以前，我国经营农业保险业务的商业保险公司只有中国人保和中华联合，以及刚引入中国的法国安盟公司。经营的农业保险项目种类仅限于种、养两业，农业保险亟待大力发展。2004 年起，中国保监会按照"总体规划、阶段部署、抓好试点、逐步推进"的工作方针，在上海、吉林、黑龙江、安徽先后批准成立了安信、安华、阳光、国元 4 家专业农业保险公司，在省级财政的支持下开展农业保险业务，为农业保险市场注入新的活力。部分省份还依托综合性的保险公司开展多种形式的政策性农业保险补贴试点。

2. 扩面阶段（2007—2011 年）

伴随中央财政保费补贴政策的实施和市场规模的扩大，我国农业保险市场主体明显增加。2007—2011 年，参与经营农业保险的机构数量由 15 家增长至 23 家，农业保险发展保费规模 1 000 万元以上的主体也由 6 家增长至 14 家，基本实现各产粮大省至少有两家机构参与农业保险经营，农业保险发展得到初步满足（图 46-4）。

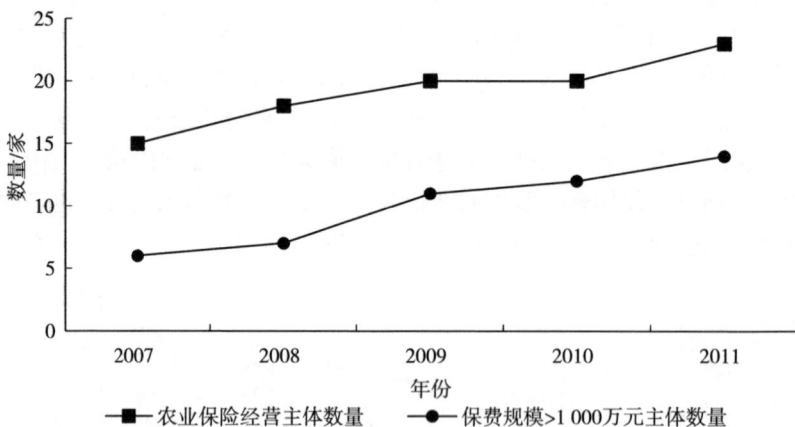

图 46-4　2007—2011 年农业保险经营主体数量

3. 依法规范阶段（2012—2018 年）

伴随着《农业保险条例》的出台和农业保险一系列政策的颁布，农业保险市场主体不断增加，吸引了一些传统保险公司进入农险领域。2012—2018 年，农业保险市场经营主体由 23 家增长至 33 家，保费规模 1 000 万元以上的主体也由 16 家增长至 26 家（图 46-5）。

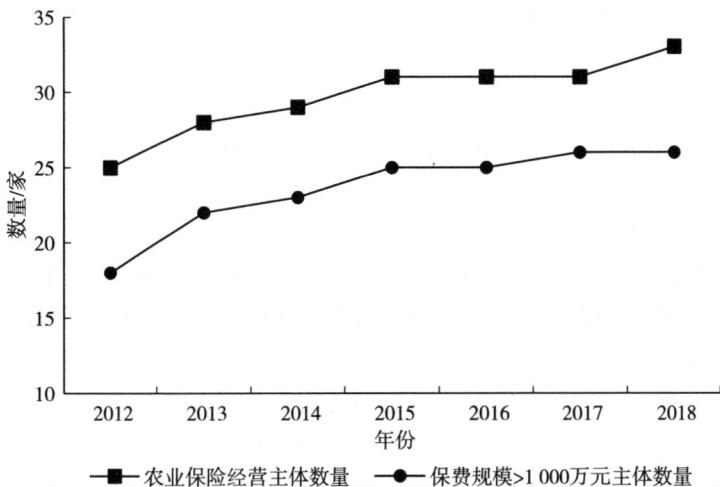

图 46-5 2012—2018 年农业保险经营主体数量

4. 高质量发展阶段（2019 年至今）

在高质量发展新时期，农业保险参与主体数量总体稳中有升，总体保持稳定，2019—2023 年，农业保险市场经营主体由 32 家增长至 36 家，保费规模 1 000万元以上的主体也由 27 家增长至 31 家（图 46-6）。

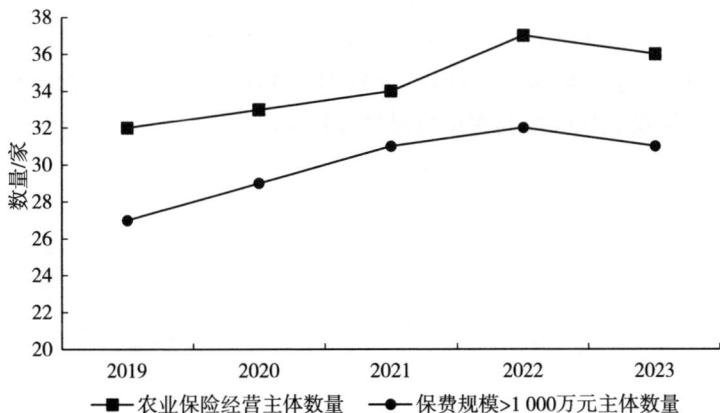

图 46-6 2019—2023 年农业保险经营主体数量

（三）市场集中度情况

赫芬达尔-赫希曼指数（Herfindahl-Hirschman Index，简称 HHI），是一种测量产业集中度的综合指数。它是指一个行业中各市场竞争主体所占行业总收入或总资产百分比的平方和，用来计量市场份额的变化。HHI 指数不仅能反映市场内大企业的市场份额，而且能反映大企业之外的市场结构，更准确地反映大企业对市场的影响程度。2007 年之前，农业保险市场因为只有 6 家主体，市场处于高度集中状态。自 2007 年起，随着参与主体的不断参与，HHI 指数不断下降，农业保险市场呈现多元化格局。

具体来看，2007—2011 年，HHI 指数始终保持在 32％以上。在 2008 年达到 35.52％的峰值，随后呈现逐年递减的趋势，于 2010 年降至 31.96％，2011 年出现反弹，达到 34.03％。上述变化趋势说明，新进入市场的农业保险经营机构并未对整体行业格局形成明显冲击。自 2008 年起，新开展农业保险业务的华农财险、民安财险、紫金财险等公司在 2011 年的市场份额均不足 0.5％，其市场份额对整体市场竞争程度的提升作用有限。

2012—2018 年，虽然农业保险市场总体上仍然呈现高度集中特征，但是市场竞争性不断加剧，市场集中度由 34.03％降低至 25.06％，在 2017、2018 年保持稳定。2012 年以后，以太平洋财险、国寿财险和平安财险为代表的老牌公司纷纷布局农险市场，利用其机构网络、技术和人才优势，参与全国的农业保险经营，份额提升明显，加速市场竞争。

自 2019 年起，我国农业保险广阔的发展前景吸引了众多保险机构纷纷涌入。2020 年，银保监会下发了《关于进一步明确农业保险业务经营条件的通知》，围绕农业保险业务的经营条件、准入标准、经营考评机制、市场退出机制等方面进行了完善，健全了农业保险业务经营管理制度体系，降低了市场无序竞争状态带来的负面影响。农业保险市场虽然仍然保持高度集中的状态，但是市场集中度逐年降低，2019—2023 年，HHI 指数从 0.24 降至 0.21。2007—2023 年农业保险市场集中度见图 46-7。

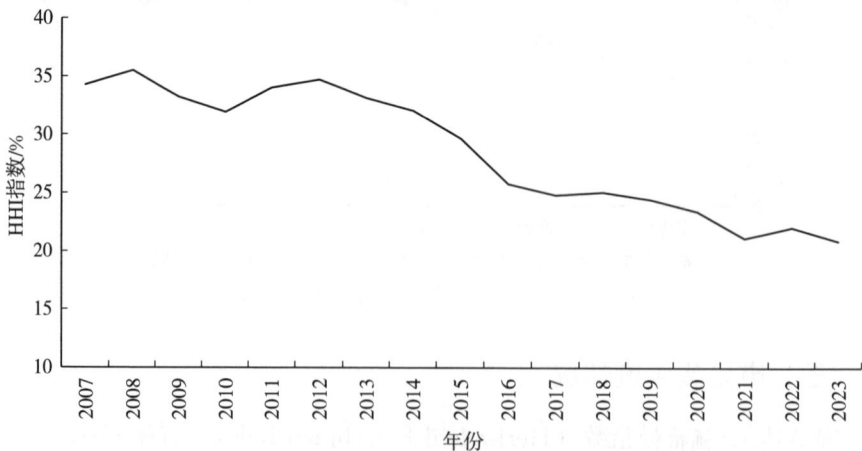

图 46-7　2007—2023 年农业保险市场集中度（通过 HHI 指数体现）

（四）险种变化情况

从险种来看，2007—2011 年，在我国农业保险各类险种中，种植保险的份额占比明显高于养殖保险和林业保险，达到 60％以上，整体呈现增长趋势，2010 年和 2011 年的份额占比已经接近 80％。养殖保险的份额占比逐年递减，由 2007 年近 40％下降到 2011 年不足 20％的水平。上述发展趋势与中央一号文件和农业保险财政补贴制度等内容演变相对应，体现出种植业在享受补贴的险种数量和试点区域的范围等方面受到的倾斜程度。林业保险份额占比较低，但逐年提升，表明自 2008 年国务院提出"加快建立政策性森林保险制度"和 2009 年中央一号文件提出开展政策性森林保险试点的总体要求以来，我国林业保险已经初具规模，且试点范围逐步向多个省份扩展。此外，在中央政府逐步扩大种植业保险承保范围等政策引领下，三大粮食作物保费占比先增后降，我国种植业保险逐渐迈向多元化发展阶段。

2012—2018 年，种植保险的占比较高，超过 60％；林业保险占比较低，不足 10％。从变化情况来看，种植保险的份额在持续缩小，养殖保险的占比不断提升，林业保险先增后减，三大粮食作物保费占比不断下降。这与中央一号文件和财政部等文件充分鼓励发展育肥猪保险、森林保险和地方特色保险息息相关。

2019—2023 年，在我国农业保险各类险种中，种植保险的份额占比依旧高于养殖保险和林业保险，却逐年下降，2023 年种植保险份额占比已经降至 56％。但是我国种植业保险依然是我国目前相对最完善的险种，相较于养殖、林业及其他涉农保险，其保障范围更广，产品数量和种类更丰富。此外，种植保险通过细分不同规模经营主体、不同耕作方式等实现了产品形式和保障水平的突破，产品体系更加健全。同时，逐步加大对养殖保险的支持力度，通过精准承保理赔、科技手段赋能以及提高保障水平等，近年来我国养殖保险的份额占比逐年增加，由 31％增长到近 40％。2007—2023 年农业保险各险种份额占比变化见表 46 - 4。

表 46 - 4　2007—2023 年农业保险各险种份额占比变化

单位：％

年份	种植保险	养殖保险	林业保险	三大粮食作物保险
2007	60	40	—	—
2008	66	33	1	48
2009	73	25	1	57
2010	80	18	2	63

(续)

年份	种植保险	养殖保险	林业保险	三大粮食作物保险
2011	78	18	4	62
2012	78	17	5	56
2013	73	19	8	52
2014	68	23	9	47
2015	67	24	9	48
2016	67	25	8	46
2017	65	28	7	42
2018	62	31	7	39
2019	63	31	6	37
2020	60	35	5	34
2021	60	35	5	35
2022	59	37	4	35
2023	56	40	4	34

（五）各主体市场份额变化情况

自 2007 年试点政策性农业保险，市场主体数量的增加为我国农业保险市场结构带来较大变化，逐渐形成多专业农业保险公司和综合性财产保险公司组成的"4＋2"整体行业格局。在综合性财险公司中，人保财险独占近半壁江山，市场份额始终占据 50％以上，且在 2007—2011 年期间市场份额略有上升；中华保险紧随其后，尽管市场份额相比 2007 年的 22.08％有所下降，但市场份额大致保持在高于 15％的水平。而安信、安华、国元、阳光互助等 4 家专业农险公司均在各自经营地域范围展现专业优势，市场份额占比基本在 10％及以下。2012 年，上述 6 家专业农险公司和综合性财险公司累计市场份额高达 94.16％，我国农业保险市场"4＋2"行业格局充分显现。

2012 年后，太平洋产险、国寿财险和平安产险等开始布局农业保险市场。从行业市场格局来看，由"人保＋中华＋专业性农险公司＋地方公司"统领农业保险市场变为了"人保＋中华＋全国性保险公司（太保、国寿、平安）＋专业性农险公司"的格局。人保财险仍然一骑绝尘，占领农业保险市场接近一半的份额，但是份额占比在逐渐降低；中华财险在重点地区优势突出，份额占比维持在 13%~15%。

进入高质量发展阶段，从行业总体的市场格局来看，我国农业保险市场依旧由"人保＋全国性保险公司（中华、太保、国寿、平安）＋专业性农险公司"统领。但是内部格局稍有调整，虽然人保财险仍然以较大优势牢牢占据市场第一的位置，但是份额占比在逐年降低；太保在 2023 年超过中华，占据市场份额第二位置。同时，平安依靠全金融牌照及科技优势，在部分地区抢抓市场，于 2020 年冲进前五位，并有延续高歌猛进之势。重要年份农业保险市场份额前十位经营机构相关情况见表 46－5。

表 46－5　重要年份农业保险市场份额前十位经营机构相关情况

排序	2007 年		2012 年		2018 年		2023 年	
	名称	份额/%	名称	份额/%	名称	份额/%	名称	份额/%
1	人保	51.02	人保	55.38	人保	46.31	人保	40.66
2	中华	22.08	中华	15.84	中华	13.68	太保财	12.52
3	安华	17.07	阳光农	8.08	太保	7.19	中华	11.59
4	阳光农	6.16	国元	6.78	国寿财	6.15	国寿财	8.12
5	安信	2.88	安华	5.74	阳光农	4.97	平安	5.65
6	大地	0.20	安盟	2.35	国元	4.51	国元	3.83
7	安诚	0.16	太保	1.95	安华	4.41	中原	3.09
8	太保	0.13	安信	1.57	安盟	2.59	安华	2.68
9	平安	0.13	紫金	0.45	中原	2.33	阳光农	2.59
10	天安	0.09	阳光财	0.33	平安	2.08	安盟	1.55

三、20 年农业保险市场蓬勃发展的成功经验

（一）从不断探索中走通了政策性农业保险经营模式

认识事物的过程就是抓住和解决主要矛盾的过程。20 年来，通过初期试行纯商业化运作模式，逐渐摸索出政企共保、公司代办的新兴模式。在全面总结和系统梳理长期探索实践经验的基础上，终于找到了"政府引导、市场运

作、自主自愿、协同推进"这条农险发展的路子，并把它作为农险经营的基本原则，通过《农业保险条例》确立下来。20 年来，农业保险市场由小到大，归根结底是找对了发展的道路。要发展好新时期农险事业，必须始终保持理论和实践创新的勇气，在国家建设现代化经济体系进程中，敢于破除各种壁垒，注重自上而下的指导引领，及时总结经验，不断调整、优化、完善农险政策框架，使农险工作更加符合内在发展规律，更加适应农业农村现代化发展阶段，更加契合"三农"领域日益多元的风险保障需求。

（二）实事求是，循序渐进，是办好农险的有效方法

我国农业灾害构成十分复杂，北方不少省份"十年九旱"，南方不少地方"十年九涝"，除了现代火山活动外，地球上几乎所有的自然灾害类型在我国都发生过。同时，我国农业生产组织形式多样，在中央政策支持引导下，已经培育出家庭农场、农民合作社、农业产业化龙头企业等新型经营主体 340 万家。20 年来，我国的农业保险循序渐进发展，逐步提升发展质量，从低保障、广覆盖到提标、扩面、增品，到农业保险高质量发展，既不照搬美国、加拿大等发达国家的经验，也不套用印度等新兴市场模式，而是坚持从国情出发，充分尊重各地农业发展阶段和农业风险的巨大差异，建立符合不同区域特点的农险经营模式，统筹兼顾小农户和规模经营主体，充分调动各参与方的积极性，在新时期继续探索完善符合中国国情、具有鲜明东方特色的农险发展道路。

（三）主动融入国家"三农"发展大战略是农险市场持续保持生机的源泉

我国是传统的农业大国，用什么样的方法解决好农业生产的风险管理，是无法回避的问题。过去 20 年的实践充分表明，什么时候坚决执行了中央的农业农村战略，农业保险就能够焕发出生机和活力；什么时候农险工作脱离了中央既定方针，农险事业就会遭遇挫折。"三农"是农险的服务对象，没有"三农"，农险就成了无源之水，"三农"的需求决定了农险的供给，"三农"政策决定农险政策走向，"三农"的未来决定了农险的发展空间。农险工作必须坚持"农"字为先，要研究如何运用农险支持乡村全面振兴，推进农业现代化，助力农业强国建设，提高保障能力，拓宽服务领域，探索农业产业链保障，助力产业升级和"三产"融合；要研究如何运用农险参与社会治理，促进农业灾害救助由"行政决策"向"市场契约"转变、由"政府管理"向"保险保障"转变，为国家改进农村社会治理提供有效手段。农业保险必须服从和服务于"三农"战略，这是农险高质量发展的思想内核。

四、新时期农业保险市场展望

我国进入全面乡村振兴、建设农业强国的新时期，农业风险来源更加复杂多元。我国农业保险在政府大力支持和行业的共同努力下，获得了快速发展，但与发达国家相比、和农业产业发展的风险保障需要相比仍有较大差距。2020年，我国农业保险提供的风险保障约为农业总产值的 23.56％，种植业保险常年保障水平仅相当于美国的 1/5，加拿大的 1/3 和日本的 1/2。2020 年农业保险的财政补贴资金仅占农业补贴总额的 2.5％，而发达国家农业保险补贴占其农业补贴的 8％～9％。农业保险政策支持空间巨大。

（一）推动完全成本保险进一步提质增效

中央一号文件连续多年提及三大粮食作物的完全成本与收入保险，当前完全成本保险在政策上已经推广至全国覆盖。未来，完全成本保险发展方向是扩面、增品和提标，扩面是将政策执行好，确实提高完全成本覆盖率；增品是政策要求，从三大主粮到生猪、油料、糖料、橡胶、森林等大宗品种；提标是进一步提升完全成本的保障程度，建立保险金额浮动机制，紧贴实际中的农业成本。

（二）逐步推广产量保险与收入保险

按照中央精神，产量保险和收入保险相较于完全成本保险，与实际产量挂钩，保住收益底线，能够更加有效地推动农户提高种粮积极性，更加贴近农户利益，可逐步试点，条件成熟时，进行全国推广。

（三）做好与价格、补贴的政策衔接

农业保险相较于价格和补贴政策，对于成本的扰动，尤其是地租的影响较低；同时，对于规模经营主体，农业保险相较于粮食补贴等政策具有更直接有效的作用，应充分发挥农业保险政策优势，更好支持规模经营主体和社会化服务组织的发展。

（四）支持特色农产品保险发展，保障农户收入

当前特色农产品保险从品种覆盖和保障深度来看，有很大发展潜力。要优化特色保险财政补贴支持制度，根据产业的走势和收益情况，动态调整补贴支持力度，根据"高保障低补贴、低保障高补贴"的原则调整财政补贴比例，进一步加强特色农产品定价工作。

（五）支持涉农保险高质量发展

农业保险内涵和外延不断扩展，围绕产业融合发展、乡村建设，助力乡村全面振兴，要求农业保险不仅仅局限在生产端，更要向加工、销售和品牌延伸，要聚焦新产业、新业态，对准产业园、产业集群、产业强镇融合发展的新载体的风险需求，提供定制化、综合化的保险服务。同时，发挥农业保险桥梁作用，联动银行、期货、担保、基金，提升农村金融多元化投入效率。

农业保险砥砺前行 20 年

改锶洋[①]　孙有芳[②]

自 2004 年起,中央一号文件以"三农"为主题,充分体现了党中央、国务院重农强农的决心。农业保险能够分散农业生产过程中的风险,在推进农业现代化发展、支持农业再生产、促进农民增收等方面具有政策性保障作用。20年来,中国农业保险积累了丰富的实践经验,本文回顾中央一号文件对农业保险的提法,总结保险业务的创新点,提出了关于发展农业保险的相关建议。

一、中央一号文件对农业保险发展的提法回顾

(一)探索阶段(2004—2006年)

在 2004 年之前,我国农业保险处于试验不成功,成果不理想的低谷期,关于农业保险要不要发展,往什么方向发展等问题均面临巨大争议。

2004 年,中央首次提出了建立政策性农业保险制度,选择在部分地区进行试点,提出有条件的地方可对参加种养业保险的农户给予一定的保费补贴。2005 年,中央一号文件指出,扩大农业政策性保险试点范围,鼓励商业性保险机构开展农业保险业务。2006 年,中央一号文件指出,各级财政要增加扶持农业产业化发展基金,支持龙头企业发展,并可通过龙头企业资助农户参加农业保险。稳步推进农业政策保险试点工作,加快发展多种形式、多种渠道的农业保险。

2004—2006 年,中央一号文件都对农业保险提供了方向指导,开启了我国农业保险道路的探索阶段。

(二)试验阶段(2007—2012年)

2007—2012 年,是中央财政补贴农业保险的试验阶段,中央不断提出总

---

①② 改锶洋,孙有芳,就职于银河期货有限公司。

结试点经验，稳步扩大试点范围，增加险种，扩大覆盖面，指导有关部门细化政策，加快建立多层次农业保险体系。

2007 年，积极发展农业保险，按照"政府引导、政策支持、市场运作、农民自愿"的原则，建立完善农业保险体系。扩大政策性农业保险试点范围，各级财政对农户参加农业保险给予保费补贴，完善农业巨灾风险转移分摊机制，探索建立中央、地方财政支持的农业再保险体系。鼓励龙头企业、中介组织帮助农户参加农业保险。

2008 年，认真总结各地开展政策性农业保险试点的经验和做法，稳步扩大试点范围，科学确定补贴品种。支持发展主要粮食作物的政策性保险。建立健全生猪、奶牛等政策性保险制度。完善政策性农业保险经营机制和发展模式。

2009 年，加快发展政策性农业保险，扩大试点范围、增加险种，加大中央财政对中西部地区保费补贴力度，加快建立农业再保险体系和财政支持的巨灾风险分散机制，鼓励在农村发展互助合作保险和商业保险业务。探索建立农村信贷与农业保险相结合的银保互动机制。扩大农产品出口信用保险承保范围，探索出口信用保险与农业保险、出口信贷相结合的风险防范机制。

2010 年，积极扩大农业保险保费补贴的品种和区域覆盖范围，加大中央财政对中西部地区保费补贴力度。鼓励各地对特色农业、农房等保险进行保费补贴。发展农村小额保险。健全农业再保险体系，建立财政支持的巨灾风险分散机制。逐步扩大政策性森林保险试点范围。推动农产品出口信贷创新，探索建立出口信用保险与农业保险相结合的风险防范机制。

2011 年，鼓励和支持发展洪水保险。

2012 年，扩大农业保险险种和覆盖面，开展设施农业保费补贴试点，扩大森林保险保费补贴试点范围，扶持发展渔业互助保险，鼓励地方开展优势农产品生产保险。健全农业再保险体系，逐步建立中央财政支持下的农业大灾风险转移分散机制。对符合条件的种子生产开展保险试点，加大种子储备财政补助力度。

（三）规范发展阶段（2013—2019年）

2013 年，加强涉农信贷与保险协作配合，创新符合农村特点的抵（质）押担保方式和融资工具，建立多层次、多形式的农业信用担保体系。健全政策性农业保险制度，完善农业保险保费补贴政策，加大对中西部地区、生产大县农业保险保费补贴力度，适当提高部分险种的保费补贴比例。开展农作物制种、渔业、农机、农房保险和重点国有林区森林保险保费补贴试点。推进建立财政支持的农业保险大灾风险分散机制。

2014 年，启动东北地区和内蒙古大豆、新疆棉花目标价格补贴试点，探索粮食、生猪等农产品目标价格保险试点。加大农业保险支持力度。提高中央、省级财政对主要粮食作物保险的保费补贴比例，逐步减少或取消产粮大县县级保费补贴，不断提高稻谷、小麦、玉米三大粮食品种保险的覆盖面和风险保障水平。鼓励保险机构开展特色优势农产品保险，有条件的地方提供保费补贴，中央财政通过以奖代补等方式予以支持。扩大畜产品、森林保险范围和覆盖区域。鼓励开展多种形式的互助合作保险。规范农业保险大灾风险准备金管理，加快建立财政支持的农业保险大灾风险分散机制。探索开办涉农金融领域的贷款保证保险和信用保险等业务。

2015 年，积极开展农产品价格保险试点。加大中央、省级财政对主要粮食作物保险的保费补贴力度。将主要粮食作物制种保险纳入中央财政保费补贴目录。中央财政补贴险种的保险金额应覆盖直接物化成本。加快研究出台对地方特色优势农产品保险的中央财政以奖代补政策。扩大森林保险范围。积极推动农村金融立法，明确政策性和商业性金融支农责任，促进新型农村合作金融、农业保险健康发展。

2016 年，加快推进病死畜禽无害化处理与养殖业保险联动机制建设。创新发展订单农业，支持农业产业化龙头企业建设稳定的原料生产基地，为农户提供贷款担保和资助订单农户参加农业保险。完善农业保险制度。把农业保险作为支持农业的重要手段，扩大农业保险覆盖面、增加保险品种、提高风险保障水平。积极开发适应新型农业经营主体需求的保险品种。探索开展重要农产品目标价格保险，以及收入保险、天气指数保险试点。支持地方发展特色优势农产品保险、渔业保险、设施农业保险。完善森林保险制度。探索建立农业补贴、涉农信贷、农产品期货和农业保险联动机制。积极探索农业保险保单质押贷款和农户信用保证保险。稳步扩大"保险＋期货"试点。鼓励和支持保险资金开展支农融资业务创新试点。进一步完善农业保险大灾风险分散机制。

2017 年，开展农民合作社内部信用合作试点，鼓励发展农业互助保险。

鼓励金融机构积极利用互联网技术，为农业经营主体提供小额存贷款、支付结算和保险等金融服务。持续推进农业保险扩面、增品、提标，开发满足新型农业经营主体需求的保险产品，采取以奖代补方式支持地方开展特色农产品保险。鼓励地方多渠道筹集资金，支持扩大农产品价格指数保险试点。探索建立农产品收入保险制度。扩大银行与保险公司合作，发展保证保险贷款产品。深入推进农产品期货、期权市场建设，积极引导涉农企业利用期货、期权管理市场风险，稳步扩大"保险＋期货"试点。

2018 年，探索开展稻谷、小麦、玉米三大粮食作物完全成本保险和收入保险试点，加快建立多层次农业保险体系。支持符合条件的涉农企业发行上市、新三板挂牌、融资和并购重组，深入推进农产品期货期权市场建设，稳步扩大"保险＋期货"试点，探索"订单农业＋保险＋期货"试点。

2019 年，按照扩面、增品、提标的要求，完善农业保险政策。推进水稻、小麦、玉米完全成本保险和收入保险试点。扩大农业大灾保险试点和"保险＋期货"试点。探索对地方优势特色农产品保险实施以奖代补试点，进一步加大中央财政对产粮大县三大粮食作物保险保费补贴支持力度。

（四）高质量发展阶段（2020年以来）

2020 年，推进水稻、小麦、玉米完全成本保险和收入保险试点。抓好农业保险保费补贴政策落实，督促保险机构及时足额理赔。优化"保险＋期货"模式，继续推进农产品期货期权品种上市。

2021 年，扩大水稻、小麦、玉米三大粮食作物完全成本保险和收入保险试点范围，支持有条件的省份降低产粮大县三大粮食作物农业保险保费的县级补贴比例。将地方优势特色农产品保险以奖代补做法逐步扩大到全国。健全农业再保险制度。发挥"保险＋期货"在服务乡村产业发展中的作用。

2022 年，探索开展糖料蔗完全成本保险和种植收入保险。实现三大粮食作物完全成本保险和种植收入保险主产省产粮大县全覆盖。积极发展农业保险和再保险。优化完善"保险＋期货"模式。

2023 年，逐步扩大水稻、小麦、玉米完全成本保险和种植收入保险实施范围。完善玉米大豆生产者补贴，实施大豆完全成本保险和种植收入保险试点。发挥多层次资本市场支农作用，优化"保险＋期货"，鼓励发展渔业保险。

2024 年，继续实施耕地地力保护补贴、玉米大豆生产者补贴和稻谷补贴政策。完善农资保供稳价应对机制，鼓励地方探索建立与农资价格上涨幅度挂钩的动态补贴办法。扩大完全成本保险和种植收入保险政策实施范围，实现三大粮食作物全国覆盖、大豆有序扩面。鼓励地方发展特色农产品保险。推进农业保险精准投保理赔，做到应赔尽赔。完善巨灾保险制度。

从上述农业保险发展历程可以看出，中国的农业保险制度，虽然吸收了国外各种模式和经验，但没有照搬其他国家的现成法律法规，尽管制度构架和政策体系尚不完善，但是设计和构建的制度和实施的政策与中国国情相结合。

二、农业保险的创新发展

农业保险的创新不仅为农民提供了更多的风险保障，也为农业现代化和乡村振兴战略的实施提供了有力支持。农业保险的产品逐渐从传统的保成本向保产量、保价格和保收入转变，实现了从"自然风险单一保障"向"自然风险与市场风险双重保障"的升级。同时，针对农业龙头企业、专业合作组织等的需求，还开发了保险产品，促进了农业集约化发展。一些具有标准化和透明性特点的险种，如农业气候指数保险、区域产量保险等，也逐渐得到推广和应用。

在承保技术方面，农业保险遵循风险一致性原则，制定科学合理的风险区划和费率分区。在风险评估技术方面，利用 GPS 定位测量、地理遥感技术、自动气象站等高科技方法与设备，简化了风险评估程序，扩大了可保障区域。在风险管控技术方面，采用防雹炮、人工影响天气、防病防疫等技术手段进行防灾减灾。

农业保险在服务方面也进行了创新，例如保险公司与农技部门、气象部门等建立联动机制，将保险的经济补偿与农业生产防灾防损、农业新技术推广、农业信息发布等服务结合起来。积极推进农业保险与信贷、担保等农村金融手段的结合与创新，促进农业金融协同发展，加强对现代农业发展的金融支持。

"保险＋期货"模式借助农业保险提供普惠性的优势，迅速扩大期货服务覆盖面，以保险业务为切入点，对接广大农户。充分发挥场外期权锁定价格、期货市场对冲风险的功能，助力广大农户丰产丰收。近年来，"保险＋期货"项目已经覆盖多个农产品品种，累计承保现货价值巨大，赔付金额可观，惠及了数百万农户以及众多农民合作社、家庭农场和农业企业等新型农业经营主体。"保险＋期货"模式还有效弥补了传统农业保险和农产品期货自身功能的不足，为农民提供了更全面、更灵活的风险管理工具。通过保险与期货的结合，农民不仅能够应对自然灾害等自然风险，还能在一定程度上规避市场价格波动带来的市场风险，从而稳定收入预期，提高种植积极性。

三、关于发展农业保险的建议

针对农业保险的发展路径与创新机制，农业保险可以从两个方面进行优化。

一方面，优化财政支持政策。一是建议允许县级财政将乡村振兴补贴资金统筹用于各类涉农保险补贴，鼓励县级财政将生猪大县奖励、高标准农田管护等涉农资金用于"三农"保险补贴，提高县级财政主动化解"三农"发展风险的能力。二是优化财政奖补机制。建议优化特色保险以奖代补机制，有效减轻县（区）财政负担。将中央和省级以奖代补资金下达方式由事后奖补改为在本级奖补政策出台后，即可采取事前预拨、事后清算的方式，减轻市、县财政压力。三是加大涉农保险支持力度。加大对高标准农田、农业机械、农产品加工、流通、质量认证等保险产品的支持力度。探索县级政府、保险机构、担保机构等多方共同注资的贷款风险补偿模式，提高涉农融资风险分散能力。

　　另一方面，强化监管政策创新。建立农业保险费率动态调整机制，在专业机构费率精算的基础上，财政、农业、金融监管开展费率评审和论证。建立赔付率与农户自缴保费减免的联动机制。开辟创新产品报备绿色通道，对首创产品实行不低于两年期的创新保护期。探索以组织化程度高、集体经济实力强的村集体经济组织为依托，开办农村产业类、人身类等互助保险组织试点。

　　全面建设社会主义现代化国家。最艰巨最繁重的任务仍然在农村。农业保险助力乡村振兴的脚步一直没有停止，农业保险高质量发展是金融赋能"三农"的重要体现。未来，中国农业的发展会一直稳步向前，走入世界前列！

参考文献

安盟保险订阅号，2024.《中国银行保险报》｜外资发展在中国：安盟保险 持续深耕中国市场［EB/OL］.（2024－03－14）［2024－11－20］. https://mp. weixin. qq. com/s/gA-LALeIUtR3QUhl5K6qyrQ.

安盟保险订阅号，2024. 安盟保险全力应对汛情 多措并举筑牢暴雨防线［EB/OL］.（2024－08－14）［2024－11－20］. https://mp. weixin. qq. com/s/RH5－wZORW7Q6mFqvKaMevg.

安盟保险订阅号，2024. 安盟保险总裁阮江应邀参加博鳌亚洲论坛全球城市绿色发展与乡村振兴论坛大会［EB/OL］.（2024－06－03）［2024－11－20］. https：//mp. weixin. qq. com/s/2A7qGvQ_rnV5wTHNp7VvqA.

安盟保险订阅号，2024. 保险助力农业产业链发展——第十一届国际农业保险大会系列演讲［EB/OL］.（2024－01－26）［2024－11－20］. https：//mp. weixin. qq. com/s/DKntEzf-FRZzcLx6M4f4vFg.

安盟保险订阅号，2024. 川观新闻 中国品牌日｜安盟保险"品牌宣言"：绿色保险的耕耘者，乡村振兴的助力者［EB/OL］.（2024－05－10）［2024－11－20］. https：//mp. weixin. qq. com/s/lio4hKsa1Hmnyk4juni2SQ.

安盟保险订阅号，2024. 绿色农业保险 共筑粮食安全新未来｜第十二届国际农业保险大会在江西举办［EB/OL］.（2024－09－04）［2024－11－20］. https：//mp. weixin. qq. com/s/QIA8Pwhe8Go－PprZbqAlZg.

安盟保险订阅号，2024. 媒体关注｜中法企业合作新篇：蜀道集团携手法国安盟保险，共谋绿色保险发展［EB/OL］.（2024－05－07）［2024－11－20］. https：//mp. weixin. qq. com/s/pWEsrcpDmMo4BeUjsvg7jw.

安毅，方蕊，2016. 我国农业价格保险与农产品期货的结合模式和政策建议［J］. 经济纵横（7）：64－69.

白玉兰，孙佳乐，2023. 乡村振兴战略下新疆地区农业保险高质量发展的问题及对策［J］. 保险职业学院学报，37（5）：19－25.

财政部金融司，2024. 推动农业保险高质量发展 服务保障国家粮食安全［N］. 中国财经报，03－12（7）.

曹斯蔚，2022. 中国农业保险高质量发展研究——兼顾乡村振兴的视角［J］. 保险职业学院学报，36（1）：27－33.

查霆，钟宣伯，周启政，等，2018. 我国大豆产业发展现状及振兴策略［J］. 大豆科学，37（3）：458－463.

陈勃同，2023. 收入保险对黑龙江省大豆种植户种植决策的影响研究［D］. 哈尔滨：东北农业大学.

陈楠楠，2023. 中国政策性农业保险支持粮食安全问题研究［D］. 长春：吉林大学.

陈育林，2024. 推动农业保险高质量发展［J］. 中国金融（6）：61 - 63.

邓国，王昂生，周玉淑，等，2022. 中国省级粮食产量的风险区划研究［J］. 南京气象学院学报（3）：373 - 379.

邓文君，2024. 古树名木保护管理存在的问题及对策［J］. 农村科学实验（18）：40 - 42.

丁解民，2009. 江苏政策性农业保险试点考察报告［J］. 金融纵横（10）：3 - 7.

丁少群，张峻逸，2024. 农业保险对农业产业发展韧性的影响机理与政策建议［J］. 中国保险（4）：6 - 9.

董丝雨，常钦，2023. 参天古树 多样守护［N］. 人民日报，11 - 14（15）.

段应元，杨汭华，龙文军，2024. 农业保险服务农业现代化的挑战与对策研究［J］. 农业现代化研究，45（3）：422 - 433.

段月萍，贾金荣，2009. 基于农业产业化的政策性农业保险模式初探［J］. 广东农业科学（7）：257 - 259.

范家萌，高飞，2024. 数字科技赋能农险高质量发展的机理和路径［J］. 中国保险（7）：39 - 42.

房文彬，2023. 科技赋能 农险让农民种上"放心田"［N］. 中国银行保险报，07 - 12（5）.

丰华，2015. 呼伦贝尔农牧业保险发展的制约因素及对策研究［J］. 内蒙古科技与经济（6）：28 - 32.

冯文丽，苏晓鹏，2019. 论乡村振兴战略中的农业保险发展［J］. 农村金融研究（4）：14 - 18.

付农，2019. 推行"整村托管"实现"三方共赢"［J］. 农业知识（21）：27 - 29.

高飞，庹国柱，2023. 我国种植收入保险试点中的问题研究——部分典型案例剖析［J］. 中国保险（8）：26 - 33.

高飞，翟涛，2022. 我国玉米收入保险试点存在问题与完善建议［J］. 农业经济（3）：111 - 112.

高国华，2024. 中国太平积极推动农险创新护航"三农"发展［N］. 金融时报，10 - 25（3）.

高仙草，任艳云，谭贺，等，2023. 关于特色蔬菜目标价格保险的实践与思考——基于山东省的调查分析［J］. 中国蔬菜（5）：6 - 12.

高泽琛，2024. 乡村振兴战略下农业经济高质量发展困境及对策研究［J］. 智慧农业导刊，4（3）：109 - 112.

光明日报调研组，2004. 古蜀道上，千年古柏仍苍翠——四川守护古树名木传承中华优秀传统文化的探索实践［EB/OL］.（2024 - 10 - 18）. https://news. gmw. cn/2024 - 10/18/content_37620879. htm.

郭金龙，薛敏，2019. "保险＋期货"提升农险保障能力［J］. 中国金融（10）：52 - 54.

郭雅媛，郭威，2023. 全方位夯实粮食安全根基的金融支持［J］. 农村金融研究
（8）：38－45.

韩艺琼，魏颖莹，2023. 乡村振兴助推农村共同富裕策略研究［J］. 农村·农业·农民
（13）：39－42.

郝凌峰，2024. 山东青岛市蔬菜目标价格保险为农户收入兜底［N］. 农民日报，12－21
（7）.

何荣勋，2020. 全力推进农业政策性保险为上海农业高质量发展保驾护航［J］. 上海农村
经济（7）：7－10.

何阳，段邵聪，肖慧敏，2024. 农地流转、耕地"非粮化"与粮食安全——兼论"谁来种
粮"问题［J］. 西北农林科技大学学报（社会科学版），24（4）：74－82.

胡冰欣，2019. 河南省农业保险支持农业产业化研究［D］. 昆明：云南财经大学.

胡芳，何逍遥，曹传碧，等，2022. "农业保险＋信贷"模式与农业产业链协同发展赋能乡
村振兴战略研究［J］. 西南金融（8）：84－96.

胡学欣，宋玉兰，2023. 农户参与棉花目标价格保险满意度调查［J］. 合作经济与科技
（24）：73－75.

华坚，杨梦依，2023. 乡村振兴背景下粮食主产区农业保险发展对粮食生产安全的影响
［J］. 农林经济管理学报，22（5）：535－545.

黄少安，唐琦，2024. 农业大灾保险与粮食安全——基于农业大灾保险试点的准自然实验
［J］. 农业技术经济（4）：4－17.

黄振兴，2022. 河南省农业保险对保障粮食安全影响分析［J］. 农村经济与科技，33
（19）：195－198.

黄振兴，付文青，2023. 河南省农业保险对现代农业发展的影响［J］. 农村经济与科技，
34（11）：202－205.

吉林省财政厅，中共吉林省委金融委员会办公室，吉林省农业农村厅，吉林省林业和草原
局，吉林省畜牧业管理局，吉林省气象局，国家金融监督管理总局吉林监管局，2024.
吉林省2024年农业保险工作实施方案［Z］. 2024－06－03.

江生忠，朱文冲，2021. 农业保险有助于保障国家粮食安全吗？［J］. 保险研究
（10）：3－17.

晋颖，付正，韦彩霞，2023. 科技创新驱动农业保险服务质量提升路径研究［M］. 成都：
四川大学出版社有限责任公司.

孔佑赫，2024. 粮食安全背景下农业保险助力粮食生产的作用研究——基于我国粮食主产
区的实证分析［D］. 上海：华东师范大学.

李丹，庹国柱，龙文军，2017. 农业风险与农业保险［M］. 北京：高等教育出版社.

李丹，魏帅，2021. 农业保险高质量发展探究——基于财政补贴、市场竞争、产品管理视
角［J］. 理论探讨（1）：105－111.

李丹，张胜男，2019. 改革开放40年来我国农业保险发展历程及展望［J］. 农业经济与管
理（1）：53－60.

李华，张琳，2016. "保险＋期货"：一种服务国家农业现代化的新模式［J］. 中国保险

（7）：33 - 36.

李俊逸，2022. 农业保险对我国农业经济发展的影响探析 [J]. 中国市场（20）：50 - 52，81.

李睿思，完颜瑞云，2023. 从中央一号文件看农业保险发展 [J]. 金融博览（财富）（3）：67 - 70.

李少坚，樊增建，2023. 科技赋能农险 助力农业强国建设 [J]. 中国农村金融（19）：25.

李文菓，2022. 奋进新征程 保险守护稳稳的幸福——上海开展"7·8 全国保险公众宣传日"系列活动 [J]. 上海保险（7）：4 - 7.

李翌昕，2023. 河南省种植业保险参与意愿的调查研究 [D]. 郑州：河南农业大学.

李振达，杨晨，2014. 天津市农业保险现状、问题及发展对策 [J]. 华北金融（7）：48 - 51.

连文威，付强，程立君，等，2020. 农村土地承包经营权确权在智慧农业保险中的应用探讨 [J]. 中国保险（9）：49 - 55.

梁辉，徐克兵，2017. 重庆市农业保险发展现状、存在问题及政策建议 [J]. 现代营销（下旬刊）（21）：302.

林乐芬，2022. 现代农业保险学 [M]. 北京：科学出版社.

刘汉成，陶建平，2020. 中国政策性农业保险：发展趋势、国际比较与路径优化 [J]. 华中农业大学学报（社会科学版）（6）：67 - 75，163 - 164.

刘婧，2021. 我国农业保险高质量发展现状、问题及对策建议 [J]. 中国保险（8）：50 - 53.

刘婧，王胜，2023. 农业保险与政府农业防灾减灾工作联动机制探讨 [J]. 保险理论与实践（6）：38 - 49.

刘日，2018. 美国期货市场价格发现功能在农业收入保险领域的应用 [J]. 中国证券期货（2）：86 - 96.

刘婷祎，游士兵，施雨，等，2024. 农业保险保障水平对粮食安全的影响效应检验 [J]. 统计与决策，40（21）：64 - 68.

刘玮，孙丽兵，庹国柱，2022. 农业保险对农户收入的影响机制研究——基于有调节的中介效应 [J]. 农业技术经济（6）：4 - 18.

刘璇，2024. 基于 AHP - SWOT 的陕西葡萄产业发展对策研究 [J]. 特产研究，46（2）：176 - 181，185.

刘燕婕，2024. 生态文明背景下古树名木保护措施与对策研究——以永仁县为例 [J]. 绿色科技，26（17）：127 - 131.

刘珍珍，2025. 黔西南州三大粮食作物政策性农业保险发展现状、问题及建议 [J]. 农业科技通讯（1）：22 - 25.

龙文军，2019. 创优农产品"保险＋期货"的实现路径 [J]. 农村·农业·农民（B 版）（24）：27 - 28.

龙文军，2021. "十四五"时期的农业保险：趋势判断、总体思路与保障机制 [J]. 中国保险（2）：8 - 13.

龙文军，2024. 保障粮食安全 农业保险应发挥更大作用［J］. 中国发展观察（6）：31 - 36.

龙文军，包月红，2024. 农业保险确保国家粮食安全［J］. 中国金融（7）：68 - 69.

龙文军，董雪梅，2019. 农业保险如何拓展增信功能［J］. 农业发展与金融（9）：32 - 35.

龙文军，郭军，2022. 农业保险在乡村振兴中的使命和担当［J］. 中国保险（2）：21 - 23.

龙文军，靳琛，2020. 农业保险助推普惠金融的实现路径［J］. 农业发展与金融（6）：42 - 44.

龙文军，李至臻，2019. 农产品"保险＋期货"试点的成效、问题和建议［J］. 农村金融研究（4）：19 - 24.

龙文军，刘琳，2021. 农业保险的新实践和乡村振兴的新需求［J］. 农村金融研究（12）：8 - 13.

龙文军，刘颖，2022. 守护"特色甘味"——甘肃兰州市探索落地气象指数保险［J］. 农村工作通讯（3）：56 - 57.

龙文军，王静，郭金秀，2025. 探索保险在海洋牧场建设方面的重要作用［J］. 中国水产（1）：52 - 54.

陆斌，2024. 守护古树名木 传承历史文化［J］. 文化产业（30）：46 - 48.

吕雅晴，2019. 河南省优质小麦收入保险研究［D］. 郑州：郑州大学.

孟祥雪，2024. 乡村振兴背景下河南省小麦保险发展建议［J］. 河北农业（2）：28 - 29.

宁才旺，胡文斌，熊飞雪，等，2024. 政策性农业保险、农户分化对粮食单产的影响——以江西为例［J］. 农业现代化研究，45（2）：197 - 209.

农发行信息科技部课题组，邵世敏，李小庆，等，2022. 金融科技赋能农发行高质量服务乡村振兴战略［J］. 农业发展与金融（3）：12 - 16.

欧阳平，修竣强，任轩弘，等，2024. 我国粮食作物政策性保险发展现状、问题与建议［J］. 农业发展与金融（2）：29 - 32.

庞春雅，2021. 河北省政策性小麦保险调查报告［D］. 石家庄：河北经贸大学.

庞海峰，谭宁莉，2023. 农业信贷农业保险与中国粮食安全［J］. 农业与技术，43（21）：144 - 150.

齐鲁网，2023. 中国平安产险：农险要更有效化解风险［EB/OL］.（2023 - 03 - 14）. https://news.iqilu.com/caijing/20230314/5378396.shtml.

屈亚楠，2013. 河南省农业保险发展对策研究［J］. 商品与质量：理论研究（1）：46.

史浩，2018. 新时代背景下我国"保险＋期货"模式风险管理研究［J］. 山西农经（6）：81 - 82.

史培军，1996. 再论灾害研究的理论与实践［J］. 自然灾害学报（4）：8 - 19.

宋志刚，2023. 农业保险高质量发展的决定因素与实现途径［J］. 中国农业资源与区划，44（11）：27，64.

搜狐网，2024. 三大主粮两类农业保险全面铺开 中国人寿财险积极探索农险创新［EB/OL］.（2024 - 06 - 18）. https://news.sohu.com/a/786757821_362042.

粟湘福，刘妍，2023. 高质量发展语境下的湖南农业保险对策研究［J］. 保险职业学院学报，37（3）：60 - 64.

孙乐，2022. 农业保险投保意愿与投保行为一致性研究——以山东省种植业保险为例［D］. 泰安：山东农业大学.

孙树杰，江彦熹，孙静雯，等，2023. 保险公司农业保险发展问题探究——基于河南水灾的视角［J］. 中国市场（1）：52-54.

谭乐之，2024.“保险＋科技”赋能农险风险减量［N］. 中国银行保险报，06-11（8）.

唐金成，2013. 现代农业保险［M］. 北京：中国人民大学出版社.

唐金成，揭宗康，2024. 乡村振兴战略下中国农业收入保险创新发展研究［J］. 西南金融（1）：93-104.

庹国柱，2021. 发展政策性农业保险 护航乡村振兴战略［J］. 中国农村金融（16）：11-13.

庹国柱，2021. 中国农业保险研究 2021［M］. 北京：中国农业出版社.

庹国柱，2022. 庹国柱农业保险文集（第三卷）［M］. 北京：中国农业出版社.

庹国柱，2023a. 我国农业保险产品体系建设的初步研究［J］. 保险职业学院学报，37（5）：5-10.

庹国柱，2023b. 我国农业保险发展的政策脉络——基于 20 年来中央“一号文件”中有关指导意见的学习［J］. 保险理论与实践（3）：1-13.

庹国柱，2023c. 中国农业保险研究 2023［M］. 北京：中国农业出版社.

庹国柱，丁少群，1994a. 论农作物保险区划及其理论依据——农作物保险区划研究之一［J］. 当代经济科学（3）：41，64-69.

庹国柱，丁少群，1994b. 农作物保险风险分区和费率分区问题的探讨［J］. 中国农村经济（8）：43-47，61.

庹国柱，张子良，等，2013. 在江淮的田野上：国元农业保险公司的发展足迹［M］. 北京：中国金融出版社.

庹国柱，朱俊生，2016. 论收入保险对完善农产品价格形成机制改革的重要性［J］. 保险研究（6）：3-11.

汪小亚，蒋昭，帅嘉冰，2023. 加快提升农业保险服务中国式现代化的能力. 清华金融评论（6）：83-88.

王国军，赵小静，2015. 基于风险区划的农作物保险精细化费率厘定研究——以河南省县级小麦保险纯费率厘定为例［J］. 保险研究（10）：23-32.

王浩，2023. 苍山大蒜目标价格保险研究及管理系统研发［D］. 泰安：山东农业大学.

王静，龙文军. 2024. 农机保险何其难?［J］. 中国保险（10）：34-37.

王露悦，2022. 山东省农业保险对政府财政负担和农户支付能力的影响分析——以小麦保险为例［D］. 济南：山东大学.

王韧，陈嘉婧，周宇婷，等，2023. 农业保险助力农业强国建设：内在逻辑、障碍与推进路径［J］. 农业经济问题（9）：110-123.

王松，岳菡雪，2023. 国家金融监督管理总局洛阳监管分局 打好金融“组合拳” 助推农业保险高质量发展［N］. 农村金融时报，11-20（A6）.

王小亚，孔锋，刘秋荣，2022. 新时期我国农业综合风险防范及提升路径研究［J］. 水利水电技术（中英文），53（12）：1-10.

王永冲，2023. 农产品目标价格保险对蔬菜价格波动影响研究——以大蒜、大葱、大白菜、生姜为例［J］. 价格理论与实践（9）：80-85.

魏超，陈盛伟，2023. 农业保险保障水平能提高粮食安全与农业增收的一致性吗？［J］. 中国农业大学学报，28（8）：22-37.

谢婷婷，杨秉恩，宋诚，2023. 我国不同区域农业韧性水平的动态演变及其影响因素分析——基于农业保险赔付率视角［J］. 农村金融研究（11）：46-59.

新浪财经，2025. 阳光农险二十年深耕乡土 筑梦中国农险现代化［EB/OL］.（2025-01-11）. https：//finance. sina. cn/2025-01-11/detail-ineepqvp5110301. d. html.

邢鹂，赵乐，吕开宇，2008. 北京市农业生产风险和保险区划研究［M］. 北京：中国农业出版社.

徐芳，2021. 关于湖南省农业保险高质量发展的几点思考［J］. 中国保险（2）：23-27.

徐佳，龙女，2024. 锚定建设农业强国目标 为乡村全面振兴提供高质量农业保险服务［EB/OL］.（2024-12-25）. https：//baijiahao. baidu. com/s？id＝1819395946516850795&wfr＝spider&for＝pc.

徐梦月，2021. 天津市农业保险发展政策研究［J］. 合作经济与科技（24）：161-163.

许梦博，陈楠楠，2021. 我国农业保险发展的深层矛盾、转型契机与改革取向［J］. 求是学刊，48（2）：80-89.

阎建军，吴学明，2023. 优化农业保险发展结构［J］. 中国金融（17）：24-25.

杨久栋，郭芸芸，栗卫清，2023. 推进农业产业安全体系和能力现代化——中国农业风险管理研究会2022学术年会综述［J］. 保险理论与实践（1）：143-152.

杨雨欣，张璐，李晓峰，2024. 农业保险保障水平是否会影响粮食安全？［J］. 农林经济管理学报，23（2）：170-178.

叶涛，陈说，刘苇航，等，2021. 全国主粮作物减产风险评估与保险费率厘定研究［J］. 保险研究（2）：3-16.

叶涛，牟青洋，史培军，2020. 编制全国农业保险区划 支撑农业保险高质量发展［J］. 保险理论与实践（4）：1-16.

叶涛，史培军，王静爱，2014. 种植业自然灾害风险模型研究进展［J］. 保险研究（10）：12-23.

易福金，2023. 中国农业保险：市场有效性与制度创新［M］. 北京：社会科学文献出版社.

殷铭阳，吴邦雨，龙文军，等，2021. "收入保险＋期货"在中国玉米市场化改革中的应用研究［J］. 农业展望，17（2）：3-12.

尹玉，2020. 一棵古树有多大生态文化价值？［N］. 中国花卉报，12-03（W3）.

余奇才，张春媛，陈逸凡，等，2023. 论我国政策性种植收入保险产品方案的完善——基于美、日收入保险WTO规则适应性经验［J］. 西南金融（3）：69-83.

袁纯清，等，2022. 新时期农业保险调查与研究［M］. 北京：人民出版社.

张红星，2019. 乡村振兴战略背景下"保险＋期货"的作用、进程和前景展望［J］. 河南财政税务高等专科学校学报，33（2）：44-47.

张辉，张钰，2023. 农产品价格保险与农业生产：理论分析与实证检验——以山东省特色农产品为例 [J]. 价格理论与实践 (12)：144-149.

张敏，2020. "保险+期货"为金融精准扶贫探新路 [J]. 中国农村金融 (6)：36-38.

张明，邢慧茹，2024. 我国农业保险发展的区域差异 [J]. 农村经济与科技，35 (9)：207-210.

张峭，2016. 基于期货市场的农产品价格保险产品设计与风险分散 [J]. 农业展望，12 (4)：64-66，80.

张峭，李越，宋建国，等，2022. 中国农业保险保障现状与评价 [M]. 北京：中国金融出版社.

张峭，庹国柱，王克，等，2020. 中国农业风险管理体系的历史、现状和未来 [J]. 保险理论与实践 (7)：1-17.

张峭，赵思健，2022. 中国农业保险科技应用的进展与成效 [J]. 科技中国 (2)：43-47.

张心怡，2023. 收入保险地区差异化定价研究——以黑龙江省大豆为例 [J]. 保险职业学院学报，37 (3)：53-59.

张延天，2013. 中航安盟保险：依托优势服务"三农" 规范运作再创佳绩 [EB/OL]. (2013-05-27) [2024-11-19]. http：//caijing. chinadaily. com. cn/2013-05/27/content_16537123. htm.

张一方，2023. 云南省花卉目标价格保险问题及优化路径研究 [D]. 昆明：云南财经大学.

张瑜，陈彩云，谭紫盈，2024. 中国农业保险制度历史演变、动因及效果的文献综述 [J]. 山西农经 (22)：43-45.

张宇驰，欧阳涛，2023. 农业保险对农业产出的影响机理与对策研究 [J]. 农业经济 (5)：106-109.

张哲晰，炎天尧，穆月英，2024. 健全粮食安全利益保障体系的机制设计与政策建议 [J]. 西北农林科技大学学报（社会科学版），24 (2)：12-23.

张正侃，王梅，周慧，等，2024. 科技赋能农业保险发展的驱动效应与应用场景 [J]. 金融纵横 (3)：96-100.

赵飞，刘建，杜锦，等，2021. 天津"小站稻"振兴展望 [J]. 中国稻米 (2)：80-83.

赵乐，朱蕾，2023. 关于农业保险发展的若干政策建议 [J]. 保险理论与实践 (1)：1-12.

赵阳，2022. 从防灾减灾到农业保险：中国共产党农业风险治理的经验和启示 [J]. 保险研究 (11)：3-9.

郑凤宜，2023. 完善主粮保险机制 助力筑牢国家粮食安全防线 [J]. 中国粮食经济 (12)：30-33.

郑莉，2022. 山东省小麦风险区划和收入保险设计 [D]. 济南：山东大学.

郑文婷，韩心华，2021. 海南省"保险+期货"金融扶贫的实践研究 [J]. 商业文化 (7)：90-91.

中国保险学会，2020. 加快农业保险高质量发展政策解读和成果汇编 [M]. 北京：中国金融出版社.

中国大地财产保险股份有限公司，2024. 多措并举，中国大地保险持续为乡村振兴保驾护航.［EB/OL］.（2024－11－21.）https：//www. financialnews. com. cn/2024－11/21/content＿412872. html.

中国精算师协会，2020. 稻谷、小麦、玉米成本保险行业基准纯风险损失率表（2020 版）［R］. 北京：中国精算师协会.

中国农业大学国家农业农村保险研究中心，2022. 保险服务乡村振兴战略研究［M］. 北京：中国农业大学出版社.

中国农业科学院农业信息研究所，2020. 中国农业生产风险区划地图集［R］. 北京：中国农业科学院农业信息研究所.

中国太平洋财产保险股份有限公司，2025. 中国太平洋财产保险股份有限公司 走出具有特色的农业保险创新路径［EB/OL］.（2025－01－09）. 中国农村网，http：//journal. crnews. net/ncpsczk/2024n/d22q/jgdx/969289＿20250109103800. html.

中航安盟保险，2022. 中航安盟保险：忠诚奉献 助力乡村脱贫［EB/OL］.（2022－09－01）［2023－09－14］. https：//baijiahao. baidu. com/s? id＝1742736362201892329& wfr＝spider& for＝pc.

中航安盟保险延边中心支公司，2023. 中航安盟保险延边中心支公司：助力吉林省千万头肉牛工程建设［EB/OL］.（2023－08－18）［2023－09－14］. https：//baijiahao. baidu. com/s? id＝1774545502039575546& wfr＝spider& for＝pc.

中华联合财产保险股份有限公司，2025. 中华联合财产保险股份有限公司 有力发挥农险对主粮作物生产风险的兜底作用［EB/OL］.（2025－01－09）. http：//journal. crnews. net/ncpsczk/2024n/d22q/jgdx/969288＿20250109103721. html.

中原农业保险股份有限公司，2025. 中原农业保险股份有限公司 在"四个坚守"上下好真功夫［EB/OL］.（205－01－09）. http：//journal. crnews. net/ncpsczk/2024n/d22q/jg-dx/969284＿20250109103225. html.

仲其然，2022. "保险＋期货"模式运行机理与试点状况研究［J］. 中国商论（21）：104－106.

周密，牛浩，魏超，等，2024. 农业保险保障对粮食生产韧性的影响研究［J］. 中国农业资源与区划，45（8）：44－45.

周县华，2021. 农业保险经营管理［M］. 天津：南开大学出版社.

周延礼，2012. 我国农业保险的成绩、问题及未来发展［J］. 保险研究（5）：3－9.

周洲，林青源，施懿宸，2023. 我国农业保险发展的现状、挑战与措施［J］. 金融纵横（11）：82－86.

朱俊生 张峭，2022. 科技运用促进农业保险高质量发展［J］. 中国保险（4）：22－27.

Arrow K J，1965. Aspects of the theory of risk bearing. Helsinki：Yrjo Jahnsson Lectures. Reprinted in Essays in the Theory of Risk Bearing（1971）［M］. Chicago：Markham Publishing Co.

Borch K，1962. Equilibrium in a reinsurance market［J］. Econometrica，30（3）：424－444.

Gao F，Masek J，Schwaller M，et al. ，2006. On the blending of the landsat and MODIS surface reflectance：Predicting daily landsat surface reflectance ［J］. IEEE Trans. Geosci. Remote Sens （44）：2207 - 2218.

Jiaxuan Li，Zhiyuan Peng. Impact of digital villages on agricultural green growth based on empirical analysis of chinese provincial data ［J］. Sustainability，16，Issue 21. 2024. PP 9590 - 9590.

Liu W，et al. ，2023. The statistical emulators of GGCMI phase 2：Responses of year - to - year variation of crop yield to CO_2，temperature，water，and nitrogen perturbations. Geoscientific Model Development （16）：7203 - 7221.

Müller C，Elliott J，Kelly D，et al. ，2019. The global gridded crop model intercomparison phase 1 simulation dataset ［J］. Sci. Data （6）：1 - 22.

Stojanovski P，W Dong，M Wang，et al. ，2015. Agricultural Risk Modeling Challenges in China：Probabilistic Modeling of Rice Losses in Hunan Province ［J］. International Journal of Disaster Risk Science，6 （4）：335 - 346.

Yang Y，Long W，Turvey C G，2022. The willingness to offer livestock insurance in rural China：A discrete choice experiment among Chinese insurance agents ［J］. Agricultural Finance Review，82 （5）：914 - 941.

Yifei Ma，En Chen，2024. Effects of agricultural insurance on water pollution in china ［J］. Journal of Global Economy，Business and Finance，6 （10）：12 - 19.

后　记

在农业保险企业和相关专家的大力支持下，这本承载着中国农业保险20年发展轨迹的书稿终于问世。农业保险发展的这20年，是在国家政策的大力支持下不断奋进的20年，从默默无闻到成为农业现代化进程中的重要支撑，实现了跨越式发展，为国家"三农"事业的稳定发展做出了重要贡献。

作为本书的主编，我们看到了20年前尚处于萌芽状态的中国农业保险市场。当时保险主体稀缺，市场活力不足，产品种类屈指可数，农民对农业保险的认知近乎空白，参与热情不高。保险公司在经营过程中，缺乏有效的风险评估和风险分散机制，赔付率居高不下，经营成本高企，"大干大赔，小干小赔，不干不赔"，导致农业保险业务发展缓慢，举步维艰。我们也见证了中国农业保险20年来的发展历程。2004年的中央一号文件提出："加快建立政策性农业保险制度，选择部分产品和部分地区率先试点，有条件的地方可对参加种养业保险的农户给予一定的保费补贴。"开启了政策性农业保险发展的新时代。随后，中央出台了一系列支持政策，为农业保险的发展注入了生机与活力，中国农业保险发展迎来了黄金期。2012年，国务院颁布《农业保险条例》，标志着农业保险正式步入法治化轨道，有了坚实的法律保障。2019年，财政部等四部委发布《关于加快农业保险高质量发展的指导意见》，标志着中国农业保险进入高质量发展的新时代。

安盟保险集团是欧洲的一家百年老企，在20年前首先进入中国农业保险市场，率先在中国成立了经营农业保险业务的公司。安盟保险集团在推进业务的进程中，结合中国农业农村发展实际，与不同的中国企业合作进行股权重组，与蜀道集团联合组建的安盟财产保险有限公司，成为中国农业保险市场的重要经营主体，也是中法两国合作的重要成果。20年来，中国农业保险市场的经营主体如雨后春笋般涌现，既推动了保险产品的创新，又促进了服务质量的提升。农业保险标的范围不断拓展，从最初的数种主要农作物，延伸至种植业、养殖业、林业等多个领域，涵盖了500多个品种，基本实现了主要农业生产活动的全面覆盖。保障水平也在不断提高，从保物化成本向完全成本、收入等更高水平的保障转变，更好地满足了农民日益多样化的保险需求。随着我国农业现代化进程的推进和乡村振兴战略的实施，农业保险将迎来更加广阔的发展空间。我们坚信，在相关参与主体的共同努力下，中国农业保险一定能够在保障农业生产、促进农民增收、推动乡村振兴方面发挥更加重要的作用，为实现我国农业强国目标贡献更大的力量。

在本书付印之际，我们要向为本书投稿的各位作者表示感谢，正是因为有你们的参与，才把 20 年的中国农业保险发展得以记录下来。我们要向为本书的写作提供文献支持的作者表示感谢，对遗漏的参考文献作者表达歉意和感谢，20 年的发展历程有您的一份功劳。我们要特别向庹国柱教授表示感谢，感谢他百忙之中为本书作序。由于我们能力有限，书中难免存在纰漏，敬请读者包涵。

让我们共同期待中国农业保险的事业更加辉煌！

阮江　龙文军

2025 年 7 月 18 日

图书在版编目（CIP）数据

见证新世纪 20 年中国农业保险发展 / 阮江，龙文军
主编. -- 北京：中国农业出版社，2025. 8. -- ISBN
978-7-109-33732-9

Ⅰ. F842.66

中国国家版本馆 CIP 数据核字第 2025SA7078 号

见证新世纪 **20** 年中国农业保险发展

JIANZHENG XINSHIJI 20 NIAN ZHONGGUO NONGYE BAOXIAN FAZHAN

中国农业出版社出版

地址：北京市朝阳区麦子店街 18 号楼

邮编：100125

责任编辑：刁乾超　　文字编辑：赵冬博

版式设计：李向向　　责任校对：吴丽婷

印刷：北京通州皇家印刷厂

版次：2025 年 8 月第 1 版

印次：2025 年 8 月北京第 1 次印刷

发行：新华书店北京发行所

开本：700mm×1000mm　1/16

印张：23.25

字数：430 千字

定价：88.00 元